# Mehr als 230 Bände

zählt die Guttentagsche Sammlung Deutscher Reichs- und Preußischer Gesetze • Ausführliches Verzeichnis befindet sich hinter dem Sachregister

Guttentagsche Sammlung
Nr. 171. Deutscher Reichsgesetze. Nr. 171
Textausgaben mit Anmerkungen und Sachregister.

# Seewasserstraßenordnung

(Polizeiverordnung zur Regelung des Verkehrs auf den deutschen Seewasserstraßen vom 31. März 1927)

Erläutert

von

Dr. Julius Sebba
Rechtsanwalt am Oberlandesgericht,
Dozent an der Handelshochschule in Königsberg i. Pr.

Berlin und Leipzig 1928.
Walter de Gruyter & Co.
vormals G. J. Göschen'sche Verlagshandlung — J. Guttentag, Verlagsbuchhandlung — Georg Reimer — Karl J. Trübner — Veit & Comp.

# Inhalt.

2. Abschnitt: Schallsignale.



3. Abschnitt: Fahrregeln.

# Einleitung.

Die Polizeiverordnung zur Regelung des Verkehrs auf den Deutschen Seewasserstraßen vom 31. März 1927, welche sich selbst als „Seewasserstraßenordnung“ (SWO.) bezeichnet, ist am 1. Dezember 1927 in Kraft getreten. Damit ist eine Bewegung, welche sich auf die Vereinheitlichung des Navigationsrechts bezieht, auf einem Teilgebiet zum Ziele gelangt. Nur auf einem Teilgebiet, denn eine Fülle der Hafen- und Lotsenordnungen und der Polizeiverordnungen, welche direkt oder indirekt in das Gebiet der Navigation hinübergreifen, ist bestehen geblieben. Überblickt man vor allem die Hafenordnungen der Deutschen Hafenstädte, so wird man die Hoffnung nicht aufgeben, daß auch hier eine Vereinheitlichung folgen wird. Ganz gewiß sind die Vorschriften über die Navigation und das sonstige Verhalten der Schiffe in einem Hafen noch viel mehr durch die örtliche und organisatorische Ausgestaltung des Schiffsbetriebs bedingt, als es bei den Seewasserstraßen der Fall ist, welche von der See bis zu den Hafenstädten führen. Indessen lehrt ein Blick in die Hafenordnungen, daß eine große Anzahl von Vorschriften sich ständig wiederholt, und daß vielfach kleine und unmotivierte Abweichungen bestehen, welche auf die selbständige Entwicklung der örtlichen Hafenregulative zurückzuführen sind und deren Ausmerzung alsbald die Möglichkeit sichtbar machen würde, sozusagen einen allgemeinen Teil aller Hafenordnungen zu schaffen.

Die Methode der Seewasserstraßenordnung kann hier als vorbildlich bezeichnet werden. Auch auf den Revieren, d. h. in Zufahrtsstraßen von der See nach den Häfen herrschte ein buntscheckiges Gewirr von Fahrwasserordnungen, Polizeiverordnungen über Navigation, Fischerei, Signalwesen usw. Schon vor dem Kriege, hörte man zuweilen den Wunsch nach einer Vereinheitlichung der Revierordnungen laut werden. Der achte Deutsche Seeschiffahrtstag im Jahre 1921 wies bereits ein Referat auf, welches die Überschrift trug: „Einheitliche Revierordnung". Der Übergang der Wasserstraßen von den Ländern auf das Reich (Gesetz vom 29. Juli 1921) gab die Möglichkeit, dieser Aufgabe näherzutreten. Nach jahrelangen Beratungen zwischen den Ministerien, den zuständigen Behörden und den an der Schiffahrt interessierten Kreisen gab das Reichsverkehrsministerium den ersten Entwurf Ende 1922 heraus, welcher jedoch nur die allgemeinen Regeln (den jetzigen Teil I) behandelte. Mehrere weitere Entwürfe führten zur Heranziehung Sachverständiger, welche die manigfachen Anregungen der Reederei- und Fischereiverbände, der Handelskammern der Lotsenverbände und der Nautiker verwerteten. Der am 19. Oktober 1926 tagende Seewasserstraßenbeirat hat dann die Seewasserstraßenordnung so, wie sie jetzt vorliegt, angenommen.

Der Grundgedanke der SWO. ist die Erkenntnis, daß die Vorschriften der Seestraßenordnung keinesfalls ausreichen, um die mit ganz besonderen, eigenartigen Umständen rechnende Fahrt auf den Revieren zu regeln.

Andererseits haben die Revierordnungen (unter denen die Verordnung über die Schiffahrt auf der Unterelbe mit an erster Stelle stand) eine Anzahl von Grundsätzen erkennen lassen, welche ihren Ausdruck (oft wörtlich, zuweilen nur dem Sinne nach übereinstimmend) in einzelnen Vorschriften fanden, die ihrerseits wiederum auf die Grundgedanken der Seestraßenordnung und die Regeln guter Seemannschaft zurückgriffen. Hier bedurfte es einer Zusammenfassung, Glättung und Vereinheitlichung, um das herauszuarbeiten, was auf allen Revieren ohne weiteres hätte gelten können, wenn es nicht schon tatsächlich galt. Es sind dies die von jeder örtlichen Eigenart des Reviers abziehbaren Normen, welche Teil I der SWO. in möglichst knapper Formulierung bietet.

Im Gegensatz hierzu bringt Teil II der SWO. diejenigen Vorschriften, welche an örtlich ausgeprägte Eigenarten des Fahrwassers, der Ufer, des Grundes, sowie an die Ausgestaltung der Brücken, der Uferbauwerke, des Fährbetriebes, der Betonnung, der Anordnung von Feuern, der Leitung von Kabeln usw. gebunden und unlösbar mit diesen Faktoren der Seeschiffahrt verknüpft sind. Die einzige Möglichkeit der Vereinheitlichung lag auf diesem Wege, nämlich dem Herauslassen des Unvereinbaren, örtlich Bedingten aus der allgemeinen Regelung. Aber auch hier, in Teil II der SWO. gibt es noch weitgehende Übereinstimmungen. Nur gehen diese nicht so weit, daß man sie als allgemeingiltig in den ersten Teil übernehmen konnte. Es war aber im Interesse der Übersichtlichkeit nicht angängig, nun Teilvereinheitlichungen zu schaffen, und so finden wir in mannigfachen Wiederholungen, vielfach mit unmotivierten Varianten, im kleinen dasselbe Bild, wie es einst der Überblick über die Revierordnungen im großen ergab.

Dies kann und soll keine Bemängelung der SWO. darstellen. Sie ist zweifellos ein außerordentlicher Fortschritt und eine wesentliche Erleichterung für den Nautiker, welcher eine große Anzahl örtlicher Verordnungen nunmehr aus seinem Gedächtnis streichen kann. Eins ist allerdings wohl noch zu wünschen: daß nämlich von maßgeblicher Stelle aus eine Aufstellung aller derjenigen Verordnungen und Einzelvorschriften gegeben wird, welche durch die SWO. außer Kraft gesetzt worden sind. Soweit sie ausdrücklich aufgehoben worden sind, ist dies zu den einzelnen Paragraphen des Teil II vermerkt.

Die Anordnung des Stoffes innerhalb der beiden Teile beruht auf verschiedenen Gedankengängen. Innerhalb des ersten Teils ist die systematische Anordnung im Anschluß an die Seestraßenordnung gewählt worden, nämlich:

1. Lichter und andere sichtbare Signale,
2. Schallsignale,
3. Fahrregeln,
4. verschiedene Bestimmungen.

Dagegen war für den zweiten Teil von vornherein die Gliederung nach örtlichen Verhältnissen gegeben. Die Seewasserstraßen Deutschlands werden einzeln, vom Westen mit der Ems beginnend, bis zu den Ostpreußischen Wasserstraßen nacheinander behandelt, wobei es zuweilen vorkommt, daß für eine Wasserstraße keine Sondernormen aufgeführt sind, sondern nur der Geltungsbereich der SWO., so daß also innerhalb dieses Bezirks nur die allgemeinen Regeln des Teil I in Geltung sind. Dazu treten (als Anlage 1 abgedruckt) die Lübeckischen Vorschriften für die Trave.

Neben dieser Vereinheitlichung und Zusammenfassung des Bestehenden darf nicht übersehen werden, daß die SWO. auch Neuerungen und Fortschritte in navigatorischer Beziehung bringt. Mancher Ansatz, welcher sich in der Seestraßenordnung findet, ist in der SWO. ausgebaut worden. Das in Artikel 2 zugelassene zweite Topplicht, sowie das gleichfalls nur zugelassene Hecklicht des Artikels 10 Abs. 2 Seestraßenordnung sind nunmehr obligatorisch geworden (§§ 9 und 10). Ein Tagessignal für Motorfahrzeuge unter Segel, welche gleichzeitig den Motor benutzen, ist in § 15 eingeführt worden, ebenso durch § 20 ein Tagessignal für Fahrzeuge, welche vor Anker liegen. Das Überholen ist in § 37 völlig neu geregelt. Es soll grundsätzlich nur links überholt werden (die Seestraßenordnung kannte in dieser Richtung keine Bindung), und es darf nur überholt werden nach einer zwischen den beteiligten Schiffen erfolgten Verständigung durch vorgeschriebene Schallsignale. In vielen Einzelheiten ist Klarheit geschaffen worden, wo bisher Zweifel bestanden. Vor allem darüber, daß alle Seewasserstraßen (mit wenigen Ausnahmen) als enge Gewässer im Sinne des Artikels 25 Seestraßenordnung gelten, woraus sich der Grundsatz ergibt, daß alle Schiffe rechts fahren müssen, vor allem auch (was früher nur im Wege der Auslegung zu gewinnen war) Segelfahrzeuge, welche mit raumem Winde segeln. Ganz besonders betont ist sowohl im allgemeinen Teil (§ 36) wie auch in einer großen Anzahl von Vorschriften des zweiten Teils die Notwendigkeit des Langsamfahrens, wobei vielfach (etwas unsystematisch) abstrakte Begrenzungen (Erhaltung der Steuerfähigkeit, Sicherheit der Navigation) und konkrete Begrenzungen (Knoten bzw. Kilometer pro Stunde) gegeben werden. Die vielfache Verwendung des Begriffes „ganz langsam" wird vielleicht dazu führen, daß auf dem Maschinentelegraphen ein Sektor für dieses Kommando neu geschaffen wird. Damit wäre insbesondere den Interessen der Nautiker gedient, welche die Verantwortung für die Abgabe dieses Kommandos haben, nicht aber die Möglichkeit, eine entsprechende Eintragung im Maschinenjournal zu erzielen.

Von großer Wichtigkeit ist die Regelung des Verhaltens der Flöße und ihrer Ausrüstung (Lichtsignale: § 18; Fahrregeln: § 47; Besetzung: § 53). Bemerkenswert auch der Versuch, einen Schutz der Gewässer gegen die Gefahr der Verschmutzung durch Öl oder Ölrückstände zu schaffen, im Hinblick auf die ständig fortschreitende Verwendung von Öl zum Heizen der Kessel und zum Antrieb der Motoren sowie der immer umfangreicheren Beförderung von Öl durch Tankschiffe. Die Bestimmung in § 48b ist als Vorläufer einer internationalen Regelung dieser kritischen Frage zu begrüßen.

Hinsichtlich der Nebelsignale ist ein Fortschritt darin zu erblicken, daß Dampfer, welche unter eigenem Dampf mit Hilfe von Schleppern fahren, die Nebelsignale allein abzugeben haben. Dadurch wird auf engen Revieren einer Verschleierung der nautischen Situation vorgebeugt. Es sind ferner durch die SWO. noch eine Anzahl weiterer Schallsignale eingeführt worden. Insbesondere zum Herbeirufen von Schleppern, Zollbeamten, Quarantänebeamten und in den örtlichen Vorschriften auch für das Herbeirufen von Lotsen. Dazu kommt die Einführung eines allgemeinen Achtungssignals und eines Gefahrsignals (§§ 34 und 35a).

Alle diese Neuerungen bedürfen nun natürlich der Bewährung in der Praxis. Schon jetzt haben sich Stimmen gegen die Einführung neuer Licht- und Schallsignale erhoben, welche darauf hinweisen, daß in den Revieren des Guten zuviel getan würde und mit einer Erschwerung der Übersicht über die nautische Situation zu rechnen sei. Es ist zuzugeben, daß die Häufung von Signalen unter Umständen schwierige Situationen heraufbeschwören kann. Indessen ist der Vorteil, daß diese neuen, ebenso wie die übernommenen alten Signale auf allen Revieren gleichmäßig gelten, zweifellos überwiegend, zumal in fast allen Revieren Lotsen vorhanden sind, welche dem Kapitän bei der Deutung der Signale zur Seite stehen.

Ein Gesetz wie die SWO. bedarf der Bewährung und gegebenenfalls der Abänderung. Hier besteht nicht die große Schwierigkeit, daß durch eine Änderung sogleich grundsätzliche Korrekturen an vielen andern Ste len erforderlich werden und daß die rechtlichen Konsequenzen sich nicht voraussehen lassen. Denn die SWO. ist kein juristisches Grundgesetz, sondern eine nautisch-fachliche Ergänzung der Seestraßenordnung, welche auch ihrerseits ein durchaus technisch-nautisches Gesetz ist. Darum ist den Einwendungen, welche sich im Laufe der praktischen Anwendung der SWO. erheben werden, von vornherein Gehör zu schenken, und man wird gut daran tun, etwaige Mängel und Mißstände, welche sich bei der Anwendung der SWO. ergeben, möglichst bald durch eine Ergänzungsverordnung abzustellen.

Auch manche Unklarheiten, besonders in den örtlich geltenden Vorschriften, werden zu beheben sein. Vielleicht wird es gelingen, dann auch die Ausweichvorschriften zwischen Wasserfahrzeug und Flugzeug alsbald nachzutragen, wenngleich hier bei der Neuartigkeit der Vorschriften vor einer Überstürzung zu warnen ist. Einstweilen muß die allgemeine Sorgfaltspflicht nach Maßgabe guter Seemannschaft (§ 5 Abs. 4 SWO.; Art. 29 SStrO.) ausreichen, um Unfälle zu verhindern.

Die Behandlung der SWO. in der vorliegenden Ausgabe bereitete erhebliche Schwierigkeiten. Zwei Fachgruppen sehen mit Interesse auf das Erscheinen der Erläuterungen zur SWO., nämlich die Nautiker und die Juristen. Die Nautiker wünschen Aufklärung darüber, wie sie sich im Einzelfalle zu verhalten haben, insbesondere in Situationen, welche die SWO. offen oder zweifelhaft läßt. Die Juristen hingegen wünschen eine Unterstützung bei der nachträglichen Würdigung, welche sie dem Verhalten der Nautiker zuteil werden lassen. Es liegt nun auf der Hand, daß der Jurist sich insofern in einer günstigeren Lage befindet, als er zur Heranziehung Sachverständiger befugt und verpflichtet ist, sofern er nach eigenem Ermessen die technischen Voraussetzungen für die rechtliche Folgeziehung nicht ausreichend beherrscht. Dagegen ist der Nautiker sein eigener Sachverständiger und trägt die alleinige Verantwortung für das, was er tut. Ihm muß in erster Reihe die Möglichkeit geboten werden, sich mit dem neuen Gesetz zu beschäftigen. Darum wäre auch m. E. in erster Linie ein Nautiker berufen gewesen, die SWO. zu erläutern. Wenn hier nun von einem Juristen der Versuch gemacht wird, die größtenteils auf dem Gebiete der Navigation liegenden Bestimmungen der SWO. zu erläutern, so mag das seine Rechtfertigung dadurch finden, daß besonders im allgemeinen Teile bereits eine zur Seestraßenordnung oder zu örtlichen Verordnungen ergangene ziemlich umfangreiche Judikatur kritisch zu verarbeiten war und daß die Herstellung der inneren Beziehung zwischen SWO. und Seestraßenordnung einerseits, den Vorschriften der §§ 734ff. HGB. (über Zusammenstoß von Schiffen) und einigen, zum Teil verstreuten Gesetzen und Einzelbestimmungen andererseits für die Praxis der Kollisionsprozesse von Wert sein dürfte. Der Verfasser hat es sich zur Aufgabe gemacht, die Rolle eines geistigen Vermittlers zwischen Nautiker und Juristen zu übernehmen, indem er dem Juristen die tatsächliche Bedingtheit aller nautischen Vorschriften, dem Nautiker aber den inneren Zusammenhang der rechtlichen Vorschriften vor Augen führt. Eine Vermittlerrolle ist stets mißlich: dem einen werden die Erläuterungen zu nautisch, dem andern zu juristisch sein. Indessen handelt es sich ja vorliegend in erster Reihe darum, die durch das Erscheinen der SWO. aufgerollten Fragen zunächst einmal zur Diskussion zu stellen, wobei ganz natürlich die Nautiker das erste Wort haben müssen. Sache der Juristen aber ist es, nachzuprüfen, ob und wieweit die Meinung der Nautiker vereinbar ist mit dem Wortlaut und dem Sinne des neuen Gesetzes.

Und damit komme ich zu der Frage der Auslegung der SWO. Zwischen technischen Gesetzen und juristischen Gesetzen zu unterscheiden ist im allgemeinen nicht angängig, und man wird auch methodisch keine besonderen Auslegungsgrundsätze für die eine oder andere Kategorie anerkennen dürfen. Trotzdem liegt es im Wesen des technischen Gesetzes begründet, daß es auch technisch verstanden sein will. Nicht in dem Sinne, daß in das

Gesetz nun alles hineininterpretiert werden muß, was die Fachkreise sich wünschen oder was sie für angemessen halten. Wohl aber in dem Sinne, daß bei jeder Vorschrift geprüft werden muß, ob sie den Sachverhalt, welchen sie vor Augen hatte, restlos erfaßt oder ob sie ohne es beabsichtigt zu haben, darüber hinausgeht bzw. dahinter zurückbleibt. In dem ersteren Falle bedarf es der Erweiterung durch ausdehnende Auslegung oder Anwendung der Analogie, im letzteren Falle der einschränkenden Auslegung. Diese Korrekturen sind unumgänglich notwendig bei einem Gesetz, welches völlig im Rahmen des Tatsächlichen, nämlich der nautischen Wirklichkeit zu gelten hat. Die vielfache Verwendung der Worte: „wenn möglich", „wenn die Umstände es gestatten", „im allgemeinen" zeigt, daß der Gesetzgeber sich der Bedingtheit der gegebenen Normen bewußt war. Trotzdem konnte er nicht in allen Fällen mit genügender Schärfe abgrenzen, und Sache der Auslegung ist es, im Einzelfalle die Reichweite der einzelnen Normen aus den tatsächlichen Gegebenheiten der Schiffahrtskunde herzuleiten. Es ist z. B. an vielen Stellen der SWO. von „Fahrzeugen" die Rede. Ob man dazu auch im einzelnen Falle Ruderboote, Segelboote, Motor- und Dampfbarkassen usw. zu rechnen hat, ist nur aus der Zweckbestimmung der Vorschrift zu entnehmen. Diese „kleinen Fahrzeuge" (deren Umkreis durchaus nicht feststeht) werden zuweilen von der SWO. besonders behandelt, zuweilen völlig übergangen. Eine Anzahl von Fällen läßt erhebliche Zweifel übrig. Hier muß es dem Erläuterer des Gesetzes gestattet sein, trotz klaren Wortlauts zu untersuchen, ob die kleinen Fahrzeuge vom Gesetz mitgemeint sein könnten oder ob sie nach dem Sinne der Vorschrift nicht dem gleichen Gesichtspunkt unterworfen werden dürften wie große Schiffe. Ebenso ist stets der Zweck einer Norm, welche Schleppzüge betrifft, dafür entscheidend, ob auch das Längsseitschleppen darunter fällt, und ebenso kann nur der Sinn und Zweck einer Vorschrift darüber entscheiden, ob unter „Tiefgang" der tatsächliche oder der Maximaltiefgang zu verstehen ist. Auch sonst ist der Verfasser stets davon ausgegangen, daß nicht juristische Konstruktion, sondern nur Verständnis für die Möglichkeit und Tatsächlichkeit der Navigation über die Anforderungen entscheiden muß, welche an den Schiffsführer zu stellen sind. Je mehr dieses Prinzip von seiten der Nautiker anerkannt werden wird, um so mehr Einwendungen werden sich im einzelnen gegen die nautischen Ausführungen eines Juristen erheben und erheben lassen. Insbesondere bei den Vorschriften, welche nur örtlich gelten (Teil II), wird derjenige, der das Fahrwasser aus eigener Erfahrung kennt, in erster Reihe berufen sein, auch über die Auslegung der Normen zu befinden. Hier mußte sich der Verfasser natürlich Zurückhaltung auferlegen und sich vielfach auf die Herstellung der Beziehung zu dem allgemeinen Teil beschränken. Die vielfache Wiederholung mancher Verweisungen war nicht zu vermeiden und erschien bei dem großen Umfang der Paragraphen des zweiten Teils sogar geboten, um alle mehr oder weniger parallel laufenden Normen des zweiten Teils schließlich in die Grundsätze des ersten Teils einmünden zu lassen.

Die SWO. ist, wie erwähnt, eine Ergänzung der Seestraßenordnung und ohne diese nicht zu verstehen. Daher sind die Seestraßenordnung, sowie einige andere für das Verständnis der SWO. bedeutungsvolle Gesetze und Verordnungen dem Buche als Anhang beigefügt worden. Endlich ist neben einem Sachregister auch ein Verzeichnis aller Orts- und Gewässerbezeichnungen beigefügt worden, was einer schnelleren Orientierung dienen soll.

Die vorliegende Kommentierung der SWO. selbst war, soweit es sich nicht um allgemeine juristische Fragen handelt, auf ein relativ geringes Material angewiesen. Außer einigen Entscheidungen zu der Verordnung über die Schiffahrt auf der Unterelbe war in den Spezialfragen Judikatur kaum vorhanden. Auch zu der SWO., welche ja bereits seit fast einem Jahre veröffentlicht ist, fehlte es an Äußerungen, die mehr, als eine bloße Berichterstattung über den Inhalt boten. So ist denn die Kommentierung nur der Versuch eines Juristen, der Navigation gerecht zu werden und ihr ein Hilfsmittel für die praktische Betätigung in die Hand zu geben.

Zum Schluß möchte ich die Bitte aussprechen, mir weitere Anregung und Material für die Weiterbearbeitung des Seestraßenrechts zugehen zu lassen und damit die weitere Klärung wichtiger nautischer Fragen zu unterstützen.

Königsberg, Januar 1928.

**Dr. Hebba.**

# Polizeiverordnung zur Regelung des Verkehrs auf den deutschen Seewasserstraßen (Seewasserstraßenordnung). Vom 31. März 1927 [1]).

Auf Grund des Gesetzes vom 29. Juli 1921 über den Staatsvertrag, betreffend den Übergang der Wasserstraßen von den Ländern auf das Reich (Reichsgesetzbl. S. 961ff.), und auf Grund der §§ 11, 15 dieses Staatsvertrags [2]),

auf Grund der §§ 136, 140 des Preußischen Gesetzes über die allgemeine Landesverwaltung vom 30. Juni 1883 (Gesetzsammlung S. 195) [3]) und des § 350 des Preußischen Wassergesetzes vom 7. April 1913 (Gesetzsamml. S. 53) [4]),

auf Grund der in den Ländern Hamburg, Mecklenburg-Schwerin, Oldenburg und Bremen für den Erlaß von Polizeiverordnungen geltenden Bestimmungen,

auf Grund des § 366 des Strafgesetzbuchs für das Deutsche Reich [5]) und Artikel III der Verordnung über Vermögensstrafen und Bußen vom 6. Februar 1924 (Reichsgesetzbl. I S. 44 ff.) [6]) wird zur Regelung des Verkehrs auf den deutschen Seewasserstraßen folgendes verordnet:

# Seewasserstraßenordnung (SWO.) [7]).

## Einführung.

### Geltungsbereich.

**§ 1.** Die Seewasserstraßenordnung gilt auf den mit der See im Zusammenhange stehenden, von Seeschiffen befahrenen Wasserstraßen innerhalb der in den Sondervorschriften für die einzelnen Seewasserstraßen (Teil II)[8]) angegebenen Gebiete[9]).

[1]) Die SWO. ist ein revisibles Gesetz (§ 549 ZPO.). Für die früheren lokalen Verordnungen (Unterelbe, Weser) war dies vom RG. 55, 136 zu Unrecht verneint worden. Vgl. Boyens, Hansa 1912, 682.

[2]) Diese Vorschriften lauten:

§ 11. Die Verwaltungszuständigkeiten der Landeszentralbehörden hinsichtlich des Baues, der Unterhaltung, des Betriebs und der Verwaltung der auf Grund dieses Vertrags übergehenden Wasserstraßen einschließlich der Strom- und Schiffahrtspolizei und hinsichtlich der sonstigen auf den Verkehr bezüglichen Befugnisse sowie hinsichtlich der Seezeichen und des Lotsenwesens gehen mit dem 1. April 1921 auf das Reich über. Im übrigen erfolgt die einstweilige Verwaltung der Reichswasserstraßen durch die mittleren und unteren Behörden der Länder auf Kosten des Reichs und unter Leitung des Reichsverkehrsministeriums.

Die Ausübung der Tarifhoheit im Sinne des Artikels 97 Abs. 5 der Reichsverfassung steht vom 1. April 1921 an dem Reiche zu.

§ 15. Die Gesetze und Verordnungen der Länder bleiben unbeschadet der Bestimmungen der Reichsverfassung bis zu einer anderweiten reichsgesetzlichen Regelung in Kraft.

Vgl. dazu RG. 115 S. 54.

[3]) Betreffend den Erlaß von Polizeiverordnungen.

[4]) Betrifft den Erlaß von Polizeiverordnungen mit Wirkung über den Bezirk einer Wasserpolizeibehörde hinaus.

[5]) Insbesondere § 366 Nr. 10: „Wer die zur Erhaltung der Sicherheit, Bequemlichkeit, Reinlichkeit und Ruhe auf den . . . Wasserstraßen erlassenen Pol. Verordnungen übertritt." Aber auch Nr. 3: Mutwillige Verhinderung des Vorbeifahrens auf Wasserstraßen. Nr. 8: Aufstellen oder Aufhängen von Sachen auf einer Wasserstraße ohne gehörige Befestigung, Ausgießen

oder Auswerfen mit Gefahr der Beschädigung oder Verunreinigung von Menschen. Nr. 9: Aufstellen, Hinlegen oder Liegenlassen verkehrshindernder Gegenstände auf Wasserstraßen. Vgl. unten zu § 48 b.

[6]) Mindesthöhe und Maximalbetrag der Geldstrafen. Bei Übertretungen 1—150 RM. (vgl. § 86 SWO.).

[7]) I. Die SWO. hat im Rechtssystem die gleiche Stellung wie die SStrO. Sie ist ein Schutzgesetz i. S. des § 823 Abs. 2 BGB. Wird ein Schadensersatzanspruch auf eine Zuwiderhandlung gegen die SWO. gestützt, so ist auch hier an sich der Beweis des Verschuldens und der Kausalität zu führen. Jedoch greift auch hier die Erwägung durch, auf welcher der prima-facie-Beweis beruht: In einem Polizeigesetz werden Anordnungen getroffen, welche der Verhütung von Unfällen dienen sollen und welche grundsätzlich ausführbar sind. Daraus ergibt sich, daß der äußerliche Verstoß im Zweifel kausal und schuldhaft ist (vgl. hierzu Anm. 60 ff. zu § 735. — I, 706 ff.). Auch die weitere tatsächliche Vermutung, welche die Judikatur herausgebildet hat, daß nämlich bei einer Kollision zwischen einem stilliegenden und einem fahrenden Schiff letzteres die Schuld trage, gilt auch für die SWO. Jedoch ist hier mit besonderer Sorgfalt zu prüfen, ob nicht dieser prima-facie-Beweis durch ein besonderes Verschulden des stilliegenden Schiffes (Liegen an verbotener Stelle, vgl. HansOLG. Hansa 1927, 205), ausgeschlossen und gleichzeitig dieses konkurrierende Verschulden als selbständiges Moment wirksam wird (vgl. Anm. 91—94, 99 zu § 735. — I, 713 ff.). — Bei Blankettvorschriften (Art. 29 SStrO. und § 5 Abs. 4 SWO.) gelten die Grundsätze des prima-facie-Beweises nicht (HansGZ. 27 Nr. 110). Weil die SWO. ein Schutzgesetz i. S. des § 823 BGB. ist, gelten auch für sie die Grundsätze, die von der Judikatur für die Frage des Verschuldens aufgestellt worden sind. Das Verschulden braucht sich also nur auf den Verstoß gegen das Schutzgesetz zu beziehen (RG. JW. 1916, 38; Warn. 1918 Nr. 106). Unverschuldete Unkenntnis des Gesetzes kann im bürgerlichen Rechtsstreit eingewendet werden, nicht aber die

Unzweckmäßigkeit oder schwere Befolgbarkeit des Gesetzes (RG. JW. 1910, 579). Schuldhaft handelt jedoch, wer es unter Verletzung der gebotenen Sorgfalt (§ 511 HGB.) unterläßt, sich über das Bestehen des Schutzgesetzes zu unterrichten (RG. JW. 1905, 142 und Warn. 1909 Nr. 297). Nicht schuldhaft ist das Abweichen vom Gesetz in einer außergewöhnlichen, vom Gesetz nicht ins Auge gefaßten Situation (vgl. RG. JW. 1909, 313).

II. Die SWO. regelt, ebenso wie die SStrO. nur das Verhalten von Schiffen in bezug aufeinander und auf die Ufer. Dagegen nicht das Verhältnis von Schiff zu Flugzeug (vgl. I, 804). Jedoch sind Bestrebungen im Gange, um eine Ergänzung der SWO. in dieser Richtung herbeizuführen. Vgl. Hamb. Fremdenbl. vom 20. Dezember 1927 S. 17. Ein Entwurf des RVerkMin. in dieser Richtung liegt vor.

III. Die SWO. sagt nicht ausdrücklich, welche Polizeiverordnungen mit dem 1. Dezember 1927 außer Kraft treten. Ausdrücklich aufgehoben ist z. B. die V. Unterelbe (Amtl. Anz. vom 20. November 1927 Nr. 280) Vgl. auch zu § 61—85. Man wird annehmen müssen, daß die SWO. innerhalb ihres Geltungsbereichs (Teil II) eine erschöpfende Regelung bringt, so daß in diesen Bezirken alle Verordnungen außer Kraft treten, welche die von der SWO behandelten Gebiete betreffen (Allg. Vorschr. — Lichterführung — Signale — Fahrregeln). Alle diese Verordnungen bleiben jedoch in Kraft, sofern sie auch in solchen Gewässern gelten, die nicht in den Geltungsbereich der SWO. fallen und mit Wirkung nur für diese Restbezirke. See-A. Hamb. Hans. RZ. 1928 S. 196. Bei der Unzahl örtlicher Verordnungen (vgl. zu Art. 30 SStrO. — I, 846) wäre es dankenswert, wenn eine Klärung dieser Frage durch eine zusammenfassende Verordnung erfolgen würde. Eine Zusammenstellung der ausdrücklich aufgehobenen Verordnungen findet sich bei den einzelnen Paragraphen des Teil II.

IV. Zuwiderhandlungen gegen die SWO. werden strafrechtlich verfolgt:

a) gemäß § 86 SWO.

b) nach den allgemeinen Vorschriften des StGB., sofern nach ihnen eine höhere Strafe, als die in § 86 SWO. angedrohte, verwirkt ist.

c) Nicht: nach § 145 StGB., denn die SWO. ist nicht (an Stelle des Kaisers) vom Reichspräsidenten erlassen (vgl. die Einl. zur SWO., welche nicht auf § 145 StGB. Bezug nimmt).

Die SWO. ist ein Polizeigesetz, dessen Übertretung nur im Falle der Schuldhaftigkeit strafbar ist. Insofern steht die SWO. der SStrO. gleich (vgl. RGStr. 45, 394; RMilG. 2, 200), das konkurrierende Verschulden des Gegenfahrers kann berücksichtigt werden (RG. HansGZ. 1910 Nr. 43; RGStr. 34, 91). Vgl. I, 802.

[8]) Dazu Trave (Anl. 1) Nr. 1.

[9]) Aus dem Zusammenhalt mit SStrO. Einl. Abs. 1 (I, 803) ergibt sich folgendes: Lediglich die SStrO. gilt a) auf See, b) auf denjenigen, mit der See in Zusammenhang stehenden von Seeschiffen befahrenen Gewässern, welche nicht Wasserstraßen sind oder welche in den Sondervorschriften (Teil II) nicht genannt sind und auch keine örtliche Regelung erfahren haben. Vgl. HansRZ. 1928 S. 196. Im übrigen gilt die SWO. neben der SStrO. (vgl. § 2 SWO.). Ausnahmen von diesen Regeln kraft bes. Regelung in § 85c (Kurisches Haff und Königsberger Seekanal unterstehen nicht der SWO.). In dem deutsch gebliebenen Teile des Kurischen Haffs gilt lediglich die PolV. vom 19. Februar 1900. — Die SWO. läßt ferner alle Hafenordnungen unberührt, desgl. die Lotsenordnungen. Das Lotsenwesen wird in der SWO. nur insofern berührt, als gewisse Sondernormen, z. B. allgemeine Signale (§ 35g behält sie vor) in Teil II mit örtlicher Wirkung eingeführt worden sind. Über die Abgrenzung von See- und Binnenschiffahrt vgl. W. 100ff.

## Verhältnis zur Seestraßenordnung.

§ 2. Die Seestraßenordnung vom 5. Februar 1906[1]) (Reichsgesetzblatt 1906 S. 120ff.) wird durch diese Ordnung nicht berührt[2]).

Die in der Seestraßenordnung enthaltenen Erklärungen der Begriffe „Dampffahrzeuge"[3], „in Fahrt"[4]) und „sichtbar"[5]) und die Zeitmaße für kurze und lange Töne mit der Dampfpfeife[6]) gelten auch für diese Ordnung, soweit in ihr nichts anderes bestimmt wird[7]).

[1]) Abgedruckt im Anhang (vgl. auch I, 803 ff.). Anl. 2.

[2]) D. h. soweit der Geltungsbereich der SStrO. geht (Einl. Abs. 1 der SStrO.), stellt die SWO. nur eine Ergänzung derselben dar. Sollten sich widersprechende Bestimmungen in der SStrO. und der SWO. finden, so tritt die SStrO. zurück (Art. 30 SStrO.). Wo die SStrO. sich einer Regelung enthält, gilt die SWO. uneingeschränkt. Teil II enthält für einzelne Wasserstraßen hinsichtlich der Ausweichpflicht Spezialvorschriften, welche die Vorschriften der SStrO. in ihr Gegenteil verkehren. Die Gültigkeit dieser Spezialvorschriften beruht auf Art. 30 SStrO. Vgl. RGStr. 31, 229.

[3]) Einl. Abs. 3 SStrO. (I, 803).

[4]) Einl. Abs. 4 SStrO. (I, 803); dazu Dick S. 5. Über die Frage, ob ein getreibeltes Schiff „In Fahrt" ist, vgl. § 80 Nr. 11 Anm. 1.

[5]) Lichter usw. SStrO. (I, 804). Der Begriff „sichtbar" ist die Basis für die Bestimmung der normalen Sichtweite der Lichter. Wie groß diese Sichtweite sein muß, kann die SWO. regeln, soweit es sich um Lichter handelt, welche von der SStrO. gar nicht oder nicht in bezug auf die Sichtweite erörtert sind (vgl. § 8 Abs. 4 SWO.).

[6]) Art. 28 Abs. 1 SStrO. (I, 838): kurzer Ton hat etwa eine Sekunde Dauer. Art. 15 Abs. 2 SStrO. (I, 818): Langer Ton hat vier bis sechs Sekunden Dauer. Über Beginn des Tons vgl. Art. 15 Anm. 5 (I, 819). Abweichungen in bezug auf den langen Ton in Teil II.

[7]) Einzelne Abweichungen in Teil II hinsichtlich des langen Tons (acht oder zehn Sekunden), z. B. § 62 Nr. 10 und 18.

## Zollamtliche Behandlung der Schiffe.

§ 3. Für die zollamtliche Behandlung der Schiffe gelten die Vorschriften des Vereinszollgesetzes vom 1. Juli 1869 (Bundesgesetzblatt von 1869 S. 317) und die dazu erlassenen Ausführungsbestimmungen[1]).

[1]) Vgl. die Zollvorschriften Anl. 8 und Trave (Anl. 1) Nr. 6.

Von den zahlreichen Ausführungsverordnungen seien nur folgende angeführt:

1. Anweisung zur Ausführung des Vereinszollgesetzes (ZBl. 1888 S. 489 ff.).
2. Änderungen und Ergänzungen dazu im ZBl. 1904 S. 19.
3. Zollregulativ für die Unterelbe vom 11. Juli 1888 (Zbl. 1888 S. 430).

Im Fahrwasser liegende Zollkreuzer haben kein Wegerecht. Vgl. OSA. 24 S. 9. Anläßlich der Zollabfertigung erfolgt auch die Kontrolle des Fahrterlaubnisscheins bzw. des Seefähigkeitsattestes (Schrb. des Finanzmin. vom 30. Mai 1925 II A 10036). Vgl. OSA. 23 Nr. 11, 17 und 18. Im übrigen erfolgt die Kontrolle auch durch die Hafen- und Musterungsbehörden. OSA. 22 Nr. 140.

## Gesundheitliche Behandlung der Seeschiffe[1]).

§ 4. Für die gesundheitliche Behandlung der Seeschiffe gilt die Bekanntmachung des Reichskanzlers, betreffend Vorschriften über die gesundheitliche Behandlung der Seeschiffe in den deutschen Häfen nebst der Desinfektionsanweisung vom 29. August 1907 (Reichsgesetzbl. 1907 S. 563 ff.)[2]).

[1]) Quarantänesignal: §§ 35 f., § 64 Nr. 7. Vgl. auch Anhang Anlage 9 und Trave (Anl. 1) Nr. 5. — Betonnung der Quarantäneliegeplätze vgl. Anhang Anl. 5 zu C III c. — Quarantäneflagge: Anhang Anl. 9 § 4.

[2]) In den Häfen gelten auch die entsprechenden Bestimmungen der Hafenordnungen. Vgl. auch W. 62. — Verordnung über die gesundheitliche Überwachung der im Lübecker Hafengebiet verkehrenden Schiffe vom 13. Oktober 1927 (veröffentlicht 26. Oktober 1927). Die bisher geltende Verordnung vom 1. September 1900 ist aufgehoben worden (§ 9).

## Verantwortung der Schiffsführer und Schiffsbesatzung[1]).

§ 5. Verantwortlich für die Befolgung der Seewasserstraßenordnung ist der Führer des Fahrzeugs oder sein Vertreter[2]).

Jeder Führer eines Fahrzeugs oder eines Floßes[3]) muß einen Abdruck dieser Ordnung an Bord haben[4]), soweit nicht die Schiffahrtspolizeibehörden Ausnahmen zulassen[5]).

Der Führer oder sein Vertreter hat die Schiffsbesatzung zu der Befolgung der Seewasserstraßenordnung anzuhalten.

Keine dieser Vorschriften[6]) soll ein Fahrzeug[7]) oder den Reeder, den Führer und die Mannschaft desselben[8]) von den Folgen einer Versäumnis im Gebrauche von Lichtern[9]) oder Signalen[10]) und im Halten eines gehörigen Ausgucks[11]) oder von den Folgen der Versäumnis anderer Vorsichtsmaßregeln[12]) befreien[13]), welche durch die seemännische Praxis[14]) oder durch besondere Umstände des Falles[15]) geboten werden[16]).

[1]) Die Anmerkungen zu § 5 Abs. 4 sind zum größten Teile entnommen dem Seerecht von Schaps (2. Aufl.), herausg. von Mittelstein und Sebba (Anm. zu Art. 29 SStrO.). Vgl. auch Dick S. 63 und 82.

[2]) Vgl. Art. 33 Abs. 2 SStrO. (I, 849); W. 687; UnsVerhV. § 2 (Dampfer, Segler und Küstensegler), insbesondere auch über die Frage, wann die Abwesenheit des Kapitäns zulässig

und Vertreterbestellung erforderlich ist. — Von einem ausländischen Kapitän ist die Kenntnis aller lokalen Verordnungen nicht zu verlangen. Er darf sich auf den Lotsen verlassen. OSA. 24 S. 52.

[3]) Vgl. § 47

[4]) Vgl. § 513 HGB. Anm. 14 Abs. 2 (I, 197).

[5]) Durch Polizeiverordnung oder im Sonderfall z. B. für das Frische Haff (§ 85) PolV. vom 21. November 1927 für Kleinschiffer und Ruderboote.

In Ausführung des § 5 Abs. 2 sind bisher folgende PolV. erlassen worden:

1. Von der Wasserstraßendirektion Hamburg Verordnung vom 28. November 1927 (G. u. VBl. 27 Nr. 118 v. 29. November 1927).

§ 1. Ungedeckte Fahrzeuge (einschl. Fischerfahrzeuge), die über keinen wasserdichten Raum oder Aufbau verfügen, sind von der Mitführung eines Abdruckes der Seewasserstraßenordnung befreit.

Die Führer solcher Fahrzeuge haben sich jedoch unter Vorlage eines eigenen Abdruckes der Seewasserstraßenordnung von der zuständigen Schiffahrtspolizeibehörde (vgl. § 64 Anmerkung 1) persönlich eine Bescheinigung der Befreiung zu beschaffen. Diese wird auf der vorgelegten Seewasserstraßenordnung vermerkt, nachdem die Führer die Erklärung abgegeben haben, daß sie mit den Bestimmungen der Seewasserstraßenordnung vertraut sind.

§ 2. Diese Verordnung tritt am 1. Dezember 1927 in Kraft.

2. Vom Oberpräsidenten (Wasserbaudirektion) in Königsberg. Verordnung vom 21. November 1927 (Amtsbl. S. 311):

Gemäß § 5 Abs. 2 der SWO. wird hiermit bestimmt, daß die Kleinfischer und Führer von ungedeckten Ruderbooten im Geltungsbereich dieser Polizeiverordnung von der Mitführung eines Abdruckes der SWO. an Bord einstweilen entbunden sind. Kleinfischer i. S. dieser Bekanntmachung sind Führer von kleinen, ungedeckten Fischereifahrzeugen ohne eigene Triebkraft.

3. Vom Oberpräsidenten (Wasserbaudirektion) in Stettin Verordn. vom 24. Oktober 1927 (Sonderamtsbl. d. Reg. vom 8. November 1927): (vollständig abgedruckt zu § 80) — Abs. 3 lautet: Im einzelnen bestimme ich für die Provinz Pommern in Ausführung des § 5 Abs. 2 SWO. daß Mitglieder des Reichsverbandes deutscher See- und Küstenfischer, soweit sie ihr Gewerbe in offenen, nicht mit durchgehendem Deck versehenen Fischerbooten ausüben, von der Verpflichtung zur Mitführung eines Abdrucks der SWO. an Bord befreit sind.

[6]) D. h. aller Vorschriften der SWO. Nach Art. 29 SStrO. wird man auch die in Art. 30 erwähnten lokalen Verordnungen (Teil II) hierher rechnen müssen. Auch deren Befolgung entbindet nicht von der Verpflichtung, der seemännischen Praxis und den besonderen Umständen des Einzelfalls Rechnung zu tragen.

[7]) Jedes Fahrzeug, auch das mit unbedingtem Wegerecht ausgestattete (Art. 17: Segler mit Steuerbordhalsen), das stilliegende oder völlig manövrierunfähige. Vor allem auch die Wegerechtsschiffe gemäß § 14 und 42 und den örtlichen Vorschriften des Teil II. Ebenso alle Schiffe, die nach Teil II in gewisser Beziehung Vorrechte erhalten haben, ohne Wegerechtsschiffe zu sein. Kein Schiff darf, auf gesetzliche Vorrechte oder Wegerechte pochend, andere Schiffe in Gefahr bringen.

[8]) Während die SStrO. und die SWO. im allgemeinen nur von dem Schiff sprechen, werden hier der Reeder, der Führer und die Mannschaft besonders genannt, eine gesetzestechnische Inkonsequenz ohne sachliche Bedeutung. Denn die Verantwortlichkeiten werden nicht sowohl von der SStrO., als vielmehr von § 145 StGB. bzw. von den §§ 734ff., 485, 486 HGB. geregelt. Immerhin bringt das Gesetz zum Ausdruck, daß jede der genannten Personen ihre Pflicht erfüllen muß und die Verantwortung nicht auf eine andere Person abwälzen kann. Vgl. dazu § 5 Abs. 3, wonach die Schiffsbesatzung zur Befolgung der SWO. angehalten werden muß.

[9]) Das bezieht sich auf alle Lichter der SStrO., der SWO. und auch die in Lokalverordnungen vorgesehenen oder sonst gebräuchlichen Lichter, gleichgültig, ob sie zu führen oder zu zeigen sind. Auch auf die vorgeschriebenen Flackerfeuer ist die Vorschrift anwendbar, soweit man diese nicht zu den Signalen rechnet. Der ordnungsmäßige Gebrauch der Lichter betrifft ihre Anbringung an der gebotenen oder — falls in dieser Richtung nichts verordnet ist — an der nautisch zweckmäßigen Stelle (sie dürfen nicht durch die Boote, Decklast, Segel usw. verdeckt werden; OSA. 3 Nr. 69; 4 Nr. 119; 20, 237); SWO. § 8; ferner: die Dauer ihrer Führung, das sachgemäße Trimmen und Instandhalten der Laternen, das sorgfältige Beobachten ihres ordnungsmäßigen Funktionierens, das Unterlassen jeder Irreführung durch Verwendung unvorschriftsmäßiger und verwechselbarer Lichter (§ 8 Abs. 1 und 2), das rechtzeitige Zeigen von optischen Warnungszeichen, Einhaltung der vorgeschriebenen Reichweite, Vorhandensein der vorgeschriebenen Schirme und Abblendung von Arbeitslichtern gegen den Führerstand. Die Positionslaternen dürfen nicht vor Beginn der Fahrt gesetzt werden (vgl. Fuhrmann 232). Über ihre Prüfung durch die deutsche Seewarte vgl. Unfallverhütungsvorschriften §§ 35ff. (Dampfer), §§ 30ff. (Segler), §§ 20ff. (Küstensegler).

[10]) Optische Signale der SStrO.: Art. 4a und b, 9k, 14, 31 Nr. 3 u. 3a (Bälle und Körper); Art. 8, 9d Nr. 2, 12 (Flackerfeuer, Aufleuchtenlassen der Seitenlichter, Fackel); Art. 31, 32 (Signale des Internationalen Signalbuchs, Flaggen, Flammensignale — Öl- oder Teertonnen — Raketen, Leuchtkugeln, Sternsignale); Lotsensignalordnung § 2 (Lotsenflagge, Signale des Internationalen Signalbuchs, Kegel, Bälle, Blaufeuer, helles weißes Licht). Vgl. auch die Noten zu Art. 30 SStrO. (lokale Verordnungen) und SWO. §§ 9—23, 25, 29, 31, 48c, Teil II (örtliche Signale).

Nicht zu den optischen Signalen gehört das Winken oder Richtungzeigen mit der Hand oder die Übermittelung von Nachrichten durch Winkflaggen. Jedoch können diese Verständigungsmittel zu den „anderen Vorsichtsmaßregeln" des § 5 Abs. 4 gehören.

Akustische Signale der SStrO.: Art. 9 h, 15 (Nebelsignale: Pfeife, Sirene, Glocke, Trommel, Nebelhorn, Gong); Art. 91 („anderes wirksames Schallsignal"); ähnlich Art. 15 Abs. 5; — Art. 12 (Knallsignal); Art. 28 (Manöversignale); Art. 31 (Kanonenschüsse, Knallsignale, Nebelsignalapparat). Der SWO.: §§ 32 bis 35, 37, 50, Teil II (örtliche Signale) und Trave (Anl. 1) Nr. 17. — Unzulässig sind Begrüßungssignale (OSA. 8, 122; Hansa 1908, 1183); ferner solche Signale, die allein oder in Verbindung mit den gesetzlich vorgeschriebenen (etwa Rudersignalen) zu Verwechslungen mit Nebel- oder anderen Signalen führen können (vgl. OSA. Hansa 1910, 419; 1911, 291); desgleichen Frage- und Antwortsignale zur Vorbereitung der Kursänderung (vgl. Note 7 zu Art. 28 — I, 840). Nur beim Überholen sind derartige Signale durch § 37 SWO. vorgeschrieben. Unzulässig ist die Abgabe eines langen Tones als Achtungssignal statt des im gleichen Augenblick abzugebenden kurzen Tones (Steuerbordrudersignal). Zulässig ist das Schwenken von Flaggen oder Flackerfeuern (oder Laternen), um die Passierseite zu bezeichnen. Bei wiederholter Abgabe des Steuerbordrudersignals ist durch Einschieben von längeren Pausen einer Verwechslung mit den anderen Signalen des Art. 28 vorzubeugen (vgl. OSA. 20, 106). Andererseits darf das Dreitönesignal nicht durch Ungleichmäßigkeit der Pausen als ein Backbord- und ein Steuerbordsignal erscheinen (vgl. OSA. 20, 745). Die rechtzeitige Abgabe von Signalen ist in § 51 SWO. noch ausdrücklich angeordnet.

Nicht zu den akustischen Signalen gehören Zurufe von Schiff zu Schiff.

Die Abgabe aller Signale in der richtigen Situation zur rechten Zeit und in vorgeschriebener (evtl. zweckmäßiger) Weise wird durch § 5 Abs. 4 zur Pflicht gemacht, soweit nicht bereits in den übrigen Vorschriften Anordnungen getroffen sind. Über die Signalapparate vgl. Art. 33 SStrO.; § 32 Abs. 2 SWO.

Beispiele: Beim Schleppen über Heck sind die Seitenlichter nach dem Heck zu richten und zu vertauschen (vgl. Note 5 zu Art. 2 — I, 806); Beleuchtung von Fahrzeugen, die längsseit von Seeschiffen im Hafen liegen, ist jetzt nach § 22 SWO. vorgeschrieben; Verwendung von Blaulichtern zur Kenntlichmachung des eigenen Schiffes kann geboten sein (Hansa 1918, 259; zu HansOLG. Hansa 1918, 262). Über Unzuverlässigkeit der akustischen Signale vgl. Art. 15 Note 1 SStrO. (I, 818). Eine Neuerung bedeutet das Gefahr- und Warnungssignal des § 34 und das Achtungssignal des § 35a SWO. Über die Rechtslage nach der SStrO. vgl. I, 842. Soweit die SWO. nicht gilt, bleibt die Rechtslage unverändert. Doch wird man die Bedenken gegen die Abgabe von Warnungs- und Achtungssignalen aufgeben können, soweit sie noch angesichts der allgemeinen Üblichkeit überhaupt haltbar waren. Mißbrauch durch allzu häufige Anwendung ist aber zu vermeiden.

Die SStrO. gibt dem Art. 29 die Überschrift: „Notwendigkeit anderweiter Vorsichtsmaßregeln".

Damit wird zum Ausdruck gebracht, daß Art. 29 eine Ergänzung aller übrigen Vorschriften der SStrO. darstellt (wie Art. 27 zu den Art. 17—26). Vgl. Budde Note 1 zu Art. 29. Über das Verhältnis des Art. 29 zu den Ausweichvorschriften vgl. V Note 1 (I, 823). Art. 29 ist auch befähigt, jede andere Vorschrift der SStrO. außer Kraft zu setzen, zu modifizieren oder zu verschärfen (anders Brandis 2, 114). Dies gilt im gleichen Maße von § 5 Abs. 4 SWO.

Insbesondere tritt er in Wirksamkeit:

a) wenn es sich nicht um die Frage des „Ob", sondern des „Wie" eines von der SStrO. oder der SWO. vorgeschriebenen Verhaltens handelt, z. B. Zeitpunkt und Intensität der Ausweichmanöver, Zeitpunkt der Rudersignale usw.;

b) wenn für das Verhalten in einer bestimmten Situation Regeln nicht aufgestellt oder die vorhandenen Vorschriften nicht durchführbar sind; z. B. gleichzeitige Ausweichpflicht gegenüber mehreren Gegenfahrern (vgl. OSA.

20, 110); Gefahr einer Kollision zwischen mehr als zwei Schiffen (RG. Hansa 1908, 511); oder zwischen zwei Fischerfahrzeugen, wenn Art. 17b nicht anwendbar ist (dann muß das mehr manövrierfähige Schiff ausweichen; HansGZ. 1905 Nr. 57); Maßregeln des letzten Augenblicks, insbesondere bei unvermeidlicher Kollision;

c) wenn zwischen den Vorschriften der SStrO. oder denen der SWO. ein Widerspruch besteht, welcher nicht aus dem Sinn derselben heraus gelöst werden kann; über Widersprüche zwischen diesen beiden Gesetzen vgl. § 2 Anm. 2;

d) wenn die außergewöhnliche Situation ein Abweichen von einer Vorschrift der SStrO. oder SWO. erforderlich macht (HansGZ. 1910 Nr. 1). Art. 29 hat somit gleichzeitig den Zweck, einer mechanischen Befolgung der Spezialvorschriften vorzubeugen (vgl. v. Stengel-Fleischmann III 368). Z. B. für den Fall, daß ein Rudersignal unterlassen werden muß, weil es nur einem von mehreren Gegenfahrern gelten und die anderen irreführen würde (angedeutet OSA. 20, 110);

e) wenn es im konkreten Falle zweifelhaft ist, ob die Voraussetzungen einer Vorschrift der SStrO. oder SWO. gegeben sind (vgl. z. B. Art. 19: Nichtfeststellbarkeit der Ausweichpflicht). In solchen Fällen wird der Schiffer danach trachten müssen, möglichst bald eine der gesetzlich geregelten Situationen herbeizuführen, z. B. durch geringe Kursänderungen zwecks Klarung der Lichter oder zur Beseitigung eines Zweifels darüber, ob entgegengesetzte oder kreuzende Kurse vorligen (vgl. Art. 18 Note 1. u. 4; 19 Note 5 — I, 827 und 828).

11) Die ordnungsmäßige Besetzung des Ausgucks ist in § 51 SWO. noch besonders betont. Mit Recht: denn der Ausguck ist eine der wichtigsten nautischen Vorsichtsmaßregeln (vgl. OSA. 16 S. 35, 42, 131, 251, 271, 344, 487, 490; 17, 455; 18 S. 254, 396, 613, 634, 696, 794; 19 S. 69, 687) und daher vom Gesetz besonders hervorgehoben, auch zuweilen durch lokale Verordnungen geregelt. Vgl. OSA. 16, 501). Der

Ausguck darf während der Fahrt, besonders bei Nebel und nachts, niemals unbesetzt bleiben (§ 51), auch auf Fischdampfern nicht (vgl. OSA. 18, 396; OSA. Hansa 1910, 61; SeeA. Hamburg ebenda 1914, 631). Er muß an der günstigsten Stelle postiert sein (vgl. u. a. SeeA. Flensburg Hansa 1908, 1020). Im allgemeinen im Krähennest am Fockmast, bei kleinen Fahrzeugen auf der Brücke oder dem vorderen Ende des Decks (OSA. 16, 501), der Plattform des Regelkompasses (OSA. 19, 391); bei ganz kleinen Fahrzeugen ist der Rudersmann gleichzeitig Ausguck (vgl. OSA. 16, 490). Im übrigen aber ist stets ein besonderer Ausgucksmann zu stellen (OSA. 19 S. 69, 629). Der Ausguck darf nicht durch Segel usw. beschränkt sein (OSeeA. 20, 162). Die Pflicht zum Ausguck nach hinten ergibt sich aus Art. 10 (Hecklicht) SStrO. und § 10 Abs. 2 SWO. Aber auch wenn ein festes Hecklicht geführt wird, ist Ausguck nach hinten (z. B. mit Rücksicht auf Art. 24 u. 21 SStrO.; § 37 SWO.) nötig. Vgl. SSchG. 12. Juli 1922 (Fall Sensal-Walroß). — Sobald die Situation sich kompliziert oder der Ausblick erschwert wird (Nebel, Dunkelheit, Verdecken des Gesichtsfeldes durch den hoch aufragenden Bug des achterlastigen Schiffes, stark belebtes Revier, Vorbeifahrt an Hafeneinmündungen, besonders große Entfernung zwischen Brücke und Vorschiff), gehört der Ausguck auf die Back (vgl. RG. 76, 295 = HansGZ. 1911 Nr. 112 = JW. 1911, 723 Nr. 32; HansGZ. 1906 Nr. 17; SeeA. Hamburg Hansa 1910, 1056; 1914, 631; OSA. 15, 245; 18, 255; 19, 63), es sei denn, daß dies im besonderen Falle untunlich ist (OSA. 19, 550: schlechtes Wetter!). Nicht erforderlich ist, daß die Back bei Nebel mit einem Offizier besetzt wird (OSA. 20, 240). Der Schiffer ist für jede Sekunde verspäteten Sichtens des Gegners verantwortlich (vgl. RG. Hansa 1911, 299: durch Ausguck auf der Back wäre der Gegner acht Sekunden früher gesehen worden!). Er darf nur auf Sehvermögen geprüfte Leute als Ausguck bestellen (Bek. des Reichskanzlers vom 1. Juli 1905, RGBl. 562). Über die Nachteile des Ausgucks von der Back vgl. Hansa 1910, 35 und

OSA. ebenda 61; im übrigen entscheidet über die Postierung das freie Ermessen des Schiffsführers, desgleichen über die Anzahl der Ausguckleute. Ist ein Ausguck nicht bestellt, so kann sich der Schiffer nicht damit entschuldigen, daß die Bemannung nicht ausgereicht habe (SeeA. Hamburg Hansa 1913, 710). Vgl. über Einzelfragen des Ausgucks noch OSA. 1, 88; 4 S. 87, 406; 5, 601; 6 S. 187, 542, 762; 7, 748; 9, 214; 10 S. 27, 85; 13, 538; 15 S. 245, 790; Unfallverhütungsvorschr. vgl. die Anm. zu § 51.

[12]) Die Vorsichtsmaßregeln, welche erforderlich werden können, lassen sich nicht erschöpfend aufzählen. Vgl. jedoch § 735 Anm. 23 (I, 692).

Beispielsweise muß der Schiffer die Vorgänge auch außerhalb des Kurses beobachten, wobei mit der Unbesonnenheit anderer Personen (Ruderboote, kleine Segler) zu rechnen ist (RG. VerkR. 1927 S. 257 = JW. 27, 2857). — Orientierung des Lotsen über besondere Schiffseigenschaften (HansGZ. 1927 Nr. 110). Ferner muß der Schiffer es vermeiden, das Schiff zu nahe an eine Böschung zu bringen (Soggefahr; RG. 74, 250 = HansGZ. 1911 Nr. 7 = DJZ. 1911, 281 = JW. 1911, 60 Nr. 56); bei unklarer Situation und beengter Aussicht sorgfältig und besonnen manövrieren (RG. 86, 424 = HansGZ. 1915 Nr. 32 = JW. 1915, 1355); im belebten Revier die Schlepptrosse kürzen [RG. ebenda und HansGZ. 1914 Nr. 104] (örtliche Vorschriften in Teil II. Vgl. Anm. 1 zur Überschrift von § 36); die Geschwindigkeit mäßigen zwecks Gewinnung des zur Erlangung der Übersicht nötigen Abstandes zu einem vorausfahrenden Schiff (RG. 86, 424); mit seinem Kahn weglegen, wenn ein einkommender großer Dampfer ihn durch Signal dazu auffordert (HansOLG. Hansa 1913, 555); stoppen, wenn infolge Unklarheit der gegnerischen Lichter nicht feststeht, ob die ihm zukommende Fahrwasserseite frei ist (HansGZ. 1913 Nr. 88); es vermeiden, ein Schiff zu Luv zu passieren, wenn der starke Wind ein Zutreiben auf jenes Schiff befürchten läßt (HansOLG. Hansa 1918, 262); beim Hineinfahren in ein belebtes Fahrwasser vorsichtig manövrieren (Langsamfahren, Warnungspfiffe, Vermeiden einer Kurskreuzung; OSA. 16, 284); eine Schleppfahrt nicht bei ungünstigen Strom- und Wetterverhältnissen beginnen (RG. HansRZ. 1917, 34); die Rudermanöver ausgiebig vornehmen (HansOLG ebenda); weder zu spät, noch zu früh mit den Ausweichmanövern beginnen; es vermeiden, den Kurs eines ihm folgenden Schiffes zu kreuzen, selbst wenn dieses nicht überholen will und eine Kurshaltepflicht danach nicht besteht (OSA. 20, 456); eine Ankerwache ausstellen (auch auf Fischerfahrzeugen; HansOLG. HansGZ. 1906 Nr. 91); ein irreguläres Manöver (Art. 29) aufgeben, wenn der Gegner auf dasselbe nicht eingeht (HansOLG. HansGZ. 1909 Nr. 118); auf engem und belebtem Revier stets auf Rückwärtsgehen vorbereitet sein (RG. HansGZ. 1910 Nr. 94 = Hansa 1910, 526); bei Nebel ankern, wenn selbst eine mäßige Geschwindigkeit nach Lage der Sache noch zu schnell wäre (HansGZ. 1911 Nr. 33); in der Nähe einer Kanalböschung ein zu reichliches und zu frühes Ausweichen vermeiden (HansGZ. 1913 Nr. 81); es vermeiden, im belebten Revier nach dem Stoppen die Maschine vorzeitig abzuklingeln (HansGZ. 1914 Nr. 74); beim Ankern in offener See und zunehmendem Winde die Maschine klar machen. SSchG. 20. Februar 1917 (Fall Kalmar-Mannheim); ebenso beim Ankern im Revier. OSA. 23 Nr. 61; es vermeiden, bei Sturm und Wellengang Schuten ohne Setzbord nebeneinander zu schleppen (HansGZ. 1915 Nr. 80); die Fahrt mäßigen, wenn er merkt, daß er das Schiff infolge Sogwirkung nicht mehr in der Hand hat (SeeA. Bremerhaven Hansa 1914, 316); einen geeigneten Ankerplatz auswählen (ROHG 3, 30), vgl. § 56; genügenden Abstand zu einem vorausfahrenden Schiff halten (RG. Hansa 1901, 53), insbesondere bei Fahrt durch schweren Eisgang. HansGZ. 1922 Nr. 134.

[13]) Der Ausdruck: „von den Folgen der Versäumnis befreien" entspricht nicht der allgemein üblichen Ausdrucksweise deutscher Gesetze (der englische Stil ist nicht zu verkennen). Sachlich bedeutet diese Wendung lediglich, daß der Schiffer außer den Vorschriften der SStrO. und der SWO. auch die

weiteren, sich aus der seemännischen Praxis und der Sachlage ergebenden Vorsichtsmaßregeln anwenden muß. Ob er sich durch Befolgung der gesetzlichen Vorschriften tatsächlich von den Folgen einer sonstigen Versäumnis befreien kann, ist Tatfrage, über welche das Gericht zu entscheiden hat, und zwar nach Prüfung der Schuldhaftigkeit (vgl. z. B. den Fall, daß der Schiffer zu lange Kurs hält; dies ist gewöhnlich nicht schuldhaft, wenn auch eine „Versäumnis").

[14]) Die seemännische Praxis ist die durch Übung und Herkommen festgelegte Handlungsweise eines guten Seemanns. Auch der Schiffer auf kleiner Fahrt darf sich nicht gedankenlos von Gewohnheiten und Beispielen leiten lassen, sondern muß sich ein selbständiges Urteil bilden (OSA. 18, 617). Mißbräuche und laxe Gewohnheiten gehören nicht zur seemännischen Praxis, ebensowenig ständige Verstöße gegen eine positive Gesetzesvorschrift und gewohnheitsmäßige Abänderung oder Neuschaffung von Signalen, welche irreführend oder aus sonstigen Gründen gefahrbringend sind (vgl. OSA. 18, 535; HansGZ. 1901 Nr. 8). Andererseits braucht der Schiffer nicht jede billigenswerte Schiffergewohnheit zu befolgen (Perels GoldschmidtsZ. 57, 383). Es muß insbesondere auch für jeden Einzelfall geprüft werden, ob nicht seine Besonderheiten ihn aus dem Typ derjenigen Fälle herausheben, auf die sich der seemännische Brauch bezieht. — Die seemännische Praxis braucht nicht allgemein zu gelten. Es genügt auch eine lokale, den Schiffern bekannte Verkehrsübung (vgl. OSA. 20, 57).

Die seemännische Praxis erfordert z. B.: daß bei ungeklärter Situation oder Unsichtbarkeit des Gegners keine Ausweichmanöver vorgenommen werden (RG. 69, 432); Berücksichtigung des Umstandes, daß ein über Heck in den Hafen geschleppter Dampfer zuweilen einige Schraubenschläge machen muß (HansOLG. Hansa 1913, 554); Vermeidung jeder Irreführung und Verwirrung des Gegners (klare und frühzeitige Kundgebung der eigenen Absichten; vgl. Brandis 2, 115);

Berücksichtigung der Fahrwasserkrümmung bei Beurteilung der Lichter des Gegners (HansGZ. 1912 Nr. 136); Berücksichtigung der Tatsache, daß im belebten Revier ein Fahrzeug oft von einem andern verdeckt wird (HansGZ. 1917 Nr. 34); daß der Schiffer sein Schiff kennt: linksdrehende Schraube (RG. 69, 432), Ruder- und Schraubenwirkung bei Rückwärtsgang (RG. ebenda Budde 124 ff.), Art, Beschaffenheit und Wirkung des Ruders (RG. JW. 1909, 432 Nr. 40); daß der Schiffer (insbes. der Schleppführer) die von ihm befahrenen Gewässer und die dort herrschenden nautischen Gepflogenheiten kennt (RG. ebenda; OLG. 18, 136; HansGZ. 1911 Nr. 132); daß der Schiffer in kritischer Situation die Brücke nicht verläßt (SeeA. Hamburg Hansa 1910, 1279); Fallenlassen eines zweiten Ankers bei Bruch der Kette und Triftigwerden des Schiffes (vgl. Budde Note 1 zu Art. 29); daß der Schiffer das Schiff selbst aus dem Hafen führt, die Brücke alsdann nicht verläßt oder gar die Führung unbefahrenen jungen Seeleuten überläßt (OLG. Hansa 1913, 226; 1910, 643; vgl. auch Unfallverhütungsvorschriften); daß bei langer Schlepptrosse das geschleppte Schiff etwas später Ruder zu geben hat, als der Schlepper (SeeA. Hamburg Hansa 1910, 824); daß bei Ausweichmanövern die Wirkung des Derivationswinkels zu berücksichtigen und doppeltes Kreuzen des gegnerischen Kurses zu vermeiden ist (SeeA. Bremerhaven Hansa 1911, 135; Court of Appeal Hansa 1911, 356; Budde 137 f.); daß ein ankommendes Schiff einem gerade ablegenden Schiff nicht in den Weg fahren darf (OLG. Hansa 1912, 95 = OLG. 20, 56); Berücksichtigung des Umstandes, daß auch ein Kurshalter unter Umständen (z. B. zwecks Übernahme eines Lotsen) seine Fahrt ermäßigen muß (Court of Appeal Hansa 1908, 405); daß beladene Baggerschuten leicht gieren SSchG. 8. Juni 1915 (Fall Ems-HBG. 37); daß ein festgemachtes Schiff bei Sturmgefahr besonders vertäut wird; daß ein (wegen Nebels) an verbotener Stelle ankerndes Schiff sobald als angängig die Stelle verläßt, vgl. dazu § 48 f.; daß die Ankerwache gut besetzt ist und das Brennen der Ankerlichter streng überwacht (OSA. 15, 788); daß im belebten Revier und bei Nebel mit Ankermanövern (Auslaufenlassen der Kette) gerechnet wird; Berücksichtigung der Sogwirkung in jeder Situation; daß während des Ablaufs einer nautisch kritischen Situation kein Wachwechsel stattfindet (OSA. 19, 108); Vermeidung ungenügender Stabilität durch übermäßige oder schlecht gestaute Decklast oder Schüttlast (vgl. Unfallverhütungsvorschriften); das Vorhandensein ordnungsmäßiger Anker, Ketten und Trossen (ebenda); Kenntnis der „Nachrichten für Seefahrer" und Berichtigung der Seekarten auf Grund derselben (ebenda); ordnungsmäßig wiederholtes Prüfenlassen der Anker, Ketten und Trossen (ebenda); Kenntnis der üblichen seemännischen Ausdrücke (vgl. hierzu Kluge, Die Seemannssprache, Halle 1908); Unterlassen des Überholens im engen oder durch andere Schiffe in Anspruch genommenen Fahrwasser (HansGZ. 1901 Nr. 84); dazu § 37; Kenntnis der Manövriertabelle des Schiffes (vgl. dazu Budde 142 ff.), insbesondere der Zeit, welche für das Stoppen des Schiffes, das Umsteuern der Maschine, den Eintritt der Ruderwirkung usw. erforderlich ist; Berücksichtigung von Naturereignissen [Dunkelheit, Strömung, Eis] (Brandis 2, 115); verständige Berücksichtigung nicht nur der nächstliegenden Möglichkeiten, insbesondere bei Ausdeutung gesehener Lichter; Herstellung einer nicht zu kurzen Schleppverbindung beim Schleppen über Steuer (HansGZ. 1900 Nr. 35; vgl. auch die Kasuistik oben Note 11 und 12 und § 735 Anm. 23 — I, 692).

15) Was die Umstände des einzelnen Falles erfordern, läßt sich nicht generalisieren. Den Maßstab bildet die Sorgfalt eines ordentlichen Schiffers (RG. 42, 76) unter Würdigung der ganzen Sachlage, wobei das Interesse des eigenen Schiffes, die Gefahr für das andere Schiff, die Wahrscheinlichkeit eines Erfolges, die Hinderung durch entgegenstehende lokale Verordnungen, die Eigenschaften des Schiffes usw. zu berücksichtigen sind. Jedenfalls dürfte eine Maßregel nicht geboten sein, wenn die von dem Schiffer tatsächlich vorgenommene andere Maßnahme die gleiche Aussicht auf Erfolg hatte. Es muß ferner berücksichtigt werden, daß der

Schiffer sich grundsätzlich an die bestehenden Vorschriften (SStrO., SWO. und lokale Verordnungen) zu halten hat und daß ihm nicht ohne weiteres angesonnen werden kann, hiervon abzuweichen, wenn die Abweichung nur um ein Geringes aussichtsvoller erscheint, wogegen er die volle Verantwortung für ein etwaiges Mißlingen übernehmen muß. Jedenfalls kann ein Festhalten an den geltenden Vorschriften so lange nicht als schuldhaft gelten, als über die Zweckmäßigkeit anderer Maßnahmen noch begründete Zweifel bestanden.

Ebensowenig ist ein Rudermanöver fehlerhaft, wenn die nautische Wissenschaft über die Frage seiner Zweckmäßigkeit erheblich verschiedener Ansicht ist. HansGZ. 1920 Nr. 128.

[16]) Wörtliche Übernahme des Art. 29 SStrO. (I, 840). Vgl. auch § 738 Anm. 12 (I, 782) und § 735 Anm. 13 (I, 691) und 60 (I, 706): Bedeutung dieser Blankettvorschrift für den Fall der Fernschädigung, für die Frage der Rechtswidrigkeit und beim prima facie-Beweise. — Hierzu ist im einzelnen folgendes zu bemerken:

a) Wird eine durch die SWO. gebotene Handlung unterlassen, so ist diese Unterlassung nur dann rechtswidrig, wenn die unterlassene Handlung durch eine Rechtspflicht geboten war. Solche Rechtspflichten enthält insbesondere die SWO. Soweit diese in § 5 Abs. 4 (entsprechend SStrO. Art. 21 Anm., 27 u. 29) auf die nautische Situation oder die seemännische Praxis Rücksicht zu nehmen gebietet, entstehen Rechtspflichten, deren Verletzung widerrechtlich ist, auch wenn eine Unterlassung vorliegt.

b) Bei Verletzung einer Polizeivorschrift durch die Schiffsführung wird vermutet, daß die Zuwiderhandlung schuldhaft und für den entstandenen Schaden kausal sei (prima facie-Beweis). Jedoch muß zur Anwendbarkeit der Vermutung stets erfordert werden, daß das verletzte Polizeigesetz ein bestimmtes Verhalten vorschreibt und im einzelnen regelt (z. B. Art. 17—26 SStrO., SWO. §§ 36 ff.; vgl. RG. 21, 109). Wo das nicht zutrifft und die verletzte Vorschrift nur eine Blankettanordnung darstellt, die auf die allgemeine Sorgfalt im Verkehr abgestellt ist oder auf die Erfordernisse der Situation und die seemännische Praxis Bezug nimmt (z. B. Art. 27, 29 SStrO., § 5 Abs. 4 SWO.), da tritt die normale Beweislast (auch hinsichtlich der Kausalität) ein, da die im Rahmen des § 287 ZPO. freie Beweiswürdigung hier keine generellen Wahrscheinlichkeitsmomente ergibt (vgl. hierzu RG. HansGZ. 1898, 311 und vor allem RG. HansGZ. 1920 Nr. 40 = HansRZ. 1920, 137 und die dort zitierte Judikatur).

c) § 738 HGB. lautet:

„Fügt ein Schiff durch Ausführung oder Unterlassung eines Manövers oder durch Nichtbeobachtung einer Verordnung einem anderen Schiffe oder den an Bord der Schiffe befindlichen Personen oder Sachen einen Schaden zu, ohne daß ein Zusammenstoß stattfindet, so finden die Vorschriften dieses Titels entsprechende Anwendung."

Im Hinblick auf § 5 Abs. 4 SWO. (ebenso auf Art. 21 Anm., 27 und 29 SStrO.) ist darauf hinzuweisen, daß solche allgemein gehaltenen, eines konkreten Inhalts entbehrenden Vorschriften ihres blankettartigen Inhalts wegen als Verordnungen über das Verhalten des Schiffes nicht anzusehen sind. Konnte also der Schiffer die Kollisionsgefahr auf Grund der vorerwähnten Vorschriften vermeiden, ohne die Gefahr einer Fernschädigung nach § 738 zu schaffen, so hat er schuldhaft gehandelt, wenn er diese Gefahr nicht vermied, sondern lediglich auf Abwendung der Kollisionsgefahr bedacht war. Er haftet jedoch nur aus dem Gesichtspunkt des falschen Manövers.

## Der Begriff „Fahrwasser"[1]).

**§ 6.** Fahrwasser im Sinne dieser Ordnung[2]) ist der Teil einer Wasserstraße, der bezeichnet wird durch die geraden Linien, welche die an den Seiten liegenden schwimmenden Seezeichen[3]) oder, wo solche nicht ausgelegt sind, die festen

Seezeichen[4]) oder die Köpfe der Uferschutzwerke[5]) miteinander verbinden.

Auf Fahrwassern, die weder durch Seezeichen[6]) noch durch Uferschutzwerke bezeichnet und begrenzt sind, bildet das Ufer die Grenze des Fahrwassers[7]).

[1]) Vgl. Art. 25 Anm. 1 SStrO. (I, 835) und Bek, betr. die Bezeichnung der Fahrwasser und Untiefen in den deutschen Küstengewässern vom 13. Mai 1912 (im Anhang abgedruckt), welche in C 1 eine einfachere Definition des Fahrwassers gibt. Über die geplante internationale Vereinheitlichung der Befeuerung und Betonnung der Seewasserstraßen vgl. Hansa 1927, 1815.

[2]) Vgl. z. B. die andersartige Abgrenzung RG. 73, S. 8. Eine allgemeingültige gesetzliche Regelung des Begriffs „Fahrwasser" gibt es nicht. RG. DJZ 1910, S 482. Besondere Regelung in § 62 Nr. 2; § 64 Nr. 2: § 73 Nr 2; § 77 Nr 4; § 79 Nr. 2; § 80 Nr. 25; § 84 Nr. 12; § 85 Nr. 2. — Im Sinne der SWO. erfolgt die Begrenzung des Fahrwassers in der Reihenfolge: 1. Tonnenlinie: 2. Bakenlinie; 3. Buhnenkopflinie; 4. Ufer. Zu 1—3 ergibt die Teilung der Wasserfläche den Begriff des Hauptfahrwassers und der Nebenfahrwasser, welcher vor allem in §36, aber auch an anderen Stellen der SWO. eine Rolle spielt. Vgl. auch § 47 Abs. 2 und § 56 b und d (außerhalb des Fahrwassers.) § 45 Abs. 3 (Schleppzüge).

[3]) Schwimmende Seezeichen vgl. die Bek. vom 13. Mai 1912 zu A 1 (verschiedene Arten der Tonnen) Anhang Anlage 4 und 5.

[4]) Feste Seezeichen vgl. die Bek. vom 13. Mai 1912 zu A 2 (Baken, Dalben, Stangenseezeichen, Pricken) Anlage 4 und 5.

[5]) Molen Spickdämme, Buhnen usw.; vgl. auch § 49.

[6]) Näheres über Betonnung der Fahrwasser vgl. Anhang Anl. 4 und 5.

[7]) Über Fahrrinnen vgl. Art. 25 SStrO. Anm. 4—6 (I, 836). §§ 14, 36. Der praktisch fahrbare Teil des Fahrwassers deckt sich weder mit dem Fahrwasser der SWO., noch der Bek.

vom 13 Mai 1912 noch mit der Fahrrinne, wird vielmehr durch den Tiefgang jedes einzelnen Schiffs evtl. auch den Verlauf der Rinnenböschung oder die Bodenbeschaffenheit m tbestimmt. Aber auch Sperrung des Fahrwassers durch anlegende oder ankernde Schiffe kommen in Betracht (Art 25 Anm. 5 vgl. I, 836) und vor allem Schiffahrtshindernisse (vgl. §§ 26—28). In Teil II ist mehrfach von „nutzbarer Fahrwasserbreite" die Rede. Vgl. § 68 Nr. 7; § 69 Nr. 11; § 70 Nr. 11.

### Befugnisse der Schiffahrtspolizeibehörden[1]).

**§ 7.** Die Schiffahrtspolizeibehörden sind berechtigt, in Einzelfällen für einen vorübergehenden Zweck besondere Anordnungen zu treffen[2]). Diesen Anordnungen hat jeder Schiffsführer nachzukommen[3]).

Den Beamten der Schiffahrtspolizei ist zur Ausübung ihres Dienstes das Betreten der Fahrzeuge zu gestatten[4]). Auf Kriegsschiffe und Dienstfahrzeuge des Reichs und der Länder findet diese Bestimmung keine Anwendung[5]).

Nach Aufforderung der Beamten der Schiffahrtspolizei muß jedes Fahrzeug anhalten, an einem bestimmten Punkt anlegen oder die Fahrt unterlassen, sofern dies nach ihrem Ermessen zur Befolgung der schiffahrtspolizeilichen Vorschriften und zur Ausübung der Aufsicht notwendig ist[6]).

Die Boote der Schiffahrtspolizei führen bei Ausübung ihres Dienstes die Dienstflagge[7]).

[1]) Wer die Schiffahrtspolizeibehörde repräsentiert, ist für die einzelnen Wasserstraßen nicht besonders angeführt. Jedoch sind für die einzelnen Wasserstraßen die gemäß § 46 (Anmeldung außergewöhnlicher Schleppzüge) zuständigen Behörden in Teil II benannt. Im übrigen ist die schiffahrtspolizeiliche Zuständigkeit landesrechtlich geregelt (vgl. die Anm. zu §§ 61—85 und Trave — Anl. 1 — Nr. 2.

[3]) Daneben ist das Recht, Anordnungen besonderer Art zu treffen, auch gewissen Beamten beigelegt, welche nicht Schiffahrtspolizeibeamte sind, z. B Brückenwärtern, Platzwärtern, Stromaufsichtsbeamten und Schleusenmeistern. Auch hier tritt bei Zuwiderhandlung Strafbarkeit nach § 366 Nr. 10 StGB. ein (vgl. Anm. zu § 7 Abs 3). Einzelne Fälle: § 63 B Nr. 3e; C Nr. 3a; § 71 Nr. 10h; § 72 Nr. 12f; § 73 Nr. 12 Abs. 1; § 75 Nr. 9c zu 3; § 81 Nr. 5 A 4.

[3]) Ist die Zuwiderhandlung für einen Zusammenstoß oder sonstigen Unfall kausal, so ist der Reeder für den Schaden haftbar. HansOLG., HansRZ. 1925, 811. Über Strafbarkeit der Zuwiderhandlung vgl. § 1 Anm. 7 zu IV.

[4]) Über die Schiffsgewalt des Kapitäns (welche hier eine Einschränkung erleidet) vgl. § 511 Anm. 9ff. (insbes. 10) I, 188; § 742 Anm. 5 (I, 877). Grundlegend W. 536ff. Außerhalb des Dienstes haben die Beamten kein Recht zum Betreten des Schiffs ohne besondere Erlaubnis. Über Hausfriedensbruch an Bord vgl. Hansa 1914, 635, ferner KG. BerlR. 1927, 362.

[5]) Wohl aber auf Schiffe, welche für Rechnung des Reichs oder der Länder fahren, insbes. von ihnen gechartert oder gemietet sind und keine staatlichen Hoheitsrechte ausüben (vgl. dagegen § 73 Nr. 12 Abs. 3). Hinsichtlich ausländischer Kriegs- und Staatsschiffe gelten die allg. Vorschriften des Völkerrechts bzw. intern. Verträge.

[6]) Nichtbefolgung der Anordnungen ist strafbar nach § 366 Nr. 10 StGB. (vgl. GA. 39, 448; 52 59; R. 9, 359), trotzdem hier nicht sowohl Übertretung einer Pol. Verordnung vorliegt, als vielmehr einer Weisung, zu welcher der Beamte durch die Pol. Verordnung ermächtigt war. Vgl. auch aus Teil II: § 63 B Nr. 3e; C Nr. 3a; § 71 Nr. 10h; § 75 Nr. 9e; § 81 Nr. 5 zu 4; entsprechende Anordnung für den Schlepperführer: § 82 Nr. 5e Abs. 2.

[7]) Vgl. § 54.

# Teil 1.

# Allgemeine Vorschriften[1]).

## 1. Abschnitt: Lichter und Sichtsignale[2])[3]).

### Allgemeines.

**§ 8.** Vorbehaltlich des Rechts der Kriegsschiffe, farbige Lichter, Sternsignale oder Raketen zu anderweitigen Signalzwecken zu benutzen[4]), dürfen rote und grüne Lichter[5]) nur insoweit benutzt werden, als die Seestraßenordnung oder diese Ordnung es vorschreibt[6]).

Lichter, deren Führung nicht durch die Seestraßenordnung oder diese Ordnung vorgeschrieben ist[7]), sind so abzublenden, daß Verwechslungen[8]) oder verkehrsstörende Blendungen[9]) vermieden werden.

Es ist verboten, bengalische Streich- und Zündhölzer oder farbige Feuerwerkskörper abzubrennen, die mit den in der Seestraßenordnung oder in dieser Ordnung vorgeschriebenen Lichtern verwechselt werden können[10]).

Die Mindestsichtweite aller in dieser Ordnung vorgeschriebenen Lichter[11]) muß eine Seemeile betragen[12]).

Der Durchmesser und die Höhe aller in dieser Ordnung vorgeschriebenen Bälle und Kegel und der Durchmesser der Zylinder muß mindestens 65 cm, die Höhe der Zylinder mindestens 100 cm betragen[13]).

Die Lichter sind bei Nacht (von Sonnenuntergang bis Sonnenaufgang[14]), die Kegel, Zylinder, Bälle und Flaggen sind bei Tage (von Sonnenaufgang bis Sonnenuntergang) zu führen oder zu zeigen[15]).

Die Lichter, Kegel, Zylinder, Bälle und Flaggen müssen über den ganzen[16]) Horizont sichtbar sein[17]), soweit diese Ordnung nicht etwas anderes vorschreibt.

[1]) Sie gelten auf allen Gewässern, welche der SWO. unterliegen, soweit nicht im einzelnen Abweichungen durch örtliche Vorschriften (Teil II) angeordnet sind (z. B. hinsichtlich des Rechtsfahrens: Anm. 2 zu § 36).

[2]) Die Signalregelung ist nicht unangefochten geblieben. Praktiker haben sich über die Häufung verschiedener Signale beklagt und den Standpunkt vertreten, daß auf dem Revier eine zu große Zahl von Lichtsignalen für den Nautiker unangenehmer sei, als eine zu geringe Zahl. Das mag zutreffen. Die Sicherheit des Verkehrs aber wird doch eine Differenzierung der Kennungen für nautische Situationen erfordern, und angesichts der Vereinheitlichung der auf den Revieren zu erwartenden Signale durch die SWO. wird dem Kapitän die Auseinanderhaltung derselben wohl möglich sein, zumal ihm fast überall Lotsen zur Seite stehen.

[3]) Soweit die Lichtsignale nicht zu führen, sondern zu zeigen sind, muß dies rechtzeitig geschehen. Vgl. § 51 und § 39 Anm. 3 (Begriff der Rechtzeitigkeit).

[4]) Vgl. den übereinstimmenden Vorbehalt zugunsten der Kriegsschiffe in Art. 32 SStrO (I, 849). Über Stations- und Signallichter mehrerer Kriegsschiffe vgl. Art. 13 SStrO. (I, 817). Grundsätzlich gilt die SWO., ebenso wie die SStrO. (vgl. Einl. Anm. 2 — I, 803) auch für Kriegs- und sonstige Staatsdienstschiffe, soweit nicht ein anderes bestimmt ist. Über das Erfordernis der Abblendung solcher, für Kriegsschiffe zugelassenen Lichter vgl. SeeA. Hamburg Hansa 1908, S. 605.

[5]) Weiße Lichter sind also zugelassen, jedoch mit den Einschränkungen des Abs. 2. Läßt sich die Verwechslungsfähigkeit durch Abblenden nicht beseitigen, so tritt Art. 1 SStrO. in Kraft, d. h. die Lichter sind unzulässig. — Über Blaulichter vgl. Hansa 1918 S. 259.

[6]) Rote Lichter z. B. vielfach im 2. Teil zur Bezeichnung geschlossener Brückendurchfahrten (vgl. z. B. § 72 Nr. 12c; § 71 Nr. 10d).

[7]) Zu ergänzen: „oder zugelassen" Denn auch diese neu zugelassenen Lichter haben den Vorrang vor allen irregulären Lichtern. Vorgeschrieben bzw. zugelassen sind z. B. durch die SStrO. die Lichter der Art. 2, 3, 4, 5, 6, 7, 8, 9, 10, 11, 13, durch die SWO. die Lichter der §§ 9, 10, 11, 12, 13, 14, 16, 17, 18, 19, 21, 22, 23, 24, 25, 26, 27, 28, 29, 30, 31, 61 Nr. 3, 62 Nr. 5, 64 Nr. 5, 78 Nr. 3 und 4, 79 Nr. 4, 80 Nr. 4, 62 Nr. 3, 63 A Nr. 2 64 Nr. 3, 72 Nr 2, 74 Nr. 2, 80 Nr. 2, 81 Nr. 2, 82 Nr. 2, 83 Nr. 2, 84 Nr. 2, 85 Nr. 3; Trave (Anl. 1) Nr. 15.

[8]) Vgl. Art. 1 SStrO. (I, 805), welcher allerdings weiter geht, indem er das Zeigen (und Führen, vgl. Art. 1 SStrO. Anm. 4 — I, 805) verwechslungsfähiger Lichter verbietet, während hier nur eine Abblendung verlangt wird, welche die Verwechslung ausschließt. Praktisch ergibt sich oft das gleiche Resultat (vgl. Anm. 6 zu Art. 1 SStrO.). Falls jedoch das Abblenden nicht dazu führt, daß Verwechslungen ausgeschlossen sind, muß die Führung oder das Zeigen des Lichts nach Art. 1 SStrO. als unzulässig bezeichnet werden Das trifft insbesondere da zu, wo das Licht zusammen mit anderen, vom Schiff geführten Lichtern (insbesondere auch farbigen) ein Bild ergeben würde, welches eine nicht vorhandene nautische Situation kennzeichnet, sei es auch nur (infolge der Abblendung) innerhalb eines kleinen Sektors. Wenn z. B. ein fahrender Segler auf seinem Vorderdeck ein abgeblendetes Arbeitslicht führt, das nach einer Seite offen ist und daher als Topplicht eines Dampfers erscheinen könnte, so ist das Licht trotz der Abblendung unzulässig. Nicht dagegen, wenn es nur in der Richtung zwei Strich achterlicher als dwars offen ist (Art. 2b u. c SStrO.), denn dann kann die Täuschung nicht entstehen. Es ist also stets Sache des Einzelfalls, ob derartige Lichter zulässig sind.

[9]) Über Abblendung von Arbeitslichtern vgl Art. 1 SStrO. Anm. 5 (I, 805). OSA. 23 Nr. 24. Eine verkehrsstörende Blendung liegt dort vor, wo die Navigation anderer Schiffe beeinträchtigt wird oder werden kann, insbesondere wo ein

Scheinwerfer oder eine sonstige überstarke Lichtquelle verwendet wird. Vgl. Trave (Anl. 1) Nr. 16. Ausgenommen sind natürlich Fälle, in denen die Führung eines solchen Scheinwerfers durch örtliche Verordnung geboten ist oder es sich um Kriegs-, Zoll- oder Polizeischiffe handelt, welche im Dienst sind. Auch jede Beeinträchtigung des eigenen Ausgucks durch irreguläre Lichter muß vermieden werden. Dick S. 7. — Fälle verkehrsstörender Blendungen: OSA. 24 S. 9; 23 Nr. 24; 23 Nr. 43 (helle Deckbeleuchtung).

Abblenden heißt, den Bereich einer Lichtquelle einengen. Die Abblendung kann nach der Seite, nach vorn oder hinten, oben oder unten erforderlich werden. Vgl. z. B. die Abblendung der Seitenlichter Art. 2 zu b und c und des Topplichts Art. 2 zu a nach der Seite und der Seitenlichter nach vorn Art. 2 zu d (I, 805/06), des kleinen Schlepperlichts nach vorn Art. 3 Abs. 2 (I, 807), des Fischdampfers Art. 9 zu d 1 (I, 812) u. a — Im Falle des § 8 SWO. richtet sich die Art und der Umfang der Abblendung nach dem im konkreten Falle verfolgten Zweck (Ausschluß der Verwechslung bzw. verkehrsstörenden Blendung), wobei der Schiffer auch die in örtlichen Verordnungen vorgeschriebenen oder zugelassenen Lichter zu berücksichtigen hat (Art. 30 und 1 Anm. 6 SStrO. — I, 805). Vgl. auch Trave (Anl. 1) Nr. 16: Entgegenkommende Schiffe oder die in der Fahrtrichtung derselben liegende Seite dürfen nicht mit Scheinwerfern beleuchtet werden.

[10]) In Betracht kommt eine Verwechslung mit den roten und grünen Positionslichtern (Art. 2 SStrO.). Man wird die Vorschrift aber analog auf die Verwechslung mit Signalen anwenden müssen so z. B. mit dem Notsignal des Art. 31 zu 3 der Nachtsignale (Raketen und Leuchtkugeln; I, 848.

[11]) Gleichgültig, ob es sich um Lichter handelt, die ein Schiff zu führen hat oder um solche, die an Brückendurchfahrten oder sonst landfest gezeigt werden (vgl vor allem Teil II).

[12]) Über Sichtweite vgl. II Lichter usw. SStrO. (I, 804). Es handelt sich jedoch nur um die, durch die SWO. neuein-

geführten Lichter, z. B. §§ 14, 16, 17, 18, 22, 24, 25 u. a. Die in der SStrO. geregelte Lichterführung mit ihren höheren Anforderungen bleibt unberührt. Ausnahme: Trave (Anl. 1) Nr. 15 Abs. 3: es genügt durchweg Sichtweite von einer Seemeile für Binnenschiffe.

[13]) Bälle: Art. 4 Abs. 1. — Schräges Viereck, kugelförmiger Körper: Art. 4 Abs. 2. — Korb oder Körper: Art. 9k. — Ball oder runder Signalkörper: Art. 14. — Ball oder was einem Ball ähnlich sieht: Art. 31 Nr. 3 SStrO. Der umfassende Ausdruck für alle diese Signalmittel ist: Körper. In diesem Sinne (optisch) ist ein Körper auch der in der Praxis oft als Ball verwendete Gegenstand, welcher aus zwei sich in der Mittelachse rechtwinklig schneidenden Kreisscheiben besteht.

[14]) Vgl. Art. 1 SStrO. (I, 805). Den Zeitpunkt des Löschens der Lichter hat die Schiffsleitung zu bestimmen, nicht etwa ein Maschinist. OSA. 22 Nr. 118. Maßgebend ist die Kalenderzeit, nicht die Helligkeit. Doch kann bei dunklem Wetter § 5 Abs. 4 eingreifen.

[15]) Über Führen und Zeigen vgl. Anm. 3 zu Art. 2 SStrO. (I, 806): Geführte Lichter sind dauernd, gezeigte nur vorübergehend sichtbar (vgl. RG. 31, 69).

[16]) Praktisch niemals völlig durchführbar, da ein Schatten bzw. eine Verdeckung zum mindesten durch die Aufhängevorrichtung eintritt. Dieser Winkel kann jedoch verkleinert werden und zwar a) durch geringe Dimensionen der Aufhängevorrichtung (Want, Tau, dünne Spiere), b) durch möglichste Entfernung des Lichts bzw. Gegenstandes von der Aufhängevorrichtung (weit ausladende Aufhängung, an der Signalraa, bei Flaggen möglichst in der Mitte zwischen zwei Masten). Flaggen sind in der Richtung des Windes weder von Luv noch von Lee erkennbar. Evtl. müssen sie besonders (im Winkel zur Windrichtung) ausgespannt werden (vgl. § 17 Abs. 1). Vgl. auch Anm. 17. — Über Aufhängungsort von Bällen vgl. OSA. 23 Nr. 6.

[17]) Vgl. dazu Anm. 6 zu Art. 11 SStrO. (I, 816). Die Signalkörper werden zweckmäßig seitlich an einer Signalraa aufgehängt und zwar so hoch, daß sie durch Aufbauten nicht verdeckt werden, oder, vom Wasser aus gesehen, nicht mit ihnen verschmelzen. Evtl können sie auch in der Fockwant hängen. Vgl. auch Anm. 16. Lichter und Signalkörper dürfen vor allem auch niemals durch Segel ganz oder teilweise verdeckt sein. Desgleichen muß beim Aufhängen auf verdunkelnde Wirkung des Schornsteinrauchs Rücksicht genommen werden. Dick S. 12.

## Zweites Dampferlicht.

**§ 9.** Jedes in Fahrt[1]) befindliche Dampffahrzeug über 45 m Länge[2]) muß das nach Artikel 2e der Seestraßenordnung erlaubte zweite weiße Licht führen[3]), wenn Einrichtung und Bauart es zulassen[4]).

[1]) Vgl. Einl. Abs. 4 SStrO. (§ 2 SWO.).

[2]) Maßgebend ist die Länge, welche sich aus dem Schiffszertifikat ergibt (vgl. § 10 des Flaggengesetzes vom 22. Juni 1899. — I, 24 und 37), evtl. aus dem Meßbrief (vgl. Makower-Loewe zu § 125 BSchG.).

[3]) Vgl. I, 806. Für den Nordostseekanal ist das zweite Licht bereits durch § 25 der Betriebsordnung vom 31. März 1922 obligatorisch gemacht worden Jedoch kann dort von der Befolgung der für die Anbringung in Art. 2e SStrO. gemachten Vorschriften abgesehen werden. Die in Art. 2e SStrO. getroffene Regelung in bezug auf Stellung, Anbringung usw muß dagegen im Bereiche der SWO. beachtet werden. Das Licht muß also a) über einen Bogen von 20 Strich (je 10 nach Backbord und Steuerbord) scheinen und mindestens fünf Seemeilen sichtbar sein (Art. 2e: „gleich dem Lichte unter a"), b) in der Kiellinie angebracht sein und zwar $4\frac{1}{2}$ m höher als das vordere Licht und in horizontaler Richtung mehr als $4\frac{1}{2}$ m von ihm entfernt. Daß das zweite Licht an einem Mast angebracht sein muß, ist nicht gesagt, doch ist dies der Regelfall.

[4]) Hat das Schiff z. B. keinen zweiten Mast oder läßt sich der Querabstand von mehr als $4\frac{1}{2}$ m bzw. der Höhenabstand von $4\frac{1}{2}$ m nicht einhalten, weil der hintere Mast zu nahe an dem vorderen Mast oder dem Schornstein (Schlepper), oder weil er nicht hoch genug ist, so ist die Führung des zweiten Lichts unzulässig. Es ist nur unter der Voraussetzung zugelassen (SStrO.) oder obligatorisch (SWO.), daß es den Erfordernissen des Art. 2a und e SStrO. entsprechend angebracht werden kann. — Über das Verbot des zweiten Topplichts für die Kriegsmarine vgl. Dick S. 14.

## Hecklicht.

**§ 10.** Jedes in Fahrt befindliche[1]) gedeckte[2]) Fahrzeug, mit Ausnahme der im § 16 genannten Fähren[3]), muß ein Hecklicht in der in Artikel 10, zweiter Absatz der Seestraßenordnung beschriebenen festen Anbringung führen[4]); in Schleppzügen hat jedes Fahrzeug das Hecklicht zu führen[5]). Ausnahmen siehe Teil II[6]).

Jedes in Fahrt befindliche Fahrzeug, welches von einem anderen überholt wird, hat, wenn es ein festes Hecklicht nicht führt[7]), das in Artikel 10, erster Absatz, der Seestraßenordnung genannte weiße Licht oder Flackerfeuer so lange zu zeigen[8]), bis das überholende Fahrzeug vorbeigefahren ist[9]).

[1]) Vgl. § 2 Abs. 2 und Einl. Abs. 4 SStrO.

[2]) Im Gegensatz zu offenen Fahrzeugen. Es gibt aber auch halbgedeckte Fahrzeuge, bei denen die Anwendbarkeit des § 10 zweifelhaft sein kann. Maßgebend ist, ob das Boot überwiegend gedeckt ist z. B. eine Jacht mit Kockpit. OSA. 23 Nr. 62. — Über den Begriff des offenen Boots i. S. des Art. 9 zu a Abs. 1 vgl. Art. 9 zu a Abs. 3 SStrO. (I, 812).

Eine Ausnahme von der Vorschrift des § 10 Abs 1 macht Trave (Anl. 1) Nr. 15 Abs. 2 für Binnenschiffe.

³) Also nur Ketten- und Seilfähren. Frei fahrende Fähren müssen das Hecklicht führen, sofern nicht in Teil II anderweitige Lichterführung für sie vorgeschrieben ist.

⁴) Hier ist das Hecklicht als ständiges Licht obligatorisch. Es muß geführt, nicht, wie nach Art. 10 Abs. 1 SStrO., „gezeigt" werden (beim Überholtwerden) I, 814 Art. 10 Abs. 2 gestattet die feste Anbringung, § 10 SWO. schreibt sie vor (vielfachen Wünschen entsprechend — Hansa 1910 S. 1308; 1911 S. 235; 1912 S. 626). Mögliche Verwechslung mit Ankerlicht OSA. 23 Nr. 59.

⁵) Auch das längsseit geschleppte Schiff, wenngleich kein eigentlicher Schleppzug vorliegt. Wird außer dem längsseit genommenen Schiff noch ein Fahrzeug an der Trosse geschleppt, so müssen beide geschleppten Schiffe das Hecklicht führen. Das Hecklicht des längsseit geschleppten Schiffs ist von besonderer Wichtigkeit, weil es die Breite des Schleppzugs erkennen läßt (Überholen und Ausweichen!). Über Längsseitschleppen vgl. auch § 45 Anm. 4.

Es kann fraglich erscheinen, ob innerhalb des Schleppzugs auch ungedeckte Fahrzeuge des Hecklicht zu führen haben. Die grammatische Auslegung spricht dagegen. Ebenso, wie man das Erfordernis des „Infahrtseins" aus dem ersten Halbsatz in den zweiten übernehmen muß, worüber kein Zweifel bestehen kann, muß man auch das zweite Erfordernis übernehmen. Andererseits ist die Erwägung nicht ganz von der Hand zu weisen, daß ein Schleppzug nach Möglichkeit durch eine enge Lichterreihe gekennzeichnet sein soll. Mangels einer klaren Vorschrift wird jedenfalls ein Verstoß gegen die SWO. nicht anzunehmen sein, wenn das Hecklicht von ungedeckten Fahrzeugen im Schleppzug nicht geführt wird.

⁶) Vgl. § 74 Nr. 2

⁷) Also wenn es ein nicht gedecktes (oder halbgedecktes?) Fahrzeug oder eine Fähre (§ 16) ist oder zu den in Teil II (vgl. § 10 Abs. 1 a. E.) vorgesehenen Ausnahmen gehört (§ 74 Nr. 2). Aber auch ein Fahrzeug, das entgegen der Vorschrift

das Hecklicht nicht führt, trotzdem es hierzu verpflichtet wäre, muß wenigstens nach § 10 Abs. 2 handeln. Vgl. auch die Befreiung Trave (Anl. 1) Nr. 14 Abs. 2. — Notwendigkeit des Ausgucks nach hinten. Vgl. Dick S. 37.

[8]) Und zwar vom Heck aus (I, 814). Auch vom Zeigen des Lichts sind für die Trave (Anl. 1) Nr. 15 Abs. 5 gewisse Schuten befreit. — Über Flackerfeuer (Blüsfeuer) vgl. Dick S. 27.

[9]) Nicht gleichbedeutend mit „klar passiert". Vgl. Art. 24 Anm. 10 SStrO. (I. 835). Vorbe gefahren ist das Schiff, wenn sein Heck vor der Bughöhe des anderen Schiffs liegt.

## Dampffahrzeuge mit Schlepperhilfe[1]).

**§ 11.** Ein Dampffahrzeug muß, wenn es in Fahrt[2]) und unter Dampf[3]) ist und sich eines oder mehrerer Schlepper[4]) zur Hilfeleistung bedient[5]), die Lichter eines alleinfahrenden Dampffahrzeuges führen[6]). Die hilfeleistenden Schlepper müssen die Schlepperlichter gemäß Artikel 3 der Seestraßenordnung[7]) führen, solange sie durch Schlepptrossen mit dem Dampffahrzeug verbunden sind[8]).

[1]) Über die Schallsignale in diesem Falle vgl. § 33 zu a.

[2]) Vgl. oben § 2 und Einl. Abs. 4 SStrO. (I, 803).

[3]) D. h. die eigene Maschine gebraucht. Unerheblich ist es, wenn diese im Laufe der Fahrt vorübergehend gestoppt wird. Auch das Motorschiff oder Motorsegler, dessen Motor arbeitet, ist i. S. des § 11 „unter Dampf".

[4]) Annahme von Schleppern ist zuweilen vorgeschrieben, z. B. Trave (Anl. 1) Nr 14.

[5]) Vgl Erl. zu § 735 Anm. 5 ff. (I, 740) und Anm. 2 zu Art 3 SStrO (I, 807) Hilfeleistung ist hier nicht i. S. des § 740 HGB. gebraucht, sondern bedeutet bloße Assistenz, d. h. Unterstützung der Manöver (insbes. der Rudermanöver) des Schiffs, welches das Kommando des Schleppzugs behält. HansGZ. 1921 Nr. 118.

6) D. h. Art. 5 SStrO. ist nicht anwendbar (I, 809), soweit die SWO. gilt. Im übrigen muß auch bei Assistenz Art. 5 SStrO. befolgt werden. SeeA. Hamburg Hansa 1911 S. 851. Vgl. die analogen Vorschriften in § 14 Abs. 1 und § 33a.

7) Art. 3 SStrO. (I, 807).

8) Bricht die Trosse und wird sofort wieder eine Schleppverbindung hergestellt, so braucht die Lichterführung nicht geändert zu werden. Anders, wenn die Herstellung der Schleppverbindung einige Zeit erfordert. Das ist Tatfrage. Aus § 12 kann eine Analogie hergeleitet werden (Herstellen einer Trossenverbindung mit einem festsitzenden Schiff). Vgl. auch Anm. 5 zu Art. 4 SStrO. (I. 809).

## Schlepper bei festsitzenden Fahrzeugen.

**§ 12.** Ein Schlepper[1]), der ein am Grunde festsitzendes Fahrzeug[2]) abzuschleppen versucht, hat während der Zeit, in der die Schlepptrosse fest[3]) und das abzuschleppende Fahrzeug noch nicht in Fahrt ist[4]), die Lichter und Abzeichen für manövrierunfähige Fahrzeuge zu führen, wie sie Artikel 4 der Seestraßenordnung in a und c vorschreibt[5]); er hat die Lichter für Dampffahrzeuge gemäß Artikel 2 der Seestraßenordnung beziehungsweise die Lichter für Schlepper gemäß Artikel 3 der Seestraßenordnung zum sofortigen Setzen klarzuhalten[6]) für den Fall, daß die Schlepptrosse bricht[7]) oder das am Grunde festsitzende Fahrzeug in Fahrt kommt[8]).

1) Oder auch jedes andere abschleppende Fahrzeug? (vgl. Art. 3 SStrO.). Ich möchte das trotz des klaren Wortlautes bejahen. Denn beim Abschleppen ist jedes abschleppende Schiff mehr oder weniger manövrierunfähig, jedenfalls aber immer in solchem Maße, daß eine Kenntlichmachung dieses Zustandes erforderlich ist. Vgl. auch § 14 Abs. 1 Satz 2: „Dampffahrzeuge".

[2]) Vgl. Einl. Abs. 4 SStrO (I, 804) und die Sonderregeln in § 71 Nr. 8; § 72 Nr. 11; § 75 Nr. 5 und 6; § 78 Nr 10; § 79 Nr. 13. Sitzt das Fahrzeug im Eise fest, so muß ein abschleppender Eisbrecher gleichfalls die Signale des § 12 setzen. Vgl. § 50, welcher jedoch nur die Verständigung zwischen Eisbrecher und folgendem bzw. geschleppten Schiff bei Tage regelt. Dritten Schiffen gegenüber sind die allg. Vorschriften zu befolgen.

[3]) Ist das gleichbedeutend mit „durch Schlepptrossen verbunden" (§ 11)? Einerseits kommt es darauf an, ob die Schleppverbindung derartig ist, daß dem Schlepper ein selbständiges Manövrieren unmöglich ist. Dies ist dann der Fall, wenn die Trosse „fest", d. h. angespannt ist, wobei es nicht darauf ankommt, wie groß der Zug ist, der auf der Trosse liegt. Ist die Trosse aber schlaff, so ist der Schlepper in der Bewegungsfähigkeit relativ wenig behindert und hat nur darauf zu achten, daß er die Trosse nicht in die Schraube bekommt. Er ist dann nicht als manövrierunfähig i. S. des Art. 4 SStrO., § 12 SWO. anzusehen. Wohl aber kann er manövrierbeschränkt sein. — Andererseits aber ist das sofortige Setzen der normalen Fahrtlichter (Art. 2 SStrO.) nur für die Fälle des Brechens der Trosse vorgesehen. Wenn man dies auch auf alle Fälle des Lösens der Schlepperverbindung ausdehnen muß (vgl. Anm. 7), so ist doch dem Gesetz nichts darüber zu entnehmen, ob schon das bloße Schlaffwerden der Trosse einer Lösung der Schleppverbindung gleichzustellen ist. Ich möchte der Ansicht zuneigen, daß „Trosse fest" gleichbedeutend ist mit „Bestehen der Trossenverbindung". Doch werden hier wohl die nautischen Sachverständigen das letzte Wort zu sprechen haben.

[4]) Einl. Abs. 4 SStrO. (I, 803). Solange das Schiff noch nicht frei schwimmt, ist es auch nicht in Fahrt. Daß es über den Grund gezogen wird, oder nach den Seiten beweglich ist, genügt nicht.

[5]) Vgl. I, 808. Die Lichter treten an die Stelle der beiden weißen Topplichter. Dick S. 15.

[6]) Vgl. Art. 6 SStrO („angezündet und gebrauchsfertig zur Hand") und Art. 7 Nr. 3 u. 4 („gebrauchsfertig zur Hand") In beiden Fällen „zeitig genug. um einen Zusammenstoß zu verhüten". Dies ist auch in § 12 SWO. der maßgebende Gesichtspunkt Zum „sofortigen Setzen klar" spricht zugunsten der Analogie aus Art 6 SStrO.: also angezündete Lichter gebrauchsfertig zur Hand.

[7]) Oder geschlippt wird. Überhaupt für alle Fälle, in denen die Schleppverbindung gelöst wird (vgl. § 11 Satz 2), z. B. auch, wenn die Trosse im Notfalle gekappt werden muß.

[8]) D. h. frei schwimmt (vgl. oben Anm. 4), wenn auch nur vorübergehend.

## Geschleppte, nicht steuerfähige Fahrzeuge.

**§ 13.** Geschleppte Fahrzeuge[1]), Docks, Pontons, Wracke, Kräne und Schwimmkörper aller Art[2]), welche nicht oder nur beschränkt steuerfähig sind[3]), müssen neben den farbigen Seitenlichtern[4]) und dem Hecklicht[5]) die Lichter und Zeichen für manövrierunfähige Fahrzeuge gemäß Artikel 4 der Seestraßenordnung führen[6]).

[1]) Bisher war es für die Lichterführung sowohl des Schleppers als des geschleppten Schiffs gleichgültig, ob letzteres manövrierfäh g war Die Neuerung des § 13 besteht darin, daß die Manövrierunfähigkeit bzw. die beschränkte Steuerfähigkeit an dem geschleppten Fahrzeug zum Ausdruck kommt. Die Tatsache, daß ein ordnungsmäßiges Nachsteuern nicht möglich ist, kann im engen Gewässer zum Ausscheeren des Anhangsschiffs führen, so daß der Gegenfahrer (insbes bei der Begegnung in Fahrwasserkrümmungen) ein Interesse daran hat, sich auf ausgiebige Ausweichmanöver vorbereiten zu können. Sind mehrere Fahrzeuge, von denen nur eins nicht steuerfähig ist, in einem Schleppzuge zu befördern, so wird das steuerunfähige Schiff zweckmäßig unmittelbar hinter dem Schlepper einzustellen sein, da der Mangel des Nachsteuerns

hier am wenigsten von Bedeutung ist und außerdem die Sichtbarkeit der Lichterführung am ehesten garantiert ist. Daß aber in solchen Fällen von Führnng der Lichter des § 13 (Art. 4 SStrO.) ganz abgesehen werden kann, wo die Belanglosigkeit des Mangels auf der Hand liegt, möchte ich verneinen. Dem Ermessen des Schiffsführers würde damit eine zu weitgehende Freiheit gelassen werden.

[2]) Vgl. auch die Anm. zu § 46; ferner I, 7 (Allg. Einl. Anm. 23ff.); I 679 (Vorb. zu § 734 Anm. 2ff.) Sebba, Was ist ein Schiff im Rechtssinne. HansRZ. 1918, S. 502. Ehlers, HansRZ. 27 S. 441. HansOLG. Hansa 27 S. 204. § 13 gilt nicht für Flöße, da deren Lichterführung besonders geregelt ist.

[3]) Gleichgültig, ob dieser Mangel in dem Wesen dieses Schwimmkörpers oder Fahrzeugs begründet oder durch Havarie herbeigeführt ist. § 13 SWO. ist weiter als Art. 4 SStrO., indem er nicht nur manövrierunfähige, sondern auch manöverbeschränkte Fahrzeuge (Art. 4 SStrO. Anm. 4 — I, 808/09), ferner nicht nur Fahrzeuge, sondern alle Schwimmkörper umfaßt, und endlich nicht einen Unfall als Ursache der Behinderung erfordert. OSA. 22 Nr. 152. Er ist jedoch insofern enger, als er nur von Steuerfähigkeit spricht. Doch wird man diesen Begriff im allgemeinen mit Manövrierfähigkeit identifizieren können, soweit es sich um die Betätigung der Ruderwirkung handelt. Die Behinderung oder der Ausfall des Maschinenantriebs ist (trotzdem der die Ruderwirkung steigernde Schraubenstrom fehlt) keine Störung der Steuerfähigkeit i. S. des § 12. Vgl. Dick S. 19. Ein Schiff, dessen Maschine einwandfrei arbeitet, das aber nicht oder schlecht steuern kann, ist zum mindesten manövrierbeschränkt. Bei Mehrschraubenschiffen gilt dies nicht für die hohe See (vgl. die Fahrt des Doppelschraubendampfers „Kaiser Wilhelm der Große" nach Verlust des Ruders über den Ozean im Oktober 1907. SO. Bremerhaven vom 4. September 1908), wohl aber für enge Gewässer und Fahrwasser i. S. der SWO. Vgl. auch Sebba HansRZ 1919 S. 201. § 13 SWO. ist aber insofern, als er

die Lichterführung geschleppter Schiffe regelt, eine Ergänzung des Art. 5 (nicht des Art. 4) SStrO. Vgl. Anm. 2 zu Art. 5 (I, 809). Das Verbot des Art. 5, die Topplichter zu führen, bleibt natürlich bestehen. Vgl. auch den Vorläufer des § 13 (V. vom 4. März 1921 für die Unterelbe). HansRZ. 1921, S. 287.

[4]) Das reguläre Dampfertopplicht fällt weg, da es durch die Lichter des Art. 4 SStrO. ersetzt wird.

[5]) Vgl. § 10 SWO.

[6]) Vgl. Art. 4 SStrO. (I, 808). Brennen diese Lichter nicht oder nicht genügend, und wird dadurch ein anderes Fahrzeug veranlaßt, falschen Kurs zu nehmen und gleichfalls aufzulaufen, weil es an jener Stelle tiefes Wasser vermutet (vgl. SeeA. Hamburg, Hansa 1927, 326), so können sich daraus Schadensersatzansprüche ergeben, die auf § 738 HGB. beruhen (vgl. Anm. 15 zu § 738. — I, 783). Über Manövrierunfähigkeit vgl. OSA. 22 Nr. 152; Sebba, HansRZ. 1919 S. 201. Wo die Führung von Lichtern aus technischen Gründen überhaupt nicht möglich ist (Caisson, Doppelboden eines abgewrackten Schiffs usw.), da ist der Transport bei Nacht undurchführbar. (Vgl. I, 680; Hansa 1911 S. 102.)

## Wegerechtsschiffe[1]).

**§ 14.** Fahrzeuge, Docks, Pontons, Wracke, Kräne und Schwimmkörper aller Art[2]), welche wegen ihres Tiefganges[3]), ihrer Länge[4]) oder wegen sonstiger Eigenschaften[5]) gezwungen sind, die tiefste Fahrrinne[6]) für sich in Anspruch zu nehmen (Wegerechtsschiffe)[7]), müssen, sofern sie einen Lotsen[8]) an Bord haben und dieser es für erforderlich hält[9]), auf dessen Anordnung als „Wegerechtsschiffe" bei Nacht[10]) im Vortopp[11]) ein rotes Licht, bei Dampffahrzeugen mindestens zwei Meter höher als das weiße Dampferlicht[12]), und bei Tage im Vortopp einen schwarzen Zylinder[13]) führen. Bedient sich ein Wegerechtsschiff eines oder mehrerer Dampffahrzeuge zur Hilfeleistung[14]), so hat nur das Wegerechtsschiff das vorstehende Signal zu führen[15]).

Kriegsschiffe[16]), Tonnenleger und Eisbrecher[17]) dürfen, auch wenn sie keinen Lotsen an Bord haben, in Ausübung ihres Dienstes[18]) das vorstehende Signal führen.

[1]) Der Begriff des Wegerechtsschiffes ist der SStrO. fremd. § 14 SWO. bezieht sich auch nicht auf diejenigen Fälle, in welchen ein Schiff nach der SStrO. nicht ausweichpflichtig und daher gemäß Art. 21 (I 829) Kurshalter ist. Vgl. auch § 80 Nr. 9 Anm. In der seemännischen Praxis wird hier oft von Wegerecht gesprochen, insbesondere mit Bezug auf die privilegierte Stellung des Seglers gegenüber dem Dampfschiff (Art. 20). Dagegen ist § 14 SWO. keine Ausweich- sondern eine Signalvorschrift. Überholen und Ausweichen sind in § 42 geregelt. Auch Schlepper können Wegerechtsschiffe sein. Vgl. § 79 Nr. 15b.

[2]) Vgl. § 13 SWO. Anm. 2; § 46 Anm. 7.

[3]) Wenn die SWO. den Ausdruck „Tiefgang" gebraucht, so ist stets aus dem Sinne und Zweck der betr. Vorschrift zu entnehmen, ob der konkrete Tiefgang maßgebend ist oder der Maximaltiefgang, wie er sich aus den Freibordvorschriften der Seeberufsgenossenschaft für Dampfer und Segelschiffe nebst Ausführungsbestimmungen (Ausg. 1908) ergibt und durch die Tieflademarke bezeichnet ist. Für die Navigation (so auch für § 14) kommt es im allgemeinen auf den tatsächlichen Tiefgang z. B. der fraglichen nautischen Situation an. Dagegen bei Fragen der Eignung eines Schiffes bzw. Zulassung zur Befahrung von bestimmten Wasserstraßen wird der durch die Lademarke bezeichnete Maximaltiefgang entscheiden. Vgl. z. B. § 69 Nr. 4 und Anm. zur Überschrift vor § 36.

[4]) Etwa im Hinblick auf zu durchfahrende Fahrwasserkrümmungen. Nähere Bestimmung der für ein Wegerechtsschiff erforderten Mindestlänge in § 80 Nr. 17. Die Vorschrift be-

deutet jedoch keine Einengung des § 14, sondern eine selbständige Ergänzung.

[5]) Vor allem wegen schlechten Steuerns im flachen Wasser (Ausdemruderlaufen) als Folge der Sogwirkung. Vgl. I, 694, 695 844, 845; oder wegen der Gefahr des Stoßens bei schwerem Seegang (trotz an sich genügender Wassertiefe).

[6]) Vgl. oben § 6 Anm. 7.

[7]) Nicht zu den Wegerechtsschiffen gehören solche Schiffe, denen andere Schiffe kraft positiver gesetzlicher Anordnung aus dem Wege gehen (ausweichen) müssen, z. B. die nach den allgemeinen Vorschriften der SStrO. (V) oder nach § 43 (gegenüber Schiffen mit Hoheitszeichen) oder nach Sondervorschriften des Teil II ausweichpflichtigen Fahrzeuge. Vgl. dazu Anm. 1 zur Überschrift vor § 36.

[8]) Gleich welcher Art, ob Zwangslotse, Seelotse, Böschlotse, Stromlotse, Kanallotse, Hafflotse, Hafenlotse. Erforderlich ist nur, daß er sich in dienstlicher Eigenschaft auf dem Schiffe befindet. Wird er nur — sei es aus Entgegenkommen, sei es auf Grund örtlicher Verordnung z. B. § 64 Nr. 4 — zurückbefördert, so kann er, selbst wenn er aus Gefälligkeit dem Kapitän behilflich ist, die Anordnung aus § 14 SWO. nicht treffen.

[9]) Vgl. dazu HansOLG. Hansa 1911, 885: Die Führung des Signals ist dem pflichtgemäßen Ermessen des Lotsen überlassen. Ob es zur Verhütung einer Gefahr erforderlich, ist Frage des Einzelfalls (zu § 14 V. Unterelbe). Im allgemeinen wird es schon dann üblicherweise geführt, wenn die Möglichkeit von Hindernissen gegeben ist. (Vgl. HansOLG. HansGZ. 1907 Nr. 26, zu § 14 V. Unterelbe.)

[10]) Vgl. Art. 1 SStrO. (I, 805); § 8 Abs. 6 SWO.

[11]) An der obersten Stenge oder im oberen Teil des vordersten Mastes.

[12]) Vgl. Art. 2a SStrO. (I, 805).

[13]) Dimensionen in § 8 Abs. 5 SWO. geregelt.

[14]) Vgl. § 80 Nr. 17 und § 11 Anm. 5.

[15]) Selbst dann, wenn auch das hilfeleistende Schiff an sich als „Wegerechtsschiff" auftreten könnte (z. B. Eisbrecher — § 14 Abs. 2 oder Schlepper — (§ 79 Nr. 15b). Vgl. die analoge Regelung in § 11 und § 33a.

[16]) Hier sind wohl nur deutsche Kriegsschiffe gemeint, aber andererseits auch wohl alle Staatsschiffe, sofern sie Hoheitsrechte ausüben.

[17]) Vgl. § 50

[18]) Voraussetzung ist nicht nur, daß diese Schiffe im Dienst sind, sondern auch, daß sie aus dienstlichen Gründen gezwungen sind, die tiefste Fahrrinne für sich in Anspruch zu nehmen (Abs. 1). Bei Kriegsschiffen wird der Grund gewöhnlich in dem Tiefgang oder der Länge liegen. Tonnenleger, welche Seezeichen im tiefen Fahrwasser verlegen oder der Eisbrecher, der die tiefste Fahrrinne offen halten muß, sind natürlich genötigt, diese zu befahren. — Eine analoge Anwendung auf andere Funktionsschiffe (vgl. Sebba, HansRZ. 1, 502—510; I, 7), z. B. Dampframmen, Taucherschiffe, Spritzenschiffe usw. erscheint nicht ausgeschlossen, soweit sie im öffentlichen Dienst stehen. Maßgebend ist hier das Ermessen des Schiffsführers (hinsichtlich der Notwendigkeit des Signals).

## Motorfahrzeuge unter Segel und Motor[1])[2]).

**§ 15.** Ein Motorfahrzeug in Fahrt, welches Segel gesetzt[3]) und seinen Motor in Betrieb hat[4]), muß bei Tage[5]) vorn im Fahrzeug[6]) an der Stelle, an der ein Zeichen am besten gesehen werden kann[7]), einen schwarzen Kegel[8]) führen, dessen Spitze nach oben zeigt. Die gleiche Vorschrift gilt für ein in Fahrt befindliches Rotorfahrzeug[9]) (Flettnerschiff), das seinen Schiffsmotor (Schraubenantrieb) in Betrieb hat, gleichgültig, ob es auch die Rotoren in Betrieb hat oder nicht[10]).

[1]) Die Vorschrift betrifft nur solche Fahrzeuge, welche eine zur Setzung von Segeln geeignete Takelung tragen (Motorsegler), nicht auch große Motorschiffe, bei denen Segelführung von vornherein nicht in Betracht kommt. (Vgl. Hansa 1908 S. 1190; 1910 S. 999 und 1125.)

[2]) Die Vorschrift ist von grundsätzlicher Bedeutung. Denn die Kenntlichmachung des Motorantriebs bei Motorseglern und Rotorschiffen ist bestimmend für das Ausweichrecht. Sobald der Motor arbeitet, handelt es sich um Dampffahrzeuge (Einl. Abs. 3 SStrO.), andernfalls um Segler. So kann es kommen, daß ein Motorsegler dem anderen nicht nach Art. 17 SStrO. auszuweichen hat, weil er den Motor im Betrieb hat und der andere nicht (Art. 20 SStrO.).

[3]) Es genügt, wenn auch nur ein Segel gesetzt ist.

[4]) Vorübergehende Ausschaltung des Motors kommt nicht in Betracht, sofern der Motor betriebsfähig ist und alsbald wieder in Betrieb gesetzt wird.

[5]) Nur bei Tage besteht das Bedürfnis nach einem solchen Signal, da nachts die Lichterführung Aufschluß über den Schiffsantrieb gibt (vgl. Sebba, Der Motorsegler im Seestraßenrecht, HansRZ. 25, 145, ferner Hansa 1927, 750).

[6]) Am Mast, einem Ladepfosten, Signalraa, am Stengestag, Fockwant usw.

[7]) Vgl. § 8 Anm. 17.

[8]) Dimensionen wie in § 8 Abs. 5 SWO.

[9]) Über die Stellung des Rotorschiffes vgl. Verh. des 12. deutsch. Seeschiffahrtstages. Auch JW. 1925 S. 1258.

[10]) Die unterschiedliche Behandlung gegenüber dem Motorsegler beruht darauf, daß wohl die Segelführung, nicht aber das Drehen der Rotoren von weitem erkennbar ist.

## Fähren[1]).

**§ 16.** Ketten- und Seilfähren in Fahrt, die an einen festen Weg gebunden sind, haben vorn und hinten je ein weißes Licht[2]) in gleicher Höhe zu führen.

[1] Vgl. dazu u. a. Lassally, das Recht der öffentlichen Fähren im hamburgischen Staatsgebiet. HansRZ. 1927 S. 87. W.S. 77. Ferner § 37 Abs. 5; § 40 Abs. 1; § 44; § 56f und g; und Bestimmungen aus Teil II über das Passieren einzelner Fährlinien: § 61 Nr. 9; § 71 Nr. 9; § 73 Nr. 6; § 85 Nr. 8b.

[2] Sichtweite: 1 Seemeile. Vgl. § 8 Abs. 4 SWO. — Sie brauchen kein Hecklicht zu führen (§ 10).

## Fahrzeuge mit Sprengstoffen[1]) oder Munition.

**§ 17.** Fahrzeuge, die mehr als 35 Kilogramm Sprengstoffe oder Munition geladen haben, müssen bei Nacht im Vortopp[2]) ein grünes Licht, bei Dampffahrzeugen mindestens zwei Meter höher als das Dampferlicht[3]), bei Tage eine weit erkennbare, stets ausgespannt zu haltende schwarze Flagge mit weißem „P" führen.

Auf Kriegsschiffe[4]) findet diese Bestimmung keine Anwendung.

[1]) Vgl. die PolV. des RVerkMin. über den Verkehr mit Sprengstoffen auf der Elbe vom 15. November 1927 (Amtl. Anzeiger vom 20. November 1927 Nr. 280); RGBl. 1927 S. 1102. Hiernach ist auf der Elbe innerhalb des Geltungsbereichs der Seewasserstraßenordnung das Löschen und Laden von Sprengstoffen und Munition nur auf den in der Seewasserstraßenordnung § 64 Ziff. 14 vorgeschriebenen Ankerplätzen gestattet. An Landungsplätzen dürfen Sprengstoffe oder Munition nur nach vorher eingeholter Erlaubnis der zuständigen Polizeibehörden auf den von diesen dazu bestimmten Stellen geladen oder gelöscht werden. Nach dem Hafen von Altona bestimmte Schiffe, die mehr als 100 kg Sprengstoff oder Munition geladen haben, müssen auf den in § 1 erwähnten Ankerplätzen so lange warten, bis sie von der Polizeiverwaltung in Altona die schriftliche Erlaubnis zum Einbringen ihrer Sprengstoff- oder Munitionsladung erhalten haben. Die Erlaubnis ist beim Kommandeur der Hafenwache in Altona nachzusuchen. Nach

dem Hafen von Hamburg bestimmte Schiffe, die mehr als 400 kg Sprengstoff oder Munition geladen haben, müssen auf den in § 1 erwähnten Ankerplätzen so lange warten, bis sie von der Polizeibehörde in Hamburg (Hafen- und Schiffahrtspolizei) die schriftliche Erlaubnis zum Einbringen ihrer Sprengstoffe oder Munitionsladung in den Hafen von Hamburg erhalten haben. Die Schiffsführer haben den Lotsen über die Art und Menge der an Bord befindlichen Sprengstoffe oder Munition genaue Auskunft zu geben. Vgl. ferner das Sprengstoffgesetz vom 9. Juni 1884 (RGBl. S. 61). Auch W. S. 119.

[2]) Vgl. § 14 Anm. 11.

[3]) Topplicht des Art. 2a SStrO. (I, 805).

[4]) Aller Art; auch Kriegshilfsschiffe, ausländische Kriegsschiffe, Hilfskreuzer im Kriegsdienst usw.

## Flöße [1]) [2]).

**§ 18.** Flöße, die in Fahrt sind[3]), haben in gleicher Höhe vorn ein weißes Licht, hinten in mindestens 1,5 Meter seitlichem Abstand zwei weiße Lichter zu führen[4]). Werden mehrere Flöße in einem Schleppzuge geschleppt, so führt nur das letzte Floß die vorstehend bezeichneten drei Lichter, die anderen Flöße nur ein weißes Licht vorn[5]) (wegen der Nebelsignale vgl. § 33d).

Flöße, die vor Anker liegen oder festgemacht sind[6]), müssen an jedem Ende der dem Fahrwasser zugekehrten Seite ein weißes Licht führen[7]). Liegen mehrere Flöße seitwärts nebeneinander, so führt nur das Floß die angegebenen Lichter, welches der Fahrwasserseite am nächsten liegt[8]).

Als Flöße sind auch Schwimmkörper von Scheiben[9]) (Scheibenflöße) anzusehen[10]).

[1]) Über den Begriff des Floßes vgl. W. S. 77; Mittelstein, Handb. S. 434; Makower-Löwe, Binnenschiffahrt § 1

Anm. 2: zwecks Beförderung miteinander verbundene Hölzer. Über Flöße in Schiffsform vgl. Vorb. 7 zu § 734 (I, 680). Die Lichterführung der Flöße ist in der SStrO. nicht geregelt. Wenn nun auch die SWO. für die Seewasserstraßen in dieser Richtung Abhilfe bringt, so bleibt die Frage für die hohe See und die von der SWO. nicht betroffenen Wasserstraßen immer noch offen. Darum sind die Verhandlungen des 14. deutschen Seeschiffahrtstages über diesen Punkt von hohem Interesse (Hansa 1927, 502), vor allem das treffliche Referat von Schulze-Smidt und das (mehr nautisch-technische) Korreferat von Siekmann. Immerhin ist der Floßbetrieb über See nur von untergeordneter Bedeutung, während auf den Wasserstraßen die Frage der Lichterführung brennend geworden war. Vgl. auch aus Teil II: § 61 Nr. 6; § 62 Nr. 14; § 63 A Nr. 7; § 65 Nr. 5; § 68 Nr. 5; § 69 Nr. 6; § 70 Nr. 6; § 79 Nr. 15; § 83 Nr. 6; § 85 Nr. 8c.

[2]) Über Nebelsignale der Flöße vgl. § 33d. Weitere Vorschriften in § 47 und Teil II. Vorschriften über Schleppzüge: Anm. zur Überschrift vor § 36.

[3]) Einl. Abs. 4 SStrO. (I, 803).

[4]) Sichtweite: 1 Seemeile (§ 8 Abs. 4). Bei langen Flößen besteht die Gefahr der Verwechselung mit den Lichtern einzeln fahrender kleiner Boote, zumal die Höhe über Wasser nur gering ist. Jedoch ist in den meisten lokalen Bestimmungen (Teil II) die Länge des Floßes auf eine Stammlänge beschränkt. Es ist daher nicht zu befürchten, daß die Zusammengehörigkeit der Lichter verkannt oder gar der Versuch gemacht werden wird, zwischen ihnen hindurchzufahren. Wo allerdings etwa die Länge der Flöße nicht oder nicht hinreichend beschränkt ist, muß die Frage aufgeworfen werden, ob die hier angeordnete Lichterführung eine sichere Kennung verbürgt. (Vgl z. B. § 85 Nr. 8c: Flöße bis zu 100 m; § 61 Nr. 6: bis zu 80 m Länge.)

[5]) Bei mehreren Flößen tritt die in der vorigen Anm. aufgeworfene Frage noch deutlicher hervor. Soweit nicht in Teil II das Schleppen mehrerer Flöße untersagt ist, kann bei einem solchen Schleppzug tatsächlich die Gefahr eintreten, daß ein

Schiff zwischen den Lichtern hindurchzufahren versucht, vor allem kleine Barkassen usw., die an sich mit Rücksicht auf ihre Geschwindigkeit nur eine relativ enge Durchfahrtsstelle brauchen. Jedenfalls werden mehrere Flöße hintereinander nur mit ganz kurzen Trossen geschleppt werden müssen. Dies wird schon nach § 5 Abs. 4 SWO., Art. 29 SStrO. geboten sein um ein Aus'cheren der Flöße durch Strom und Wind zu vermeiden. Vgl. auch die Bestimmungen in Teil II über Schleppzüge: § 61 Nr. 5; § 62 Nr. 13; § 63 A Nr. 5; § 64 Nr. 11; § 65 Nr. 5; § 68 Nr. 5; § 69 Nr. 6; § 70 Nr. 6; § 71 Nr. 4; § 72 Nr. 4; § 73 Nr. 5; § 77 Nr 5; § 78 Nr. 11; § 79 Nr 14; § 80 Nr. 18; § 81 Nr. 2; § 82 Nr. 2; § 83 Nr 5; § 84 Nr. 2 und 4 und § 85 Nr. 5.

[6]) Vgl. § 56 A. Festmachen kann erfolgen am Ufer, an Anlegestellen, an Dalbenreihen, an Festmachebojen- oder Tonnen und auch an ankernden bzw. festgemachten Schiffen. Vgl. § 22; § 56A und HansGZ. 1927 Nr. 94 (Trossen und Spring).

[7]) Liegt ein Floß aus besonderen Gründen mitten im Fahrwasser vor Anker, so wird es nach jeder Seite zwei Lichter führen müssen. Analoge Ausdehnung der Vorschrift des Abs. 2 auf schwimmende Holzlager (vgl. § 40) geboten.

[8]) Die Vorschrift ist analog auf den Fall anwendbar, daß ein Floß am Ufer festgemacht ist und neben ihm nach der Fahrwasserseite ein Schiff liegt. Letzteres hat dann die Lichter des § 22 zu führen, das Floß dagegen nicht die des § 18 Abs. 2. Eine Ausnahme ist dann zu machen, wenn das Floß erheblich länger ist, als das neben ihm liegende Schiff. Denn da ein Schiff unter 45 m Länge nur ein Licht und bei größerer Länge an jedem Schiffsende ein Licht führt (§ 22), so besteht ein Bedürfnis nach Bezeichnung der größeren Länge des Floßes (vgl. § 85 Nr. 8c; § 61 Nr 6: Flöße von 100 bzw. 80 m Länge!). Zwar läßt § 18 Abs. 2, wie auch § 22 Abs. 3 eine solche Vorschrift vermissen. Doch kann unter Umständen schon aus § 5 Abs. 4 (Art. 29 SStrO.) eine Pflicht zur Kennzeichnung der Enden des Floßes bzw. Schiffes hergeleitet werden.

[9]) Lichterführung der Scheibenflöße bei Schießübungen ist in § 31 Abs. 2, ihre Ausrüstung in § 47 Abs. 3 geregelt.

[10]) Weitere analoge Ausdehnung nicht ausgeschlossen, z. B. auf Wohnflöße, die nicht zum Transport bestimmt sind, oder schwimmende Holzlager (§ 40). Vgl. auch §§ 31, 33d, 47 Abs. 3.

## Fahrzeuge unter Zollzeichen[1]).

**§ 19.** Auf Wasserstraßen im Zollgrenzgebiet, auf denen für bestimmte Fälle durch besondere Zollordnung die Fahrt ohne zollamtliche Anmeldung und Abfertigung zugelassen ist, haben Fahrzeuge, die von dieser Vergünstigung Gebrauch machen, die in jenen Anordnungen vorgeschriebenen Zollzeichen zu führen[2]).

[1]) Vgl. § 3 (zollamtliche Behandlung der Schiffe).

[2]) Zolleuchte (Licht) oder Zollflagge. Vgl. Anh. Anl. 8.

## Vor Anker liegende Fahrzeuge.

**§ 20.** Vor Anker liegende Fahrzeuge haben bei Tage[1]) an der Stelle, an der sie bei Nacht das vordere Ankerlicht gemäß Artikel 11 der Seestraßenordnung zu führen haben[2]), einen schwarzen Ball zu führen[3]).

[1]) Vgl. Art. 1 SStrO. (I, 805); § 8 Abs. 6 SWO.

[2]) Vgl. Art. 11 SStrO. Anm 4, 6, 8 (I, 816).

[3]) Dimensionen: § 8 Abs. 4 SWO. Eine lange angestrebte und wichtige Neuerung. Gleichgültig ist es, ob das Schiff im Fahrwasser (bzw. im Haupt- oder Nebenfahrwasser) ankert. — Das Schiff ist „vor Anker", sobald der Anker im Grunde ist, auch wenn er noch nicht gefaßt hat oder durch den Grund gerissen wird oder das Schiff noch manövriert, z. B. rückwärts geht, um die Kette auslaufen zu lassen. Vgl. Dick S. 5; das Zeichen ist zu entfernen, sobald der Anker aus dem Grunde gerissen ist. Dick S. 40.

**Vor Anker liegende und schwojende Fahrzeuge[1]).**

§ 21. Vor Anker liegende und schwojende Fahrzeuge[2]) müssen, solange sie schräg oder quer im Fahrwasser liegen[3]), bei Nacht bei Annäherung anderer Fahrzeuge[4]) am Heck ein weißes Licht[5]) derart auf und nieder bewegen, daß es den sich nähernden Fahrzeugen sichtbar bleibt[6]), bis die Gefahr des Zusammenstoßes vorüber ist.

Schiffe, die zum Zwecke der Kompaßregulierung[7]) drehen oder schwojen, haben die Flagge „K" des Internationalen Signalbuches[8]) an gut sichtbarer Stelle zu führen. Bei Nacht ist das im Abs. 1 beschriebene Signal zu zeigen[9]). Wegen der Nebelsignale vgl. § 33b.

[1]) Schwojen heißt: mit Strömung (Tidenstrom) oder Wind um den Anker schwingen. Schwojen liegt auch dann schon vor, wenn das Schiff die Ankerkette auslaufen läßt und noch nicht festliegt, sondern auch noch Eigenbewegung hat. Vgl HansOLG. HansGZ. 1914 Nr. 79 (zu § 15 V. Unterelbe).

Vgl auch zur Frage des Schwojens Art. 11 Anm. 1 SStrO. (I, 815/16); RG. LZ. 1908, 936; OSA. 19, 426; Hansa 1912, 427; Sebba, Jahrb. f. WerkWiss 1914, 435ff; die Hafengesetze enthalten besondere Vorschriften über schwojende Schiffe.

[2]) Nebelsignale für solche Fahrzeuge vgl. § 33 zu b.

[3]) Gemeint ist: solange sie die Ankerlage in der Stromrichtung noch nicht erreicht oder wieder verlassen haben. Liegen sie stromrecht, so brauchen sie das weiße Licht nur zu zeigen, wenn dies aus besonderen Gründen nach § 5 Abs. 4 nötig ist.

[4]) Daraus ergibt sich in Verbindung mit § 5 Abs. 4 SWO. und Art. 29 SStrO. (I, 843) die Notwendigkeit des Ausgucks bei Nacht für alle Schiffe, die im Fahrwasser liegen, vgl. auch § 5 Anm. 11. Das sich nähernde Schiff braucht nicht „in Fahrt" zu sein, kann z. B. gleichfalls schwojen.

[5]) Sichtweite von einer Seemeile (§ 8 Abs. 5) wird hier wohl nicht zu erfordern sein, weil das Licht ja nur für das bereits herannahende Schiff bestimmt ist.

[6]) Wobei auf die veränderte Stellung der Schiffe zueinander Rücksicht zu nehmen ist. Im Falle einer Fahrwasserkrümmung ist das Licht evtl. abwechselnd auf beiden Seiten des Schiffes zu bewegen, ebenso, wenn das ankernde Fahrzeug schwojt.

[7]) Über Kompaßregulierung vgl. UnfVerhB. § 92 (Dampfer), § 79 (Segler), § 53 (Küstensegler).

[8]) Vgl. Budde S. 77.

[9]) Nur bei Annäherung von Schiffen (nach Maßgabe des Abs. 1). Man wird nicht verlangen können, daß das Licht die ganze Nacht hindurch oder während der ganzen Zeit des Schwojens auf und nieder bewegt wird.

## Festgemachte Fahrzeuge.

**§ 22.** Fahrzeuge aller Art[1]), die an Ufern, Dalben, Tonnen oder Landungsbrücken festgemacht sind[2]), müssen auf der Fahrwasserseite möglichst in Deckshöhe[3]) bei einer Fahrzeuglänge unter 45 Meter ein weißes Licht mittschiffs, wenn 45 Meter lang oder länger, zwei weiße Lichter — eins vorn und eins achtern[4]) — führen[5]).

Dasselbe gilt für Baggerschuten, die längsseits eines Baggers liegen[6]). Sie müssen das Licht an der vom Bagger abgekehrten Seite zeigen.

Liegen zwei oder mehrere Fahrzeuge längsseits nebeneinander[7]), so muß das dem Fahrwasser zunächstliegende Fahrzeug die im Abs. 1 bezeichneten Lichter führen[8]).

Wenn es in besonderen Fällen notwendig wird, daß die Schiffahrt auf diese Fahrzeuge durch Fahrtverminderung und sonstige Vorsichtsmaßregeln Rücksicht nehmen muß[9]), so muß außer dem Signal nach Abs. 1[10]) nach Einholung der Genehmigung der Schiffahrtspolizeibehörde, in dessen Bezirk das Fahrzeug festgemacht ist, das im § 27 dieser Verordnung bezeichnete Signal (bei

Tage ein roter Zylinder[11]), bei Nacht drei Lichter[12]) in je 1,5 Meter Abstand senkrecht übereinander: weiß — rot — weiß) gesetzt werden[13]).

[1]) Eine Ausnahme wird wohl nur für kleine Ruderboote und ähnliche kleine Fahrzeuge zu machen sein. Vgl. Vorb. 5 Anm. 5 zu § 734 (I, 680).

[2]) Vgl. § 18 Anm. 6 und § 56a und l. — Dick S. 39.

[3]) Bei Schiffen mit mehreren Decks in Höhe des Hauptdecks (obersten durchlaufenden Decks). Natürlich dürfen die Lichter nicht im Well oder sonst an einer schlecht sichtbaren Stelle angebracht sein. „An der Fahrwasserseite" bedeutet: nach dem Fahrwasser zu möglichst gut sichtbar. Also an der Reeling oder gar außenbords, im untersten Teil der Wanten oder einer sonst geeigneten Stelle. Bei Raddampfern auf oder am Radkasten, damit das Licht nach beiden Seiten sichtbar ist.

[4]) Aber auch diese Lichter „nach der Fahrwasserseite" zu. Es kommt nicht darauf an, daß sie ganz vorn und ganz hinten liegen, sondern darauf, daß sie nach der Fahrwasserseite möglichst großen Sichtbarkeitsradius haben. Vorn und hinten in der Schiffsmittellinie angeordnet, hätten diese Lichter wenig Zweck, da sie (in Deckshöhe) vielfach verdeckt und außerdem in der Richtung seitlich vom Schiff schlecht oder gar nicht sichtbar wären. Sie sind daher in Deckshöhe nach der Fahrwasserseite bis an die Reeling hinauszurücken und von den äußersten Enden so weit entfernt zu halten, daß deren Verjüngung den Sichtbarkeitsradius nicht wesentlich herabsetzt.

[5]) Also ständig — nicht nur bei Annäherung von Schiffen.

[6]) Dies muß analog erweitert werden auf alle Fahrzeuge, welche an ankernden Schiffen festgemacht sind. Zwar sagt § 56a, daß zum Festmachen nur die dazu bestimmten Stellen benutzt werden dürfen. Indessen ergibt der praktische Schiffsbetrieb vielfach die Notwendigkeit, daß Kähne, Leichter usw. über Nacht neben einem ankernden Dampfer liegen bleiben und an ihm festmachen. Hier muß die Führung der Lichter nach § 22 verlangt werden. — Eine weitere Analogie ist aus

folgenden Gründen nötig: Abs. 2 ist deshalb erforderlich gewesen, weil ein Bagger nicht ohne weiteres unter den Begriff „Fahrzeug“ (Abs. 3) fällt. Ebenso wie die Baggerschuten werden alle Fahrzeuge zu behandeln sein, welche neben Docks, Elevatoren, Schwimmkrähnen, Dampframmen usw. liegen, sei es, daß diese selbst festgemacht haben, sei es, daß sie vor Anker liegen, (vgl. auch § 25a: Bagger, Taucherfahrzeuge und andere schwimmende Baugeräte).

[7]) Was nicht überall zulässig ist. Vgl. die örtlichen Bestimmungen über Anlegen in Teil II (Anm. 1 zu § 36). Über Flöße vgl. § 18 Abs. 2.

[8]) Ob es nur eins oder zwei Lichter (Abs. 1) zu führen hat, richtet sich nach seiner eigenen Länge, nicht nach der Länge seiner Nachbarschiffe. So kann es allerdings kommen, daß nur ein Licht sichtbar ist, wenn mehrere über 45 m lange Fahrzeuge und als äußerstes der Reihe ein unter 45 m langes Fahrzeug liegt. Vgl. jedoch § 18 Anm. 8. Bisher war die Pflicht zur Lichterführung bei festgemachten Fahrzeugen sehr bestritten. Vgl. HansOLG. HansRZ. 1924, 297.

[9]) Insbesondere zur Vermeidung einer Fernschädigung durch vorüberfahrende Fahrzeuge nach § 738 HGB. (I, 782), z. B. wenn vollgeladene offene Schuten oder Kähne, havarierte Schiffe mit geringem Reserveauftrieb am Fahrwasser vertäut liegen und die Gefahr besteht, daß sie vollschlagen oder sich losreißen. Hierdurch wird erforderlich, daß vorüberfahrende (große) Schiffe ihre Geschwindigkeit erheblich mäßigen (§ 39) oder ihren Kurs weiter abhalten (§ 40: in möglichst großem Abstand). Vgl. die kasuistische Aufzählung solcher gefährdeter Schiffe, Flöße usw in § 40 Abs. 1 Satz 4 und die Anm. dazu.

[10]) Da Abs. 1 nur das Lichtsignal für die Nacht regelt, das Gefährdungssignal aber auch ein Tagessignal vorsieht, so ist die Fassung nicht ganz korrekt. Das Tagessignal ist nicht neben einem Lichtsignal (Abs. 1) zu führen. Das Wort „außer“ bezieht sich also nur auf die Signalführung bei Nacht.

[11]) Dimensionen: § 8 Abs. 5 SWO.

[12]) Sichtweite: 1 Seemeile (§ 8 Abs. 4 SWO.).

[13]) „Gesetzt“ ist gleichbedeutend mit „geführt“, nicht mit „gezeigt“.

## Lotsensignale[1]).

**§ 23.** Die Lotsenrufsignale für Seelotsen ergeben sich aus der Lotsensignalordnung vom 7. Februar 1907 (Reichsgesetzblatt 1907 Seite 27)[2]).

Wegen der Lotsensignale für Bezirks-, Kanal- und Hafenlotsen siehe Teil II[3]).

[1]) Lotsensignale sind a) die Signale, welche die Schiffe setzen, welche Lotsenhilfe wünschen, b) die Signale, welche die Lotsenschiffe führen, um sich als solche kenntlich zu machen. § 23 Abs. 1 behandelt die Signale zu a unter der Bezeichnung „Lotsenrufsignale“. Ergänzt sind diese, in der Lotsensignalordnung niedergelegten Signale durch Teil II: § 61 Nr 3 zu d; § 62 Nr. 5e; § 64 Nr. 5 A zu 1; § 78 Nr. 3; § 79 Nr. 4; vgl. auch Trave (Anl. 1) Nr. 3.

§ 23 Abs. 2 spricht allgemein von Lotsensignalen für die Lotsen, welche nicht Seelotsen sind. Vgl. Teil II: § 61 Nr. 3 (absetzen von Lotsen, Rufen eines Hafenlotsen oder Binnenlotsen); § 62 Nr. 5; § 64 Nr. 5 A 2 und B; § 80 Nr. 4 (Lotsenabsetzen oder -nehmen).

Signale zu b, welche Lotsenschiffe führen, sind zunächst in Art. 8 SStrO. geregelt (I, 811). Sie werden ergänzt bzw. abgeändert in Teil II: § 62 Nr. 4 (Fakultative Ankerlaterne und Flackerfeuer).

Vgl. auch Trave (Anl. 1) Nr. 3 (Lotsenpflicht) und § 78 Nr. 4; § 79 Nr. 5 (Verbot des Einlaufens ohne Lotsen). Über Lotsenwesen: Purlitz, Das deutsche Lotsenwesen.

Weitere Literatur I, 777.

[2]) Vgl Lotsensignalordnung I, 852 (Anhang, Anlage 3).

[3]) Vgl. § 61 Nr. 3; § 62 Nr. 5; § 64 Nr. 5; § 78 Nr. 3 und 4; § 79 Nr. 4; § 80 Nr. 4.

## Warnungssignal für Schiffahrtsbehinderung.

§ 24. Zum Zeichen dafür, daß im Bezirk außergewöhnliche Schiffahrtsbehinderungen eingetreten sind, wird an besonders bestimmten Stellen ein Warnungssignal gezeigt, das aus zwei übereinander in 1,5 Meter Abstand befindlichen grünen Lichtern[1]), bei Tage aus zwei grünen Zylindern[2]) übereinander besteht.

Über Art und Ort der Schiffahrtsbehinderung kann die Schiffahrt an besonders bestimmten Signalstellen Auskunft einholen (vgl. Teil II)[3]).

[1]) Sichtweite: 1 Seemeile (§ 8 Abs. 4 SWO.).

[2]) Dimensionen: § 8 Abs. 5 SWO.

[3]) Wo diese Signale gezeigt werden, ist in Teil II angegeben: § 61 Nr. 2; § 62 Nr. 7; § 63 A Nr. 3; § 64 Nr. 8; §§ 65—71 Nr. 2; § 73 Nr. 3; § 74 Nr. 3; § 75 Nr. 2; § 77 Nr. 2; § 78 Nr. 2; § 79 Nr. 3; § 80 Nr. 5; § 84 Nr. 3; § 85 Nr. 4; Trave (Anl. 1) Nr. 8.

## Bagger- und Taucherfahrzeuge[1]).

§ 25. a) Bagger-, Taucherfahrzeuge und andere schwimmende Baugeräte[2]) müssen, wenn die Schiffahrt auf sie durch Fahrtverminderung[3]) und sonstige Vorsichtsmaßregeln[4]) Rücksicht nehmen muß, auf jeder Schiffsseite in mindestens 1,5 Meter seitlichem Abstand in gleicher Höhe ein rotes Licht und auf der Seite, auf der am besten vorbeigefahren wird[5]), ein weißes Licht 1,5 Meter unter dem roten Licht führen; diese Seite wird bei Tage durch einen roten Ball bezeichnet.

b) Wird das Signal Rot über Weiß[6]), bei Tage der rote Ball auf beiden Schiffsseiten gezeigt, so darf[7]) nur an der in Fahrtrichtung[8]) rechts liegenden Seite vorbeigefahren werden.

c) Wird das Signal Rot über Weiß auf der einen, Rot über Grün auf der anderen Schiffsseite, bei Tage roter Ball auf der einen, über Eck gestelltes schwarzes Viereck (Doppelkegel[9]) auf der anderen Schiffsseite gezeigt, so darf[10]) nur an der mit Rot über Weiß oder mit dem roten Ball bezeichneten Seite vorbeigefahren werden (wegen des Nebelsignals vgl. § 33c).

[1]) Wegen der Nebelsignale vgl. § 33 zu c.

[2]) Elevatoren, Dampframmen, Krähne usw.

[3]) Vgl. § 738 Anm. 13 (I, 782); § 22 Abs. 4.

[4]) Einhalten eines größeren Abstandes, Mäßigung der Geschwindigkeit, Abstellen der Maschine usw. Vgl. § 40.

[5]) Kein Gebot, sondern eine Empfehlung. Doch kann es unter Umständen als schuldhaft angesehen werden, wenn der Schiffer ohne zwingenden Grund die nicht empfohlene Seite zum Vorbeifahren wählt.

[6]) Analog zu a: 1,5 m über Weiß und zwar an beiden Schiffsseiten.

[7]) Hier liegt keine Empfehlung, sondern ein Gebot vor. Die Zuwiderhandlung ist Verstoß gegen ein Schutzgesetz und prima facie schuldhaft. Vgl. § 738 Anm. 61ff. (I, 707); oben Anm. 7 zur Überschrift (S. 24). Strafbar nach § 86.

[8]) Vom passierenden Schiff aus gesehen.

[9]) Vgl. die ähnliche Figur in Art. 4 zu b SStrO. (I, 808). Da der Kegel nach § 8 Abs. 5 SWO. eine Höhe von mindestens 65 cm haben muß, so beträgt die Höhe des Vierecks (Doppelkegel) mindestens 1,30 m.

[10]) Auch hier ein Gebot. Vgl. oben Anm. 7.

### Wracke und sonstige Schiffahrtshindernisse[1]).

**§ 26.** a) Wracke[2]) und sonstige Schiffahrtshindernisse[3]), an denen ohne Fahrtverminderung und ohne besondere Vorsichtsmaßregeln[4]) vorbeigefahren werden kann, werden nach den allgemeinen Grundsätzen für die Bezeichnung der Fahrwasser[5]) durch Wrackleuchttonnen[6]), Wracktonnen[7]) oder auf dem Wrack selbst oder in seiner unmittelbaren Nähe an Land angebrachte Bezeichnung[8]) kenntlich gemacht. Die Lage der Tonnen zum Wrack wird durch Toppzeichen[9]) angegeben.

b) Ein Wrack oder sonstiges Schiffahrtshindernis, auf welches die Schiffahrt durch Fahrtverminderung und sonstige Vorsichtsmaßregeln[10]) Rücksicht nehmen muß, führt auf jeder Seite in mindestens 1,5 m seitlichem Abstand in gleicher Höhe ein grünes Licht und auf der Seite, auf der am besten vorbeigefahren wird[11]), ein zweites grünes Licht 1,5 m unter dem ersten grünen Licht. Diese Seite wird bei Tage durch zwei grüne Bälle 1,5 m untereinander, die entgegengesetzte Seite durch einen grünen Ball bezeichnet.

c) Wird das Signal Grün über Grün oder zwei grüne Bälle auf beiden Seiten gezeigt, so darf nur an der in Fahrtrichtung rechts liegenden Seite vorbeigefahren werden[12]).

d) Wird das Signal Grün über Grün auf der einen, Grün über Rot auf der anderen Seite oder bei Tage zwei grüne Bälle übereinander auf der einen, ein über Eck gestelltes schwarzes Viereck (Doppelkegel)[13]) auf der anderen Seite gezeigt, so darf nur an der mit Grün über Grün oder mit den zwei grünen Bällen bezeichneten Seite vorbeigefahren werden[14]).

e) Wenn die Signale auf dem Schiffahrtshindernis selbst nicht angebracht werden können[15]), so werden sie auf einem verankerten Fahrzeug (Wrackfeuerschiff, Bergungsfahrzeug usw.) oder an Land in unmittelbarer Nähe des Hindernisses angebracht. (Wegen der Nebelsignale vgl. § 33c.)

[1]) Wegen der Nebelsignale vgl. § 33 zu c. — § 26 handelt von der endgültigen, § 59 von der provisorischen Bezeichnung von Schiffahrtshindernissen. § 59 betrifft allerdings nur gesunkene Gegenstände, jedoch ist diese Art der Schiffahrtshindernisse die bei weitem häufigste. — Haftung des Staats für unterlassene Bezeichnung Hans. R.Z. 1925 S. 774.

[2]) Vgl. Vorb. 5 zu § 734 Anm 2—4 (I, 680). Es handelt sich hier nur um bereits bezeichnete, nicht auch z. B. um treibende Wracks. Wohl aber z. B. um abgewrackte Schiffe, die am Fahrwasser liegen. Begriff d. Wracks: Vgl. Mittelstein, Handb. 13; RG. 95, 226; W. S. 80.

[3]) Z. B. gesunkene Schwimmkörper, welche nicht Schiffe waren (Bojen, Kaissons, Docksektionen usw.) und daher nicht als Wracks gelten können. Ferner festgekommene Schiffe. Vgl. die örtliche Sonderregelung in § 71 Nr. 8; § 72 Nr. 11; § 75 Nr. 5 und 6; § 78 Nr. 10; § 79 Nr. 13 Über die Bezeichnung eines vom Ufer in den Luftraum hineinragenden Schiffahrtshindernisses (Ausleger), vgl. HansGZ. 1922 Nr. 148. Aber auch Anhäufung von Steinen im Fahrwasser, verlorene Anker usw. Über provisorische Bezeichnung vgl § 59.

[4]) Z. B. ohne Einhaltung eines besonders großen Abstandes, ohne Stoppen der Maschine usw. (§ 40).

[5]) Vgl. Bek. vom 13. Mai 1912. Insbesondere zu E Nr. 1 und 5 Abs. 2 (Anhang, Anl. 4 und 5).

[6]) Bek. vom 15. Mai 1912 zu A 1a — Anhang Anl. 4 und 5 (Wrackfeuerschiffe, Wrackfeuer, Wrackleuchttonnen).

[7]) Vgl. oben Anm. 6.

[8]) Flaggen, Schilder, Warnungstafeln, Baken usw.

[9]) Richtungsweiser auf der höchsten Stelle der Tonne (insbesondere einer Spierentonne). Vgl. Bek. vom 13. Mai 1912 (I, 855) zu B. Auch auf Baken oder Fahrzeugen (vgl. § 26e). Vgl. die genauere Bezeichnung der Toppzeichen im Anh. Anl. 5 zu C.

[10]) Vgl. oben Anm. 4; § 22 Abs. 4

[11]) Vgl. oben § 25 Anm. 5.

[12]) Vgl. oben § 25 Anm. 7

¹³) Vgl. oben § 25 Anm. 9.

¹⁴) Vgl. oben § 25 Anm. 7.

¹⁵) Z. B. wenn ein kleines Fahrzeug im verhältnismäßig tiefen Wasser gesunken ist oder wenn es sich um eine entstehende Sandbank oder einen Steinhaufen handelt. Aber auch da, wo die Anbringung möglich, aber noch nicht erfolgt ist, muß für eine provisorische Sicherung der Schiffahrt gesorgt werden. Vgl. den Fall „Vandalia" RG. 86, 430. Dazu § 59: Auslegen einer Boje oder eines Bootes usw. Äußerstenfalls Benachrichtigung nach § 28.

## Strombauwerke und sonstige gefährdete Einrichtungen und Schiffsliegestellen.

§ 27. Im Bau begriffene Strombauwerke[1]) und alle hierbei und bei sonstigen Wasserbauten benutzten Fahrzeuge und Einrichtungen[2]) sowie am Ufer liegende schwimmende und feste Anlagen[3]) können, wenn die Schiffahrt auf sie Rücksicht nehmen muß[4]), mit Genehmigung der zuständigen Schiffahrtspolizeibehörde drei Lichter in je 1,5 m Abstand senkrecht übereinander: weiß — rot — weiß, beziehungsweise bei Tage einen roten Zylinder führen[5]).

Diese Signale können auch von festgemachten Fahrzeugen mit Genehmigung der Schiffahrtspolizeibehörde geführt werden (vgl. § 22)[6]).

¹) Brückenpfeiler, Kais, Leitdämme, Spickdämme, Bollwerke, Bakenfundamente, Molen, Wellenbrecher, Schleusen, Trockendocks usw.

²) Vgl. RVO. § 1046: schwimmende Docks und ähnliche „Einrichtungen". Vgl. auch oben Anm. 1. Über die Verpflichtung der Behörden, auch ihrerseits bei derartigen, im Bau befindlichen Anlagen für die Sicherheit der Schiffahrt zu sorgen und dabei nicht ein Höchstmaß an Sorgfalt beim

Schiffer vorauszusetzen. Vgl. OLG. Königsberg. HansRZ. 1927, 679.

³) Schwimmende Baugeräte (§ 25a), auf Pontons ruhende Anlegestellen, schwimmende Kantinen, Materialschuppen, Landungsstege, Pfahlreihen, Fangdämme, Spundwände usw.

⁴) Ob dies der Fall ist, prüft die Schiffahrtspolizeibehörde.

⁵) Sichtweite der Lichter und Dimensionen des Zylinders § 8 Abs. 4 und 5 SWO.

⁶) Vgl. die Anm. zu § 22.

## Sperrung eines Fahrwassers durch Bagger, Schiffahrtshindernisse oder Strombauten.

**§ 28**[1]**.** Ist durch Bagger- oder Taucherarbeiten[2]), durch Schiffahrtshindernisse[3]), Hebungsarbeiten oder aus sonstigen Ursachen ein bestimmter Teil eines Fahrwassers gesperrt[4]), so wird den Fahrzeugen, die diesen Teil durchfahren wollen, durch besondere, auf beiden Seiten des gesperrten Gebiets aufgestellte Fahrzeuge Nachricht über das gesperrte Gebiet und Art und Dauer der Sperrung gegeben. Den Weisungen dieser Fahrzeuge ist nachzukommen[5]).

Im gesperrten Gebiet werden an der Sperrstelle selbst gezeigt: Bei Nacht drei Lichter in je 1,5 m Abstand senkrecht übereinander, oberes Licht grün, mittleres weiß und unteres rot, bei Tage zwei grüne oder rote Bälle über einem über Eck gestellten schwarzen Viereck (Doppelkegel)[6]). (Wegen der Nebelsignale vgl. § 33e.)

¹) Zu §§ 28, 29, 30 vgl. die Nebelsignalregelung in § 33 zu e.

²) Nicht nur Bagger und Taucherfahrzeuge. Es handelt sich hier um denjenigen Teil des Fahrwassers, der für die gesamten Arbeiten benötigt wird. Z. B. bei Baggern auch um den Raum zum An- und Ablegen der Baggerschuten, zum Verankern des Baggers, bei Taucherarbeiten um den

vom Taucher begangenen Teil des Bodens unter Berücksichtigung des Verlaufs der Schläuche und Signalleinen, bei Hebungsarbeiten um den Platz für anzubringende Hebekörper, Verankerung von Hebeprähmen, quer über das Fahrwasser zu spannende Taljen (vgl. Aufrichtung der „Avaré', im Hamburger Hafen), Platz zum Austauen von Schleppern usw.

[3]) Vgl. die Anm. 1—3 zu § 27.

[4]) Vgl. das Nebelsignal in § 33 zu c.

[5]) Zuwiderhandlung strafbar nach § 366 Nr. 10 StGB.; 86 SWO. Vgl. oben § 7 Anm. 6.

[6]) Vgl. § 25c.

## Sperrung deutscher Häfen und Flußmündungen.

**§ 29.** Bei Manövern, regelmäßigen Übungen[1]) oder aus anderen Gründen[2]) kann es nötig werden, das Einlaufen von Fahrzeugen in deutsche Flußmündungen und Häfen sowie das Auslaufen aus ihnen von besonderen Bedingungen[3]) abhängig zu machen oder vorübergehend ganz zu verbieten. In solchen Fällen wird an auffallenden Stellen ein Sperrsignal gesetzt werden, das bei Tage aus drei roten Bällen, bei Nacht aus drei roten Lichtern, senkrecht übereinandergehißt, besteht. Das gleiche Signal wird von Wachfahrzeugen, die unter Umständen gleichzeitig die Lotsenflagge führen, gezeigt[4]).

Für Fahrzeuge mit Funkeinrichtung[5]) wird außerdem die Sperrung durch Funkstellen bekanntgegeben.

Alle Fahrzeuge, die in das deutsche Hoheitsgebiet eintreten oder es verlassen wollen, haben, sobald sie die drei roten Bälle oder die drei roten Lichter erkennen, das Lotsensignal zu zeigen[6]) und die Ankunft des Wach- oder Lotsenfahrzeugs abzuwarten. Ist nachts das Sperrsignal gesetzt, so wird empfohlen[7]), außerhalb der Hoheitsgewässer zu ankern oder im Hafen zu bleiben.

Auf Anruf oder Signalschuß eines Wachfahrzeugs[8]) müssen alle in Sicht befindlichen[9]) Fahrzeuge sofort stoppen oder beidrehen[10]). Die Fahrzeuge haben sich auf Verlangen einer Untersuchung zu unterwerfen. Die Wach- oder Lotsenfahrzeuge erteilen nähere Auskunft darüber:

a) ob ein besonderer Untersuchungsdienst eingerichtet ist und an welchem Orte er stattfindet,

b) ob und wie lange die Hafeneinfahrt oder Flußmündung gesperrt ist,

c) ob für das Befahren eines bestimmten Gebietes Sonderanweisungen getroffen sind.

Für auslaufende Fahrzeuge wird unter Umständen[11]) die Erteilung der erforderlichen Auskunft oder die Untersuchung schon im Hafen durch die Hafenbehörden vorgenommen.

[1]) Insbesondere Schießübungen, Torpedoübungen, Geschwaderfahrten. Die Vorschriften des § 29 gehen auf die Bek. über Vorsicht beim Ansteuern und Verlassen deutscher Küstengewässer (Nachr. f. Seef. 25. Oktober 1913) zurück. Vgl. Dick S. 92.

[2]) Z. B. bei Kriegsgefahr, erwarteter Blockade usw.

[3]) Hinsichtlich der Kurse, der Geschwindigkeit, der Lichterführung (evtl. völlige Abblendung).

[4]) D. h. beim Herannahen von Schiffen geheißt (nicht ständig geführt).

[5]) Vgl. § 41. UnfVerhV. (Dampfer): Funkeinrichtung vorgeschrieben für Schiffe, die regelmäßig mehr als 30 Personen an Bord oder einen Bruttoraumgehalt von mehr als 2000 Tonnen haben.

[6]) Vgl. Lotsensignalordnung vom 7. Februar 1907 — Anhang, Anlage 8 (I, 852) bzw. die in Teil II verordneten be-

sonderen Lotsensignale (§ 35g): § 61 Nr. 3; § 62 Nr. 5; § 64 Nr. 5; § 78 Nr. 3 und 4; § 79 Nr. 4; § 80 Nr. 4.

7) Ob die Nichtbeachtung dieser Empfehlung schuldhaft ist, kann nur nach § 5 Abs. 4 (Art. 29 SStrO.) beurteilt werden. Strafbar nach § 86 SWO. ist sie jedenfalls nicht, da kein Gebot vorliegt.

8) Vgl. auch die Haltesignale des § 35 zu e.

9) Trotzdem es sich hier um akustische Zeichen handelt, ist das Insichtsein der zum Halten verpflichteten Schiffe keine Entgleisung des Gesetzgebers. Der Signalschuß ist unter Umständen meilenweit zu hören und zwar auch für Schiffe, welche sich in ganz anderen Fahrwassern befinden. Es ist aber natürlich nicht daran gedacht, die gesamte Schiffahrt im Umkreise der Hörbarkeit des Signalschusses zu stoppen. — Andererseits aber hat der Gesetzgeber übersehen, daß auf „Anruf" natürlich nur das angerufene Fahrzeug, nicht aber alle in Sicht befindlichen, reagieren können und sollen. Doch ist diese Überlegung so einfach, daß eine Mißdeutung des § 29 Abs. 4 nicht zu befürchten ist.

10) D. h. Segler müssen in den Wind drehen oder backbrassen, so daß sie anhalten.

11) Hängt vom Ermessen der zuständigen Behörde ab. Die Untersuchung kann insbesondere die Ladung betreffen (Konterbande).

## Sperrung eines Fahrwassers durch Schießübungen[1].

**§ 30.** Die Abhaltung von Schießübungen der Kriegsschiffe oder Küstenwerke wird durch Setzen eines roten Lichtes[2], bei Tage Flagge B des Internationalen Signalbuchs[3], auf Signalstellen[4] und Feuerschiffen[5] in der Nähe des gesperrten Gebietes angezeigt. Auf besondere Bekanntmachungen in den Nachrichten für Seefahrer ist zu achten[6].

[1]) Betonnung derartiger Übungsgebiete, Schieß- und Versuchsfelder vgl. Anhang Anl. 5 zu C III d.

[2]) Sichtweite: 1 Seemeile (§ 8 Abs. 4 SWO.).

[3]) Vgl. Budde, Seestraßenordnung S. 77 ff.

[4]) Vgl. § 24 und die in der Anm. 3 dort gegebenen Verweisungen auf Teil II.

[5]) Die deutschen Feuerschiffe heißen: Adlergrund, Fehmarnbelt, Flensburg, Kiel, Amrumbank, Außeneider, Elbe 1 bis 4, Weser 1 und 2, Bremen, Außenjade, Miesener Sand, Norderney 1 und 2, Borkumriff (vgl. Amtl. Liste d. deutschen Seeschiffe 1927).

[6]) Dies gehört zu den allgemeinen Pflichten eines ordentlichen Schiffers nach § 5 Abs. 4 SWO. (Art. 29 SStrO.).

## Kennzeichen von Schleppern und Scheiben bei Schießübungen der Reichsmarine.

**§ 31.** Ein Fahrzeug, welches Scheiben zu Schießübungen[1]) schleppt und daher in seiner Manövrierfähigkeit mehr oder weniger beschränkt ist[2]), führt bei Nacht außer den durch Artikel 3 der Seestraßenordnung vorgeschriebenen Lichtern[3]) drei Lichter übereinander, die beiden obersten rot, das untere weiß, bei Tage zwei schwarze Kegel[4]) untereinander mit der Spitze nach unten[5]). Falls ein Fahrzeug sich bei Nacht dem Schleppzug in gefahrdrohender Weise[6]) nähert, wird auf dem Scheibenschlepper ein Fackelfeuer[7]) abgebrannt.

Die geschleppten Scheiben führen nachts, wenn auf sie nicht geschossen wird, die im § 18 Abs. 1 vorgesehenen weißen Lichter. Wenn nach ihnen geschossen wird oder geschossen werden soll[8]), so führt jede Scheibe nur ein weißes Licht vorn. Auf das Vorhandensein dieses Lichtes darf nicht mit Sicherheit gerechnet werden[9]).

Da die Schlepptrosse der Scheibenschlepper bis zu einer Seemeile lang sein kann[10]), ist den Scheiben und Scheibenschleppern genügend weit aus dem Wege zu gehen[11])[12]).

[1]) Vgl. § 18 Abs. 3 (Scheibenflöße); § 47 (Ausrüstung derselben mit Steuervorrichtung und Boot nicht erforderlich). — Die Vorschriften des § 31 gehen auf eine Bek. in den Nachr. f. Seef. v. 25. Oktober 1913 zurück. Vgl. Dick S. 16.

[2]) Es ist nicht mehr und nicht weniger in der Manövrierfähigkeit beschränkt, als jeder Schlepper, welcher einen größeren Anhang schleppt, unter Umständen weniger, z. B. wenn ein Torpedoboot oder ein Kreuzer als Schlepper fungiert. Der wirkliche Grund für das besondere Signal ist a) die Annäherung an eine um das Schußfeld liegende Gefahrzone, b) die Gefahr, die sich daraus ergibt, daß die Lichterführung der Scheiben unzuverlässig ist (Abs. 2 Satz 3) und daß der Schleppzug unter Umständen sehr lang ist (Abs. 3).

[3]) Muß wohl heißen Seitenlichtern. Denn andernfalls würde sich bei einem Schleppzug (von mehr als 180 m Länge) die Notwendigkeit ergeben, sechs Topplichter zu führen (vier weiße und zwei rote). In diesem Falle hätte § 31 SWO. angeben müssen, ob die Lichter des § 31 Abs. 1 über oder unter denen des Art. 3 SStrO. zu führen sind. Da das Lichterbild des Abs. 1 sonst nirgends verwendet wird, so liegt kein Anlaß vor, sich an den (offenbar irrigen) Wortlaut zu halten und ein 5—6faches Topplicht zu erfordern. Im übrigen sind die Topplichter entsprechend Art. 3 und 2a SStrO. eingerichtet.

[4]) Dimensionen: § 8 Abs. 5 SWO.

[5]) Nicht zu verwechseln mit dem Doppelkegel des § 26d und § 28 Abs. 2.

[6]) Und zwar sowohl dann, wenn es den Scheibenschleppzug bedroht, als auch dann, wenn es sich selbst in Gefahr bringt.

[7]) Vgl. das „Flackerfeuer" als Warnungssignal in Art. 12 SStrO. (I, 817).

[8]) Also angemessene Zeit vor Beginn der Schießübung und auch während kürzerer Pausen. Maßgebend ist auch hier § 5 Abs. 4.

[9]) D. h. sieht man die Lichter des Schleppers wie in § 31 Abs. 1 oder das Fackelfeuer, dann muß man, selbst wenn hinter dem Schlepper einzelne Lichter nicht sichtbar sind, mit geschleppten Scheiben rechnen, nach denen geschossen wird oder werden soll. Da jedoch die Lichter des Schleppers als Topplichter gemäß Art. 3 Abs. 1 Satz 3 und Art. 2 zu a SStrO. von zwei Strich hinter querab nach rückwärts abgeblendet sind, so ist in diesem dunklen Sektor unter Umständen von dem ganzen Schleppzug, dessen Anhang beschossen wird oder werden soll, nichts zu sehen, als das obligatorische Hecklicht (§ 10) des Schleppers, welches die nautische Situation absolut nicht klärt. Hier muß der Schlepper beim Herannahen eines Schiffs im dunklen Sektor Fackelfeuer abbrennen (Ausguck nach rückwärts. Art. 29 Anm. 7 SStrO. — I, 843).

[10]) Bei Nebel müssen die Trossen auf ein Mindestmaß gekürzt werden. Vgl. § 33d.

[11]) Voraussetzung für die Durchführung dieser Anordnung ist die Erkennbarkeit des Scheibenschleppzugs als solchen. Bei der Unzuverlässigkeit der Scheibenlichter (Abs. 2 Satz 3) ist die Situation für ein von achtern aufkommendes Schiff unter Umständen gar nicht oder nicht mit Sicherheit erkennbar. Auch aus diesem Grunde ist das häufige Abbrennen von Fackelfeuern zu empfehlen, sobald im dunkeln Sektor die Lichter eines herannahenden Schiffs auftauchen (vgl. Anm. 9).

[12]) Damit ist den Scheibenschleppzügen nicht ohne weiteres ein Wegerecht eingeräumt. Sie sind auch nicht ohne weiteres außergewöhnliche Schleppzüge i. S. des § 46. Für die Frage des Ausweichens ist daher auf die allgemeine Regel zurückzugreifen, daß das normal bewegliche Schiff dem aus einem beschränkt manövrierfähigen Schlepper und einem manövrierunfähigen Scheibenfloß bestehenden Schleppzug nach Möglichkeit aus dem Wege zu gehen hat (vgl. Anm. 1 IIb zu V

Ausweichen SStrO. — I, 824). Wenn auch an sich der Grundsatz gilt, daß der Schleppzug ebenso ausweichen muß, wie ein alleinfahrendes Schiff (OSA. 19 S. 110), so wird er doch durchbrochen, wenn dies von dem übergeordneten Gesichtspunkt des Art. 29 SStrO. (§ 5 Abs. 4 SWO.) erfordert wird. Vgl. dazu RG. LZ. 1912, 767 = HansGZ. 1912 Nr. 73; OSA. 19 S. 150; HansOLG. HansGZ. 1905 Nr. 157 u. a. Ein Scheibenschleppzug mit seiner langen Trosse ist, was Ausweichen anbetrifft, ziemlich hilflos. Bis ein, vom Schlepper (sehr entschieden) vorzunehmendes Rudermanöver sich — stark abgeschwächt und durch Wind und Strömung evtl. noch mehr beeinträchtigt — beim Floß bemerkbar macht, vergeht geraume Zeit. Dazu kommt, daß nach § 47 Abs. 3 Scheibenflöße keine Steuervorrichtung zu haben brauchen und in diesem Falle nicht einmal nachsteuern können. Man wird daher praktisch tatsächlich eine Ausweichpflicht des Gegenfahrers annehmen und damit den Scheibenschleppzug als Kurshalter charakterisieren können. Dies gilt aber nur, solange die Trosse nicht gekürzt ist. Auf dem Hin- oder Rückwege zur Übungsstelle bei gekürzter Trosse ist der Scheibenschleppzug wie ein gewöhnlicher Schleppzug zu behandeln. Er untersteht auch den örtlichen Regeln des Teil II (vgl. § 45).

## 2. Abschnitt: Schallsignale[1]).

### Allgemeines.

§ 32. Schallsignale dürfen nur insoweit[2]) gegeben werden, als die Seestraßenordnung[3]) oder diese Ordnung es vorschreibt oder zuläßt.

Die zur Abgabe der Nebelsignale verwendete Glocke[4]) muß eine derartige Schallwirkung haben und so angebracht sein[5]), daß ihr Schall von allen Seiten in ausreichender Entfernung gehört werden kann[6]).

[1]) Daß alle Schallsignale rechtzeitig gegeben werden müssen, ist an sich selbstverständlich, aber noch besonders in § 51 betont. Über den Begriff der Rechtszeitigkeit vgl. § 39 Anm. 3.

[2]) Das bedeutet zweierlei: a) Schallsignale dürfen nur in den von der SStrO. oder SWC. gekennzeichneten Situationen gegeben werden. Ausnahmen auf Grund des § 5 Abs. 4. Vgl. OLG. Hamb. Hansa 1927 S. 316 (Rudersignal, um Nachsteuern des Anhangs oder Mitwirkung eines ankernden Schiffs zur Unterstützung eines Manövers zu erzielen). b) In diesen Situationen sind nur die bezeichneten Signale zulässig.

Im Interesse einer klaren Auseinanderhaltung der Signale muß sich die Schiffahrt damit abfinden, daß es für viele (und zuweilen sehr wesentliche) nautische Vorgänge und Situationen keine Schallsignale gibt, z. B. für das Stoppen der Maschine, das Mindern der Geschwindigkeit u. a. (vgl. Sebba, HansRZ. 1927 S. 401). Im allgemeinen wird als Zustimmung die Wiederholung des von dem Gegenfahrer gegebenen Signals verwendet. Für die Ablehnung aber gibt es kein Signal, sofern der Schiffer nicht gerade ein Manöver beabsichtigt, für welches ein Signal vorgeschrieben oder zugelassen ist. Vgl. auch § 5 Abs. 4 Anm. 10; ferner § 35 Abs. 2: Morsesignale auch als Schallsignale zugelassen. Gefährlich ist oft die mehrfache Wiederholung desselben Signals. Vgl. OSA. 22 Nr. 152 (dreimal Steuerbordsignal als Rückwärtssignal verstanden).

[3]) Art. 15 und 28 SStrO. (I, 817 und 838). Über Achtungssignale usw. Anm. 6 zu Art. 29 SStrO. (I, 842) und oben § 5 Anm. 8ff. Ferner Notsignale Art 31 SStrO. (I, 848). Sonderbestimmungen in Teil II: Vgl. § 35 Anm. 14 und die Verweisungen daselbst. — Signale zum Herbeirufen von Zollbeamten vgl. Anhang Anl. 8 Abschn. „Bis zum Hafen" zu b.

[4]) Vgl. Art. 15 Abs. 3, Abs. 4 Nr. d und Anmerkung SStrO. (I, 818).

[5]) Vgl. auch UnfVerhV. § 39 (Dampfer): Glocke und Dampfpfeife sind in solcher Höhe anzubringen, daß der Schall nach allen Seiten frei ertönen kann. Technisch ist dies Problem

ebensowenig restlos lösbar, wie das der Lichtanbringung ohne dunklen Winkel. Vgl. § 8 Anm. 16. Für Segelschiffe mit Hilfsmotor gilt § 87 UnfVerhV. (Segler), wonach bei in Betrieb befindlichem Motor die Schallsignale mit Pfeife oder Sirene (statt Glocke bzw. Nebelhorn) zu geben sind. Auch diese Signalapparate müssen daher vorhanden sein (§ 33).

[6]) Über die Unzuverlässigkeit der Schallsignale im Nebel vgl. Art. 15 Anm. 1 u. 9 (I, 818/19). Dick S. 48. — Eine genaue Festlegung der an ein akustisches Signal zu stellenden Anforderungen ist unmöglich. Eine der Sichtweite entsprechende „Hörweite" gibt es nicht. Vielfach werden aber „schwache Töne" mit der Dampfpfeife zur Verständigung zwischen dem Seeschiff und seinem Schlepper verwendet. Dies kann nur dort gebilligt werden, wo die Gefahr einer Verwechslung mit anderen, insbesondere Rudersignalen mit Sicherheit ausgeschlossen ist. SSchG. 22. März 1923 (Fall Bärenfels—Annam). Völlig ablehnend OSA. 22 Nr. 114. Über das mangelhafte Funktionieren von Dampfpfeifen als Ursache von Kollisionen vgl. die treffenden Ausführungen in Danziger Schiffs- u. Hafennachrichten v. 11. Januar 1927. Vgl. auch die Anm. zu § 34.

## Nebelsignale.

**§ 33.** a) Ein Dampffahrzeug, welches in Fahrt[1]) und unter Dampf[2]) ist und sich eines oder mehrerer Dampffahrzeuge zur Hilfeleistung bedient, hat bei Nebel die Schallsignale eines alleinfahrenden Dampffahrzeuges zu geben[3]). Die hilfeleistenden Fahrzeuge haben keine Nebelsignale zu geben[4]).

b) Vor Anker liegende Fahrzeuge und schwojende Fahrzeuge[5]) müssen, solange sie schräg oder quer im Fahrwasser liegen, in kurzen Zwischenräumen[6]) etwa fünf Sekunden lang die Glocke rasch läuten mit darauffolgenden drei Einzelschlägen[7]). Diese Fahrzeuge dürfen[8]) außerdem bei Annäherung anderer Fahrzeuge[9]) mit der Dampfpfeife das allgemeine Gefahrsignal nach § 34 (ein langer und vier kurze Töne gruppenweise in kleinen Zwischenräumen) geben, bis die Gefahr des Zusammenstoßes vorüber ist. (Wegen der Lichtsignale vgl. § 21.)

c) Im Fahrwasser[10]) liegende Bagger, Taucherfahrzeuge[11]), Wracke und sonstige Schiffahrtshindernisse[12]) (oder die zur Bezeichnung der letzteren ausgelegten Fahrzeuge)[13]), an welchen nur an einer Seite vorbeigefahren werden kann, müssen in kurzen Zwischenräumen fünf Sekunden lang die Glocke rasch läuten mit darauffolgenden Einzel- oder Doppelschlägen, und zwar, wenn sie einlaufend[14]) an Steuerbord und auslaufend an Backbord zu lassen sind, fünf Einzelschläge, wenn sie einlaufend an Backbord und auslaufend an Steuerbord zu lassen sind, fünf Doppelschläge[15]). (Wegen der Lichtsignale vgl. §§ 25 und 26.)

d) Flöße[16]) müssen mit einer kräftig tönenden Glocke und einem wirksamen Nebelhorn[17]) versehen sein und bei Nebel die durch Artikel 15d und e der Seestraßenordnung vorgeschriebenen Signale geben[18]). Scheibenflöße der Reichsmarine[19]) werden von dieser Bestimmung ausgenommen. Bei Nebel kürzen die Scheibenschlepper die Schleppleine auf das Mindestmaß ein[20]) und geben die vorgeschriebenen Nebelsignale[21]). (Wegen der Lichtsignale vgl. § 18.)

e) Wenn das Fahrwasser aus irgendeinem Grunde gesperrt und das Vorbeifahren von Fahrzeugen verboten ist (vgl. §§ 28, 29 und 30), so ist auf der Sperrstelle[22]) das folgende Nebelsignal in kurzen Zwischenräumen zu geben: Rasches Läuten mit der Glocke mit darauffolgenden drei Doppelschlägen oder zwei Gruppen von je drei langen Tönen mit der Dampfpfeife oder dem Nebelhorn[3]).

[1]) Vgl. Einl. Abs. 4 SStrO.

[2]) D. h. seine eigene Maschine benutzt. In diesen Fällen, wo die Schlepper lediglich Assistenz- und Bugsierdienste leisten (vgl. I, 740/41) und demgemäß an relativ kurzer Trosse arbeiten, ist die Zusammenfassung des gesamten Schleppzugs (einschließlich der etwaigen Achterschlepper) zu einer signalmäßigen Einheit gerechtfertigt (aber noch: B. Unterelbe § 5), eine Auffassung, die allerdings bei der Schaffung des Gesetzes bestritten war (vgl. Wendling, Hansa 1927 S. 1731). Meines Erachtens ist die Regelung des § 33a durchaus zu begrüßen. Wenn mehrere Schlepper und ein großer Dampfer durcheinander Nebelsignale geben, so kann der Gegenfahrer im Nebel trotz größter Sachkunde und Aufmerksamkeit zuweilen nicht unterscheiden, wie viele Schleppzüge er vor sich hat, zumal die Richtung der Schallsignale im Nebel oft schwer auszumachen ist und oft ein Signal des Achterschleppers aus völlig anderer Richtung und Entfernung zu kommen scheint, als das Signal des Vorderschleppers. Vgl. dazu § 32 Anm. 6; SeeA. Bremerhaven, Hansa 1910 S. 262; OSA. Hansa 1910 S. 419; OSA. 24 S. 97. Eine Quelle mancher Mißverständnisse ist jetzt fortgefallen. Dafür allerdings ist eine bewußte Verschleierung der nautischen Situation eingetreten: der Schleppzug gilt als Alleinfahrer. Jedoch spielt dieses keine Rolle, solange korrekt signalisiert und korrekt nach Art. 16 SStrO. navigiert wird: die Schiffe sollen sich aneinander vorbeifühlen und das Signal des § 33a ist ja nichts anderes als die Aufforderung, dies mit aller Vorsicht zu tun. Daß der Gegenfahrer dem assistierenden Schlepper früher begegnen kann, als es nach dem Nebelsignal des geschleppten Schiffes anzunehmen war, ist richtig, jedoch nicht von ausschlaggebender Bedeutung, weil der Kapitän sich ohnehin nie auf eine Entfernungsschätzung im Nebel verlassen kann.

[3]) Analog der Lichterführung in § 11 SWO.

[4]) Die Regelung bedeutet eine Abweichung von Art. 15 Abs. 4 zu e SStrO. (I, 818). Dort muß der Schlepper und darf das geschleppte Schiff ein Signal geben. Hier muß das geschleppte Schiff ein Signal geben, der Schlepper muß schweigen. — Wird jedoch ein Schiff geschleppt, das seine eigene Maschine nicht benutzt, so verbleibt es bei der Regelung des Art. 15 Abs. 4 zu e SStrO. Ebenso hat jeder Schlepper seine Signale als alleinfahrendes Schiff zu geben, sobald er die Schleppverbindung gelöst hat, es sei denn, daß sie alsbald wieder hergestellt wird. — Vgl. hierzu die analoge Regelung in § 11 und 12.

[5]) Vgl. die Anm. zu § 21.

[6]) Während Art. 15 Abs. 4 zu d sagt: „mindestens jede Minute", ist hier die Bestimmung des Zeitraums dem Kapitän überlassen.

[7]) Diese Einzelschläge sind der SStrO. unbekannt.

[8]) Eine Verpflichtung besteht nicht, und die Unterlassung ist keinesfalls strafbar. Sie kann allerdings schuldhaft nach § 5 Abs. 4 sein, z. B. wenn die Glocke keine ausreichende Schallwirkung hat oder ungünstig hängt (insbes. im Hinblick auf die Windrichtung), etwa im Vorschiff bei Wind von vorne, so daß der Schall von den Aufbauten abgefangen wird, während sich andererseits ein von achtern aufkommendes Schiff meldet. In solcher Situation ein zugelassenes Signal nicht geben, kann chuldhaft sein.

[9]) Vgl. die Anm. zu Art. 16 Abs. 2 SStrO. (I, 820), die Annäherung kann durch Schallsignale, drahtlose Signale usw. bemerkbar sein.

[10]) Über den Begriff des Fahrwassers vgl. oben § 6 in Verbindung mit § 36.

[11]) Vgl. oben § 25. Die dort erwähnten schwimmenden Baugeräte wird man zu den Schiffahrtshindernissen i. S. des § 33c rechnen müssen.

[12]) Vgl. oben § 26.

[13]) Vgl. oben § 26 zu e; provisorisch ausgelegte Boote (§ 59) nur dann, wenn sie bemannt und mit einer Glocke versehen sein sollten.

[14]) Vgl. Anlage 4 und 5 (allg. Grundsätze für die Betonnung zu A Abs. 2).

[15]) Abweichung von Art. 15 Abs. 4 zu d SStrO. (I, 818), welcher die Einzel- und Doppelschläge nicht kennt und den Zwischenraum zwischen den Glockensignalen auf höchstens eine Minute festlegt.

[16]) Vgl. § 18 und § 47.

[17]) Vgl. Art. 15 Abs. 3 SStrO. (I, 818). Dick S. 45. Mit maschineller Betätigung? Hier nicht angeordnet und wohl auch nicht zu verlangen. Vgl. dagegen Anm. 6 zu Art. 15 SStrO. (I, 819).

[18]) Als Anker- bzw. Manövrierunfähigkeitssignal.

[19]) Vgl. oben § 31. Sie haben nach § 33d überhaupt keine Signale zu geben, brauchen auch weder Glocke noch Nebelhorn zu führen, und auch nach § 47 weder Steuervorrichtung noch ein Boot zu haben.

[20]) Mindestmaß wird durch nautische Erwägungen von Fall zu Fall (Wind, Seegang, Steuerfähigkeit usw.) bestimmt. Vgl. über die große Länge der Trosse bei Scheibenflößen oben § 31 Abs. 3.

[21]) D. h. die für einen Schleppzug gegebene Schleppersignale des Art. 15 Abs. 4 zu e SStrO. Wenn aber der Scheibenschleppzug vor Anker liegt oder schwojt, die Signale nach § 33b SWO., falls er nicht nach § 45 Abs. 4 aufgelöst worden ist, was jedoch wegen mangelnder Ausrüstung des Floßes oft nicht in Betracht kommen wird.

[22]) Hieraus ergibt sich, daß an jeder Sperrstelle bei Nebel ein Fahrzeug zu liegen hat, sofern nicht die Abgabe dieser Signale vom Lande (oder von einer Bake, Gerüst usw.) aus möglich ist.

[23]) Ob hier (im Gegensatz zu Art. 15 Abs. 3 — vgl. Anm. 6 zu Art. 15 — I, 819) ein mit dem Munde geblasenes Nebelhorn

genügt, ist Tatfrage. Im belebten Revier muß damit gerechnet werden, daß sich das Nebelhorn gegenüber den Dampfpfeifensignalen mehrerer herannahender Schiffe durchzusetzen hat. Vgl. auch Anm. 17.

### Gefahr- und Warnungssignal[1]).

§ 34. Wird ein in Fahrt befindliches[2]) Dampffahrzeug manövrierunfähig[3]) oder gerät es in Gefahr[4]), so hat es dies, wenn Fahrzeuge in der Nähe sind, durch das allgemeine Gefahrsignal[5]) (einen langen und vier kurze Töne, gruppenweise[6]) in kurzen Zwischenräumen gegeben) mit der Dampfpfeife anzuzeigen.

[1]) Vgl. dazu Art. 12 (Knallsignal) und Anm. 6 zu Art. 29 SStrO. (Achtungssignale mit der Dampfpfeife) I, 817 und 842; ferner § 5 Abs. 4 Anm. 8.

[2]) Dies Signal darf also nicht abgegeben werden, wenn das Schiff vor Anker liegt, am Lande befestigt ist, oder am Grunde festsitzt (vgl. oben § 2 Abs. 2; Einl. Abs. 4 SStrO.).

[3]) Vgl. Art. 4 SStrO. (I, 808); §§ 12, 13, 31 Abs. 1, 46 Abs. 1; „beschränkt steuerfähig" wird in engen Gewässern einer Manövrierunfähigkeit gleich zu erachten sein, wenn es sich nicht nur um ganz geringfügige Behinderungen handelt. Vgl. Anm. zu § 46 — Das Manövrierunfähigkeitssignal ist auch in England bekannt (Themsevorschrift Nr. 24).

[4]) Irgendwelcher Art, jedoch nautischer Natur. Insbesondere Gefahr der Strandung, des Sinkens, der Kollision mit anderen Schiffen oder mit Uferbauwerken, des Ausdemruderlaufens (wenn der Kapitän merkt, daß das Schiff unruhig wird und dem Ruder nicht gehorcht), Gefahr einer Explosion oder des Auslaufens von Öl aus einem Tankschiff (vgl. § 48 b) mit Gefahr der Entzündung, Gefahr des Treibens auf den eigenen Anker usw. Diese Gefahr des Schiffes pflegt gleich-

zeitig eine Gefahr für die Schiffahrt bzw. andere Schiffe zu bedeuten. Es ist daher zugleich ein Warnungssignal. Über die Natur des Unfalls besagt es zwar nichts, doch enthält es die Aufforderung an andere Schiffe, mit einer außergewöhnlichen nautischen Situation zu rechnen, insbesondere mit der Unmöglichkeit, seine Manöver durch solche des signalisierenden Schiffes unterstützt zu sehen. Ein Notsignal im Sinne des Art. 31 SStrO. ist das Signal nicht. Andererseits ist es seinem Charakter nach durchaus von dem Achtungssignal des § 35a zu unterscheiden, welches keinen sachlichen Inhalt hat, sondern nur Aufmerksamkeit erregen will. — Eine besondere Bedeutung hat das Gefahrsignal in § 37 Abs. 3 Satz 2: Unmöglichkeit des Raumgebens seitens des vorfahrenden Schiffes beim Überholtwerden.

[5]) Kein Notsignal im Sinne des Art. 31 SStrO. (I, 848), weil hier nicht Hilfe verlangt wird. Soweit es sich um Manövrierfähigkeit handelt, tritt bei Nebel an Stelle des Signals des § 34 das Signal nach Art. 15 Abs. 4e SStrO. (I, 818) als das speziellere (Nebel-)Signal. § 34 enthält keine Nebelsignale, da diese in § 33 geregelt sind. Wohl aber bleibt das Signal des § 34 als Gefahrsignal auch im Nebel anwendbar. Insbesondere ist es in § 33b ausdrücklich für ankernde oder schwojende Schiffe im Nebel zugelassen. Vgl. § 33 Anm. 5ff. und § 21.

[6]) Es ist anzunehmen, daß das Wort „gruppenweise" bedeutet: die vier kurzen Töne in zwei Gruppen zu je zwei Tönen. Doch sind auch andere Gruppierungen denkbar. Eine Klärung wäre erwünscht. Über lange und kurze Töne vgl. Art. 15 Abs. 2 und Art. 28 SStrO. (I, 818 und 838).

## Sonstige Schallsignale.

§ 35. Die nachstehenden Schallsignale sind von den angerufenen[1]) Fahrzeugen, soweit möglich, zu beantworten[2]):

a) zur Erregung der Aufmerksamkeit[3]) eines anderen Fahrzeugs: ein langer Ton*);
b) zum Überholen[4]):
   1. von dem überholenden[5]) Fahrzeug: ein langer, zwei kurze, ein langer Ton*);
   2. von dem Fahrzeug, das überholt wird[6]) und hierzu bereit ist[7]): ein langer, ein kurzer, ein langer Ton (vgl. hierzu § 37);
c) zum Herbeirufen eines Schleppers[8]): ein kurzer, ein langer, ein kurzer, ein langer Ton;
d) zum Herbeirufen eines Zollbeamten[9]): fünf kurze Töne;
e) zum Anhalten eines Fahrzeuges von einem Reichs- oder Staatsfahrzeug[10]) (Schiffahrtspolizei oder Zollverwaltung)[11]): ein langer, ein kurzer Ton*);
f) nachts[12]) zum Herbeirufen des Quarantänebeamten[13]): viermal je sechs kurze Töne;
g) für einzelne Bezirke sind zum Herbeirufen[14]) von Lotsen, zur Benachrichtigung der Reederei, als Einlauf- und Brückensignale und als Ankunft- und Abfahrtzeichen von Personendampfern besondere Schallsignale eingeführt (vgl. Teil II)[15]).

Die im Internationalen Signalbuch[16]), Nachtrag III zur Amtlichen Ausgabe 1911 S. 25, angegebenen Morsesignale, die auch als Schallsignale gegeben werden können, werden hierdurch nicht berührt.

---

*) Über die Bedeutung dieser Signale beim Signalverkehr zwischen Eisbrechern und den von diesen geführten oder geschleppten Schiffen siehe § 50.

Über lange und kurze Töne vgl. Art. 15 Abs. 2 und Art. 28 SStrO. (I, 818 und 838).

¹) Welches von mehreren Schiffen sich als „angerufen" betrachten kann, ergibt die nautische Situation.

²) Nach Seemannsbrauch durch Abgabe des gleichen Signals. Ein allgemeines Antwortsignal existiert nicht.

³) Achtungssignal. Vgl. Anm. 6 zu Art. 29 SStrO. (I, 842); § 5 Abs. 4 Anm. 8; Trave (Anl. 1) Nr. 17. Zu vermeiden ist die Kombination des Achtungssignals mit einem Rudersignal, welche zu schwerwiegenden Mißverständnissen führen muß. OSA. 24 S. 27. Angebracht ist das Signal beim An- und Ablegen, beim Ein- und Auslaufen in enge Einfahrten (Dick S. 82), bei beabsichtigter Kursänderung als Warnung für nachfahrende Schiffe.

⁴) Die Vorschrift füllt eine Lücke der SStrO. aus, welche ein eigentliches Überholungssignal nicht kennt, so daß die Praxis nur das allgemeine Achtungssignal anwandte. Vgl. Anm. 5 zu Art. 24 SStrO. (I, 834). Jetzt ist durch § 35 eine Signalfolge eingeführt, welche als Frage und Antwort zu deuten ist. Vgl. § 37.

⁵) D. h. dem Fahrzeug, das überholen will. Die in b 2 erforderte Bereitwilligkeitserklärung des zu überholenden Schiffes ergibt, daß b 1 als Absichtssignal gedacht ist (vgl. dazu Sebba, HansRZ. 1927, S. 401). Ist das Einverständnis erreicht, so muß das überholende Schiff, sofern eine Kursänderung erforderlich ist, noch die Kurssignale des Art. 28 SStrO. geben. Vgl. § 37 und Anm. 5 zu Art. 24 SStrO. (I, 834). Dagegen bleibt die Verwendung der Kurssignale zur Verständigung über die Überholungsabsicht unzulässig. Vgl. Anm. 7 zu Art. 28 SStrO. (I, 840) und die Anm. zu § 37.

⁶) D. h. überholt werden soll. Das Überholungsmanöver darf erst eingeleitet werden, wenn das zu überholende Schiff „bereit" ist.

⁷) „Bereit" ist ein zu enger Ausdruck. Es muß heißen: einverstanden und bereit. Vgl. unten § 37.

⁸) Ein solches Signal ist der SStrO. nicht bekannt. Wohl aber dem Hamb. Hafenbetriebe (lang—kurz—kurz—lang) OSA. 22 Nr. 54 (Fall Avare).

[9]) Vgl. § 3 und Anhang Nr. 8.

[10]) Z. B. seitens eines Kriegsschiffes oder Wachbootes im Falle des § 29 SWO. Anderen Schiffen ist die Benutzung dieses Signals nicht gestattet (§ 32). Außer Polizei- und Zollschiffen dienen die Signale auch sonstigen Staatsfahrzeugen, welche nach den gesetzlichen Vorschriften berechtigt sind, Schiffe anzuhalten.

[11]) Über Signale von Zollschiffen zwecks Anhaltung von Schiffen bei Tage vgl. Anhang Anl. 8 Abschn. „Bis zum Hafen".

[12]) Am Tage ist eine Flagge zu setzen.

[13]) Vgl. § 4 und Anhang Nr. 9.

[14]) Und absetzen. Vgl. z. B. § 61 Nr. 3; § 62 Nr. 5; § 64 Nr. 5; § 78 Nr. 3; § 79 Nr. 4; § 80 Nr. 4; vgl. auch § 23.

[15]) Vgl. Anm. zur Überschrift „Fahrregeln" vor § 36.

[16]) Vgl. Budde S. 77ff.

## 3. Abschnitt: Fahrregeln[1]).

### Rechtsfahren[2]).

**§ 36.** Jedes Dampffahrzeug[3]) muß sich, wenn dies ohne Gefahr[4]) ausführbar ist, an derjenigen Seite der Fahrrinne oder der Fahrwassermitte halten, welche an seiner Steuerbordseite liegt[5]). Dieses gilt auch für segelnde Fahrzeuge, wenn sie, ohne kreuzen zu müssen, dem Fahrwasserlauf zu folgen vermögen[6]). Das Hauptfahrwasser oder die tiefe Rinne[7]) ist von den kleinen Fahrzeugen[8]) möglichst für die tiefgehenden Fahrzeuge frei zu lassen. Wo es möglich ist[9]), müssen kleine Fahrzeuge die Nebenfahrwasser benutzen[10]).

[1]) Es gelten im allgemeinen die Fahrregeln (insbesondere auch die Ausweichvorschriften) der SStrO.

Diese sind durch den 3. Abschnitt der SWO. ergänzt und für die häufigsten Situationen spezialisiert. Sie werden ihrerseits ergänzt und spezialisiert durch die örtlichen Vorschriften des Teil II, welche völlig der individuellen Beschaffenheit einzelner Fahrwasser angepaßt sind. Handelt es sich um die Frage, ob ein Schiff korrekt (z. B. auch in einem ihm nicht verbotenen Fahrwasser) gefahren, ausgewichen ist oder überholt hat, so ist zunächst die örtliche Regelung maßgebend, mangels einer solchen die SWO. (Abschnitt 3) und in letzter Linie die SStrO. Besondere Fahrregeln in Teil 2 sind z. B.: Ausweichvorschriften im weitesten Sinne: § 62 Nr. 11 und 12; § 64 Nr. 12; § 78 Nr. 12; § 79 Nr. 16; § 80 Nr. 7—10; § 81—84 Nr. 2; Trave (Anl. 1) Nr. 18. Ferner die Vorschriften über Ausweichplätze: § 61 Nr. 8; § 63 B 2; § 69 Nr. 8; § 70 Nr. 8; § 80 Nr. 12. Über Zusammenkoppeln von Fahrzeugen: § 62 Nr. 15; § 63 A 6; § 65 Nr. 11; § 83 Nr. 3; Trave (Anl. 1) Nr. 13. Über Treiben im Fahrwasser: § 62 Nr. 17; § 63 A 8; § 65 Nr. 6; § 68 Nr. 6; § 69 Nr. 7; § 70 Nr. 7; § 71 Nr. 5; § 72 Nr. 6; § 73 Nr. 7; Trave (Anl. 1) Nr. 10. Über Passieren von Hafenmündungen, Ein- und Auslaufen: § 62 Nr. 10 und 18; § 79 Nr. 5; über das Überholen: § 62 Nr. 9; § 63 A Nr. 4; § 65 Nr. 7; § 69 Nr. 9; § 70 Nr. 9; § 72 Nr. 7; § 73 Nr. 8; § 79 Nr. 9; § 80 Nr. 6; Trave (Anl. 1) Nr 18 zu 3. Über Schleppzüge: § 61 Nr. 5; § 62 Nr. 13; § 63 A Nr. 5; § 64 Nr. 11; § 65 Nr. 5; § 68 Nr. 5; § 69 Nr. 6; § 70 Nr. 6; § 71 Nr. 4; § 72 Nr. 4; § 73 Nr. 5; § 77 Nr. 5; § 78 Nr. 11; § 79 Nr. 14; § 80 Nr. 18; § 81 Nr. 2; § 82 Nr. 2; § 83 Nr. 5; § 84 Nr. 2 und 4; § 85 Nr. 5. Trave (Anl. 1) Nr. 13. Für Passieren von Brücken und Schleusen: § 61 Nr. 10; § 63 C Nr. 1—3; § 65 Nr. 12; § 67 Nr. 5; § 69 Nr. 12; § 70 Nr. 12; § 71 Nr. 10 und 11; § 72 Nr. 12; § 73 Nr. 10—12; § 75 Nr. 9; § 81 Nr. 5; § 82 Nr. 5; § 84 Nr. 8. Trave (Anl. 1) Nr. 12. Begrenzung der Masthöhe: § 65 Nr. 4; § 68 Nr. 4; § 69 Nr. 5; § 70 Nr. 5; Beschränkung der Schiffsgröße oder des Tiefgangs: § 69 Nr. 4; § 70 Nr. 4; § 72 Nr. 5; § 75 Nr. 3; § 78 Nr. 6; § 79 Nr. 7; § 80 Nr. 15 und 16; § 81 Nr. 3; § 82 Nr. 3. Ausschluß havarierter oder in der Manövrierfähigkeit beschränkter Fahrzeuge: § 78 Nr. 5; § 79 Nr. 6; § 80 Nr. 15 und 16. — Verbot des Segelns: Trave (Anl. 1) Nr. 10. — Über Beschränkung der Geschwindigkeit vgl. § 39. Weitere Fahrregeln ergeben sich aus § 5 Abs. 4 (vgl. die Anm. daselbst).

[2]) Durch die allgemeine Anordnung des Rechtsfahrens werden alle Gewässer, für welche die SWO. gilt, als enge Fahrwasser i. S. des Art. 25 SStrO. charakterisiert. Dementsprechend ist n Teil II nur von den Ausnahmen die Rede und zwar in verschiedener Gestalt: a) teils wird gewissen Schiffen gestattet, auf der in ihrer Fahrtrichtung linken Seite zu fahren (§ 80 Nr. 10). Allgemein ist dies zulässig, wenn Ausgangspunkt und Ziel dicht neben einander auf der Backbordseite des Schiffs liegen und das zweimalige Kreuzen des Fahrwassers daher die Gefahren nur vergrößert. RG. 117 S. 172. Im übrigen aber muß jedes, im falschen Fahrwasser fahrende Schiff möglichst bald das richtige Fahrwasser aufsuchen, besonders wenn ein Gegenfahrer auftaucht. OSA. 23 Nr. 48. Ebenso wenn Ausgangspunkt und Ziel nicht nahe zusammen liegen. O.SA 22 Nr. 152.

b) teils wird unter der farblosen Überschrift: „Begriffsbestimmung" ein Gewässer oder Teile desselben als ein „nicht enges Fahrwasser i. S. des Art. 25 SStrO." erklärt (§ 80 Nr. 25; § 84 Nr. 12; § 85 Nr. 2).

c) Oder überhaupt der Fahrwasserbegriff eingeengt, so daß die sonstigen Gewässer des Bezirks nicht unter § 36 fallen (§ 79 Nr. 2).

Im Falle zu a liegen rein nautische Gründe vor, welche den Charakter des Gewässers als eines engen i S. des Art. 25 SStrO nicht berühren.

[3]) Dampfer, Motorschiff, geschleppte Segler; Motorsegler und Flettnerschiff, sofern sie ihren Schraubenantrieb (allein oder neben der Segelvorrichtung) benutzen. Vgl. Einl. Abs. 3 SStrO.; § 15 SWO.

[4]) Nur eine Gefahr, nicht schon bloße Schwierigkeit oder Unbequemlichkeit befreit von Befolgung der Vorschrift. Die Fassung der Vorschrift läßt dies (ebenso wie Art. 25 SStrO.) nicht mit genügender Schärfe hervortreten. Ähnlich übrigens

Art. 22 SStrO. Die Judikatur legt alle diese Vorschriften streng aus.

[5]) Wörtlich übernommener Art. 25 SStrO. (I, 835). Jede Zuwiderhandlung ist bis zum Gegenbeweise als schuldhaft anzusehen. Vgl. HansGZ. 1925, S. 225. Zweifelnd: HansGZ. 1927 Nr. 40. Die Fassung „wenn dies ohne Gefahr ausführbar ist", ist nicht sehr glücklich gewählt. Vgl. oben Anm. 4. Jedoch besteht kein Zweifel, daß es stets Sache des Schiffs ist, darzulegen, daß es durch eine Gefahr (oder sonstige zwingende Umstände) dazu veranlaßt wurde, in die falsche Fahrwasserseite zu gehen. Ausnahme (Linksfahren und Ausweichen): § 80 Nr. 10 und oben Anm. 2. Bei gekrümmtem Fahrwasser darf sich das rechtsfahrende Schiff nicht durch Lichterwechsel des Gegenfahrers beirren lassen. OSA. 22 Nr. 98.

[6]) Vgl. dazu Anm. 2 zu Art. 25 SStrO. (I, 835), welcher dort bereits im Sinne des § 36 SWO. ausgelegt worden ist. Ebenso Dick S. 77; OSA. 24 S. 193 (seemännische Praxis). Ein Segler hat dem Fahrwasserlauf an Steuerbord zu folgen, wenn er dies „vor dem Winde" oder „raumschoots" segelnd, ausführen kann. Nur, wenn dies nicht möglich ist, tritt die Befreiung von der Vorschrift des § 36 ein. Vgl. dazu RG. 76, 295 (zu § 13 V. Unterelbe). Geschleppte Segler haben stets § 36 zu befolgen.

[7]) Vgl. dazu § 6 nebst Anm.

[8]) Seglern oder Dampffahrzeugen. Klein im Sinne des § 36 sind alle Fahrzeuge, deren Tiefgang eine Annäherung an das Ufer oder die Böschung ohne jede Gefahr gestattet, welche also auf das Hauptfahrwasser oder die tiefe Rinne nicht angewiesen sind. (Gegensatz „tiefgehende Fahrzeuge".) Doch wird man Seeschiffen stets das Recht zusprechen müssen, in der Fahrrinne zu bleiben (vgl. auch § 48). Gedacht ist in § 36 vor allem an Schuten, Prähme, kleine Segler, Dampfer und Motorboote, Küstenfahrzeuge, Fischewer usw. Die Gesichtspunkte der SStrO. Art. 7 Nr. 3 und 4 (Dazu Dick S. 22 u. 25) sind hier nicht maßgebend. Über Hafen- und Flußfahrzeuge

vgl. HansGZ. 1927 Nr. 12. Kraft besonderer Vorschrift (§ 45 Abs. 3) haben Schleppzüge gleichfalls die Hauptfahrwasser und Fahrrinnen zu meiden. Jedoch gehören Dampffahrzeuge mit Schlepperhilfe, die unter eigenem Dampf fahren (§ 11 u. § 33 zu a) in der Regel nicht zu den Schleppzügen i. S. des § 45 Abs. 3. Eine Ausnahme gilt natürlich auch für Schleppzüge, von denen auch nur ein Bestandteil (Schlepper oder Anhang) Wegerechtsschiff i. S. der § 14, § 42 SWO. ist.

[9]) D. h. solange es der Tiefgang des Fahrzeuges im Hinblick auf die Umstände gestattet. Bei stark bewegtem Wasser (Sturm) bedarf ein Fahrzeug größerer Wassertiefe, um nicht zu stoßen. Einer Gefahr braucht sich das Fahrzeug keinesfalls auszusetzen.

[10]) Also außerhalb des durch die Tonnenreihen begrenzten Mittel- (Haupt-)fahrwassers fahren.

## Überholen[1])[2]).

**§ 37.** Es soll grundsätzlich links überholt werden[3]).

Das Überholen ist erst auszuführen[4]), nachdem der Vordermann das Schallsignal des Hintermannes „Ich will überholen" durch das Schallsignal „Ich bin bereit, mich überholen zu lassen" (vgl. § 35 Abs. b) beantwortet hat[5]). Das überholende Fahrzeug hat die Änderung seines Kurses nach Backbord oder, wenn es ausnahmsweise wegen seines Tiefganges[6]) gezwungen ist, nach Steuerbord auszuweichen, dieses gemäß Artikel 28 der Seestraßenordnung anzuzeigen[7]). Das Überholen darf erst ausgeführt werden, nachdem der Vordermann durch Signal seine Kursänderung angezeigt[8]) und genügend Raum gegeben hat[9]).

Kein Fahrzeug darf ein anderes ohne Not[10]) am Überholen verhindern; vielmehr muß jedes vorausfahrende

Fahrzeug dem ihm folgenden auf das Überholsignal den erforderlichen Platz geben[11]), soweit die Breite des Fahrwassers[12]) und die sonstigen Umstände es gestatten. Ist es dazu nicht imstande, so muß es das Gefahrsignal gemäß § 34 geben[13]).

Ausweichepflichtig bleibt gemäß Artikel 24 der Seestraßenordnung stets das überholende Fahrzeug[14]).

Das Überholen darf nur an solchen Stellen vorgenommen[15]) werden, die ein sicheres Vorbeifahren ermöglichen (vgl. Teil II)[16]). Es darf in der Nähe von Baggern, Taucherfahrzeugen und Schiffahrtshindernissen, die gemäß § 25 oder § 26 bezeichnet sind, und in der Nähe von in Fahrt befindlichen Seil- und Kettenfähren und von Fahrzeugen und Bauten, welche durch die beim Überholen entwickelte höhere Fahrt[17]) gefährdet werden könnten (vgl. § 27), nicht stattfinden[18]).

Beim Überholen muß die Fahrgeschwindigkeit beider Fahrzeuge rechtzeitig so weit vermindert werden, daß durch Sogwirkung keine Gefahr entstehen kann[19]).

[1]) Die Vorschriften des § 37 gelten auch, und zwar in verschärftem Maße, für das doppelte Überholen, d. h. den Fall, daß A von B und beide gleichzeitig von C überholt werden. Dieses Überholen ist an sich nicht unzulässig, erfordert aber besondere Umsicht und ist z. B. in § 62 Nr. 9 ausdrücklich verboten (vgl. d. Anm daselbst). Es muß davon ausgegangen werden, daß C nicht nur B, sondern auch A überholt. Das zeigt sich am deutlichsten, wenn B während des Überholens plötzlich zurückfällt oder die Überholung von A vollendet hat. Darum muß C nicht nur die Einwilligung von B, sondern auch die von A haben (Abs. 2). Verweigert auch nur einer von beiden das Einverständnis, so ist das Überholen ausgeschlossen, bis das Überholmanöver zwischen A und B völlig beendet ist. Alsdann kann die Anfrage nach Abs. 2 wiederholt werden. Man wird

bei engem Fahrwasser stets annehmen können, daß durch das Überholen durch C jedenfalls B stark behindert wird, so daß seine Verweigerung niemals „ohne Not“ bzw. mutwillig (Abs. 3 und § 366 Nr. 3 StGB.) sein kann. Gewöhnlich aber wird auch A ein Interesse daran haben, daß das Überholmanöver des B nicht durch den Überholenden C beeinträchtigt wird. Das doppelte Überholen führt den C fast stets an oder gar über die Fahrwassermitte hinaus, wo sich Komplikationen durch Gegenfahrer ergeben können. Vgl. OSA. 22 Nr. 172. Eine Rückwirkung auf B ist dann oft nicht zu vermeiden: er wird auf A zu gedrängt, der seinerseits wiederum hart am Tonnenstrich fährt (Abs. 3) und evtl. aus dem Fahrwasser gedrängt werden kann. Vgl. auch SSchG. Juli 1918 (Fall Arabia-Germanicus). Oder gegen die Böschung der Fahrrinnen, wobei die Gefahr des Absetzens (Ausscherens nach dem tiefen Wasser zu) besteht. SeeA. Bremerhaven, Hansa 1914 S. 316. Vgl. auch RG. HansGZ. 1927 S. 297. Haben gar die Schiffe etwa gleiche Geschwindigkeit, so daß sich das doppelte Überholen zeitlich und räumlich über Gebühr ausdehnt, so muß es von vornherein nach 5 Abs. 4 SWO. (Art. 29 SStrO.) als unzulässig, weil mit den Regeln guter Seemannschaft unvereinbar, bezeichnet werden. Ganz besonders muß beim doppelten Überholen Abs. 5 beachtet werden (Gefahr gehäufter Wellenwirkung und mehrfacher Sogwirkung, besonders dann, wenn B ein kleines Fahrzeug ist und zwischen den großen Schiffen A und C in unberechenbare Sog- und Stromwirbeleinflüsse geraten muß!). Nach Abs. 6 müssen alle am Überholen beteiligten Schiffe ihre Geschwindigkeit vermindern, und zwar, um das Überholen nicht unnötig zu verlängern, so, daß A am meisten, C am wenigsten ermäßigt. Vgl. auch Anm. 19.

[2]) Örtliche Vorschriften für das Überholen bzw. Untersagung desselben in Teil II: § 62 Nr. 9; § 63 A Nr. 4; § 65 Nr. 7; § 72 Nr. 7; § 73 Nr. 8; § 79 Nr. 9; § 80 Nr. 6, Trave (Anl. 1) Nr. 18 zu 3. Kein Überholen, wenn ein kleines Fahrzeug durch Anhalten Platz zum Vorbeifahren eines großen

Schiffes schaffen muß. Vgl. § 80 Nr. 7, auch OSA. 24 S. 9. Wann ein Überholen vorliegt und wer der Überholende ist (Dick S. 37), wird im engen Fahrwasser kaum zweifelhaft werden. Beendigung des Überholens, wenn „klar passiert" (I, 835). Infolge des Derivationswinkels zeigt ein drehendes Schiff früher klar, als es klar ist. Also reichliche Raumreserve nötig. Vgl. SeeA. Bremerhaven, Hansa 1911 S. 135. Ferner Hansa 1911 S. 214 (Fahrtverlust beim Ruderlegen!). Über Umkehrung der Rollen beim nochmaligen Überholen. SeeA. Hamburg Hansa 1914 S. 115. — Über den Begriff „klar passiert" bei Überholen zwischen Fischdampfern mit Schleppnetz vgl. OLG. Hamb. Hansa 1927 S. 594.

[3]) Die grundsätzlichen Bestimmungen des Art. 24 SStrO. (I, 833) gelten auch hier. Sie werden nur ergänzt durch § 37. Daß links überholt werden soll (was in der SStrO. nicht vorgeschrieben ist. — Vgl. RG. HansGZ. 1927 S. 297), gilt nur grundsätzlich, d. h. es wird anerkannt, daß es zuweilen zweckmäßig und korrekt sein kann, rechts zu überholen. (Z. B. wegen des Tiefgangs, vgl. § 37 Abs. 1 Satz 2; aber auch wegen Kollisionsgefahr, wenn das überholende Schiff zu weit an oder gar in die andere Fahrwasserhälfte geraten würde.) Die Beweislast für die Besonderheit der Situation, welche das Rechtsüberholen rechtfertigt, hat der Überholende. Hat sich jedoch das vorfahrende Schiff einverstanden erklärt, so dürfte die Vermutung für die Zweckmäßigkeit der Maßnahme sprechen. Es gibt allerdings kein besonderes Signal für die Verständigung wegen des Rechtsüberholens. Frage und Antwort durch den Signalwechsel des § 35 zu b müssen im Zweifel (d. h. wenn nicht die nautische Situation mit Deutlichkeit das Gegenteil ergibt) auf das Überholen an sich bezogen werden. Erst nach erfolgter Einigung ist das Steuerbordsignal zulässig (§ 37 Abs. 2 Satz 2). Eine Abweichung von § 37 Abs. 1 enthält Trave (Anl. 1) Nr. 18 zu 3, wonach überholende Dampfer, wenn angängig, Segelschiffe an der Luvseite zu passieren haben. Das kann, je nach der Sachlage, ein Überholen rechts oder links bedeuten.

[4]) D. h. mit der Ausführung darf nicht früher begonnen werden. Es geht nicht an, daß das überholende Schiff zunächst soweit aufläuft, daß sein Bug in gleicher Höhe mit dem Heck des anderen Schiffes liegt und dann erst den Signalwechsel einleitet. Vgl. auch Anm. 5.

[5]) Der Sinn der Signale des § 35 wird hier klar. Sie dienen der Vereinbarung des Überholens. Die Verwendung von Kurssignalen zu diesem Zweck ist unzulässig (vgl. Anm. 5 zu § 35). Die Antwort: „Ich bin bereit" bedeutet ein doppeltes, nämlich zunächst das Einverständnis, sodann aber auch die Erklärung, daß das Schiff sich auf die etwa erforderlichen Manöver anläßlich des Überholtwerdens vorbereitet habe. Da es nun Kurshalter im Sinne des Art. 21 SStrO. ist (vgl. Anm. 3 zu Art. 21 SStrO. — I, 830), so bedarf es zwar im allgemeinen keiner besonderen Vorbereitungen. Doch kann es oft nötig werden, daß das zu überholende Schiff etwas Raum gibt, näher an die Steuerbordböschung herangeht, die Geschwindigkeit ermäßigt (vgl. § 37 Abs. 2 Satz 3 und Anm. 5 zu Art. 28 SStrO. — I, 839). Gibt also das Schiff sein Einverständnissignal, so darf das überholende Schiff damit rechnen, daß der vorausfahrende Kurshalter gemäß Art. 21 Kurs und Geschwindigkeit wie sie z. B. des Signals bestanden, beibehält, soweit nicht Ermäßigung der Fahrt nach Abs. 6 eintritt. Vgl. SeeA Hamburg Hansa 1909 S. 515. Dagegen hat das zu überholende Schiff allein zu prüfen, ob das Überholtwerden in diesem Moment und an dieser Stelle angängig ist. In Fahrwasserkrümmungen, an flachen Stellen oder Fahrrinnenböschungen wird ein Kapitän, dessen Schiff dazu neigt, aus dem Ruder zu laufen oder sonst unruhig zu werden, ein Überholen nicht zulassen; ebenso, wenn ein kleines Schiff beim Überholtwerden durch ein großes Schiff im engen Fahrwasser die Sogwirkung zu fürchten hat. Vgl. Dick S. 84; Hansa 1911 S. 749. Ebenso, wenn die Geschwindigkeitsdifferenz sehr gering ist, so daß die Überholung lange dauern und sich bis zu einer Fahrwasserkurve ausdehnen würde, oder wenn das vorausfahrende Schiff zunächst noch seine Geschwindigkeit ermäßigen will

(vgl. hierzu Anm. 5 zu Art. 24 SStrO. — I, 834). Solange das Bereitschaftssignal nicht gegeben wird, darf der nachfolgende Dampfer die Überholung nicht einleiten. Anderenfalls liegt ein Verschulden vor und jeder beim Überholen entstehende Schaden ist prima facie auf dieses Verschulden zurückzuführen. Vgl. Anm. 60 und 61 zu § 735 (I, 706/07).

[6]) Oder aus sonstigen Gründen. Vgl. § 62 Nr. 12 (Überholen durch Schlepper mit längsseit geschlepptem Leichter) oder Trave (Anl. 1) Nr. 18 zu 3 (Überholen eines Seglers durch einen Dampfer auf der Luvseite). Sollte während dieses Signalwechsels dem Vordermann irgendeine Behinderung bekannt oder bewußt werden, so kann er jederzeit durch das Gefahrsignal (Abs. 2 a. E.) das Überholmanöver entgültig ablehnen, jedoch nicht ohne Not. — Ob sich dieses etwas verwickelte Verfahren in der Praxis bewähren wird, bleibt abzuwarten. Es erscheint z. B. ungeeignet für die Fälle, in denen eine schnellfahrende Barkasse einen großen, langsam fahrenden Dampfer überholen will; oder ein kleiner Segler einen vorausfahrenden Schleppzug. Für solche Fälle ist die Vorschrift des § 37 sicher nicht gedacht. Die Abgrenzung ist allerdings recht schwierig und die Notwendigkeit des Signalwechsels wird in derartigen Grenzfällen wohlwollend an der Hand des § 5 Abs. 4 (Art. 29 SStrO.) zu prüfen sein.

[7]) Die Grenze zwischen Raumgeben und Ausweichen ist hier fließend. Je nach der Entfernung der Schiffe voneinander und dem ursprünglichen Längsabstande kann es sich um mehr oder weniger erhebliche Kursabweichungen handeln. Es ist daher zweckmäßig, einen Unterschied nicht anzuerkennen und bei jeder auch geringen Kursänderung das Kurssignal zu verlangen. (Vgl. z. B. HansOLG. HansGZ. 1927 Nr. 40: ½ Strich nach B. B. muß signalisiert werden, wenn nicht nach Art. 28, so nach Art. 29 SStrO.) Der Einwand, es handle sich nicht um einen „diesen Vorschriften entsprechenden Kurs" im Sinne des Art. 28 SStrO., ist nicht zulässig, da gerade auch bei regelwidrigen Manövern ein besonders starkes Bedürfnis nach Klärung der Situation besteht. So RG. HansGZ. 1909 Nr. 95;

HansOLG. HansGZ. 1927, Nr. 40 (meine entgegenstehende Ansicht HansRG. 1927 S. 401 erhalte ich nicht aufrecht).

Vgl. auch Anm. 5 zu Art. 24 SStrO. (I, 834). Über die Zeit der Abgabe der Kurssignale (zwischen Ruderkommando und seiner Ausführung) vgl. Anm. 6 zu Art. 28 SStrO. (I, 839).

[8]) Sofern eine solche Kursänderung überhaupt erforderlich ist (vgl. oben Anm. 7), z. B. weil das Schiff zunächst seine richtige Fahrwasserseite aufsuchen will. Dies ist aber nicht, wie es nach § 37 erscheint, der Regelfall, sondern die Ausnahme, solange vorschriftsmäßig rechts gefahren wird. Vgl. auch Anm. 9.

[9]) Raum geben ist an sich kein Ausweichen und wird dementsprechend auch nicht signalisiert. Vgl. Anm. 6 zu Art. 28 SStrO. (I, 839). Dick S. 66; HansGZ. 1927 S. 77; OSA. 24 S. 149. Die SWO. jedoch macht für das Überholen eine Ausnahme. Dadurch, daß sie hier die Signalisierung der Kursänderung verlangt, als solche Kursänderung aber (da das überholte Schiff Kurshalter ist — Abs. 4 mit der Einschränkung des Abs. 6) nur das Raumgeben in Frage kommt, so ist dieses Raumgeben hier wie ein Ausweichen zu signalisieren. Es soll eben kein Zweifel darüber entstehen, nach welcher Seite der Hintermann überholen und der Vordermann Raum geben will. Ein solches Mißverständnis müßte zur Kollision führen. Das Raumgebungssignal ist auch erforderlich, weil es den Signalwechsel zum Abschluß bringt und den Hintermann zum Überholen berechtigt. Für Segler gibt es keine Kurssignale. Sie haben aber je nach Bedarf und Möglichkeit durch Abfallen oder Anluven Raum zu geben. — Außerdem muß aber auch tatsächlich Raum gegeben sein. Der Überholende muß warten, bis sich das signalisierte Ruderkommando tatsächlich ausgewirkt hat. — Die Verständigung geht also nach folgendem Schema vor sich:

a) Hintermann: Ich will überholen.

b) Vordermann: Ich bin bereit, mich überholen zu lassen.

c) Hintermann: Signal über Kursänderung (Art. 28).

d) Vordermann: Signal über Raumgeben (analog. Art. 28).

e) Ausführung beider Kursänderungen, und zwar zuerst des Raumgebens, dann des Ausweichens.

[10]) D. h. ohne daß gewichtige Umstände vorliegen, die ein Überholen bedenklich erscheinen lassen. „Ohne Not" heißt nicht, daß das Überholen direkt gefährlich wäre (Ausscheren eines Schiffes: HansGZ. 1927 Nr. 40). Auch eine mittelbar drohende Gefahr genügt (vgl. oben Anm. 5), z. B. die zu erwartende Komplikation durch Beengung des Fahrwassers infolge Herannahens eines Gegenfahrers. Entscheidend ist Abs. 5: das Vorbeifahren kann überall da verhindert werden, wo nicht feststeht, daß ein sicheres Vorbeifahren möglich ist. Vgl. auch StGB. § 366 Nr. 3 (mutwillige Verhinderung des Vorbeifahrens).

[11]) Ein Ausweichen liegt darin nicht; das Kurssignal des Art. 28 ist aber geboten (vgl. oben Anm. 9). Es ist unter Umständen auch erforderlich gegenüber einem am Überholen unbeteiligten Gegenfahrer, der über die geplante Kursänderung (Raumgeben) verständigt werden muß, um Kollisionsgefahr zu vermeiden (§ 5 Abs. 4 SWO.; Art. 29 SStrO.). Vgl. HansGZ. 1927 Nr. 40.

[12]) Das Schiff muß also möglichst an den Steuerbord-Tonnenstrich gebracht werden. Dagegen ist es nicht verpflichtet, aus dem Fahrwasser zu gehen bzw. die Rinne zu verlassen (Ausnahmevorschrift in § 62 Nr. 12), vorausgesetzt, daß es zu deren Inanspruchnahme an sich gemäß § 36 und örtlicher Vorschriften (Teil II) berechtigt ist. Es braucht in diesem Falle nur bis an den Tonnenstrich zu gehen und wenn das nicht genügt, so ist nach § 37 Abs. 5 Satz 1 das Überholen eben nicht gestattet. Benutzt ein kleines Fahrzeug unberechtigterweise das Hauptfahrwasser oder die tiefe Rinne (§ 36), so ist damit wohl nicht gesagt, daß es nun unter allen Umständen aus dem Fahrwasser heraus muß, um sich überholen zu lassen. Der Grundsatz, daß das überholende Schiff ausweichpflichtig ist (Abs. 4), muß die Vorschrift des § 36 (welche nicht apodiktisch ist: „möglichst") überwinden. Das überholende große Schiff darf also nicht auf § 36 pochend, ein Wegerecht gegenüber einem vorfahrenden

kleinen Fahrzeug beanspruchen und aus der beabsichtigten Überholung eine Verdrängung des anderen Schiffes machen. Vgl. analog LSA. 23 Nr. 50. Über Ausnahmen s. a. E. Der Überholende hat sich keine Schiffahrtspolizei anzumaßen, sondern mit nautisch gegebenen Situationen zu rechnen (§ 5 Abs. 4 SWL.). Doch scheint dies alles nicht zweifelsfrei. Macht allerdings das vorfahrende kleine Fahrzeug durch sein Verbleiben im Fahrwasser das Überholen „ohne Not" unmöglich, so ist es nach § 86 SWL. und § 366 Nr. 3 StGB. strafbar. Auch gegenüber solchen kleinen Fahrzeugen ist die Verständigung nach dem Wortlaut des § 37 Abs. 2 erforderlich, bevor mit dem Überholen begonnen wird. Doch werden solche kleinen Fahrzeuge sich kaum jemals darauf berufen können, daß ihnen ein Raumgeben nicht möglich sei (Abs. 3 Satz 2). Vgl. auch Anm. 6. — Eine Ausnahme gilt überall da, wo in Teil II dem überholenden Schiff ausdrücklich ein Wegerecht eingeräumt ist (evtl. auf besonderes Signal hin). Vgl. § 64 Nr. 12a; § 62 Nr. 12; § 78 Nr. 12; § 80 Nr. 7 und für Wegerechtsschiffe nach § 42b.

[13]) Das Gefahrsignal ist nur dort nötig, wo ein Raumgeben, also eine Wendung des Schiffes, erforderlich ist, um das Überholen zu ermöglichen. Liegt das vorfahrende Schiff schon am Tonnenstrich, so braucht es nicht durch Verlassen des Fahrwassers Raum zu geben und die etwaige Unmöglichkeit dazu auch nicht zu signalisieren. Natürlich kann das vorfahrende Schiff seine Zwangslage auch dadurch zu erkennen geben, daß es die Einwilligung gemäß Abs. 1 verweigert, d. h. überhaupt nicht signalisiert. Die Abgabe des Gefahrsignals ist dann eben nur die Angabe des Grundes der Verweigerung. Vgl. auch oben Anm. 9.

[14]) Vgl. Anm. 9 zu Art. 24 SStrL. (I, 834), welcher denselben Grundsatz in etwas gewundener Form zum Ausdruck bringt. Ausnahmen von diesem Grundsatz in Teil II: z. B. § 62 Nr. 12.

[15]) D. h. eingeleitet und durchgeführt werden. Die Sicherheit muß für die ganze Fahrwasserstrecke, die für die Durch-

führung der Manöver in Frage kommt, gewährleistet sein. Vgl. OSA. 23 Nr. 50.

16) D. h. ein Vorbeifahren, in dessen gesamten Verlauf weder das eigene, noch das vorfahrende, noch dritte Schiffe (folgende oder entgegenkommende), noch auch Uferbauten, Strombauten, Brücken, Fischereigeräte gefährdet werden. Auch eine Belästigung oder Beunruhigung der Schiffahrt ist zu vermeiden, z. B. Überholen an einer Stelle, die den Vordermann zu plötzlichen Manövern zwingt. SSchG. 12. Juli 1922 (Fall Sensal—Walroß). Ebenso das Überholen an einer Seite, nach welcher der Vordermann eine Wendung zu machen hat oder sich anschickt. OSA. 23 Nr. 39. Desgleichen vor Anlagestellen von Fähren oder in Fällen, wo schwierige Manöver eines der beteiligten oder dritter Schiffe erforderlich werden oder wenn dadurch ein Schiff hart an die Fahrwassergrenze gedrängt wird, wo die Gefahr des Festfahrens besteht (HansGZ. 1927 Nr. 40). Verboten ist das Überholen in § 50f. (vom Eisbrecher geführte Schiffe). In Teil II sind örtliche Verhältnisse weitgehend berücksichtigt und das Überholen vielfach untersagt: vgl. § 62 Nr. 9; § 63 A Nr. 4; § 64 Nr. 10; § 65 Nr. 7; § 69 Nr. 9; § 70 Nr. 9; § 72 Nr. 7; § 73 Nr. 8; § 79 Nr. 9; § 80 Nr. 6.

17) Nach Abs. 7 darf keine höhere Fahrt entwickelt, sondern muß die Geschwindigkeit vermindert werden. Gemeint ist die Summierung der Wellen- und Sogwirkung der beiden beteiligten Schiffe.

18) Dieser Satz ist lediglich eine Ausführung zu dem vorhergehenden. Er gibt keine erschöpfende Anfzählung der Fälle, in denen das Überholen verboten ist. Vielmehr ist auch sonst ein Überholen verboten, wenn es nicht mit Sicherheit durchführbar ist. Hier greift auch § 5 Abs. 4 SWO. u. Art. 29 SStrO. ein. Auf das Verbot kann sich nicht nur das unzulässigerweise überholte, sondern auch jedes dritte, geschädigte Schiff berufen. Vgl. HansOLG. Hansa 1911, 887 (zu § 28 B. Unterelbe).

[19]) Über Sogwirkung vgl. auch oben Anm. 1, 5 und 17. Andererseits darf die Geschwindigkeit nicht so weit herabgesetzt werden, daß das Überholungsmanöver sich übermäßig verlängert. Vor allem aber ist auf einen genügenden Abstand beider Schiffe zu achten. OSA. 23 Nr. 32, 10 und 4. Ist er zu gering, so kann trotz geringer Geschwindigkeit die Soggefahr beträchtlich sein. Hierbei sind alle Umstände zu berücksichtigen: Größe und Tiefgang beider Schiffe, Geschwindigkeit, Wind, Strömung und Beschaffenheit des Fahrwassers. — Nicht immer ist Ermäßigung der Geschwindigkeit geboten. Langsam fahrende Schiffe, Schleppzüge, Barkassen usw. können die Geschwindigkeit beibehalten. Aber auch große Schiffe dann, wenn der Abstand zu dem anderen Schiff groß ist. Es ist stets zu beachten, daß eine unnötige Verlängerung des Überholmanövers eine Gefahr und eine Behinderung der Schiffahrt bedeutet. — Über Erhöhung der Fahrt zur Verbesserung der Steuerfähigkeit vgl. OSA. 24 S. 97.

## Fahrwasserqueren.

**§ 38.** Dampffahrzeuge[1]) und mit raumem Winde fahrende Segelfahrzeuge[2]), die das Fahrwasser ganz oder zum Teil queren wollen[3]), haben darauf zu achten, daß sie die durchgehende Schiffahrt[4]) nicht behindern. Sie sollen mit dem Queren des Fahrwassers nach Möglichkeit warten, bis das Fahrwasser von Fahrzeugen frei ist, die der Richtung des Fahrwassers folgen müssen[5]).

[1]) Dazu gehören auch freie (nicht an Seile und Ketten gebundene) Fähren, soweit sie nicht durch besondere Vorschriften geschützt sind. Vgl. dazu § 44 Anm. 2.

[2]) Vgl. dazu Art. 17 SStrO. (I, 826). Mit raumem Winde fährt ein Segler, wenn der Wind seitlich einkommt. § 36 Anm. 6.

[3]) Gleichgültig, ob im rechten oder spitzen Winkel. Maßgebend ist die wahrnehmbare Tendenz, von einer Seite des Fahrwassers zur anderen zu gelangen, wenn dies auch nicht

durchgeführt, sondern etwa in der jenseitigen Fahrwasserhälfte über Stag gegangen oder gewendet wird („teilweise Querung").

[4]) Was durchgehende Schiffahrt ist, sagt Satz 2: Die Schiffe welche der Richtung des Fahrwassers folgen müssen.

[5]) Auf andere, das Fahrwasser etwa im umgekehrten Sinne kreuzende Fahrzeuge ist nach § 5 Abs. 4 SWO. und Art. 29 SStrO. Rücksicht zu nehmen. Vgl. übrigens die bessere Fassung in § 80 Nr. 16d zu 2. Auch § 64 Nr. 12c.

## Langsamfahren[1]).

**§ 39.** Auf allen Fahrwasserstrecken darf nur mit größter Vorsicht gefahren werden[2]); wenn erforderlich, ist die Fahrt rechtzeitig[3]) zu mindern oder zu stoppen[4]). In starken Krümmungen[5]) ist mit mäßiger Geschwindigkeit zu fahren[6]). Die Fahrt muß nötigenfalls auf das geringste Maß herabgesetzt werden, das erforderlich ist, um das Fahrzeug steuerfähig zu erhalten[7]). In allen Fällen, in denen diese Ordnung[8]) oder besondere Signale eine Mäßigung der Geschwindigkeit vorschreiben, hat diese Mäßigung rechtzeitig[9]) und so weit zu erfolgen, daß schädlicher Wellenschlag und Sog nach Möglichkeit vermieden werden[10]). (Wegen der Nebelsignale vgl. § 33.)[11])

[1]) Örtliche Regelung in Teil II, in der Weise, daß die Höchstgeschwindigkeit in Knoten (Seemeilen pro Stunde) oder in Kilometern pro Stunde bestimmt wird. Über die Frage, ob durchs Wasser oder über Grund vgl. zu § 61 Nr. 7. Vielfach auch allgemeine Anordnungen nach Art des § 39. Vgl. im einzelnen: § 61 Nr. 7; § 62 Nr. 8; § 64 Nr. 9 und 10; § 65—72 Nr. 3; § 73 Nr. 4; § 75 Nr. 4; § 78 Nr. 7; § 79 Nr. 8; § 80 Nr. 14; § 83 Nr. 4; § 84 Nr. 6; § 85 Nr. 8a; Trave (Anl. 1) Nr. 11.

[2]) Der Kapitän ist zu besonderer Aufmerksamkeit und Sorgfalt verpflichtet. Er pflegt die Brücke nicht zu verlassen. Der Ausguck ist zu besetzen (§ 51), evtl. ein besonderer Ausguck

auf der Back zu postieren. Vgl. Anm. 7 zu Art. 29 SStrO. (I, 843), das Brennen der vorgeschriebenen Lichter ist scharf zu kontrollieren usw. Vgl. Anm. 8 zu Art. 29 SStrO. (I, 843). — Die Vorschrift gehört ihrem Inhalt nach zu § 5 Abs. 4. Sie ist hier trotzdem angebracht, weil Vorsicht sich in engen Revieren vor allem im Langsamfahren äußert. Auch die Gefahr, daß Nebel aufkommt, berechtigt nicht zum schnellen Fahren, wo langsame Fahrt geboten ist. OSA. 23 Nr. 72.

[3]) „Rechtzeitig" heißt: bevor eine Gefahr (nicht etwa bevor ein Unglück) entsteht. Ebenso wie die SStrO. ist die SWO. von dem Gedanken der Gefahrvermeidung durchzogen: ungünstig wirkende Faktoren sind in Rechnung zu setzen, wenn ihr Eintritt erfahrungsgemäß mehr als bloß möglich ist. Reichliche Zeit- und Raumreserven sind die beste Gewähr für erfolgreiche Manöver. „Rechtzeitig" heißt in diesem Sinne: bevor dem Kapitän nichts anderes übrigbleibt, womit schon gesagt ist, daß er sich die Möglichkeit der Auswahl unter mehreren Manövern durch Fahrtmindern oder Stoppen erhalten kann. Sie sind keine entscheidenden, sondern vorbereitende, dilatorisch wirkende Manöver, durch welche sich der Kapitän zweierlei wahrt: Zeit für den Entschluß und Raum für die Ausführung der Manöver. § 39 Satz 4 betont nochmals das Erfordernis der Rechtzeitigkeit im Hinblick auf die Fälle, in denen Fahrtminderung oder Stoppen nicht durch die Situation (§ 5 Abs. 4), sondern durch die SWO., insbesondere durch Signale vorgeschrieben ist. Vgl. auch oben Anm. 1.

[4]) Daraus ergibt sich nicht, daß im übrigen stets mit voller Geschwindigkeit gefahren werden darf. Vielmehr ist hier § 5 Abs. 4 (Art. 29 SStrO.) maßgebend. Die Vorschriften des § 39 sind vor allem wichtig im Hinblick auf § 738 HGB. (I, 778). Vgl. auch HansOLG. HansGZ. Beibl. 1916 Nr. 83 (zu § 27 V. Unterelbe). Besondere Vorsicht beim Stoppen eines Schleppers mit Anhang. OSA. 22 Nr. 114.

[5]) Relativer Begriff. Für ein sehr langes, schwer beladenes Schiff kann eine Krümmung stark sein, die für einen Fisch-

dampfer kaum eine Krümmung bedeutet. Trotzdem muß der Fischdampfer damit rechnen, daß eine Begegnung mit anderen Schiffen in der Krümmung unter Umständen Manöver erforderlich macht. In Teil II sind für einzelne Krümmungen besondere Vorschriften über Begegnen, Überholen und Höchstgeschwindigkeiten erlassen.

[6]) Über Ermäßigung der Geschwindigkeit vgl. Art. 16 SStrO. (I, 820) und die nächste Anm.

[7]) Vgl. Anm. 4 zu Art. 16 SStrO. (I, 820); Dick S. 50. Wie weit dort die Steuerfähigkeit des Schiffes als untere Grenze gilt, ist nur von Fall zu Fall entscheidbar. Indessen sind die Erwägungen des Art. 16 SStrO. nicht ohne weiteres auf § 39 SWO. übertragbar. Im Nebel ist es unter Umständen wichtiger, daß das Schiff stilliegt, als daß es manövrierfähig ist. Im engen Fahrwasser dagegen ist Manövrierfähigkeit insbes. Steuerfähigkeit unerläßlich. Wo die Grenze im Einzelfalle liegt, ist Tatfrage. Ein Dampffahrzeug ist im allg. bei 2—4, ein Segler bei 1—3 Knoten Geschwindigkeit noch steuerfähig. Genaue Kenntnis der Schiffseigenschaften ist hier geboten (I, 845). Vgl. § 5 Abs. 4 Anm. 14. Langsame Fahrt ist nicht identisch mit „halbe Fahrt" (HansGZ. 1927 Nr. 12). Vgl. im einzelnen hierzu HansOLG. Hansa 1911, 88: 6 Seemeilen ist im belebten Revier zu große Fahrt, zumal der Dampfer auch bei geringer Geschwindigkeit seine Steuerfähigkeit behielt (zu § 27 V. Unterelbe). Dagegen ist es „langsame Fahrt", wenn ein Schlepper mit Anhang bei voller Maschinenkraft 4—5 Knoten läuft (vgl. HansOLG. a. a. O.).

Schuldhaft ist das Fahren eines großen Dampfers mit 9 Knoten über Grund. Vgl. HansOLG. Hansa 1914, 450 (zu § 2 V. Unterelbe und Art. 29 SStrO.). Werden die Manöver eines großen Dampfers durch Bug- und Heckschlepper unterstützt, so liegt die Steuerfähigkeit dieses nautischen Komplexes noch vor, wenn die Steuerfähigkeit des Schiffes ohne Schlepper wegen zu geringer Geschwindigkeit schon fortgefallen wäre. Neben der Steuerfähigkeit muß auch der zuverlässige Gang der Maschine erhalten bleiben. Besonders bei Motorschiffen bedeutet die Annäherung an die untere Tourenzahlgrenze eine Gefahr plötzlichen Stillstands. Von der Erhaltung der Fahrt ist letzten Endes jede Steuerwirkung abhängig. Die Einführung eines Sektors „Ganz langsam" auf den Maschinentelegraphen ist dringend zu wünschen. Vgl. § 40 Anm. 3.

[8]) Vgl. oben Anm. 1.

[9]) Als Grundsatz muß gelten, daß die eigentliche Gefahrzone bereits mit der geminderten Geschwindigkeit erreicht wird (vgl. z. B. § 40: Gefahrzone beträgt 1000 m). Vgl. § 79 Nr. 8d, wo dies ausdrücklich vorgeschrieben ist. Wie groß die Gefahrzone ist, hat der Schiffer nach eigenem Ermessen zu schätzen (vgl. oben Anm. 3), soweit sie nicht festgesetzt ist (§ 44 Anm. 1).

[10]) Vgl. einzelne Fälle in § 40 SWO. u. § 738 Anm. 10 (I, 781). Es genügt nicht, die Maschine auf langsam zu stellen. Maßgebend ist die effektive Fahrt (abw. HansOLG. Hansa 1916, 331).

[11]) Eine besondere Regelung der Fahrt im Nebel ist in der SWO. nicht gegeben, abgesehen von den Anordnungen über Signale (in § 33). Es gilt also insoweit Art. 16 SStrO. mit der noch verschärften Sorgfaltspflicht nach § 39 Abs. 1 Satz 1 SWO.

### Fahrtbeschränkungen[1]).

**§ 40.** An Baggern, Taucherfahrzeugen und Schiffahrtshindernissen, die gemäß § 25 oder § 26 bezeichnet sind[2]), darf nur an der für den Verkehr freigegebenen Seite in langsamer Fahrt[3]) in möglichst großem Abstand[4]) und mit solcher Vorsicht vorbeigefahren werden, daß Störungen[5]) und Gefährdungen vermieden werden. Dampffahrzeuge haben von 500 m vor bis 500 m nach den so bezeichneten Baggern, Taucherfahrzeugen und Schiffahrtshindernissen mit ganz langsamer Fahrt zu fahren[6]) und während des Vorbeifahrens[7]) ihre Schrauben oder Räder so lange anzuhalten, wie es die Steuerfähigkeit und die Sicherheit der Dampffahrzeuge erlauben. Dasselbe gilt für das Vorbeifahren an den mit dem Aufnehmen von Ankern beschäftigten Baggerbooten[8]) und bei der Arbeit begriffenen Bergungsfahrzeugen sowie an den bei Strom-, Ufer- und Leuchtfeuerbauten benutzten Fahrzeugen und Einrichtungen und festgemachten Fahrzeugen, sofern sie das Signal gemäß § 27 zeigen. An Schiffbaustellen[9]) Brücken[10]) und Fähren, ladenden und löschenden Fahrzeugen, tiefbeladenen offenen Fahrzeugen, havarierten Fahrzeugen mit beschränkter Schwimm- und Steuerfähigkeit, Flößen und schwimmenden Holzlagern[11]) ist mit ganz langsamer Fahrt vorbeizufahren[12]).

Segelfahrzeuge müssen bei der Annäherung an Fahrzeuge und Arbeitsstellen, die nach §§ 25, 26 oder 27 bezeichnet sind, in einer Entfernung von mindestens 500 m vor der Hindernis- oder Gefahrstelle und bis nach vollendeter Vorbeifahrt[13]) die Segel so weit streichen[14]), wie sie nach Maßgabe der Umstände entbehrlich sind[15]).

Auf die Warnungs- und Sperrsignale gemäß §§ 24 bis 30 und 33e wird besonders verwiesen.

[1]) § 40 ist eine Spezialisierung des § 39. Er gibt Vorschriften für die häufigsten Fälle, in denen eine Fahrtminderung nötig ist. Die Generalregel des § 39 bleibt für alle sonstigen Fälle maßgebend, und kann zur analogen Heranziehung des § 40 führen. Vgl. auch § 39 Anm. 4.

[2]) Fehlt es an dieser Bezeichnung, so kann beiderseits des Hindernisses passiert werden. Aber im übrigen können die Umstände auch hier langsame Fahrt, großen Abstand und Vorsicht erfordern (gemäß § 33, 5 Abs. 4 SWO., Art. 29 SStrO.). — Eine Ungenauigkeit enthält die Verweisung auf § 26 insofern, als dort u. a. gerade der Fall geregelt ist, daß Fahrtminderung oder besondere Vorsicht nicht erfordert wird. Es hätte also heißen müssen „oder § 26 zu b—e".

[3]) Nach HansOLG. Hansa 1916, 331 bzw. HansGZ. 1916 Nr. 105 genügt es in jedem Falle, wenn der Maschinenhebel auf langsame Fahrt gestellt wird: Nicht maßgebend sei mit Rücksicht auf die verschiedenen Schiffstypen die Fahrt durchs Wasser oder über Grund. — Diese Ausführungen erscheinen jedoch nicht zutreffend. Gerade mit Rücksicht auf die Verschiedenheit der Schiffstypen kann nicht jeder Schiffsführer sich von seiner Pflicht durch das äußerliche Moment der Hebelstellung befreien. Fährt ein Riesendampfer an gefährlicher Stelle „langsam vorwärts", so kann Sog und Wellenschlag bereits für kleinere Fahrzeuge gefährlich werden. Er muß daher noch langsamer fahren, wohingegen ein kleiner Fischdampfer an dem Hindernis klar vorübergeht, wenn er sogar halbe Fahrt macht. Es ist also Sache der Einzelfalles, was unter „langsam" zu verstehen ist. Die Entsch. des OLG. Hamb. mag für den Regelfall zutreffen, sie entbindet den Schiffer aber nicht von der Prüfung, ob die Stellung des Maschinenhebels auf langsame Fahrt tatsächlich ausreicht (§ 5 Abs. 4; Art.29 SStrO.). Vgl. auch die Anm. zu § 39. Im allg. fehlt den Maschinentelegraphen das Kommando „ganz langsam". Die Praxis hat sich damit geholfen, daß zweimaliges Legen des Hebels auf „langsam" so viel bedeutet wie „ganz langsam". Vgl. dazu Hansa 1927, 531; § 39 Anm. 7.

[4]) Möglichst groß soll der Abstand sein. Wenn nicht besondere Umstände vorliegen, wird das Schiff es trotzdem vermeiden müssen, in die falsche Fahrwasserseite zu geraten (§ 36 SWO.; Art. 25 SStrO. — I, 835). Ist es aber unvermeidlich, jedoch wegen eines Gegenfahrers in der anderen Fahrwasserseite bedenklich oder nicht ausführbar, so muß rechtzeitig, d. h. sobald sich diese Konstellation übersehen läßt, gestoppt werden (§ 39 Satz 1).

[5]) Störungen des Betriebes z. B. durch Herbeiführung starker Schwankungen von Schwimmkrähnen, Elevatoren usw., durch Herandrängen von ablegenden Baggerschuten an den Bagger. Aber auch Störungen oder Gefährdungen der sonstigen

Schiffahrt, insbesondere im Hinblick auf die Einengung des Fahrwassers und die Gefährlichkeit energischer Fahrtmanöver.

[6]) Mit der geringsten Umdrehungszahl, bei welcher die Maschine noch zuverlässig im Betriebe bleibt. Doch muß das Schiff steuerfähig bleiben. Vgl. § 39 Anm. 7.

[7]) Theoretisch also von dem Zeitpunkt, in dem der Vorsteven in gleicher Linie mit dem einen Ende des Hindernisses bis zu dem Zeitpunkt, in dem das Heck in gleicher Linie mit dem anderen Ende des Hindernisses liegt. Gemeint ist aber, daß das Schiff sich so einrichten soll, daß es möglichst während dieses Zeitraumes auf die Benutzung des Antriebs nicht angewiesen ist und trotzdem manövrierfähig bleibt. Die Sicherheit der eigenen Navigation des Schiffes muß unter allen Umständen gewahrt bleiben.

[8]) Nur ein Beispiel. Auch wenn andere Arbeiten vorgenommen werden, welche gleiche Rücksicht seitens anderer Schiffe erfordern, z. B. Kabellegen, Abschleppen. Ohne besondere Analogiebildung kann schon aus § 5 Abs. 4 jede ähnliche Situation zu den gleichen Anforderungen an den Kapitän führen.

[9]) Werften, Aufschleppen (Slip), Schwimm- und Trockendocks, off shore-Docks, Vorhellinge usw.

[10]) Über das Durchfahren von Brücken vgl. den instruktiven Aufsatz von Schümann über den Fürstenberger Schiffs- und Brückenunfall. HansRZ. 1927 S. 173. — Zu beachten ist die örtlich besonders geregelte Navigation innerhalb der „Brückenstrecken", d. h. gewisser Grenzen unterhalb und oberhalb der Brücke. Vgl. z. B. § 71 Nr. 10e u. die Anm. zur Überschrift vor § 36.

[11]) Vgl. auch die Anm. zu § 18. Das schwimmende Holzlager ist in dieser Form nicht zum Transport bestimmt, fällt daher nicht unter § 47. Wohl aber muß es die Lichter des § 18 Abs. 2 führen.

[12]) Es sind hier Fälle zusammengestellt, welche ganz verschiedene Grade der Rücksicht erfordern. Ein großes Dampfschiff welches in einer Entfernung von 100 m ladet oder löscht, wird

nicht eine ganz langsame Fahrt vorbeifahrender kleiner Schiffe notwendig machen. Andererseits muß der Schiffer bis auf die äußerste, die Steuerfähigkeit noch belassende Geschwindigkeit heruntergehen, wo nahe dem Fahrwasser offene, tiefbeladene Kähne oder ein Havarist mit beschränkter Schwimmfähigkeit liegt. Allgemeine Regeln lassen sich daher nicht aufstellen, vielmehr ergeben nur die seemännische Praxis und die Umstände des Einzelfalls, was als „ganz langsam" anzusehen ist. Wo sowohl Sog als Wellenschlag unmöglich eine Gefahr bedeuten können, insbesondere wegen großer Entfernung, da liegt unter Umständen ein „Vorbeifahren" i. S. des § 40 gar nicht vor. Über den Begriff „ganz langsame Fahrt" vgl. § 39 Anm. 7.

[13]) Im Gegensatz zu Abs. 1 Satz 2 nicht auch bis 500 m hinter dem Hindernis.

[14]) Einziehen bzw. außer Wirkung setzen (z. B. die Schoten der Vorsegel fieren).

[15]) Analog Abs. 1 Satz 2: Steuerfähigkeit und Sicherheit des Schiffes müssen gewahrt bleiben. Motorsegler können alle Segel streichen und den Motor in Gang setzen, sofern nicht dadurch noch eine größere Gefährdung eintritt.

## Fahrtanweisung durch besondere Fahrzeuge.

**§ 41.** Werden beim Durchfahren einzelner Strecken Maßregeln erforderlich, welche durch Signal nicht oder nicht rechtzeitig angedeutet werden können[1]), so werden besondere Fahrzeuge die verkehrenden Schiffe davon in Kenntnis setzen[2]). Den Anordnungen dieser Fahrzeuge, die bei Tage durch die Dienstflagge oder Flagge B des Internationalen Signalbuches[3]) am Mast, bei Nacht durch ein rotes Licht[4]) im Topp[5]) kenntlich sind, ist Folge zu leisten[6]).

[1]) Z. B. streckenweise Kursverlegungen, Verbot von Begegnungen oder Überholungen wegen teilweiser Sperrung

des Fahrwassers, Einrichtung eines streckenweisen Schleppbetriebs usw.

[2]) Die Art der Übermittlung wird dem Ermessen des besonders bestellten Fahrzeuges überlassen.

[3]) Vgl. Budde S. 77.

[4]) Sichtweite: 1 Seemeile (§ 8 Abs. 4).

[5]) Oberer Teil des vorderen Mastes.

[6]) Zuwiderhandlung strafbar. Vgl. § 86 und § 7.

## Wegerechtsschiffe[1]).

**§ 42.** a) Wegerechtsschiffe[2]) gemäß § 14 müssen die rechte Seite des Fahrwassers halten, soweit es die Wassertiefe mit Sicherheit gestattet[3]).

b) Einem Wegerechtsschiffe muß jedes andere in Fahrt befindliche Fahrzeug[4]), das nicht als Wegerechtsschiff fährt[5]), ausweichen[6]) und zum Überholen Platz geben[7]).

c) Begegnen oder überholen sich zwei Wegerechtsschiffe, so verbleibt es bei den allgemeinen Vorschriften der Seestraßenordnung[8]) und dieser Ordnung[9]).

d) Wegerechtsschiffe dürfen einander an engen Stellen[10]) und in starken Krümmungen des Fahrwassers nicht überholen[11]). Beim Vorbeifahren ist besondere Vorsicht geboten.

[1]) Schlepperhilfe für gewisse Strecken obligatorisch. Vgl. § 80 Nr. 17; Trave (Anl. 1) Nr. 14 auch für Schiffe ohne Wegerecht. Über die von ihnen zu führenden Signale vgl. § 14.

[2]) Der Begriff ist in § 14 festgelegt. Vgl. die Anm. daselbst.

[3]) D. h. innerhalb der tiefsten Fahrrinne (§ 14) müssen diese Schiffe rechts fahren. Die Fahrwasserseiten werden hier nicht durch die Mittellinie des Fahrwassers (nach Maßgabe der Betonnung), sondern durch die Mittellinie der tiefsten Fahrrinne geschieden (Abweichung von § 6).

[4]) Auch Segler, Fischerfahrzeuge usw. Zu beachten ist, daß kleine Fahrzeuge schon durch § 36 Satz 3 auf die Nebenfahr-

wasser verwiesen sind, soweit es möglich ist, sie zu benutzen. Im Falle einer Kollision mit einem Wegerechtsschiff wird also das kleine Fahrzeug zunächst aufklären müssen, mit welchem Recht es die tiefe Rinne im Hauptfahrwasser benutzt hat.

[5]) Das Verhältnis der Wegerechtsschiffe zueinander wird unter c und d geregelt.

[6]) Nach Maßgabe des Abschn. V SStrO. (I, 823). Ausnahme in § 46 Abs. 2: Außergewöhnliche Schleppzüge. — Das Ausweichenmüssen anderer Schiffe ist keine Voraussetzung, sondern eine Konsequenz des Begriffs „Wegerechtsschiff". Vgl. dazu § 80 Nr. 9 Anm. 3. Im übrigen entspricht dem Wegerecht auch hier die Kurshaltepflicht. Das Wegerechtsschiff muß von seinem Wegerecht Gebrauch machen. OSA. 24 S. 121.

[7]) Vgl. Art. 24 SStrO. (I, 833) und § 37 SWO. Braucht das Wegerechtsschiff hiernach nicht auszuweichen, so kann es doch gemäß Art. 27 und 29 SStrO. (§ 5 Abs. 4 SWO.) dazu verpflichtet sein, wenn es die Situation erfordert. Es ist daher berechtigt und unter Umständen verpflichtet, dem ihm ausweichenden Schiff Raum zu geben. Vgl. HansOLG. Hansa 1911, 885 (zu § 14 V. Unterelbe). Selbstverständlich bleibt auch die Anm. zu Art. 21 SStrO. (I, 829) für Wegerechtsschiffe verbindlich. OSA. 23 Nr. 67. Sie dürfen also nicht auf ihr Wegerecht pochen und jede Mithilfe zur Abwendung einer Kollision ablehnen. Endlich sind Wegerechtsschiffe unbedingt ausweichpflichtig gegenüber außergewöhnlichen Schleppzügen kraft positiver Vorschrift (§ 46 Abs. 2).

[8]) Abschnitt V SStrO. (I, 823).

[9]) § 37 SWO. und die örtlichen Vorschriften des Teil II. Vgl. dazu Anm. zur Überschrift vor § 36.

[10]) Es braucht sich nicht um von Natur enge Durchfahrten zu handeln. Überall da, wo das Fahrwasser bzw. die tiefe Rinne (unter Berücksichtigung der Böschung) nicht breit genug ist, liegt eine „enge Stelle" vor, z. B. wenn ein Fahrzeug in der tiefen Rinne gesunken oder festgekommen ist, wenn

am Rande der Rinne ein Bagger (vgl. § 56d) oder ein ähnlicher Schwimmkörper liegt oder sich an einer Seite der Rinne eine Untiefe gebildet hat. Auch die Dimensionen der beteiligten Schiffe sind wesentlich. Für zwei ganz große Dampfer ist eine Stelle „eng", die zum Überholen eines mittleren Dampfers durch einen kleinen völlig ausreicht. Hier greift § 37 ein, welcher in Abs. 5 die allgemeinen Voraussetzungen umgrenzt, welche ein Überholen erfordert. Diese Grundsätze gelten nach § 42c auch für Wegerechtsschiffe, denen § 42d Satz 2 noch besondere Vorsicht anbefiehlt, sofern sie sich zum Vorbeifahren entschließen. — Völlig verboten ist das Überholen zwischen Wegerechtsschiffen in § 61 Nr. 4.

[1]) Diese Vorschrift stellt eine Verschärfung des § 37 Abs. 5 dar, welcher selbstverständlich auch für Wegerechtsschiffe gilt.

## Verhalten gegenüber Fahrzeugen mit Hoheitszeichen.

**§ 43.** a) Alle Fahrzeuge haben einem in Bewegung befindlichen Fahrzeuge, das die Standarte des Reichspräsidenten[1]) oder die Reichskriegsflagge[2]) im Topp als Hoheitszeichen eingeschiffter Staatsoberhäupter der Länder des Reichs oder die Standarte eines fremden Staatsoberhauptes führt, rechtzeitig auszuweichen[3]) und, wenn es das Fahrwasser[4]) gestattet, sich ihm nicht auf eine geringere Entfernung als 200 m zu nähern[5]).

b) Es ist verboten, einem stilliegenden Fahrzeuge[6]), das die unter a erwähnten Hoheitszeichen führt, ohne zwingende Gründe nahezukommen oder in seiner Nähe zu verweilen[7]).

[1]) Vgl. Verordnung über deutsche Flaggen vom 11. April 1921 (RGBl. 483 und 1922, I S. 630) zu Art. 3 RVerf. Sie behandelt u. a. auch die Standarte des Reichspräsidenten und die Reichskriegsflagge. Vgl. § 54. Vorläufer des § 43: vgl. Dick S. 102.

²) Vgl. die vorige Anm.

³) Selbstverständlich nur, wenn sie dazu imstande sind, also in Fahrt und manövrierfähig sind (Anl. Abs. 4 und Art. 4 SStrO.). Vgl. auch Abschn. V SStrO. Anm. 1 zu IIa—c (I, 823/24). — Schiffe mit Hoheitszeichen sind aber nicht etwa Wegerechtsschiffe i. S. der §§ 14 und 42. (Vgl. Anm. 7 zu § 14.) Sie müssen ihrerseits Kurs halten.

⁴) Und die sonstigen Umstände. Die Sicherheit der Schiffahrt muß der Vorschrift des § 43 selbstverständlich vorgehen.

⁵) Damit würde ein Überholen in der Regel ausgeschlossen sein. Soll, wenn ein Schiff mit Hoheitszeichen in einem wenig mehr als 200 m breiten Fahrwasser fährt, der gesamte Schiffsverkehr ins Stocken geraten? Um solche Folgerungen zu vermeiden, sind die Worte: „wenn es das Fahrwasser gestattet" möglichst weit auszulegen. § 43 gilt nicht für solche Schiffe, welche gerade die Aufgabe haben, im Interesse des mit den Hoheitszeichen fahrenden Schiffes tätig zu sein (Begleit-, Polizei-, Sicherheitsfahrzeuge, zur Begrüßung entgegenfahrende Schiffe) oder welche selbst ein Hoheitszeichen tragen. Aber auch Fähren werden ihren Betrieb nicht einzustellen brauchen, weil sie in die Nähe eines Fahrzeuges mit Hoheitszeichen geraten müßten.

⁶) Vgl. § 735 Anm. 87, 88 (I, 712). Auch unten § 53 und 56.

⁷) Was hier unter „nahekommen" und „Nähe" zu verstehen ist, erscheint dunkel. Die Entfernung von 200 m (wie zu a) ist hier nicht vorgeschrieben. Mangels polizeilicher oder sonst behördlicher Anordnungen für den Spezialfall wird eine Bestrafung wegen Zuwiderhandlung nur in Fällen besonders dreister Annäherung in Frage kommen.

## Vorbeifahren an Ketten- und Seilfähren[1])[2]).

**§ 44.** Bei der Vorbeifahrt an Ketten- und Seilfähren haben alle Fahrzeuge bei Annäherung an die Fährlinie rechtzeitig[3]) jede erforderliche Vorsicht anzuwenden, um ein Zusammenstoßen mit den Fähren[4]) oder Erschwerungen des Fährverkehrs[5]) zu vermeiden. Die die Fährlinie durchfahrenden Fahrzeuge haben hinter den in der Überfahrt begriffenen[6]) Fähren vorbeizufahren[7]).

[1]) Signale der Fähren: § 16; vgl. ferner § 40, § 56f und g und vielfach in Teil II, z. B. § 61 Nr. 9; § 71 Nr. 9; § 73 Nr. 6; § 85 Nr. 8b. — In den örtlichen Vorschriften des Teil II ist die Navigation in bezug auf Fähren geregelt in § 73 Nr. 9; vielfach nicht nur in bezug auf die Fährlinie, sondern innerhalb einer „Fährstrecke", d. h. für eine Gefahrzone, in deren Mitte die Fährlinie verläuft, z. B. § 79 Nr. 8e; § 67 Nr. 4b (150 m ober- und unterhalb); § 71 Nr. 9 (250 m oberhalb und unterhalb der Fährstelle). Ähnlich auch die Brückenstrecke in § 71 Nr. 10e und § 72 Nr. 12; Eisenbahnfährstrecke: § 77 Nr. 3. — Über die Rechtsverhältnisse öffentlicher Fähren vgl. die Kommentare zu § 6 GewO.

[2]) Freie (d. h. nicht an Seil oder Kette gebundene) Fähren gelten für die Navigation insbesondere hinsichtlich des Ausweichens, als gewöhnliche Schiffe. Sie genießen aber einen gewissen Schutz durch folgende Vorschriften: § 40 Abs. 1 Satz 4 (Vorbeifahren an Fähren), § 56g (Ankern oder Liegen vor den Anlegestellen der Fähren). Ferner örtliche Vorschriften: § 61 Nr. 9; § 80 Nr. 15f.

[3]) Vgl. § 39 Anm. 3.

[4]) Fähren sind Schiffe i. S. der §§ 734ff. (vgl. I, 679). Aber auch auf die Möglichkeit einer Beschädigung der Seile oder Ketten ist Rücksicht zu nehmen. Haftung nach §§ 823ff. BGB. (I, 682).

[5]) Z. B. Liegenbleiben und Wenden in der Fährlinie oder in deren unmittelbarer Nähe, mehrfaches Kreuzen der Fährlinie durch ein kreuzendes Segelboot. Vgl. auch oben Anm. 1.

[6]) Solange die Fähre an einem Ufer liegt, sind keine Einschränkungen für das Durchfahren der Fährlinie vorhanden, es sei denn, daß § 5 Abs. 4 (Art. 29 SStrO.) ein besonderes Verhalten erfordert.

[7]) Insofern hat das Schiff die Rolle des Ausweichenden, die Fähre (ihrer Natur nach an Seil und Kette gebunden) die Rolle des Kurshalters. Daraus ergibt sich der Grundsatz des Art. 22 SStrO. (I, 832), welcher in verschärfter Form in § 44 auftaucht. Diese verschärfte Fassung ergibt, daß die Durchfahrt durch die Fährlinie solange unzulässig ist, als man einer Fähre vor den Bug fahren müßte. Ausnahmen nach Lage des Falles denkbar, wenn das Fahrwasser breit und die Fähre so weit entfernt, daß jede Gefahr für Fähre und Seil ausgeschlossen. Vgl. auch die andersartige Regelung in Teil II, z. B. § 71 Nr. 9c. — Warnungssignal (§ 35a) vor Durchfahren der Fährstrecke zuweilen örtlich vorgeschrieben und auch sonst angebracht. Vgl. SSchG. 28. Juni 1919 (Fall Kehrwieder-Westphalia).

## Schleppzüge[1]).

**§ 45.** Kein Schleppzug darf mehr geschleppte Fahrzeuge enthalten, als der Schlepper sicher zu führen vermag[2]). Über das Aufkürzen der Schleppleine, die Beschränkung der Länge und Breite der Schleppzüge und der Zahl der hinter- und nebeneinander geschleppten Fahrzeuge vergleiche Teil II[3]).

Auf dem Schlepper sind, wenn sein Name durch längsseit geschleppte Fahrzeuge[4]) verdeckt wird[5]), Schilder[6]) mit dem Namen in deutlich lesbarer Schrift von mindestens 20 cm Buchstabenhöhe derart anzubringen, daß der Name des Schleppers über den längsseit geschleppten Fahrzeugen zu sehen ist[7]).

Schleppzüge haben, wenn es ihr Tiefgang gestattet, das Hauptfahrwasser oder die Mitte des Fahrwassers[8]) und die Richtfeuerlinien zu meiden[9]) und sich so weit auf der in ihrer Fahrtrichtung rechts liegenden Seite zu halten, daß größere Schiffe Platz haben, zwischen ihnen und der Mitte des Fahrwassers oder der Richtfeuerlinie vorbeizufahren[10]). Wo Nebenfahrwasser vorhanden sind, müssen sie diese soweit wie möglich benutzen[11]).

Beim Vorankergehen von Schleppzügen sollen grundsätzlich die Schlepper[12]) und alle geschleppten Fahrzeuge[13]) ankern und die Verbindung miteinander lösen[14]). Können aus Sicherheits- oder anderen zwingenden Gründen[15]) nicht alle zu einem Schleppzug gehörenden Fahrzeuge ankern, so müssen die nicht vor Anker liegenden Fahrzeuge so dicht an die verankerten[16]) herangeholt werden[17]), daß ihre Zusammengehörigkeit unverkennbar ist[18]).

[1]) Über den Begriff des Schleppzugs und seine rechtliche Natur im Hinblick auf die sog. „Nautische Einheit des Schleppzugs" vgl. I, 739 (Anhang zu § 735). Im Sinne des § 45 ist als Schleppzug anzusehen auch der Dampfer, welcher mit eigener Maschine fährt und sich der Hilfeleistung von Schleppern bedient (§ 11 und 33 zu a betreffen nur Signale). Daß jedes geschleppte Fahrzeug bemannt sein muß, sagt § 42 nicht, doch ist dies in Teil II vielfach angeordnet, z. B. § 69 Nr. 6 Abs. 3; § 71 Nr. 4. — Sonderbestimmungen in Teil II: § 61 Nr. 5; § 62 Nr. 13; § 63 Nr. 5; § 64 Nr. 11; § 65 Nr. 5; § 68 Nr. 5; § 69 Nr. 6; § 70 Nr. 6; § 71 Nr. 4; § 72 Nr. 4; § 73 Nr. 5; § 77 Nr. 5; § 78 Nr. 11; § 79 Nr. 14; § 80 Nr. 18; § 83 Nr. 5; § 84 Nr. 4; § 85 Nr. 5; Trave (Anl. 1) Nr. 13; über Floßschleppzüge vgl. § 79 Nr. 15.

[2]) Die sichere Führung bedeutet, daß die Sicherheit des Schleppers, der geschleppten Schiffe und des allgemeinen Verkehrs im nautischen Sinne gewahrt bleiben muß. Der Kapitän eines Seeschiffes darf sich die Führung nicht vom Schlepperführer aus der Hand nehmen lassen. OSA. 22 Nr. 34. Der Schlepper muß den Anhang so in der Gewalt haben, daß er alle erforderlich werdenden Manöver ausführen kann, soweit sie nach Gesetz und seemännischer Praxis von

einem Schleppzug verlangt werden können. Vgl. Anm. 1 IIb zu V SStrO. (I, 824) und Anhang zu § 735 Anm. 1 (I, 739) und 13 (I, 742). Ist das nicht der Fall, so muß der Schlepper die Abzeichen manövrierunfähiger Schiffe setzen, sofern ein Unfall vorlag (Art. 4 SStrO.; Dick S. 97), andernfalls das Signal des § 34 geben. Besondere Vorsicht beim Durchfahren von Brücken. Vgl. RG. 112, 41; HansOLG. HansGZ. 1925 S. 23. Ob eine sichere Führung verbürgt ist, muß unter Berücksichtigung aller Eigenschaften des Anhangs geprüft werden, insbesondere auch seiner Steuerfähigkeit (Möglichkeit sachgemäßen Nachsteuerns). Mangels einer Bemannung (s. oben) oder einer Steuervorrichtung (welche nicht allgemein, sondern nur zuweilen örtlich erfordert wird — vgl. § 69 Nr. 6 Abs. 3) oder beim Schleppen eines manövrierunfähigen oder beschränkt steuerfähigen Schiffes (§ 46) werden an die Eigenschaften des Schleppers um so größere Anforderungen zu stellen sein. Evtl. kann die Schiffahrtspolizei (§ 7) die Heranziehung eines oder mehrerer weiterer Schlepper erfordern. — Aber nicht nur die Anzahl der geschleppten Fahrzeuge bestimmt die mehr oder weniger sichere Führung. Auch das Schleppen nur eines Schiffes durch einen zu schwachen oder in der Navigation behinderten Schlepper verstößt gegen den Sinn des § 45, der mindestens analog anwendbar ist. Die zu enge Fassung beruht wohl auf einem Redaktionsversehen. — Verstärkung der Sicherheit durch Kürzen der Trosse (Gefahr des Ausscherens) vgl. § 80 Nr. 18. Insbesondere auch bei Nebel (Dick S. 97). Unzutreffend ist m. E. die Ansicht von Dick (S. 97), daß der Schleppzug im Nebel ein Wegerecht habe.

[3]) Vgl. z. B. § 61 Nr. 5; § 62 Nr. 13; § 63 Nr. 5; § 64 Nr. 11; § 65 Nr. 5; § 68 Nr. 5; § 69 Nr. 6; § 80 Nr. 18; Trave (Anl. 1) Nr. 13; s. auch Anm. zur Überschrift vor § 36.

[4]) Vgl. Anm. 3 zu Art. 3 SStrO. (I, 807). Ob das Längsseitschleppen unter den Begriff „Schleppzug" fällt, ist je nach dem Inhalt und Zweck der betreffenden Vorschrift zu beurteilen.

Nautische Besonderheiten des Längsseitschleppens:

a) Starre Verbindung, daher keine Manövrierfähigkeit des geschleppten Schiffes.

b) An Stelle des Nachsteuerns tritt evtl. ein Mitsteuern des geschleppten Schiffs.

c) Größere Breite des Schleppkomplexes, dafür geringe Länge (Fortfall der Gefahr des Ausscherens bei langer Trosse).

d) Behinderte Manövrierfähigkeit des Schleppers. Das Ruder muß ständig nach der dem geschleppten Schiff abgekehrten Seite gelegt sein. Kursänderung nach dieser Seite infolgedessen vielfach erschwert, weil volle Ruderwirkung nicht erzielbar.

Vgl. auch die Sondervorschriften in Teil II, z. B. § 69 Nr. 6; § 70 Nr. 6; § 72 Nr. 4 (Verbot des Längsseitschleppens); § 62 Nr. 12 (besondere Regelung des Ausweichens) u. a.

[5]) Über Anbringung des Namens am Schiff vgl. UnfVerhV. § 45 (Dampfer), § 38 (Segler), § 28 (Küstensegler: nur wenn über 50 cbm Bruttoraumgehalt). Vgl. auch I, 23 und 35.

[6]) Also mindestens zwei.

[7]) Zweck der Vorschrift: Feststellbarkeit des Haftpflichtigen im Falle einer Kollision. Vgl. § 58, welcher auf die Verordnung über das Verhalten der Schiffer nach einem Zusammenstoße von Schiffen vom 15. August 1876 hinweist. Vgl. dazu die zit. Verordn. I, 852 (§ 2: Gebot der Namensnennung) und UnfVerhV. (§ 45: Befreiung der Schlepper von der Namensführung am Bug).

[8]) Vgl. § 6 und § 36.

[9]) Sie werden im wesentlichen den kleinen Fahrzeugen des § 36 Satz 3 u. 4 gleichgestellt. Jedoch ist nur den Schleppzügen (nicht auch kleineren Fahrzeugen) geboten, die Richtfeuerlinien zu meiden. Da jedoch diese Richtfeuerlinien im allgemeinen auf das Hauptfahrwasser bezogen sind, so liegt ein sachlicher Unterschied nicht vor. — Ist der Schlepper ein Wegerechtsschiff (§ 14, 42), so muß der ganze Schleppzug im Hauptfahrwasser bleiben (vgl. § 79 Nr. 15b).

[10]) M. a. W.: sie müssen auch die Nähe der Fahrwassermitte und der Richtfeuerlinien meiden, so daß größere Schiffe nicht gezwungen sind, aus dem ihnen zustehenden Fahrwasser (Art. 25 SStrO.) oder Fahrrinne (§ 42) herauszugehen oder von den Richtfeuerlinien abzuweichen. Der den größeren Schiffen zu lassende Raum muß hinreichend sein, um gefahrlos (ohne Sogwirkung) vorbeizufahren.

[11]) Vgl. § 36 Satz 4.

[12]) Diese müssen Anker und Ketten an Bord haben. § 13 UnfVerhV. (Dampfer).

[13]) Es müssen Anker und Ketten führen: Dampfer und Motorschiffe (Fracht- und Passagierschiffe, Fischereifahrzeuge, Schlepper) nach § 13 UnfVerhV., Segelschiffe der kleinen Küstenfahrt und Wattfahrt nach § 9 UnfVerhV.; Segelfischereifahrzeuge und segelnde Kauffahrteischiffe nach § 12 UnfVerhV.

[14]) Also Auflösung des Schleppzugs als solchen. Vgl. schon SeeA. Hamb. Hansa 1910 S. 621. Jedes Fahrzeug gewinnt seine Selbständigkeit wieder, was insbesondere für die Lichterführung von Bedeutung ist, aber auch für das Tagessignal. Vgl. dazu oben §§ 20 und 21 und Art. 11 SStrO. (I, 815). (Vgl. auch § 71 Nr. 10g: Auflösung des Schleppzugs beim Durchfahren einer Brücke.) Mit dieser Auflösung des Schleppzuges endet auch die nautische Einheit, soweit sie bei einem derartigen Schleppzuge ausnahmsweise vorliegen sollte (vgl. Anh. zu § 735 Anm. 22. — I, 743). Aus § 45 Abs. 4 könnte man den Schluß ziehen, daß grundsätzlich jedes geschleppte Schiff mit einem Anker und allem zum ordnungsmäßigen Ankern erforderlichen Vorrichtungen versehen sein muß. Die Notwendigkeit plötzlichen Vorankergehens kann sich nämlich für einen Schleppzug jederzeit ergeben und damit tritt gemäß § 45 Abs. 4 automatisch die Notwendigkeit der Verselbständigung der Schleppzugsteile ein. Das Nichtvorhandensein der Ankergeräte ist aber ein zwingender Grund im Sinne des Abs. 4 Satz 2, die Auflösung des Schleppzuges nicht vorzunehmen, und daß die SWO. nicht etwa eine allgemeine

Pflicht zur Ankerführung begründen will, ergibt sich aus § 52, welcher ausdrücklich nur für „ankerführende" Fahrzeuge gilt. Ob also Anker zu führen sind, bestimmt sich nach den allg. Vorschriften (für außergewöhnliche Schleppzüge: § 46 Abs. 1), insbes. der Seeberufsgenossenschaft. Vgl. für Schuten auf der Unterelbe HansRZ. 1920, 472 (zu Art. 29 V. Unterelbe). Für Bagger HansGZ. 1921, S. 113. RG. 86, 430. UnfVerhV. § 13 (Dampfer), § 12 (Segler), § 9 (Küstensegler).

[15]) Z. B. weil einzelne Fahrzeuge unbemannt oder so havariert sind, daß sie ihre Ankereinrichtung nicht benutzen können, oder keinen Anker führen (vgl. d. vorige Anm.) oder wegen der Enge des Reviers beim Schwojen gegeneinander stoßen müßten oder mit dem Schlepper bzw. einem Pumpenschiff zusammenbleiben müssen, um lenz gehalten zu werden, oder weil ein Havarist in den Gurten zweier Bergungsfahrzeuge liegt. Zwingende Gründe sind Unmöglichkeitsgründe, Sicherheitsgründe sind Bedenklichkeitsgründe. Beide befreien von der Befolgung, wobei es nicht darauf ankommt, ob diese Gründe der Befreiung etwa schuldhaft herbeigeführt sind. Doch sind hieraus evtl. rechtliche Folgerungen zu ziehen. Wenn ein zur Ankerführung verpflichtetes Schiff keinen Anker führt, darum mit dem Schlepper zusammen ankert und gerade hierdurch ein Unfall eintritt, so kann eine Haftung des schuldigen Schiffes eintreten.

[16]) Es unterbleibt also die Auflösung des Schleppzuges nicht vollständig, sondern nur insoweit, als die Sicherheitsgründe oder die zwingenden Gründe reichen. Das ist Tatfrage. Wenn eines der Schleppschiffe keinen Anker hat, so darf nur dieses Schiff mit einem anderen, ankerführenden zusammenbleiben. Es muß der Grundsatz der möglichst weitgehenden Auflösung gelten, und zwar in dem Sinne, daß möglichst kleine, wenn auch mehr Schleppzugsteile verbleiben. Sind also von fünf Fahrzeugen zwei nicht ankerfähig, so dürfen sich nicht etwa diese beiden gemeinsam an ein ankerfähiges Fahrzeug hängen. Vielmehr müssen zwei Einheiten zu je zwei Fahrzeugen gebildet werden, während das fünfte Schiff allein ankert.

[17]) Die Schlepptrosse muß unter Umständen auf das geringste zulässige Maß verkürzt werden, nötigenfalls so weit, daß das zweite Fahrzeug gerade noch hinter dem ersten hindurchgieren kann. Der Grund ist nicht nur die Notwendigkeit, daß die Zusammengehörigkeit sichtbar wird, sondern vor allem die möglichste Verringerung der Fahrwassersperre, wobei auf das Schwojen Rücksicht zu nehmen ist. (§ 56, § 48 d.)

[18]) Für diese Zusammengehörigkeit gibt es keine besonders vorgeschriebenen Kennzeichen. Jedes der ankernden Fahrzeuge, gleichgültig, ob es selbst ankert oder an einem anderen Fahrzeug hängt, hat die Signale der Ankerlage zu geben. Vgl. SeeA. Hamb. Hansa 1910 S. 621. Bei Tage: § 20 SWO.; bei Nacht Art. 11 SStrO. (I, 815). Im Falle des Schwojens und Drehens: § 21 SWO. und Anm. 1 zu Art. 11 SStrO. (I, 816). Keinesfalls darf ein ankernder Schlepper die Schlepplichter am Topp weiterführen. Vgl. SSchG. 12. März 1919 (Fall „Herzog Johann Albrecht — Schleppzug Elmshorn"). SeeA. Hamb. Hansa 1910 S. 621.

## Außergewöhnliche Schleppzüge.

**§ 46.** Außergewöhnliche Schleppzüge[1]), d. h. solche, in denen sich Docks[2]), Pontons[3]), Wracke[4]), Kräne[5]) oder beschränkt steuerfähige Fahrzeuge[6]) oder Schwimmkörper[7]) befinden, sind, ehe sie in das Fahrwasser einlaufen[8]), bei der nächsten für das Fahrwasser zuständigen Behörde anzumelden[9]). Sie müssen Schlepper in genügender Zahl und Stärke[10]) zu ihrer Verfügung haben, um eine sichere Führung zu gewährleisten[11]), und mit geeignetem Ankergeschirr[12]) ausgerüstet sein. (Wegen der Lichter und Zeichen vgl. § 13.)

Einem außergewöhnlichen Schleppzug[13]) haben alle in Fahrt befindlichen Fahrzeuge[14]), auch die Wegerechtsschiffe[15]), aus dem Wege zu gehen. Beim Vorbeifahren[16], haben die vorbeifahrenden Fahrzeuge[17]) und die Schleppzüge selbst[18]) ganz langsam zu fahren.

Bei Nebel und unsichtigem Wetter[19]) haben außergewöhnliche Schleppzüge ihre Fahrt zu unterbrechen[20]) und nach Möglichkeit außerhalb des Fahrwassers zu ankern[21]).

[1]) Außergewöhnlich durch ihre Dimensionen und durch ihre Zusammensetzung aus manövrierunfähigen- oder beschränkten Fahrzeugen. Daß die Dimensionen des Anhangs von Bedeutung sind, ergibt sich daraus, daß die Verkehrsanschauung in vielen Fällen gegen die Außergewöhnlichkeit entscheidet, trotzdem an sich die Voraussetzungen des § 46 gegeben sind, z. B. wenn der Schleppzug enthält: zwei kleine Pontons oder einen kleinen Schwimmkran oder eine Schute ohne Ruder (beschränkt manövrierfähig) oder eine Boje (Schwimmkörper). Hier ist die sichere Führung gewährleistet, und Gefahren für die Schiffahrt bestehen normalerweise nicht.

[2]) Vgl. auch § 13 und die Anm. daselbst.

[3]) Vgl. dazu I, 679. Hier handelt es sich um große und nicht steuerbare Pontons, z. B. solche für Anlegestellen, Badeanstalten, Schiffbrücken usw.

[4]) Vgl. § 26 (im Fahrwasser liegende Wracks). § 46 setzt natürlich Schwimmfähigkeit voraus. Ein ungewöhnlicher Schleppzug liegt z. B. dann vor, wenn ein nach dem Sinken gehobenes Fahrzeug in den Gurten zwischen zwei Bergungsfahrzeugen oder an Schwimmkörpern hängt und so geschleppt wird.

[5]) Nicht hierher gehören Kranleichter und Bergungsschiffe mit Kranvorrichtung, welche verhältnismäßig klein und steuerbar sind. Wohl aber große Schwimmkrane, selbst wenn sie eigene Maschine und ein Ruder besitzen. Denn sie sind stets beschränkt steuerfähig.

[6]) Elevatoren, Bagger, Dampframmen, havarierte Schiffe.

[7]) Z. B. Kaissons, Hebeflöße, Hebekörper. Vgl. I, 679. Flöße von ungewöhnlichen Dimensionen (nicht zerlegbare schiffsartige Flöße).

[8]) Es braucht nicht unmittelbar vorher zu geschehen, auch nicht durch den Schleppzugführer selbst. Z. B. kann die Bauwerft, welche ein fertiggestelltes Dock durch ein Fahrwasser schleppen läßt, die Anmeldung einige Stunden vorher telephonisch bewirken (vgl. RG. 86, 430: Fall „Vandalia"). Vor der Anmeldung darf das Fahrwasser nicht befahren werden. Evtl. muß der Schleppzug bis zur erfolgten Anmeldung vor Anker gehen. Die Anmeldung muß bei sämtlichen Behörden erfolgen, deren Fahrwasser bei der Fahrt berührt oder durchfahren werden sollen.

[9]) Eine Genehmigung durch die Behörde ist nicht erforderlich. Die Anmeldung ist ein rein einseitiger Akt. Jedoch muß der Grund der Anmeldung (Beschaffenheit des Schleppzuges) angegeben werden, und die Behörde ist gemäß § 7 befugt, besondere Anordnungen zu treffen, welche zu befolgen sind. Es kann auch eine Besichtigung des Schleppzuges vorgenommen und dieser solange angehalten werden (§ 7). Evtl. kann dann die Führung besonderer Signale, die Annahme weiterer Schlepper oder eine andere Formierung des Schleppzuges, Verkürzung oder Verlängerung der Trosse, Fahren nur am Tage, Verweisung in das Nebenfahrwasser usw. angeordnet werden. Gibt es keine Möglichkeit, den Schleppzug ohne Gefährdung der Schiffahrt durch das Fahrwasser zu bringen, so kann die Schiffahrtspolizei die Weiterfahrt verbieten. — Die für die Anmeldung zuständigen Behörden sind in Teil II benannt.

[10]) Auch in richtiger Verteilung. Die Polizeibehörde kann gemäß § 7 anordnen, daß zwecks besserer Navigierung Schlepper auch am Hinterende des Schleppzuges angreifen.

[11]) Über den Begriff der sicheren Führung vgl. § 45 Anm. 2.

[12]) Im Hinblick darauf, daß Kaissons, Schwimmkörper, Docks usw. nicht mit regulären Ankereinrichtungen versehen sind, muß jedenfalls dafür gesorgt sein, daß zum mindesten ein einmaliges Voranktergehen durchführbar ist. Es genügt also das Vorhandensein von Ankern und Ketten, an dem

Schwimmkörper gehörig befestigt und stark genug, um den Anhang gemäß § 45 Abs. 4 selbständig und sicher zu verankern. Nicht erforderlich ist, daß eine Ankerwinde zum Ankeraufgehen vorhanden ist (RG. 86, 430). Dann muß bei Fortsetzung der Fahrt die Kette geschlippt werden unter Auslegung einer Ankerboje. Schlippvorrichtung ist unbedingt erforderlich. — Die Anzahl der erforderlichen Anker richtet sich nach der Beschaffenheit des Schwimmkörpers: Größe, Tiefgang, Hochbordigkeit (Schwimmbock) wegen des Winddrucks. Im allg. wird an jedem Ende mindestens ein Anker zu erfordern sein.

[13]) Ohne Rücksicht darauf, ob er ordnungsmäßig angemeldet ist oder nicht. Erforderlich ist natürlich, daß der Schleppzug als ein außergewöhnlicher erkennbar ist. Bei Tage wird sich das gewöhnlich aus der Form usw. des Anhangs ergeben. Im Falle der Manövrierunfähigkeit ist nach der SStrO. allerdings die Erkennbarkeit nicht gesichert. Das Signal des Art. 4 a SStrO. darf ein geschlepptes Schiff an sich nämlich nicht führen (bestr.). Vgl. Anm. 3 zu Art. 4 SStrO. (I, 808). Jedoch sind nach § 13 SWO. die Lichtsignale und Zeichen gemäß Art. 4 SStrO. zu führen. Vgl. auch § 13 Anm. 6.

[14]) Vgl. § 2 Abs. 2 SWO.; Einl. Abs. 4 SStrO. (I. 803).

[15]) Vgl. § 14, 42 SWO.

[16]) Vorbeifahren umfaßt Begegnen und Überholen.

[17]) Vgl. § 39 SWO.

[18]) Bei der Ermäßigung der Geschwindigkeit eines Schleppzuges ist mit besonderer Vorsicht zu verfahren, um zu vermeiden, daß der Schlepper die Gewalt über den Anhang verliert (z. B. bei starker Seitenströmung) oder daß der Anhang dem Schlepper anläuft (vgl. RG. Hansa 1910, 800; SeeA. Bremerhaven, Hansa 1910, 111; Anm. 13 Anhang zu § 735 [I, 742]). Im allgemeinen werden derartige Schleppzüge an sich schon ganz langsam fahren. Eine etwa erforderliche Herabsetzung der Geschwindigkeit darf jedenfalls nicht erst während des Vorbeifahrens, sondern muß schon vorher erfolgen.

[19]) Vgl. Art. 16 SStrO. (Nebel, dickes Wetter, Schneefall, heftige Regengüsse); „dickes Wetter", wenn Dunstmassen, ohne sich als Nebel zu charakterisieren, die Sichtigkeit der Gegenstände erheblich beeinträchtigen. Auch Regenwetter kann dazu gehören. Vgl. HansOLG. HBl. 1895 Nr. 88; OSeeA. 16, 106. „Dickes" Wetter und „unsichtiges" sind gleichbedeutend.

[20]) Wann die Unsichtigkeit so stark wird, daß die Fahrt unterbrochen werden muß, ist Tatfrage. Maßgebend dürfte die Frage sein, ob die Signale, welche die Natur des Schleppzuges als eines ungewöhnlichen kennzeichnen (§ 13) für einen Gegenfahrer so rechtzeitig erkennbar sind, daß alle etwa erforderlichen Manöver insbesondere auch die Ermäßigung der Geschwindigkeit mit Sicherheit ausgeführt werden können.

[21]) Über das Ankern solcher Schleppzüge vgl. oben Anm. 12. Außerhalb des Fahrwassers bzw. des Hauptfahrwassers muß geankert werden (vgl. § 6), wobei darauf zu achten ist, daß der Schleppzug grundsätzlich zerlegt werden muß (§ 45 Abs. 4) und daß kein Schleppzugteil beim Schwojen in das Fahrwasser hineingeraten kann (vgl. § 48), insbesondere in Fahrwassern, in denen die Gezeiten wirksam sind. Muß im Fahrwasser geankert werden, so gilt § 56 b (so nahe wie möglich an der Grenze des Fahrwassers).

## Flöße[1]).

**§ 47.** Die ein Floß bildenden Hölzer[2]) sind unter sich fest und dauerhaft zu verbinden.

Flöße müssen von Dampffahrzeugen geschleppt werden[3]). Sie müssen eine Steuervorrichtung haben[4]), ein Boot bei sich führen[5]) und tunlichst außerhalb des Fahrwassers bleiben[6]).

Scheibenflöße der Reichsmarine[7]) brauchen keine Steuervorrichtung zu haben und kein Boot bei sich führen.

[1]) Vgl. § 18 SWO. Über schwimmende Holzlager vgl. § 40.

[2]) Desgl. die einzelnen Tafeln (Floßteile), welche das Floß bilden, doch ist die Verbindung dieser Tafeln im Interesse einer gewissen Beweglichkeit zwar ebenso fest, wie die der einzelnen Hölzer unter sich, aber nicht starr.

[3]) Das Treiben von Flößen, ebenso das Schleppen durch Segel- oder Ruderboote ist verboten und zwar nicht nur im Haupt-, sondern auch in den Nebenfahrwassern. Ob und wie viele Flöße in einem Zuge geschleppt werden dürfen und ob sie zusammen mit Fahrzeugen in einen Schleppzug eingestellt werden dürfen, bestimmt sich nach Teil II. Hier werden evtl. besondere Anordnungen der Polizeibehörde gemäß § 7 eingreifen. Vgl. aus Teil II: § 61 Nr. 5; § 62 Nr. 14; § 63 Nr. 6 und 7; § 65 Nr. 5; § 68 Nr. 5; § 69 Nr. 6; § 70 Nr. 6; § 72 Nr. 4; § 75 Nr. 3; § 79 Nr. 15; § 80 Nr. 18; § 83 Nr. 6; § 85 Nr. 8c.

[4]) Nicht notwendig maschinell. Es genügen mehrere, am Achterende in der Fahrtrichtung eingesetzte, von Hand bediente Ruder, sofern sie nach Größe und Beschaffenheit des Schleppzuges ausreichen, um eine gewisse (stets sehr begrenzte) Steuerwirkung zu erzielen.

[5]) Auf dem Floß oder im Schlepptau. Über Größe und Beschaffenheit ist nichts verordnet. Über Ausrüstung der Flöße mit Glocke und Nebelhorn vgl. § 33d.

[6]) Vgl. dazu § 36 Satz 3 u. 4; § 6 SWO.

[7]) Vgl. § 31 SWO.

## Fahrwasser frei halten[1]).

§ 48. a) Das absichtliche oder fahrlässige Festfahren oder Versenken eines Fahrzeugs[2]), Geräts[3]) oder Schwimmkörpers[4]) im Fahrwasser[5]) ist strafbar[6]).

b) Schiffsausrüstungsgegenstände[7]), Ballast[8]), Draht[9]), Steine, Eisenteile, Schlacken[10]), Asche, Bauschutt, Unrat und sonstige der Bildung von Verflachungen[11]) und Verkehrsbehinderungen förderliche Stoffe[12]) dürfen nur an den von der zuständigen Schiffahrtspolizeibehörde freigegebenen Stellen[13]) ausgeschüttet werden. Das Lenzen[14]), Ableiten oder Abfließenlassen von Öl[15]), von Ölrückständen und von ölhaltigem Wasser[16]) ist überall[17]) verboten.

c) Im Fahrwasser darf nur dort geladen oder gelöscht werden, wo es von den zuständigen Schiffahrtspolizeibehörden gestattet ist (vgl. § 57)[18]).

Wenn aus zwingenden Gründen ein Laden oder Löschen im Fahrwasser an einer Stelle stattfinden muß[19]), die für den Verkehr hinderlich ist[20]), und wenn hierbei die Schiffahrt auf die löschenden und ladenden Fahrzeuge durch Fahrtverminderung und sonstige Vorsichtsmaßregeln Rücksicht nehmen muß[21]), so ist mit Genehmigung der Schiffahrtspolizeibehörde, in deren Bezirk das Laden oder Löschen bewirkt wird, das im § 27 dieser Verordnung bezeichnete Signal (bei Tage ein roter Zylinder, bei Nacht drei Lichter in je 1,5 m Abstand senkrecht übereinander: weiß — rot — weiß) zu setzen[22]).

d) Fahrzeuge, die bei Ankermanövern[23]) oder aus sonstigen Gründen drehen[24]) oder schwojen[25]) müssen, haben darauf zu achten, daß sie die überholenden[26]) und entgegenkommenden Fahrzeuge nicht behindern[27]). Sie haben tunlichst vor dem Drehen bzw. Schwojen die überholenden oder entgegenkommenden Fahrzeuge vorbeifahren zu lassen[28]). (Wegen der Signale vgl. §§ 21 und 33b.)

e) Fahrzeuge, die im Fahrwasser[29]) auf Grund geraten sind[30]) und mit eigener Kraft oder mit Schlepperhilfe[31]) Abbringungsversuche unternehmen, müssen, wenn herannahende Fahrzeuge durch das Achtungssignal nach § 35a anzeigen, daß sie gezwungen sind[32]), nahe vorbeizufahren, ihre Abbringungsversuche, wenn möglich[33]), so lange einstellen, bis jene Fahrzeuge vorbeigefahren sind.

f) In den durch Richtfeuer[34]) oder Richtbaken[35]) gebildeten Richtungslinien und in den Leitsektoren der Leuchtfeuer[36]) darf außer in Notfällen[37]) nicht geankert werden. Wenn ein Fahrzeug gezwungen wird, außerhalb der Reeden[38]) im Fahrwasser zu ankern, so ist der Ankerplatz so zu wählen, daß das Fahrzeug auch beim Schwojen[39]) genügend frei von den Richtungslinien und den Leitsektoren bleibt, so daß der Schiffsverkehr nicht behindert wird[40]). (Weitere Bestimmungen über Ankern vgl. § 56.)

[1]) Diese Überschrift ist ein Grundsatz und rechtfertigt in Verbindung mit § 5 Abs. 4 die analoge Anwendung aller Vorschriften des § 48 auf alle Situationen, die die Freiheit des Fahrwassers bedrohen.

[2]) Wenn der Schiffer, um ein im Sinken begriffenes Fahrzeug nicht in der Fahrrinne sinken zu lassen, in den flacheren Teil des Fahrwassers fährt und das Schiff dort sinkt, so ist das kein absichtliches Versenken. Dazu ist erforderlich, daß der Schiffer das Schiff absichtlich zum Sinken bringt, z. B. durch Öffnen der Seeventile, wenn das Feuer an Bord nicht auf andere Weise bewältigt werden kann. Dagegen liegt in dem ersteren Falle ein absichtliches Festfahren vor, wenn der Schiffer das Schiff innerhalb des Fahrwassers auf Grund setzt. Es kann sich dabei um Maßregeln handeln, die nautisch durchaus zweckmäßig und geboten sind, zuweilen sogar zur Rettung von Menschenleben und großen Werten unumgänglich notwendig. Dann wird man die Strafbarkeit verneinen müssen. Es liegt eine Notstandshandlung vor. — Anders beim fahrlässigen Festfahren oder Versenken. Fahrlässig handelt, wer die im Verkehr erforderliche Sorgfalt verletzt (§ 276 BGB.), wer insbesondere die Sorgfalt eines ordentlichen Schiffers verletzt. § 511 HGB. (I, 180ff.). Ebenso, wer die Vorsichtsmaßregeln versäumt, welche durch die seemännische Praxis oder durch die besonderen Umstände des Falles geboten werden (Art. 29 SStrO. — I, 840; § 5 Abs. 4 SWO.). — Der Ausdruck „ver-

senken" zeigt an, daß § 48 zu a nicht den Fall im Auge hat, daß ein Schiffer das Sinken durch Fahrlässigkeit verursacht. Z. B. dadurch, daß er infolge unrichtiger Navigation in Kollision mit einem anderen Schiffe gerät, so daß eins der Schiffe sinkt. Hier tritt nicht Strafbarkeit aus § 48 zu a SWO., sondern gegebenenfalls aus § 145 StGB. (I, 801) ein, sofern eine Vorschrift der SStrO. verletzt wurde (vgl. den in OSA. 22 Nr. 1 erwähnten Fall). Dagegen ist § 48 zu a verletzt, wenn ein Schiff, welches ohnehin — etwa wegen Feuer an Bord — versenkt werden soll, aus Fahrlässigkeit noch innerhalb des Fahrwassers zum Sinken gebracht wird, oder wenn die Seeventile versehentlich geöffnet werden, oder wenn das Schiff schuldhaft überladen wurde, so daß es den zulässigen Tiefgang (im Hinblick auf die Fahrwassertiefe, vgl. Teil II) überschreitet und im Fahrwasser festkommt. Vgl. auch StGB. § 323: Wer vorsätzlich die Strandung oder das Sinken eines Schiffes bewirkt und dadurch Gefahr für das Leben eines anderen herbeiführt, wird mit Zuchthaus nicht unter fünf Jahren, und wenn durch die Handlung der Tod eines Menschen verursacht worden ist, mit Zuchthaus nicht unter zehn Jahren oder mit lebenslänglichem Zuchthaus bestraft.

[3]) Z. B. Dücker, Kräne, Gerüste, Betonklötze zur Befestigung von Bojen, Elevatoren, Dampframmen.

[4]) Vgl. § 46 Anm. 7; § 13 Anm. 2.

[5]) Gleichgültig, ob Haupt- oder Nebenfahrwasser. §§ 6, 36.

[6]) Nach Maßgabe der Strafbestimmung in § 86. Es kann Ideal- oder Realkonkurrenz mit anderen Strafbestimmungen eintreten. Vgl. oben Anm. 2; I, 802 (§ 145 StGB. Anm. 4).

[7]) Insbes. Anker, Ketten, Segel, Spieren, Maschinenteile, unbrauchbare Boote, Tauwerk.

[8]) Aller Art: Steine, Sand, Eisen. Ausnahme natürlich für Wasserballast, soweit er nicht etwa ölhaltig ist (§ 48 zu b).

[9]) Draht in Rollen oder Enden, aber auch Trossen aller Art. Taue, welche schwimmen, können gleichfalls eine Verkehrshinderung bedeuten, da sie sich in Schiffsschrauben verwickeln können.

[10]) Gleichgültig, ob sie aus den Schiffskesseln stammen oder von dem Fahrzeug zum Zweck des Ausschüttens übernommen wurden. Schlacken- und Ascheejektoren oder -hieven sind also während der Fahrt durch ein Fahrwasser nicht in Tätigkeit zu setzen.

[11]) Es kommt nicht darauf an, daß im konkreten Falle eine Verflachung entsteht, sondern darauf, daß eine solche entstehen würde, wenn alle Schiffe so verfahren würden. Über Meldung entstehender Sandbänke durch den Lotsen vgl. HansGZ. 1927 Nr. 40.

[12]) Z. B. auch Baggergut, Sand, Schlamm, Bretter usw. Vgl. dazu auch § 366 Nr. 8 StGB.: Mit Geldstrafe bis zu sechzig Mark oder mit Haft bis zu vierzehn Tagen wird bestraft: wer nach einer Wasserstraße Sachen auf eine Weise ausgießt oder auswirft, daß dadurch jemand beschädigt werden kann.

[13]) Betonnung von Baggerschüttstellen usw. vgl. Anfang Anl. 5 zu C III e.

[14]) D. h. Leerpumpen des Schiffes mittels der Lenz (Bilge-) Pumpen. Zulässig ist das Lenzen in gefährlicher Situation, wenn die Pumpen arbeiten müssen, um das Schiff schwimmfähig zu erhalten. Ebenso ist das Lenzen eines lecken Schiffes durch einen längsseit liegenden Bergungs- oder Pumpendampfer gestattet.

[15]) Öl aller Art; Maschinenöl (Schmieröl) oder Bunkeröl (Petroleum) oder aus der Ladung stammendes Öl; für Tankdampfer gilt § 129 UnfVerhV. (Dampfer). Analoge Anwendung auf sonstige schädliche oder gefährliche Flüssigkeiten wird als zulässig anzusehen sein, z. B. Säuren, Laugen, Benzin, Spiritus usw.

[16]) Eine ganz geringe Ölbeimischung kommt nicht in Betracht.

[17]) D. h. nicht nur im Hauptfahrwasser, sondern in allen Teilen der von der SWO. behandelten Gewässer. Das Verbot dient in erster Reihe den Interessen der Fischerei, aber auch der Verhütung von Feuersgefahr und der Reinhaltung der Gewässer und Ufer.

[18]) Sei es auf Grund allgemeiner Ermächtigung oder spezieller Erlaubnis. Die Anordnungen nach § 8 SWO. sind überall zu beachten. Vgl. auch Teil II z. B. § 61 Nr. 11; § 65 Nr. 9; § 67 Nr. 4; § 70 Nr. 11; § 72 Nr. 8; § 80 Nr. 19.

[19]) Z. B. weil ein Schiff geleichtert werden muß, weil es festgekommen ist oder weil sich herausstellt, daß sein Tiefgang für die Fortsetzung der Fahrt zu groß ist oder wenn Material für Stromanlagen, Bakenbau usw. im Fahrwasser gelöscht werden muß.

[20]) Nicht die Stelle ist für den Verkehr hinderlich, sondern das Liegen des Schiffes an dieser Stelle. Die Vorschrift bezieht sich nicht nur auf das Liegen an Stellen, die an sich schon der Schiffahrt Schwierigkeiten bereiten. Insofern liegt eine ungenaue Fassung vor. Maßgebend ist stets, ob im konkreten Falle, insbesondere mit Rücksicht auf andere, in der Nähe liegende Schiffe der Verkehr dadurch behindert wird, daß das Schiff an dieser Stelle liegt und ladet bzw. löscht. Z. B. in Leichter oder Kähne, die das Fahrwasser beengen.

[21]) Das ist Tatfrage (vgl. dazu § 25 zu a, § 26 zu b und § 40). Nötig ist die Rücksichtnahme vor allem, wenn ein Schiff in Leichter, Schuten oder Kähne löscht, welche bei voller Beladung leicht durch Wellenschlag vollgeschlagen werden können.

[22]) Daraus ergibt sich die Notwendigkeit, beabsichtigtes Löschen und Laden im Fahrwasser vorher der Polizeibehörde anzuzeigen. Da das Signal an sich gesetzt werden muß, so muß auch die Genehmigung dazu eingeholt werden. Wird die Genehnigung etwa versagt, so ist der Schiffer insoweit von der Verantwortung befreit, als ein Unfall auf der mangelnden Kennzeichnung beruht (vor allem nachts recht wohl möglich).

[23]) Aller Art: Anker auf, Fallen Anker, Kette hieven, stecken oder schlippen. Vgl. Anm. 100 zu § 735 (I, 715). Vgl. auch § 56 SWO.

[24]) Nicht nur völliges Umwenden ist gemeint, sondern jede Drehbewegung, welche das Schiff in einen Winkel zum Fahrwasserverlauf bringt, also z. B. zwecks Abbiegens in eine Ab-

zweigung des Wasserlaufs, zwecks Erreichens einer Landungsstelle, oder um rückwärts in einen Hafeneinschnitt oder in ein Schwimmdock einfahren zu können. Vgl. z. B. § 63 Nr. 3b Abs. 2. Dabei ist es gleichgültig, ob das Schiff allein oder mit Schlepperhilfe dreht. Die Verantwortung trifft stets den Kapitän.

[25]) Über Schwojen vgl. § 21, 23 zu b, 56 zu b SWO.

[26]) Hier nicht im technischen Sinne (§ 37 SWO.; Art. 24 SStrO.) gemeint. Es soll bedeuten: die vor oder hinter dem wendenden oder schwojenden Schiff fahrenden Fahrzeuge. Vgl. § 38: „durchgehende Schiffahrt". Ein Überholen durch diese kommt ja erst in Frage, wenn das drehende Schiff sein Manöver einleitet. Die Sorgfaltspflicht des § 48d beginnt aber schon erheblich früher, nämlich vor Fassung des Entschlusses, an dieser Stelle zu drehen oder zu schwojen. Der Grundgedanke ist der gleiche wie in § 38 (Fahrwasserqueren).

[27]) „Behindern" geht weiter als „gefährden". Eine Behinderung liegt unter Umständen schon darin, daß das in der Richtung des Fahrwassers ankommende Schiff genötigt wird, auszuweichen (insbesondere die ihm zustehende Fahrwasserseite zu verlassen) oder zu stoppen, zu treiben, Anker zu werfen oder einem dritten Schiff gegenüber nach § 5 Abs. 4 (Art. 29 SStrO.) die Rolle des Ausweichenden zu übernehmen, während es sonst hätte Kurshalter (Art. 21 SStrO.) sein können. Eine solche „Behinderung" kann schuldhaft sein und zu Schadensersatzansprüchen gegen das drehende oder schwojende Schiff führen.

[28]) Vgl. § 38 SWO. (Fahrwasserqueren).

[29]) Oder dicht bei einem Fahrwasser, so daß sich die Abschleppversuche in das Fahrwasser hinein erstrecken.

[30]) Lichterführung in diesem Falle: Art. 11 Abs. 4 SStrO. (I, 815). Über Anwendung auf gestrandete Schiffe Anm. 12 zu Art. 11 SStrO. (I, 816).

[31]) Lichterführung der helfenden Schlepper: § 12 SWO.

[32]) Daraus folgt, daß das Schiff überhaupt nur dann nahe vorbeifahren darf, wenn es dazu gezwungen ist. In sonstigen

Fällen ergibt sich schon aus § 40 SWO., daß in möglichst großem Abstande von dem Schiffahrtshindernis (hier dem festsitzenden Schiff) vorbeigefahren werden muß. Bemerkt das herannahende Schiff die Situation des festsitzenden nicht, so daß dieses in Gefahr gerät, so muß das letztere das Gefahrsignal des § 34 geben. Besteht keine Gefahr, so genügt das Achtungssignal des § 35a.

33) Ist die Abschleppung gerade im Gange, so braucht sie nicht unterbrochen zu werden, da unter Umständen damit das ganze Rettungswerk in Frage gestellt und evtl. eine Tide versäumt wird. In diesem Falle muß das herannahende Schiff nötigenfalls stoppen und das Weitere abwarten (Art. 29 SStrO.; § 5 Abs. 4 SWO.). Da es sich nicht um ein Überholen handelt, kommen für diesen Fall nicht die Verständigungssignale des § 37 in Frage; vielmehr als Antwort auf das Achtungssignal des vorbeifahrenden Schiffs ein (evtl. mehrfach wiederholtes) Gefahrsignal.

34) Leuchttürme (Leitfeuer) von lokaler Bedeutung, welche an Fahrwassern in systematischer Anordnung aufgestellt, bei Nacht die einzuschlagenden Kurse für die Schiffe ergeben, indem diese auf der Verbindungslinie der einzelnen Richtfeuer fahren (Richtungslinien). Vgl. Anhang Anl. 5 zu B. Gemäß § 5 Abs. 4 zu vermeiden ist auch das Ankern in der Nähe eines Feuerschiffs, welches durch seine Feuer die Ankerlichter überstrahlt. OSA. 23 Nr. 72.

35) Richtungsbaken sind Gerüste mit Dreiecken, Tonnen oder sonstigen Zeichen an der Spitze, welche am Tage dem gleichen Zwecke dienen, wie bei Nacht die Richtfeuer (vgl. vorige Anm.). Vgl. auch Bek. vom 13. Mai 1912 (I, 854) abgedr. im Anhang.

36) Die vom Licht der Leuchtfeuer mit einheitlichem Licht: weiß, rot, Blinke usw. beschienenen Winkel. Je nach der Verschiedenheit des Lichts kann ein Leuchtfeuer mehrere Leitsektoren haben. Vgl. Anhang Anl. 5 zu B.

37) Muß ausnahmsweise ein Schiff an solcher verbotenen und ungeeigneten Stelle ankern (etwa wegen Nebels OSA.24

S. 91), so hat es sich, sobald ihm dies möglich wird, von dort zu entfernen, um einen zulässigen Ankerplatz aufzusuchen. Vgl. dazu § 735 Anm. 92ff. (I, 713). Dick S. 85. Andernfalls ist es im Falle einer Kollision als mitschuldig anzusehen (§ 736 HGB.), zum mindesten entfällt die Schuldvermutung gegenüber dem andern Schiff (I, 713). Vgl. HansOLG. HansGZ. 1925, Nr. 37 (Neum. Jahrb. 1925, 806).

38) Reeden sind die als Liegeplätze oder Ankerplätze für Schiffe geeignete und behördlich als solche anerkannte Stellen des Fahrwassers. Vgl. § 56a und die Bezeichnung der einzelnen Reeden in Teil II.

39) Über Schwojen vgl. §§ 21, 33b, 56b SWO. und die Anm. daselbst.

40) Vgl. dazu § 46 Abs. 3 und oben Anm. 27. Ferner OSA. 23 Nr. 72.

## Schutz der Schiffahrtzeichen, Strombauwerke und Uferanlagen.

**§ 49.** a) Das Festmachen[1]) an den zur Bezeichnung des Fahrwassers oder zur Sicherung der Schiffahrt ausgelegten festen und schwimmenden Schiffahrtzeichen[2]) sowie jede Entfernung, Beschädigung oder Verlegung[3]) von Schiffahrtzeichen ist verboten[4]). Nimmt der Führer eines Fahrzeugs wahr[5]), daß Schiffahrtszeichen fehlen[6]), vertrieben[7]) oder beschädigt sind, so hat er sofort[8]) der nächsten Schiffahrtsbehörde Anzeige zu erstatten[9]).

b) Jede Beschädigung[10]) der Ufer, Uferanlagen, Strombauwerke und Brücken ist verboten[11]).

Das Anlegen[12]) und Festmachen[13]) an Strombauwerken, Buhnen, Packwerken, Uferbefestigungen, Dämmen und abbrüchigen Stellen[14]) ist verboten.

c) Dampffahrzeuge, die nahe[15]) an den Ufern und Strombauwerken vorbeifahren müssen, haben ihre Fahrtgeschwindigkeit so zu mäßigen[16]), daß eine Beschädigung der Ufer und Strombauwerke vermieden wird[17]).

[1]) Von Fahrzeugen aller Art. Festmachen ist hier sowohl das Anlegen und Vertäuen (vgl. HansGZ. 1927 Nr. 94), als auch das Befestigen eines Fahrzeuges durch eine Trosse oder ein Tau, so daß es schwojen kann.

[2]) Vgl. Art. 101 RVerf. und Bek. vom 13. Mai 1912, betr. Bezeichnung d. Fahrwasser usw. (I, 854) abgedruckt im Anhang.

[3]) Entfernung ist die Fortnahme des Seezeichens, so daß es nicht mehr im Fahrwasser liegt. Verlegung ist die Verbringung des Seezeichens an eine andere Stelle desselben Fahrwassers.

[4]) Vgl. auch StGB. § 322: Wer vorsätzlich ein zur Sicherung der Schiffahrt bestimmtes Feuerzeichen oder ein anderes zu diesem Zwecke aufgestelltes Zeichen zerstört, wegschafft oder unbrauchbar macht, oder ein solches Feuerzeichen auslöscht oder seiner Dienstpflicht zuwider nicht aufstellt, oder ein falsches Zeichen, welches geeignet ist, die Schiffahrt unsicher zu machen, aufstellt, insbesondere zur Nachtzeit auf der Strandhöhe Feuer anzündet, welches die Schiffahrt zu gefährden geeignet ist, wird mit Zuchthaus bis zu zehn Jahren bestraft.

Ist durch die Handlung die Strandung eines Schiffes verursacht worden, so tritt Zuchthausstrafe nicht unter fünf Jahren und, wenn der Tod eines Menschen verursacht worden ist, Zuchthausstrafe nicht unter zehn Jahren oder lebenslängliche Zuchthausstrafe ein.

[5]) Der Lotse muß ferner alle sonstigen Veränderungen im Fahrwasser melden, z. B. eine Kabbelung, welche auf Bildung einer neuen Sandbank hinweist (HansGZ. 1927 Nr. 40).

[6]) Sei es, daß sie unbefugterweise entfernt, sei es, daß sie gesunken (Bojen, Tonnen) oder sonst zerstört worden sind (vom Sturm zerstörte Baken).

[7]) Durch Seegang, Strömung oder Wind an eine ihnen nicht zukommende Stelle geschafft. Z. B. durch Anrennen eines Fahrzeugs an eine Boje wird diese von ihrer Verankerung losgerissen und treibt nun vor Strom und Wind. Über Bergung

von Betonnungsmaterial (Tonnen, Ketten, unbemannte Feuerschiffe usw.) und die Vergütungssätze vgl. § 45 StrO., dazu Ewald S. 73.

[8]) Hier gleich unverzüglich, d. h. ohne schuldhaftes Zögern.

[9]) Mangels drahtloser Verbindung erfolgt die Meldung im nächsten ordnungsmäßig angelaufenen Hafen. Deviation (d. h. Abweichung vom Reiseweg) oder Anlaufen eines im Reiseplan nicht vorgesehenen Hafens kann nicht verlangt werden. Evtl. genügt die Meldung an ein vorbeifahrendes, im Dienst befindliches Polizeiboot, Tonnenleger usw.

[10]) Vorsätzliche oder fahrlässige. Haftung für schuldhafte Beschädigung von Streichpfählen durch ein Schiff: vgl. HansGZ. 1927 Nr. 30. Kein Vertragsverhältnis durch Benutzung eines Hafens. RG. JW. 1927 S. 442. Insbesondere Haftung auch als Folge der Verletzung von Schutzvorschriften: §§ 27, 28, 40, und Teil II. Demgegenüber steht die Unterhaltungspflicht des Eigentümers der Strombauwerke usw. Hansa 1911 S. 841. Haftung für eine im Sturm zusammengebrochene Verladebrücke. RG. VerkR. 1927 S. 593.

[11]) Vgl. StGB. § 305: Wer vorsätzlich und rechtswidrig ein Gebäude, ein Schiff, eine Brücke, einen Damm, eine gebaute Straße, eine Eisenbahn oder ein anderes Bauwerk, welche fremdes Eigentum sind, ganz oder teilweise zerstört, wird mit Gefängnis nicht unter einem Monat bestraft.

Der Versuch ist strafbar.

§ 321: Wer vorsätzlich Wasserleitungen, Schleusen, Wehre, Deiche, Dämme oder andere Wasserbauten, oder Brücken, Fähren zerstört oder beschädigt, oder in schiffbaren Strömen, Flüssen oder Kanälen das Fahrwasser stört und durch eine dieser Handlungen Gefahr für das Leben oder die Gesundheit anderer herbeiführt, wird mit Gefängnis nicht unter drei Monaten bestraft.

Ist durch eine dieser Handlungen eine schwere Körperverletzung verursacht worden, so tritt Zuchthausstrafe bis zu fünf Jahren und, wenn der Tod eines Menschen verursacht worden ist, Zuchthausstrafe nicht unter fünf Jahren ein.

§ 366a: Wer die zum Schutze der Dünen und der Fluß- und Meeresufer, sowie der auf denselben vorhandenen Anpflanzungen und Anlagen erlassenen Polizeiverordnungen übertritt, wird mit Geldstrafe bis zu einhundertfünfzig Mark oder mit Haft bestraft. —

Für Schadensersatzansprüche wegen Beschädigung von Anlagen, welche auf das Reich übergegangen sind (RVerf. Art. 97, 131, Reichswasserstraßenvertrag vom 29. Juli 1921, RGBl. S. 961) ist das Reich aktiv legitimiert. Im Falle unberechtigten Festhaltens eines Kahns wegen solcher Beschädigung ist das Reich passiv legitimiert. Vgl. RG. 115 S. 54. Haftung wegen Beschädigung von Ufer- und Strombauwerken nur im Falle des Verschuldens. Bei vorausgegangener Havarie des schadenstiftenden Schiffes kann **prima facie** der Schuldbeweis ausgeschlossen sein. Vgl. HansGZ. 1927 Nr. 30.

[12]) Vgl. § 56a und i und örtliche Regelung in Teil II.

[13]) Vgl. § 56a u. i. Anlegen und Festmachen sind hier nebeneinander aufgeführt. Vgl. jedoch Anm. 1.

[14]) Stellen, an denen das Erdreich die Neigung hat, abzubrechen und nachzurutschen (insbes. wenn durch Wasser unterhöhlt).

[15]) Was unter „nahe" zu verstehen ist, ist Tatfrage. Es hätte korrekt heißen müssen: „so nahe, daß die Möglichkeit einer Beschädigung von Ufern oder Strombauwerken besteht". Dies ist nicht nur von Entfernung und Geschwindigkeit, sondern auch von Wind, Strömung und Beschaffenheit des Grundes abhängig.

[16]) Vgl. § 39.

[17]) Vgl. § 39 a. E.: Schädlicher Wellenschlag und Sog sollen vermieden werden. Vgl. auch § 40 und örtliche Bestimmungen in Teil II, wo auch vielfach vorgeschrieben ist, daß Dampffahrzeuge, welche mit dem Heck nach dem Ufer zu liegen oder wenden wollen, die Schraube nicht gebrauchen dürfen. Vgl. z. B. § 63 **A** Nr. 9; § 69 Nr. 10 Abs. 2; § 70 Nr. 10 Abs. 2; § 71 Nr. 7; § 72 Nr. 9; § 80 Nr. 13 u. a.

Die Ermäßigung der Geschwindigkeit ist ferner ziffermäßig nach Knoten (Seemeilen pro Stunde) bzw. nach Stundenkilometern festgelegt in § 61 Nr. 7; § 65 Nr. 3; § 66 Nr. 3; § 67 Nr. 3; § 68 Nr. 3; § 69 Nr. 3; § 70 Nr. 3; § 71 Nr. 3; § 72 Nr. 3; § 73 Nr. 4; § 75 Nr. 4; § 78 Nr. 7; § 79 Nr. 8; § 80 Nr. 14; § 83 Nr. 4; § 84 Nr. 6; § 85 Nr. 6; Trave (Anl. 1) Nr. 11.

Dagegen nur allgemein (z. B. mit Bezug auf Erhaltung der Steuerfähigkeit) in § 62 Nr. 8; § 64 Nr. 9; § 82 Nr. 3 u. a. Vgl. auch Anm. zur Überschrift vor § 36.

## 4. Abschnitt: Verschiedene Bestimmungen[1]).

### Bestimmungen und Signale für Schiffe, die von Eisbrechern geführt oder geschleppt werden[2]).

**§ 50.** a) Die Bestimmungen dieses Paragraphen gelten nur für die Bezirke, für die sie durch Teil II vorgeschrieben sind[3]) oder durch besondere Anordnungen der Schifffahrtspolizeibehörden ausdrücklich in Kraft gesetzt werden[4]).

b) Die Führer der Schiffe, die Eisbrecherhilfe wünschen, haben den mit Eisbrecherhilfe zusammenhängenden Anordnungen der Eisbrecherführer[5]) nachzukommen[6]).

c) Die Verantwortung für die Navigierung und für die Sicherheit des eigenen Schiffes trägt auch bei Führung durch Eisbrecher jeder Führer für sein Schiff[7]).

d) Jedes Schiff muß während der Fahrt durch das Eis[8]) die Schotten[9]) geschlossen halten[10]) und alle Schiffspumpen[11]) zum Lenzen und Werkzeug und Material zum Leckdichten bereithalten[12]).

Die Maschine muß bereit sein, sofort rückwärts zu gehen[13]), damit das Schiff dem Eisbrecher oder dem Vordermann nicht ins Heck laufen kann, wenn dieser im Eise steckenbleiben sollte[14]).

Die zur Abgabe der unter h und i aufgeführten Signale erforderlichen Signalmittel[15]) müssen zum sofortigen Gebrauche bereit sein.

Auf Signale muß sorgfältig geachtet und sofort danach gehandelt werden[16]).

e) Die Schallsignale[17]) zum Verkehre zwischen Eisbrechern und Schiffen[18]) sind von den dem Signalgeber folgenden[19]) Schiffen der Reihe nach[20]) zu wiederholen, wobei das dem Signalgeber am nächsten stehende Schiff mit der Wiederholung beginnt.

f) Die dem Eisbrecher folgenden Schiffe dürfen einander nicht überholen[21]).

g) Schiffe, die von Eisbrechern geschleppt werden[22]), müssen ständig bereit sein, auf Ersuchen des schleppenden Eisbrechers die Schleppleine loszuwerfen[23]) und die Maschine Volldampf rückwärts gehen zu lassen[24]), falls der Eisbrecher im Eise steckenbleiben sollte[25]).

h) Schallsignale zum Verkehr zwischen Eisbrechern und und den von diesen geführten oder geschleppten Schiffen[26]):

In nachstehender Signaltafel bedeutet:

▬ einen langen Ton, ● einen kurzen Ton[27]).

| Lfde. Nr. | Schallsignal | Bedeutung des Signals, wenn es von einem Eisbrecher gegeben wird[28]) | Bedeutung des Signals, wenn es von einem Schiffe gegeben wird[28]) |
|---|---|---|---|
| 1 | ▬ ● ● ● | Ich komme Ihnen zu Hilfe. (Kann in Verbindung mit Tagsignal Nr. 1 und 2 unter i gegeben werden) | Ich wünsche Eisbrecherhilfe. (In Verbindung mit Tagsignal Nr. 1 unter i) |

| Lfde. Nr. | Schallsignal | Bedeutung des Signals, wenn es von einem Eisbrecher gegeben wird | Bedeutung des Signals, wenn es von einem Schiffe gegeben wird |
|---|---|---|---|
| 2*) | ▬ | Ich gehe voraus, folgen Sie mir | Ich gehe voraus und folge dem Eisbrecher |
| 3*) | ▬ ● | Gehen Sie langsamer | Ich gehe langsamer |
| 4 | ● ● ● ● ● ● ● ● | Ich sitze im Eise fest. Achtung[29])[30])! | Ich sitze im Eise fest. Achtung! (Folgen dem Eisbrecher mehrere Schiffe, so hat das festgekommene Schiff einen schwarzen Ball im Topp zu setzen [Siehe Tagsignal Nr. 2]) |
| 5 | ● ● ● [31]) | Gehen Sie Volldampf zurück | Ich gehe Volldampf zurück |
| 6 | ▬ ▬ | Folgen Sie mir nicht! Stopp! | Ich habe gestoppt[32]) |
| 7*) | ▬ ● ▬ | Seien Sie bereit, die Schleppleine zu nehmen | Ich bin bereit, die Schleppleine zu nehmen |
| | | Wenn das Schiff von einem Eisbrecher geschleppt wird | |
| | | Werfen Sie die Schleppleine los | Die Schleppleine ist los[33]) |

*) Über die Bedeutung dieses Signals als Sondersignal der Seewasserstraßenordnung siehe § 35.

| Lfde. Nr. | Schallsignal | Bedeutung des Signals, wenn es von einem Eisbrecher gegeben wird | Bedeutung des Signals, wenn es von einem Schiffe gegeben wird |
|---|---|---|---|
| 8*) | — • • — | Die Schleppleine ist gebrochen[33]) | Die Schleppleine ist gebrochen |
| 9**) | • — • | Den Funkapparat besetzen | |
| 10 | — — — — — — — | Einstellen der Arbeiten bis zum Morgen oder bis zu günstigeren Verhältnissen Während der Unterbrechung der Arbeiten bedeutet es: Bereithalten! | |
| 11 | • • — | Signal zur Verständigung der Eisbrecher untereinander[34]) | |

i) Tagsignale zum Verkehr zwischen Eisbrechern und den von diesen geführten oder geschleppten Schiffen[35]):

| Nr. des Signals | Signal | Bedeutung des Signals, wenn es von einem Eisbrecher gegeben wird | Bedeutung des Signals, wenn es von einem Schiffe gegeben wird |
|---|---|---|---|
| 1 | Flagge E des Internationalen Signalbuches[36]) | Ich komme Ihnen zu Hilfe. (Kann in Verbindung mit Schallsignal Nr. 1 unter h gegeben werden[37]) | Ich wünsche Eisbrecherhilfe. (Kann in Verbindung mit Schallsign. Nr. 1 unter h gegeben werden) |

*) Über die Bedeutung dieses Signals als Sondersignal der Seewasserstraßenordnung siehe § 35.

**) Über die Bedeutung dieses Signals als Signal des Internationalen Signalbuches siehe Nachtrag III zum Internationalen Signalbuch Ausgabe 1911.

| Nr. des Signals | Signal | Bedeutung des Signals, wenn es von einem Eisbrecher gegeben wird | Bedeutung des Signals, wenn es von einem Schiffe gegeben wird |
|---|---|---|---|
| 2 | Ball am Mast[38]) | Gefahr! auf der Stelle bleiben. (Kann in Verbindung mit dem Schallsignal Nr. 1 unter h gegeben werden) | Ich sitze im Eise fest. (Nur zu heißen, wenn dem Eisbrecher mehrere Schiffe folgen.) Außerdem das Schallsignal Nr. 4 unter h |
| 3 | Viereckige dunkelblaue Flaggen | Die Anzahl der Flaggen bedeutet die Anzahl Schiffe, die dem Eisbrecher stromabwärts folgen sollen | |
| 4 | Dreieckige dunkelblaue Flaggen (Wimpel) | Die Anzahl der Wimpel bedeutet die Anzahl der Schiffe, die dem Eisbrecher stromaufwärts folgen sollen | |
| 5 | Dunkelblaue Flaggen und Wimpel | Signale der Eisbrecher untereinander | |

Die Signale nach dem Internationalen Signalbuch bleiben unberührt. Vorkommende Havarien sind nach dem Internationalen Signalbuch zu signalisieren.

[1]) Auch diese Bestimmungen gelten allgemein, d. h. soweit nichts anderes vorgeschrieben, auf allen von der SWO. be-

troffenen Wasserläufen. Nur § 50 bedarf besonderer Inkraftsetzung.

[2]) Geführt werden die Schiffe, wenn der Eisbrecher vorausfährt, um die Rinne zu brechen bzw. freizumachen, und das Schiff in einiger Entfernung folgt, ohne daß zwischen beiden eine Schleppverbindung besteht.

[3]) D. h. einstweilen für den Stettiner Bezirk (§ 80 Nr. 24).

[4]) Durch Polizeiverordnung nach Maßgabe der in den einzelnen Ländern geltenden Sonderbestimmungen.

[5]) Ein anderes nachfolgendes Schiff kann keine Befehle erteilen, sondern darf nur nautische Situationen melden. Unter den nachfolgenden Schiffen besteht keine Rangordnung, sondern nur eine Reihenfolge.

[6]) Daraus folgt aber nicht, daß das Schiff vollständig unter das Kommando des Eisbrecherführers tritt oder auch nur in dem Maße, wie dies bei dem Zwangslotsen der Fall ist. Vgl. § 737 Anm. 13ff. (I, 764ff.); Art. 33 SStrO. (I, 849). Vielmehr behält der Kapitän das Kommando (vgl. § 50c) und nur besondere und ausdrückliche Anordnungen des Eisbrecherführers in bezug auf die Eisbrecherhilfe hat er zu befolgen, ohne jedoch von eigener Sorgfaltspflicht entbunden zu sein SSchG. 7. November 1923 (Fall Tilly Ruß—Leona). Im übrigen ist er hinsichtlich der Manöver, Signalgebung, Lichterführung, Ausweichens usw. völlig selbständig und trägt die alleinige Verantwortung. Bei offensichtlich verfehlten Anordnungen des Eisbrecherführers wird man den Kapitän für berechtigt halten müssen, von ihrer Ausführung abzusehen oder die Inanspruchnahme des Eisbrechers aufzugeben (analog dem Recht, dem Zwangslotsen die Führung des Schiffes zu entziehen). Vgl. § 737 Anm. 20 (I, 766). Die Befolgung einer offenbar unsachgemäßen Anordnung kann ein Verschulden darstellen (§ 5 Abs. 4; Art. 29 SStrO.). Im übrigen ist der Eisbrecherführer für ein von ihm begangenes Verschulden verantwortlich. (Über Manöver im Eise vgl. OSA. 24 S. 4.) Ist er Beamter, so tritt an seine Stelle das Reich bzw. der Staat nach Maßgabe des

§ 839 BGB., RGes. vom 22. Mai 1910; PrGes. vom 1. August 1909; Hamb. Ges. vom 26. Januar 1920; RVerf. Art. 131; vgl. auch I, 770ff. Soweit allerdings der Eisbrecher als Schlepper dient, kann neben die Verantwortlichkeit des Eisbrechers für sein Verschulden noch die Haftung des geschleppten Schiffes treten, wenn die Voraussetzungen der nautischen Einheit gegeben sind (also das Kommando über den Schleppzug bei dem geschleppten Schiffe lag). Dagegen ist der Eisbrecher auch als Schlepper für das Verschulden des geschleppten Schiffes nicht verantwortlich. Vgl. Anh. zu § 735 Anm. 21, 22, 32 (I, 743, 746). Eine Erweiterung der nautischen Einheit auf die Eisbrecherführung muß mangels eines sie begründenden Gewohnheitsrechts abgelehnt werden, ist auch rechtspolitisch nicht zu befürworten.

7) Vgl. die vorige Anm. 6. Der Führer jedes vom Eisbrecher geführten Schiffes behält die Verantwortung seinem Reeder, den Ladungsinteressenten und allen Dritten gegenüber. Gegenüber den Ansprüchen geschädigter Personen kann nicht der Einwand erhoben werden, daß auch der Eisbrecherführer schuldhaft gehandelt habe. Ist dies tatsächlich der Fall, so haften beide Schiffe als Gesamtschuldner (vgl. Anm. 20a Anh. zu § 735 — I, 743). Insoweit gelten die gleichen Grundsätze wie für den Schleppzug. Wohl aber kann der Führer des vom Eisbrecher geführten Schiffes seine Schuld bestreiten und nachweisen, daß die alleinige Schuld den Eisbrecher treffe. Dann handelt es sich um die Frage der Passivlegitimation. Von Bedeutung ist hier vor allem § 738 HGB. (Fernschädigung). Gerade bei Führung durch einen Eisbrecher ist es leicht möglich, daß der Eisbrecher durch Verschulden des nachfolgenden Schiffes oder umgekehrt das nachfolgende Schiff durch ein Verschulden des Eisbrechers in Kollision mit einem dritten Schiff gerät. Dann haftet das schuldige Schiff, trotzdem es nicht in Kollision gewesen ist, nach § 738. Ebenso ist das Verhältnis zwischen zwei, dem Eisbrecher folgenden Schiffen zu beurteilen, wenn eins von ihnen durch Verschulden des andern mit einem dritten Schiff in Kollision gerät oder

sonst Schaden erleidet (z. B. um nicht von dem vorausfahrenden Schiff, welches ohne Signal plötzlich rückwärts geht, angerannt zu werden, muß das nachfolgende Schiff sofort gleichfalls rückwärts gehen, rennt gegen die Eiskante und bricht das Ruder, Achtersteven oder die Schraube).

Die Verantwortung für die Navigation verpflichtet den Führer jedes Schiffes, die gebotenen Lichter und Signale zu setzen (vgl. Anm. 28), auch sonstige Vorschriften zu beachten. Vgl. z. B. § 80 Nr. 12: Mitte der Eisrinne halten — Verbot des Begegnens. § 50 regelt nur die interne Verständigung. Vgl. § 12 Anm. 2.

[8]) Auch wenn die Rinne schon aufgebrochen ist, aber in ihr treibende Schollen vorhanden sind, überhaupt stets wenn durch eine Eisrinne unter Führung des Eisbrechers gefahren wird.

[9]) Vgl. die Best. der Seeberufsgenossenschaft (Vorschriften über wasserdichte Schotte Ausgabe 1907 mit Nachtrag vom Juli 1912) sowie § 4 aller UnfVerhV.

[10]) Das Kollisionsschott (im Vorschiff) darf nach § 4 der UnfVerhV. überhaupt keine Öffnungen enthalten. Die Vorschrift des § 50d gilt daher hauptsächlich für Passagierdampfer, welche noch weitere Querschotten aufweisen, aber auch für Schiffe mit Maschinenschotten.

[11]) Die an sich zu anderen Zwecken bestimmten, aber auch zum Lenzen verwendbaren Pumpen sind auf das Lenzen einzustellen und bereitzuhalten.

[12]) Vgl. dazu Grundt, Lavroff, Nechajew, Schiffsbergung (1927). Es sind also Lecksegel, Segelpflaster, Holzwerk oder Holzpflaster usw. bereitzuhalten.

[13]) Sofern das Schiff vom Eisbrecher geschleppt wird, ohne die eigene Maschine zu gebrauchen, kann diese auf Rückwärtsfahrt gestellt und dazu bereit sein. Im übrigen besagt die Vorschrift nur, daß dem Maschinenpersonal besondere Aufmerksamkeit anbefohlen wird, damit die Maschine auf Kommando sofort umgesteuert werden kann (Maschinentelegraph auf: „Achtung") (OSeeA. Hansa 1908, 931; OSA. 18, 264, 503).

[14]) Die Gefahr des Auflaufens besteht hier gegenüber dem einfachen Schleppen in gesteigertem Maße, weil plötzlicher Stillstand des Eisbrechers eintreten kann. Der Kapitän des folgenden Schiffes muß den Abstand so bemessen, daß er in diesem Falle die Fahrt aus dem Schiff bekommt, bevor er dem Schlepper aufläuft (Manövriertabelle. Vgl. Budde, 142ff.; Anm. 10 Abs. 2 zu Art. 29 SStrO. — I, 845). SSchG. 7. November 1923 (Fall Tilly Ruß—Leona). Genaueste Beachtung des Signals zu h Nr. 4 und sofortige Umstellung der Maschine müssen erfordert werden (vgl. § 50d Abs. 4).

[15]) Vgl. Art. 15 SStrO.: Pfeife oder Sirene, Nebelhorn Glocke (I, 818). Letztere kommt für die Signale zu h nicht in Frage. Dagegen treten hinzu: Flaggen, Wimpel, Bälle. Vgl. auch § 33 bzw. § 23 UnfVerhV. f. Segler; §§ 39, 40 für Dampfer (1925) (insbes. gutes Ansprechen der Dampfpfeife).

[16]) D. h. soweit die Signale Anordnungen des Eisbrechers darstellen, müssen sie inhaltlich gemäß § 50b befolgt werden (z. B. h Nr. 2, 3, 5, 6). Soweit es sich jedoch um Mitteilungen des Eisbrechers oder anderer, nachfolgender Schiffe handelt, kommt kein Befolgen, sondern ein Handeln nach eigenem Ermessen gemäß § 5 Abs. 4 (Art. 29 SStrO.) entsprechend der nautischen Situation in Betracht. Dann bedeutet das Wort „danach" nicht: „wie befohlen", sondern „der durch das Signal gemeldeten Situation entsprechend".

[17]) Bei optischen Signalen nicht erforderlich, da diese für alle Schiffe gleichmäßig sichtbar sind.

[18]) Verständigungssignale zwischen Schleppern und Schiffen kennt weder die SStrO. noch die SWO. Die seemännische Praxis (Art. 29 SStrO.) hat jedoch Ansätze zu einem Verständigungssystem aufzuweisen, insbesondere im Falle des Bugsierens. Vgl. Anh. zu § 735 Anm. 4 Note 5 (I, 740)

[19]) Bzw. vorausfahrenden Schiffen. Wenn z. B. das letzte Schiff ein Signal gibt, so kann dieses nur durch die vorausfahrenden Schiffe an den Eisbrecher weitergeleitet werden.

Jedes in der Reihe fahrende Schiff ist also nach beiden Richtungen hin Befehls- oder Meldungsübermittler.

[20]) Und zwar so, daß keine Mißverständnisse entstehen können, also mit Pausen zwischen den einzelnen Signalen.

[21]) Ausnahme nur dann, wenn der Eisbrecher gemäß § 50 b eine entsprechende Anordnung gibt (Verständigung unter den nachfolgenden Schiffen genügt nicht). — Wenn überholt wird, ist § 37 zu beachten. Verbot des Begegnens in Eisbrecherrinnen: § 80 Nr. 12 b.

[22]) Es finden dann die allg. Vorschriften über Schleppzüge Anwendung. Dazu treten die Anforderungen des § 50 g. Analog anwendbar — weil auf die Gefahren der Fahrt durch das Eis berechnet — sind die Vorschriften des § 50 d (Schotten dicht — Pumpen, Signalmittel und Leckdichtungsmaterial bereit). Evtl. sind diese Maßnahmen durch § 5 Abs. 4 geboten. — Die Umstellung vom Führen zum Schleppen durch den Eisbrecher wird durch das Signal zu h Nr. 7 vorbereitet.

[23]) Zweckmäßig steht ein Mann der Besatzung klar bei der Trosse. Im allg. wird jeder Eisbrecher einen Schlepphaken haben, der jederzeitiges Schlippen der Trosse gestattet. Vgl. auch SeeA. Hamburg Hansa 1909, 1065; Hansa 1910, 167, 746, 1102; 1911, 74; Schiffbau 1913, 794 u. a. Notfalls muß die Trosse gekappt werden.

[24]) Hier gilt das gleiche wie zu d Abs. 2. Vgl. Anm. 13 und 14.

[25]) Dies ist ein nur beispielshalber genannter Grund. Auch sonst kann jederzeit die Notwendigkeit auftauchen, die Schleppverbindung zu lösen. Andererseits ist die Schleppleine nicht immer loszuwerfen, wenn der Schlepper steckenbleibt. Vgl. auch die verschiedenen Signale h Nr. 4 und Nr. 7.

[26]) Zwischen anderen Schiffen, insbesondere auch zwischen Anhang und Schlepper (der nicht Eisbrecher ist) dürfen diese Signale niemals verwendet werden. Sie gelten sowohl für den Tag, wie auch nachts (vgl. zu i: Tagessignale).

[27]) Begriff des langen und kurzen Tons: Art. 15 Abs. 2 bzw. Art. 28 SStrO. (I, 818 bzw. 838).

[28]) Alle Signale gelten nur zwischen Eisbrecher und dem bzw. den nachfolgenden oder geschleppten Schiffen. Unzulässig sind diese Signale zwischen den mehreren folgenden oder geschleppten Schiffen. Zur Verständigung zwischen diesen dienen nur die allgemeinen Signale der SStrO. bzw. des § 35 SWO., vor allem auch das Gefahrsignal des § 34 SWO. — Dritten Schiffen gegenüber sind die Signale nicht anwendbar. Sie können diesen aber, wenn gerade zwischen Eisbrecher und den folgenden Schiffen signalisiert wird, Anhaltspunkte für die nautische Situation geben. Über Lichterführung im Eise blockierter Schiffe vgl. Hansa 1910 S. 90 und 289; 1912 S. 160, 201 und 238.

[29]) Vgl. d Abs. 2 und g. Vorbereitung zum Signal Nr. 5 bzw. 6 und dessen Ausführung.

[30] Muß auch analog dann gegeben werden, wenn das Schiff nicht im Eise, sondern an Grund festgekommen ist.

[31]) Vgl. SStrO. Art. 28.

[32]) D. h. die Maschine auf „Halt" gestellt. Daß die Fahrt aus dem Schiffe ist, wird zur Abgabe des Signals nicht gefordert.

[33]) Zwischen diesen Signalen muß die Ausführung, d. h. das Loswerfen der Leine liegen.

[33]) Es braucht sich nicht um die Schleppleine zwischen Eisbrecher und dem ersten Schleppschiff zu handeln. Das Signal kann vielmehr auch dann verwendet werden, wenn die Schleppleine zwischen zwei Anhangsschiffen gebrochen ist und dies dem Schlepper gemeldet werden soll

[34]) Dieses Signal bedeutet nur, daß das darauf folgende Signal lediglich den anderen Eisbrechern, nicht auch den folgenden Schiffen gilt. Es ist also ein an sich inhaltloses, spezialisiertes Achtungssignal.

[35]) Vgl. oben Anm. 2.

[36]) Über das Internationale Signalbuch vgl. Bubbe S. 77.

[37]) Kombination zwischen optischen und akustischen Signalen, jedoch nicht im Sinne einer notwendigen Verknüpfung. Beide

Signale zusammen besagen nichts anderes und nicht mehr als jedes Signal für sich.

[38]) Dimensionen: § 8 Abs. 5 SWO.

## Besetzung des Ausgucks[1]).

**§ 51.** Jedes Fahrzeug muß, wenn es in Fahrt ist, den Ausguck stets ordnungsmäßig besetzt halten[2]) und für rechtzeitige Abgabe der vorgeschriebenen Signale sorgen[3]).

[1]) Über Ausguck vgl. § 5 Abs. 4 Anm. 11.

[2]) Wiederholung des Befehls in § 5 Abs. 4 SWO. und Art. 29 SStrO. Ausguck darf nie unbesetzt bleiben, auch nicht auf Fischdampfern (OSA. 18, 396; Hansa 1910, 61); muß an der günstigsten Stelle postiert sein (Hansa 1908, 1020); darf nicht durch Segel behindert sein (OSA. 20, 162); Ausguck nach hinten: auf Grund Art. 10 SStrO.; § 10 Abs. 2 und 21 SWO. (vgl. SSchG. 12. Juli 1922 (Fall Sensal—Walroß); in besonderen Fällen auf der Back zu postieren (RG. 76, 295; HansGZ. 1906 Nr. 17; Hansa 10, 1056; 14, 631; OSA. 13, S. 710; 15, 245; 17, 255; 19, 63; 24 S. 141; 22 Nr. 40: Fischdampfer). Nur auf Sehvermögen geprüfte Leute als Ausguck: (Bek. v. 1. Juli 1905 RGBl. 562). Vgl. auch § 10 UnfVerhV. (Dampfer) § 9 (Segler). Näheres § 5 Abs. 4 Anm. 11.

[3]) Hängt mit dem Ausguck insofern zusammen, als die Manöver und damit die Signale ein Erkennen des Gegenfahrers und seiner nautischen Situation voraussetzen. Der Kapitän ist für jede Sekunde verspäteten Sichtens des Gegners bzw. seiner Lichter verantwortlich (RG. Hansa 1911, 299). Sowohl Schallsignale, wie zu „zeigende" Lichtsignale müssen rechtzeitig gegeben werden.

## Anker klar halten zum Gebrauch.

**§ 52.** Während der Fahrt müssen ankerführende Fahrzeuge[1]) mindestens einen Anker zum sofortigen Gebrauch bereithalten.

[1]) Vgl. oben § 45 Anm. 14; über Ankern vgl. § 56.

## Besetzung im Fahrwasser zu Anker liegender Fahrzeuge und Flöße.

**§ 53.** Auf jedem im Fahrwasser[1]) liegenden[2]) Fahrzeuge und Floße muß mindestens eine schiffahrtkundige[3]) Person zur Bewachung anwesend sein.

[1]) Gleichgültig, ob Haupt- oder Nebenfahrwasser. Vgl. § 6. Eine Bewachung außerhalb des Fahrwassers liegender oder festgemachter Fahrzeuge ist nicht vorgeschrieben, kann jedoch nach § 5 Abs. 4 geboten sein.

[2]) Die Worte „zu Anker" sind vergessen worden. Vgl. die Überschrift des § 53.

[3]) Daß sie ein Examen bestanden hat, wird nicht erfordert. Wer als schiffahrtkundig anzusehen ist, ist Tatfrage. Über Besetzung der Flöße vgl. Makower-Löwe S. 323, 334 und 349. — Die auf einem ankernden Fahrzeug befindliche Person muß bei Gefahr des Vollschlagens des Fahrzeugs (Sturm) abgeholt werden. OSA. 22 Nr. 40.

## Flaggenführung.

**§ 54.** Alle Fahrzeuge, die zur Führung der deutschen Handelsflagge[1]) oder einer Nationalflagge[2]) verpflichtet oder berechtigt sind, haben beim Begegnen mit einem Schiffe der Reichsmarine, das die Kriegsflagge gesetzt hat, die Flagge zu zeigen (Verordnung des Reichspräsidenten über die deutschen Flaggen vom 11. April 1921, Reichsgesetzbl. S. 483)[3]).

[1]) Flaggengesetz v. 22. Juni 1899 § 1. Führung am Heck oder am hinteren Mast. Andere Flaggen z. B. Landes- oder Kontorflaggen dürfen an dieser Stelle nicht geführt werden. Vgl. Wüstendörfer Seeschiffahrtsrecht S. 111 (vgl. auch I, 18). Dienstfahrzeuge der Schiffahrtspolizei führen bei Ausübung des Dienstes die Dienstflagge (§ 7 Abs. 4).

[2]) Als Nationalflagge ist ausschließlich die Reichsflagge und zwar in Gestalt der Handelsflagge (schwarz-weiß-rot

mit schwarz-rot-goldener Gösch) zu führen. Vgl. I, 19 und Wüstendörfer S. 56 nnd 111. Eine Handelsflagge muß stets an Bord sein. Vgl. UnfVerhV. § 40 (Dampfer), § 34 (Segler), § 24 (Küstensegler). Die Flaggenführung ist geregelt in der Verordnung vom 11. April 1921 (RGBl. 483 und 1922 I, 630).

[3]) Diese Verordnung über die deutschen Flaggen (RGBl. 483; Berichtigg. 22 I 630) trifft in Ergänzung des Art. 3 RVerf. Vorschriften über die Gestalt der deutschen Flaggen. Sie unterscheidet die Nationalflagge, Handelsflagge, Handelsflagge mit dem Eisernen Kreuz, Reichskriegsflagge, Gösch, Standarte des Reichspräsidenten, Flagge des Reichswehrministers, Reichspostflagge, Dienstflagge der übrigen Reichsbehörden zu Lande, Dienstflagge der übrigen Reichsbehörden zur See. Ferner enthält sie Bestimmungen über das Führen und Zeigen der Handelsflagge.

Danach muß die Flagge auch beim Einlaufen in einen deutschen Hafen gezeigt werden.

## Ausübung der Fischerei[1]).

§ 55. Fischereigeräte[2]) dürfen im Fahrwasser nicht so aufgestellt oder ausgelegt werden, daß sie den Schiffsverkehr behindern[3]). Insbesondere dürfen fischende Fahrzeuge nicht innerhalb des Fahrwassers ankern, selbst dann nicht, wenn dieses der Teil einer Reede[4]) ist. Ausnahmen siehe Teil II[5]).

[1]) Seezeichen für Fischereizwecke vgl. Anhang Anl. 5 zu C IIIf. Über Wegerecht der Fischerfahrzeuge vgl. Dick S. 35.

[2]) Vgl. Art. 9 SStrO. (I, 812).

[3]) Keinesfalls darf durch Netze das Fahrwasser gesperrt werden. Die Fischerei mit stehenden oder geschleppten Netzen, Treibnetzen, Angelleinen (Art. 9 SStrO.) ist für die Hauptfahrwasser und einen großen Teil der Nebenfahrwasser praktisch ausgeschlossen. Der Schiffer muß sich darüber vergewissern, welche Gebiete für Fischerei nicht freigegeben sind. OSA. 22 Nr. 25.

[4]) Vgl. § 48f; § 56a und Teil II (Umgrenzung der Reeden).

[5]) Regelung der Fischerei enthalten z. B. § 61 Nr. 13; § 62 Nr. 16; § 64 Nr. 13; § 78 Nr. 13; § 79 Nr. 17; § 80 Nr. 22; § 84 Nr. 9; § 85 Nr. 6.

## Ankern. Schwojen. Festmachen.

**§ 56.** a) Zum Ankern sind in der Regel die dafür vorgesehenen[1]) Reeden[2]), zum Festmachen die dazu bestimmten Stellen[3]) zu benutzen. (Wegen des Verbots des Ankerns in den Richtungslinien und Leitsektoren vgl. § 48f.)

b) Muß wegen Nebels oder unsichtigen Wetters[4]), zum Zwecke des Schwojens[5]), wegen eines Unfalls[6]) oder aus andern zwingenden Gründen außerhalb der Reeden[7]) im Fahrwasser[8]) geankert werden, so muß das Ankern stets so nahe an der Grenze des Fahrwassers[9]) geschehen, wie es der Tiefgang des Fahrzeugs erlaubt. Kleine Fahrzeuge[10]) haben in solchen Fällen außerhalb des Fahrwassers zu ankern[11]), sofern es ihr Tiefgang gestattet.

c) Kein Fahrzeug darf an einer Stelle ankern, die so eng ist[12]), daß hierdurch der Verkehr gesperrt wird[13]).

d) Auf Bagger und Baggerprähme[14]), die bei der Arbeit sind, finden vorstehende Bestimmungen keine Anwendung[15]), doch müssen auch sie nach Schluß der Arbeit[16]) außerhalb des Fahrwassers, zum wenigsten an seinen Rand gelegt werden[17]).

e) Es ist verboten, in einem Umkreis von 300 Metern von einem Bagger, Taucherfahrzeug[18]) oder Schiffahrtshindernisse[19]), das gemäß § 25 oder § 26 bezeichnet ist[20]), zu ankern oder mit weggefierten[21]) oder schleppenden Ankern vorbeizufahren[22]).

f) Das Ankern sowie das Treiben vor schleppendem Anker[23]) oder schleppender Kette ist an den Stellen[24]) verboten, wo Kabel, Fährketten, Fährseile oder sonstige Leitungen[25]) im Grunde liegen.

g) Das Ankern[26]) oder Liegen vor[27]) den Anlegestellen der Fähren und der Personendampfer[28]), die eine regelmäßige Personenbeförderung betreiben[29]), und vor Hafeneinfahrten[30]) ist verboten.

Das Ankern muß so weit unterhalb oder oberhalb[31]) der genannten Stellen geschehen, daß der Betrieb der Fähren[32]), das An- und Abfahren der Personendampfer[33]) und das Ein- und Auslaufen[34]) nicht behindert werden.

h) Fahrzeuge, die mehr als 35 Kilogramm Sprengstoffe oder Munition[35]) geladen haben, dürfen nur an den besonders für sie vorgesehenen Stellen[36]) ankern[37]), es sei denn, daß sie wegen Nebels oder unsichtigen Wetters[38]) zum Zwecke des Schwojens[39]), wegen eines Unfalls[40]) oder aus anderen zwingenden Gründen[41]) zum Ankern an anderer Stelle gezwungen werden[42]). Auf Kriegsschiffe[43]) findet diese Vorschrift keine Anwendung.

i) Beim Festmachen[44]) von Fahrzeugen an Anlegebrücken, Bollwerken usw.[45]) muß den Stromverhältnissen[46]) und der Änderung des Wasserstandes[47]) Rechnung getragen werden.

Auf jedem festgemachten Fahrzeug sind die für die Vorbeifahrt anderer Fahrzeuge notwendigen Vorsichtsmaßregeln[48]) zu treffen.

[1]) Reeden sind in Teil II im einzelnen genannt und umschrieben: z. Teil in der Weise, daß an gewissen Stellen das Ankern verboten oder nur mit Einschränkungen gestattet ist. Örtliche Bestimmungen über Reeden, Ankern und Anlegen enthalten: § 61 Nr. 11; § 62 Nr. 19; § 63 B 1 und 3; § 64 Nr. 15;

§ 65 Nr. 9 und 10; § 66 Nr. 4; § 67 Nr. 4; § 68 Nr. 7; § 69 Nr. 11; § 70 Nr. 11; § 71 Nr. 6; § 72 Nr. 8; § 73 Nr. 9; § 74 Nr. 4; § 75 Nr. 7; § 77 Nr. 3; § 78 Nr. 8; § 79 Nr. 11; § 80 Nr. 19 und 20; § 81 Nr. 4; § 82 Nr. 4; § 83 Nr. 7; § 84 Nr. 7 und 10; § 85 Nr. 6; Trave (Anl. 1) Nr 9.

²) Vgl. § 48 f, § 55 SWO. — Betonnung von Reeden: Festmache- und Verholtonnen vgl. Anhang Anl. 5 zu C III e.

³) Anlegestellen, Anlegebrücken, Pontons, Kais, Dalben, Festmachetonnen, Bollwerke, Dalbenreihen usw. Evtl in besonderen Fällen von der Polizeibehörde zugewiesene Plätze (§ 7). Vgl. auch die Beispiele in § 22 und unten Anm. 45.

⁴) Vgl. § 33, § 46 Abs. 3 SWO.; z. B. der Fall S.-A Hamburg, HansRZ. 1924 S. 297.

⁵) Vgl. § 21, § 33 b, § 48 d und f.

⁶) Vgl. Art. 4 SStrO. (I, 808). Dort ist der Begriff Unfall jedoch gleichfalls nicht näher bestimmt. Es genügt jedenfalls auch ein Ereignis, das nur die Besatzung betroffen hat, aber dadurch auf die Schiffsführung zurückwirkt. (Sebba, Das manövrierunfähige Schiff, HansRZ. 1919, 201; OSA. 12, 331.) Vorliegend ist die Abgrenzung nicht von Wichtigkeit, da auch andere zwingende Gründe anerkannt werden. Vgl. auch Hans-OLG. Hansa 1911, 887 (zu § 44 V. Unterelbe).

⁷) Vgl. §§ 48 f und 56 a Anm. 2. Über Ankern an unzulässiger Stelle § 48 Anm. 37.

⁸) Vgl. § 6 und § 36. „Im Falle der Not in der Fahrrinne": Trave (Anl. 1) Nr. 9.

⁹) Tonnenstrich bzw. Uferschutzwerklinie bzw. Ufer. Vgl. § 6 SWO. — Sobald als möglich ist dieser unzulässige Ankerplatz aufzugeben. Vgl. § 48 Anm. 37.

¹⁰) Über kleine Fahrzeuge vgl. § 36 Satz 3 und 4. Ihnen werden Schleppzüge mit geringerem Tiefgang im wesentlichen gleichgestellt. Vgl. § 45 Abs. 3. Doch kann der Schlepper auch Wegerechtsschiff sein. Vgl. § 14 Anm 1.

¹¹) Schlechte Fassung, welche ihrem Wortlaut nach ergibt, daß kleine Fahrzeuge, die im Fahrwasser ankern müssen,

außerhalb des Fahrwassers ankern sollen. Der wirkliche Sinn ist folgender: Wenn kleine Fahrzeuge außerhalb der Reeden zu ankern gezwungen sind, so sollen sie wenigstens nicht im Fahrwasser ankern. Wenn aber auch dies untunlich ist, dann nur im Nebenfahrwasser (entsprechend § 36).

[12]) Ob ursprünglich und von Natur oder durch die dort bereits liegenden oder ankernden Fahrzeuge (vgl. SSchG. Fall Villareal-Aragonia) Wracks, Gerüste, Bauarbeiten, ist gleichgültig. Eine enge Durchfahrt darf keinesfalls geschlossen werden. Vgl. HansGZ. 1927 Nr. 23. Anlegen mehrerer Schlepper neben einem festgemachten Schiff vgl. OSA. 22 Nr. 162. Vielfach örtlich geregelt in Teil II. Vgl. oben Anm. 1.

[13]) Es braucht sich nicht um eine totale Sperrung zu handeln. Unzulässig ist eine weitere Verengung, welche den Verkehr behindert, wobei mit dem Passieren großer Schiffe im Hauptfahrwasser, mit dem Passieren größerer Schleppzüge auch in den Nebenfahrwassern, endlich auch mit dem größeren Raumbedürfnis segelnder Fahrzeuge gerechnet werden muß. Andererseits braucht nicht damit gerechnet zu werden, daß andere, in der Nähe ankernde Schiffe ins Treiben geraten. SSchG. 20. Februar 1917 (Fall Kalmar-Mannheim). — Vermeidung der Irrtumserregung durch Stehenlassen von Segeln OSA. 22 Nr. 172 (jetzt § 20: Ankerball). Evtl. hat die Schiffahrtspolizei (gemäß § 7) einzugreifen und das letzte, zu Anker gegangene Schiff zum Räumen des Fahrwassers aufzufordern. Denn die vorher dort zu Anker gegangenen Schiffe lagen dort zu Recht. Doch wird unter Umständen aus Zweckmäßigkeitsgründen eine andere Regelung erfolgen können, z. B. eine Änderung der Liegeplätze für mehrere Schiffe. In Teil II sind vielfach Sondervorschriften zur Erhaltung der nötigen Fahrwasserbreite zu finden, z. B. des Inhalts, daß eine Mindestbreite des Fahrwassers beim Anlegen von Schiffen frei bleiben oder daß ein Anlegen mehrerer Schiffe nebeneinander unterlassen werden muß. Vgl. die Verweisung oben Anm. 1.

[14]) Vgl. §§ 22 Abs. 2, 25a, 28 Abs. 1, 33c, 40 Abs. 1.

[15]) Die Vorschrift des § 56d ist deswegen erforderlich gewesen, weil die Bagger gerade im Fahrwasser arbeiten müssen und die Baggerprähme aus diesem Grunde gleichfalls im Fahrwasser liegen müssen. Wenn die Vorschrift auch nur von „vorstehenden Bestimmungen" spricht (also § 56a bis c), so wird man doch auch die nachstehenden Bestimmungen e—g nach Lage der Sache als unverbindlich für Bagger und Baggerprähme ansehen müssen, sofern diese im öffentlichen Interesse tätig sind. Private Baggerarbeiten werden gemäß § 7 durch die Schiffahrtspolizei zu regeln sein. Inwieweit die Vorschriften zu e—g außer Kraft treten, ist im einzelnen zu prüfen. Von e wird für Bagger nur das Verbot, mit schleppenden oder weggefierten Ankern zu fahren, aufrechtzuerhalten sein. Andererseits wird von f alles für Bagger gelten mit Ausnahme des Ankerverbots. Endlich wird g in vollem Umfange für Bagger außer Kraft treten, da auch an den hier genannten Stellen zuweilen Baggerarbeiten erforderlich sein werden. Immerhin haben natürlich auch Bagger die Verpflichtung, mit äußerster Sorgfalt vorzugehen, wenn sie an irgendwie bedenklicher Stelle zu Anker gehen müssen (§ 5 Abs. 4).

[16]) D. h. der Tagesarbeit. Während kleinerer Arbeitspausen ist ein Weglegen nicht zu erfordern. Unter Umständen müssen sie auch die Arbeit unterbrechen und Platz machen, z. B. einem außergewöhnlichen Schleppzuge (§ 46).

[17]) Soweit außerhalb der Fahrrinne bzw. des Hauptfahrwassers, als es der Tiefgang des Baggers gestattet. Lichterführung: § 25a, Tagessignale: §§ 25a—c; bei Sperrung des Fahrwassers: § 28; Nebelsignale: § 33c.

[18]) §§ 25, 28.

[19]) Der Begriff des Schiffahrtshindernisses ist nicht zu eng zu fassen (vgl. § 26 Anm. 3). Jedenfalls gehören Wracks dazu (vgl. § 26: „Wracke oder sonstige Schiffahrtshindernisse"). Eine „Schiffahrtsbehinderung" (offenbar als der weitere Begriff gedacht, der nicht eine reale nautische, sondern unter Umständen auch die administrative Sperrung oder auch eine vom Lande

her wirkende Bedrohung — Schießübung einer Strandbatterie quer über das Fahrwasser — umfaßt) nach § 24 kommt hier nicht in Frage, da nicht nach § 25 oder 26 bezeichnet.

[20]) Fehlt es an dieser Bezeichnung, so ist es nach § 5 Abs. 4 zu entscheiden, ob und in welcher Entfernung geankert oder mit Ankern vorbeigefahren werden darf.

[21]) Vor dem Bug hängend oder sonst in einer Weise befestigt, daß ein Greifen oder Einhaken des Ankers möglich ist (über oder unter Wasser), also stets dann, wenn der Ankerstock nicht in der Klüse ist.

[22]) Der Schiffer hat zu berücksichtigen, daß das Ankerwerfen außerhalb der 300 m-Gefahrgrenze dann unzulässig ist, wenn der Anker in diese Gefahrzone hineingeschleppt wird und dort erst faßt. Selbst wenn sich hierbei kein eigentliches Vorbeifahren ergibt, so ist es doch jedenfalls ein Ankern innerhalb der Gefahrzone. Je nach dem Ankergrund ist also frühzeitig mit dem Ankermanöver zu beginnen. Faßt der Anker aber erst innerhalb der Zone von 300 m Umkreis, so ist evtl. die Kette zu verkürzen, um eine Kollision auch beim Schwojen unter allen Umständen zu vermeiden.

[23]) Natürlich auch das Fahren mit schleppendem Anker. Ebenso das Ankern in der Absicht, sich durch Einhieven der Kette oder Trosse vorwärtszubewegen (besonders bei kleineren Seglern, Kähnen und anderen Fahrzeugen im Falle der Windstille oft geübt). Auch kleine Warpanker sind eine Gefährdung für Seile, Ketten, Kabel usw. Über die Haftung eines Kriegsschiffs wegen Verletzung eines Kabels anläßlich einer Hilfsleistung vgl. RG. JW. 1927 Heft 49.

[24]) Eine gewisse Zone beiderseits des Kabels, Seils usw. ist als Gefahrzone zu betrachten. Auch hier gilt das in Anm. 22 Gesagte.

[25]) Leitungen aller Art: z. B. Wasser-, Gas-, Öl-, Luftdruck-, Kanalisations-, Abwässerleitungen, Düker, Zement-, Eisenrohre usw. Aber auch Ankerketten anderer Schiffe (analog Fährketten und Fährseilen). Darum ist in Teil II vielfach Kennt-

lichmachung des Ankers durch Ankerbojen vorgeschrieben. Vgl. z. B. § 63 A Nr. 10; § 72 Nr. 8, vgl. auch Anhang, Anl. 5 zu C IIIb und SA. Hamb. Hansa 1914 S. 701. Es ist völlig gleichgültig, ob im konkreten Falle eine Gefahr besteht oder ob man etwa annehmen kann, ein Betonrohr könne durch einen kleinen Anker nicht verletzt werden. Die bloße Tatsache, daß eine Leitung im Grunde liegt, führt zu dem absoluten Ankerverbot. Voraussetzung ist natürlich, daß die Leitung irgendwie erkennbar oder durch Tafeln usw. gekennzeichnet ist. Vgl. örtliche Kennzeichen in Teil II (Fährstrecke durch Tafeln: § 71 Nr. 9c; Anker durch Bojen: § 63 A Nr. 10; § 72 Nr. 8; SA. Hamb. Hansa 1914 S. 701; Kabelhäuschen § 77 Nr. 4).

[26]) Mit schleppendem oder weggefiertem Anker vorbeizufahren, ist im Gegensatz zu e und f nicht verboten. Mit gutem Grunde: im Falle g ist keine Materialgefährdung zu verhüten, sondern nur eine dauernde Verkehrssperrung. Diese tritt aber nur durch Ankern und Liegen (als Dauerzustände) ein.

[27]) D. h. in solcher Nähe, daß der Verkehr behindert wird (wenn auch ohne jede Gefährdung), z. B. wenn die Fähren oder Personendampfer jedesmal besondere Manöver machen müssen, um an die Anlegestelle zu gelangen (§ 7: Schiffahrtspolizei!) Vgl. g Abs. 2.

[28]) Es brauchen nicht Dampfer zu sein, die nur Personen befördern. Es genügt, daß sie bestimmungsgemäß auch Personen befördern.

[29]) Z. B. Hafenrundfahrtdampfer, Jollenführer, Schlepper, welche zu bestimmten Tageszeiten die Arbeiter der Werften und Kaibetriebe abholen. Nicht erfordert wird Entgeltlichkeit, wohl aber Regelmäßigkeit.

[30]) „Vor" ist hier in weiterem Sinne zu nehmen. Es genügt eine solche Lage im Fahrwasser, daß der ein- und ausgehende Verkehr der Hafeneinfahrt behindert wird, wobei mit dem Raumbedürfnis großer Dampfer, der Notwendigkeit des Drehens vor der Einfahrt unter Zuhilfenahme mehrerer Schlepper und der Stromversetzung, insbesondere auch dem Schwojen zu

rechnen ist. Eine zunächst zulässige Ankerlage kann bei Kentern des Stromes, wenn das Schiff in die entgegengesetzte Lage schwojt, unzulässig werden. Dies alles besagt g Abs. 2 mit den Worten: Das Ein- und Auslaufen darf nicht behindert werden. Örtliche Regelung z. B. § 62 Nr. 10 und 18; § 67 Nr. 4 b; § 79 Nr. 5. Auch Privathäfen dürfen nicht gesperrt werden, wenn sie nicht gerade verkehrslos oder unbenutzt sind.

[31]) Oder zwar querab, jedoch so weit entfernt, daß eine Behinderung nicht in Frage kommt. Nur bei Seilfähren wird man stets ein Freihalten der Seillinie erfordern müssen. Dem ist jedoch schon in § 56 f Rechnung getragen, so daß sich § 56 g Abs. 2 nur auf sonstige Fähren beziehen dürfte (Gesichtspunkt des Verkehrsschutzes gegenüber dem der Materialgefährdung!). Örtlich ist insbesondere bei Fähren und Brücken besonderer Schutz durch Schaffung von Gefahrzonen (Fähr- und Brückenstrecken) gewährt, innerhalb deren nicht geankert werden darf. Vgl. § 67 Nr. 4 b; § 71 Nr. 9; § 71 Nr. 10 e; § 72 Nr. 12. Ferner § 44 Anm. 1.

[32]) Vgl. oben Anm. 31.

[33]) Vgl. oben Anm. 28 nnd 29.

[34]) Vgl. oben Anm. 30.

[35]) Vgl. § 17; § 57 b.

[36]) Entweder durch öffentliche Bekanntmachung oder durch besondere Anweisung der Schiffahrtspolizei gemäß § 7. Vgl. auch die in der SWO. bezeichneten Stellen: § 61 Nr. 12; § 64 Nr. 14; § 75 Nr. 8; § 78 Nr. 9; § 79 Nr. 12; § 84 Nr. 11; § 85 Nr. 7; Trave (Anl. 1) Nr. 7.

[37]) Bzw. Anlagen. Vgl. z. B. Trave (Anl. 1) Nr. 7.

[38]) Vgl. §§ 33, 56 b.

[39]) Vgl. §§ 21, 33 b, 48 d.

[40]) Vgl. § 34; Art. 4 a SStrO. (I, 808).

[41]) Vgl. § 45 Abs. 4.

[42]) Sobald der Grund der ausnahmsweisen Zulässigkeit fortfällt, haben diese Schiffe den ihnen zukommenden Ankerplatz aufzusuchen (HansOLG. 6. April 1914 B VII 585/13). Vgl. auch Anm. 96 zu § 735 (I, 714); § 48 Anm. 37.

[43]) Vgl. § 17 Abs. 2.

[44]) Zum Festmachen gehört nicht nur das Befestigen der Trossen und Ausbringen eines Springs (vgl. HansGZ. 1927 Nr. 94), sondern auch das Abbäumen (d. h. Abstützen des Schiffes gegen das Ufer durch starke Balken, die eine Annäherung des Schiffes, z. B. mit Rücksicht auf zwischenliegende Kähne oder Schuten, verhindern sollen). Über Anlegen und Festmachen (gegenübergestellt in § 49b Abs. 2) vgl. 49 Anm. 1.

[45]) An Festmachetonnen, Dalben, und auch anderen Schiffen. Vgl. § 22 und die örtlichen Bestimmungen in Teil II und § 56 Anm. 3.

[46]) Im weitesten Sinne: Stromrichtung, Stromstärke und Stromänderungen. Die Befestigung muß jeder nicht geradezu abnormen Stromeinwirkung gewachsen sein, vor allem auch dem herrschenden Wellengang, dessen Verstärkung durch vorüberfahrende große Schiffe in Ansatz zu bringen ist. Vgl. HansOLG. HansGZ. 1925, 54. — Über Versuch des Anlegens ohne ausreichende Schlepperhilfe und unzweckmäßige Anlegemanöver vgl. HansOLG. HansGZ. 1924, S. 38. Bei Sturm muß evtl. der Motor klar gehalten werden (analog für Ankern: OSA. 23 Nr. 61).

[47]) Durch Strom- und Windverhältnisse, vor allem aber durch Ebbe und Flut. Ist die Differenz groß, dann ist die Befestigung nötigenfalls in entsprechenden Zeitabständen zu ändern. Zu achten ist darauf, daß große Schiffe mit erheblichem Tiefgang bei Ebbe auf Grund liegen und zuweilen Schlagseite bekommen oder sich unter die Kaikante klemmen, daß Schlepper sich mit der Scheuerleiste einhaken und in die Gefahr des Volllaufens geraten. Keine besonderen Vorsichtsmaßregeln sind da nötig, wo der Gegenstand, an dem das Schiff festgemacht ist, schwimmt und daher der gleichen wechselnden Einwirkung unterliegt, wie das Schiff, z. B. eine schwimmende Anlegebrücke, ein Schwimmdock oder eine Festmachetonne, Boje usw. Was an Maßnahmen erforderlich ist, bestimmt die seemännische Praxis (§ 5 Abs. 4, Art. 29 SStrO.). Jede Beschädigung der Anlagen ist zu vermeiden, auch wenn sie dazu bestimmt

sind, Stöße aufzufangen (Streichpfähle). Vgl. HansGZ. 1927 Nr. 30. Wiedervertäuung von Fahrzeugen, wenn eins von ihnen durch einen Schlepper herausgeholt wurde. HansGZ. 1927 Nr. 127. — Befestigung am Kai mit Trossen und Springs vgl. OSA. 22 Nr. 22. — Über Laufplanken, Stege, Brücken usw. für den Personenverkehr vgl. UnfVerhV. § 47 (Dampfer), § 40 (Segler).

[48]) Hierüber entscheidet die örtliche Regelung (vgl. Teil II) und die seemännische Praxis (§ 5 Abs. 4). Z. B. sind die Befestigungen so zu wählen, daß sie dem Arbeiten des Schiffes in den Wellen der vorüberfahrenden Schiffe gewachsen sind. Ferner haben Segelschiffe ihre Raaen scharf anzubrassen oder zu fieren. Wirksame Fender sind bereitzustellen für den Fall, daß ein Fahrzeug längsseit gegen das Schiff treibt. Über die Sorgfalts- und Bewachungspflicht bei Schuten, die am Uferrande vertäut liegen, vgl. HansOLG. HansGZ. 1920 Nr. 58 und 76.

## Löschen und Laden.

**§ 57.** a) Löschen und Laden[1]) ist nur auf den Reeden[2]) gestattet. In Ausnahmefällen darf mit Genehmigung der zuständigen Schiffahrtspolizeibehörde[3]) auch an anderen Stellen geladen oder gelöscht werden (vgl. § 48c).

b) Fahrzeuge, die mehr als 35 Kilogramm Sprengstoffe oder Munition geladen haben oder laden sollen[4]), dürfen nur an den für sie besonders vorgesehenen Stellen löschen und laden (vgl. § 56h)[5]).

[1]) Vgl. § 561 (Laden), § 593 HGB. (Löschen). I, 324 bzw. 379. Örtliche Regelung in Teil II; § 83 Nr. 8. — UnfVerhV. § 63 (Dampfer), §§ 52—54 (Segler).

[2]) Vgl. § 56a und b; § 48c und Teil II.

[3]) Diese ist vor Beginn der Arbeiten einzuholen. Die Genehmigung kann von Bedingungen abhängig gemacht werden (§ 7). Schiffahrtspolizeibehörde vgl. die Anm. zu §§ 61—85 und Trave (Anl. 1) Nr. 2.

[4]) Durch diesen Zusatz wird verhindert, daß Fahrzeuge, die keine Sprengstoffe oder weniger als 35 kg geladen haben, an normalen Ladeplätzen soviel Sprengstoffe laden, daß ihr Verbleiben an dieser Stelle unzulässig wird. Die Fassung der Vorschrift ist ungenau. Sie erfaßt z. B. nicht den Fall, daß ein Fahrzeug, welches 20 kg Sprengstoff geladen hat, weitere 25 kg einladet. Dem Sinne nach ist die Vorschrift dahin auszulegen, daß sie überall da anwendbar ist, wo das Schiff im Laufe des Ladeprozesses auf eine Ladung von mehr als 35 kg Sprengstoff kommt. Bezüglich des Löschens war ein entsprechender Zusatz (oder löschen sollen) natürlich nicht erforderlich, da die Schiffe in diesem Falle ja mehr als 35 kg geladen haben.

[5]) Eine Ausnahme für Kriegsschiffe ist hier nicht gemacht (im Gegensatz zu § 17 u. § 56 h Satz 2). Sie nehmen Munition und Sprengstoffe stets an besonderen, ihnen staatlicherseits zugewiesenen Plätzen ein, welche ihnen allein vorbehalten sind. Eine Gefährdung der sonstigen Schiffahrt, wie in den Fällen der §§ 17 und 56 h kommt also nicht in Frage.

## Verhalten nach einem Zusammenstoß.

**§ 58.** a) Auf die „Verordnung über das Verhalten der Schiffer nach einem Zusammenstoße von Schiffen"[1]) (Reichsgesetzbl. 1876 S. 189) wird hingewiesen[2]).

b) Im Falle eines Zusammenstoßes[3]) hat jeder Schiffsführer, wenn ein Sinken seines oder des anderen Fahrzeugs[4]) zu befürchten steht[5]), alles aufzubieten, um das im Sinken begriffene Fahrzeug so weit aus dem Fahrwasser zu schaffen[6]), daß keine Behinderung des Verkehrs eintritt und eine Bergung möglich ist[7]).

[1]) Es fehlen in dieser Überschrift die Worte „auf See". Offenbar sollte das Mißverständnis vermieden werden, als gelte diese Verordnung nicht auf Revieren. Das Gegenteil ergibt sich jedoch aus § 3 der Verordnung, welche im übrigen folgendermaßen lautet:

**Verordnung über das Verhalten der Schiffer nach einem Zusammenstoß von Schiffen auf See. Vom 15. August 1876 (RGBl. 189).**

§ 1. Nach einem Zusammenstoß von Schiffen auf See hat der Führer eines jeden derselben dem anderen Schiffe und den dazugehörigen Personen zur Abwendung oder Verringerung der nachteiligen Folgen des Zusammenstoßes den erforderlichen Beistand zu leisten, soweit er dazu ohne erhebliche Gefahr für das eigene Schiff und die darauf befindlichen Personen imstande ist.

Unter dieser Voraussetzung sind die Führer der beteiligten Schiffe verpflichtet, so lange beieinander zu halten, bis sie sich darüber Gewißheit verschafft haben, daß keines derselben weiteren Beistandes bedarf.

§ 2. Vor der Fortsetzung der Fahrt hat jeder Schiffsführer dem anderen den Namen, das Unterscheidungssignal, sowie den Heimats-, den Abgangs- und den Bestimmungshafen seines Schiffs anzugeben, wenn er dieser Verpflichtung ohne Gefahr für das letztere genügen kann.

§ 3. Im Sinne dieser Verordnung sind der See die mit derselben im Zusammenhang stehenden, von Seeschiffen befahrenen Gewässer gleichgestellt.

§ 4. Die gegenwärtige Verordnung tritt mit dem 1. September d. J. in Kraft.

Zur Ergänzung vorstehender Verordnung ist eine weitere Verordnung vom 29. Juli 1889 (RGBl. 171) ergangen, von welcher seit Inkrafttreten der „Kaiserlichen Verordnung" vom 9. Mai 1897 nur noch folgende Worte in Geltung sind:

Schiffsführer im Sinne der Verordnung über das Verhalten der Schiffer nach einem Zusammenstoße von Schiffen auf See vom 15. August 1876 (Reichsgesetzbl. S. 189) . . . ist der Schiffer oder dessen berufener Vertreter.

— — — — — — — — — — — — — — — — — — — —

Unberührt durch diese Vorschriften bleiben die für die Schiffe und Fahrzeuge der Kaiserlichen Marine geltenden besonderen Bestimmungen.

Vgl. dazu das Brüsseler Übereinkommen über Zusammenstoß von Schiffen I Art. 8 u. 9; II Art. 11 u. 12; ferner Art. 3 des Ges. vom 7. Januar 1913:

Die Vorschriften, die in bezug auf die Verpflichtung des Kapitäns zur Rettung von Menschen im Artikel 11 des Übereinkommens über die Hilfsleistung und Bergung in Seenot vom 23. September 1910 getroffen sind, kommen ohne Rücksicht auf die Staatsangehörigkeit zur Anwendung.

Wer der im Abs. 1 bezeichneten Verpflichtung zuwiderhandelt, wird mit Geldstrafe bis zu eintausendfünfhundert Mark bestraft.

Vgl. ferner North, Die Nothilfepflicht im deutschen Strafrecht (Tübinger Dissertation 1906). Die Verordnung legt dem Schiffer Pflichten im Sinne des § 485 HGB. auf (RG. HansGZ. 1912 Nr. 144). — Zuwiderhandlung ist strafbar nach § 145 StGB. Der Beistand muß geleistet werden nach jedem Zusammenstoße (OSeeA. 11, 8), auch von Flußschiffen (HansOLG. Hbl. 1895 Nr. 48) und ohne Rücksicht darauf, von wem die Kollision verschuldet war (OSeeA. 16, 352). Zu leisten ist nicht etwa der von dem beschädigten Schiff erforderte, sondern der objektiv notwendige Beistand (vgl. RG. Hbl. 1912 Nr. 144); eine verlangte Hilfsleistung, zu welcher die Sachlage keine Veranlassung gibt, darf der Kapitän verweigern (OSeeA. 16, 51). — Über das Unterscheidungssignal vgl. W. S. 184; Budde S. 77; Perels GZ. 56 S. 114.

Eine Aufforderung ist nicht erforderlich (OSeeA. 1, 719; 4, 754; 13, 72). Der Beistandspflicht ist auch zu genügen, wo dieselbe Erfolg nicht zu versprechen scheint (OSeeA. 14, 247). — Die öffentlich-rechtliche Beistandsverpflichtung auf Grund der vorliegenden Vorschrift schließt den Anspruch auf Berge- oder Hilfslohn nicht aus, soweit nicht die Kollision von dem Beistehenden verschuldet ist (Anm. 23 zu § 740 — I, 863). — Der Schiffer darf die Unfallstelle nicht eher verlassen, als bis er sich darüber vergewissert hat, daß das andere Schiff Hilfe nicht braucht (SeeA. Hamburg Hansa 1910, 443). Bloßer

Anruf und äußerer Anschein des verletzten Schiffes genügen hierbei nicht (SeeA. Bremerhaven Hansa 1913, 638; OSA. 19, 168). Ebenso darf der Schiffer erst auf Grund gewissenhafter Untersuchung (z. B. bei Beschädigung des eigenen Schiffes) annehmen, daß die Beistandsleistung mit erheblicher Gefahr verbunden wäre (OSA. 4 Nr. 120; 5 Nr. 33). — § 1 ist auch dann zu befolgen, wenn dem anderen Schiff von dritter Seite Hilfe gebracht wird (OSA. 7 Nr. 141).

Vgl. zu der Frage der gegenseitigen Beistandspflicht noch Entsch. OSA. 3, 11; 4, 754; 6, 27; 9, 43 und 576; 13, 69 und 511; 16, 490 und 502; 29, 471; SA. Bremerhaven Hansa 1910, 111; Stenglein, Strafr. Nebengesetze I 416.

[2]) Der Hinweis genügt hier, weil ja § 3 der Verordnung die mit der See in Zusammenhang stehenden, von Seeschiffen befahrenen Gewässer der See gleichstellt. (Vgl. ebenso Einl. Abs. 1 der SStrO. — I, 803.) § 1 SWO. spricht allerdings nicht von Gewässern, sondern von Wasserstraßen. Doch ist der Ausdruck „Gewässer" der weitere, so daß alle in der SWO. behandelten Wasserstraßen der Verordnung unterliegen. Ein Verstoß gegen die Verordn v. 18. August 1876 ist nach § 145 StGB. strafbar. Soweit örtliche Vorschriften noch andere Anforderungen an den Schiffer stellen sollten, fallen sie nicht unter § 145 StGB. Vgl. Stenglein I, 417.

[3]) Hier sind nicht nur Zusammenstöße von Schiffen gemeint, wie in §§ 734 ff. HGB. (vgl. Vorb. zu § 734 Anm. 8 — I, 680), sondern auch Zusammenstöße eines Fahrzeugs mit Uferbauten, Brücken, Piers, Hafenbollwerken, Anlegepontons, Dalben, Flößen, Badeanstalten, Bojen usw. Selbst der Fall der Strandung kann kraft Analogie unter § 58a fallen, wenn z. B. das gestrandete Schiff zwar freikommt, aber schweren Bodenschaden erlitten hat und darum zu sinken droht. Zweckmäßig wäre die Vorschrift auf alle Unfälle ausgedehnt worden, die zu der Gefahr des Sinkens führen, und sie wird ihrem Sinne nach weit zu interpretieren sein. Daher ist sie z. B. auch anwendbar, wenn ein Schiff ohne äußeren Anlaß leck springt oder wenn

eine offene Schute bei schwerem Seegang allmählich vollschlägt.

[4]) Diese Gegenüberstellung kann nicht dazu führen, die Vorschrift nur auf Kollision zweier Schiffe zu beschränken (vgl. die vorige Anm.); denn wenn z. B. ein Schiff gegen eine Pier rennt und zu sinken beginnt, so liegt der Fall für den Schiffer genau so als wenn er mit einem Schiff zusammengestoßen wäre. — Im übrigen bedeutet die Vorschrift eine Erstreckung der Hilfsleistungspflicht auf das allgemeine Schiffahrtsinteresse. Der Kapitän des schwimmfähig gebliebenen Schiffes muß evtl. das sinkende Schiff ins Schlepptau nehmen und aus dem Fahrwasser ziehen, evtl. auch beim Rammen mitschiffs durch langsames Vorwärtsgehen verhüten, daß sich der Bug seines Schiffes aus dem Leck herauszieht und so das andere Schiff gleichzeitig vor dem sofortigen Wegsacken bewahren und seitlich aus der Fahrrinne drängen. (Vgl. OSA. 23 Nr. 66).

[5]) Nach jedem solchen Unfall muß der Kapitän sich alsbald darüber vergewissern, welchen Schaden das Schiff erlitten hat und ob die Gefahr des Sinkens besteht. Ist das Leck nicht feststellbar, etwa weil der vollgeladene Raum nicht zugänglich ist, so muß durch Peilen der Pumpen oder Beobachten der Trimmlage und Tauchtiefe des Schiffes ermittelt werden, ob ein Sinken zu befürchten ist.

[6]) D. h. in erster Reihe aus der tiefen Fahrrinne, in zweiter Reihe aus dem Hauptfahrwasser, in letzter Reihe aus dem Fahrwasser überhaupt. Nötigenfalls unter Heranziehung von Schleppern. OSA. 24 S. 97. Wie weit das möglich ist, hängt von dem, durch das beginnende Sinken bereits vielfach vergrößerten Tiefgang ab. Gelingt die Herausschaffung nicht, so muß wenigstens bis an den äußersten Rand des Fahrwassers gefahren werden (vgl. § 56d). Ferner muß vermieden werden, daß das Schiff quer zur Fahrwasserrichtung sinkt und so die Rinne sperrt; daß es über der Böschung der Fahrrinne sinkt und der Gefahr des Durchbrechens ausgesetzt ist (eine Situation, in die ein achterlastiges Schiff geraten kann, wenn es mit scharfer Wendung

aus der Fahrrinne hinausfahren will, ohne daß dort die Wassertiefe ausreicht). In solchem Falle ist die teilweise Entfernung aus dem Fahrwasser unzweckmäßiger als das Sinken in der Längsrichtung innerhalb der Fahrrinne und neben der Böschung. Vgl. auch die nächste Anm. — Ähnliche Vorschriften enthielten bereits mehrere lokale Verordnungen. Z. B. Bremische V. vom 15. Dez. 1911 § 18 (Pflicht des Schiffers, dabei mitzuwirken, daß das sinkende Schiff — das eigene oder gegnerische — aus dem Fahrwasser geschafft wird). Vgl. auch OSA. 16, 664.

7) Doppelter Zweck der Vorschrift, gleichzeitig der für die Auslegung der Vorschrift maßgebende Gesichtspunkt. Die Zwecke können im Einklang stehen, aber auch miteinander in Widerspruch geraten (vgl. unten).

a) Keine Behinderung des Verkehrs soll eintreten. Hier ist zu verweisen auf § 26. Ein gesunkenes Schiff ist ein Wrack im Sinne der SWO. Der Schiffer muß anstreben, daß das Schiff, welches im Sinken begriffen ist, zu einem Wrack im Sinne des § 26a (an denen ohne Fahrtverminderung und ohne besondere Vorsichtsmaßregeln vorbeigefahren werden kann) wird und nicht zu einem Wrack im Sinne des § 26b (auf welches die Schiffahrt durch Fahrtverminderung und sonstige Vorsichtsmaßregeln Rücksicht nehmen muß). Läßt es sich nicht vermeiden, daß eine Verkehrsbehinderung eintritt, so muß alles getan werden, um diese möglichst leicht zu gestalten (wenngleich die Fassung des § 58b dies nicht zum Ausdruck bringt). Wie das zu bewerkstelligen ist, entscheidet sich nach der Lage des Einzelfalles. Man wird allerdings vom Kapitän nicht verlangen können, daß er die zum Sinken geeignetste Stelle mit der gleichen Sicherheit herausfinde, wie etwa der Wasserbauinspektor, der später sein Gutachten an der Hand des gesamten Karten- und sonstigen Materials abgibt oder die Strecke ständig zu kontrollieren hat. Auch hier kann nur ein Verhalten nach den Grundsätzen guter Seemannschaft (§ 5; Art. 29 SStrO.) verlangt werden. Ist ein Lotse an Bord, so wird der Kapitän ohne weiteres dessen Vorschlägen folgen können, wenn sie nicht offenbar sachwidrig sind. — Ist trotzdem eine Behinderung des Verkehrs eingetreten, so tritt § 59 in Kraft, sofern auch nur die Möglichkeit einer Gefährdung der Schiffahrt gegeben ist. (Provisorische Bezeichnung und Meldepflicht.)

b) Eine Bergung soll möglich sein. Der Begriff ist hier nicht im strengen Sinne des § 740 HGB. (I, 859) zu verstehen. Das ergibt sich schon daraus, daß dort der Verlust der Verfügung über das Schiff durch die Besatzung erfordert wird, während dieser Gesichtspunkt für § 58 b ganz unwesentlich ist. Bergung bedeutet hier: Beseitigung einer etwa eingetretenen Verkehrsbehinderung durch Fortschaffung des Schiffes, ohne daß seine völlige Zerstörung nötig wird. Daß der Schiffer darauf bedacht sein muß, die Rettung des Schiffes zu ermöglichen, ergibt sich, soweit zivilrechtliche Verhältnisse in Frage stehen, aus § 511 und § 512 HGB. (I, 180 ff.). Er haftet dem Reeder, Befrachter, Ablader, Ladungsempfänger, Reisenden, der Schiffsbesatzung und selbst gewissen Schiffsgläubigern für Anwendung der Sorgfalt eines ordentlichen Schiffers bei allen Dienstverrichtungen. Dagegen betrachtet § 58 b SWO. die Situation ausschließlich vom öffentlich-rechtlichen, schiffahrtspolizeilichen Standpunkt.

Dieser hat seinen klarsten Ausdruck in § 25 Str. O. gefunden. Diese Vorschrift lautet:

> Wird die Schiffahrt dadurch beeinträchtigt, daß in einem Fahrwasser, auf einer Reede oder in einem Hafen ein Schiff oder Wrack hilflos treibt, oder gestrandet oder gesunken ist, oder Anker oder sonstige Gegenstände auf den Grund geraten, so ist die Behörde befugt, die Beseitigung des Hindernisses zu veranlassen.
>
> Sobald die Behörde eingeschritten und dies öffentlich erkennbar oder den Beteiligten bekannt gemacht ist, darf ohne Genehmigung der Behörde das Hindernis nicht mehr beseitigt und von dem Schiffe oder Wracke nichts mehr fortgeschafft werden.

Zur Deckung der Kosten der Beseitigung kann die Behörde die beseitigten Gegenstände öffentlich verkaufen, soweit nicht Sicherheit gestellt wird. Dieses Recht erstreckt sich im Falle der Beseitigung eines Schiffes oder Wracks auch auf alle Gegenstände, welche zur Zeit des Einschreitens der Behörde auf dem Schiffe oder Wracke vorhanden waren, mit Ausnahme der Habe der Schiffsbesatzung, des Reiseguts der Reisenden und der Post. Gegenstände, welche dem Reiche oder einem Bundesstaate gehören, sind zunächst der zuständigen Verwaltung gegen Erstattung des Wertes zur Verfügung zu stellen. Mit dem nach Abzug der Beseitigungskosten etwa verbleibenden Überschüsse des Erlöses ist nach den §§ 16, 19 zu verfahren. Nach fruchtlosem Aufgebotsverfahren (§ 26) fällt der Überschuß der Seemannskasse oder in Ermangelung einer solchen der Armenkasse am Sitz der Behörde zu.

Wird durch einen der im Abs. 1 bezeichneten Vorgänge die Gefahr einer Beeinträchtigung der Schiffahrt herbeiführt, so ist der Schiffer, in dessen Ermangelung oder Verhinderung sein Stellvertreter, verpflichtet, dem nächsten Strandamt unverzüglich Anzeige zu erstatten.

Vgl. dazu vor allem Ewald S. 41ff. Brodführer, Bl. f. Rechtspflege in Thüringen, 55 S. 9. Auch lokale Verordnungen geben der Behörde vielfach das Recht, Schiffahrtshindernisse auf Kosten des Eigentümers zu beseitigen. Z. B. § 16 Bremer Hafenordnung; § 35 Betr.-Ordn. f. d. Königsberger Seekanal: Dagegen Hamb. Hafenordn. § 7. —

Eine persönliche Haftung des Eigentümers oder sonst an der gesunkenen Sache Berechtigten tritt nicht ein, vielmehr nur die dingliche Haftung dieser Sache. Entgegenstehende landesrechtliche Bestimmungen sind unwirksam. RG. 64, 197; OVG. DJZ. 1927 S. 469. Auch kann ein Zwang zu eigener Tätigkeit gegen den Eigentümer nicht ausgeübt werden. OVG. a. a. O. Persönliche Haftung kann nur nach den allg. Bestimmungen über Schadensersatz in Frage kommen. RG. 73, 8. — Zuständig ist diejenige Verwaltungsbehörde, welcher die Erhaltung des

Fahrwassers obliegt. RG. 74 S. 362. (auch über Berechnung der Hebungskosten und die Einwände des Betroffenen). Ansprüche des Fiskus aus Geschäftsführung ohne Auftrag vgl. RG. 75 S. 188. Mit dem Verkauf des Schiffes erlöschen die Pfandrechte der Schiffsgläubiger. HansOLG. Seuff. Arch. 1908 Nr. 21. — Ist eine Bergung nicht möglich, so muß das für die Schiffahrt hinderliche Fahrzeug, soweit möglich, abgewrackt und äußerstenfalls gesprengt werden, worauf dann die Beseitigung der Einzelteile erfolgt. Über den Fall, daß der Eigentümer eines geborgenen Schiffes nicht ermittelt werden kann, vgl. § 35 und § 28 StrO. dazu W. S. 211. — Zur Ausführung des § 25 SWO. sind erlassen: a) Anweisung des Senats Hamburg zur Handhabung des § 25 SWO. vom 8. Oktober 1902 (abgedr. im Anhang). b) Anweisung des Senats Bremen an das Tonnen- und Bakenamt vom 8. August 1902 (abgedr. im Anhang). c) Verordnung für das Herzogtum Oldenburg, betr. Ausführung der SWO. vom 11. Dezember 1874. Art. 4: „Die im § 25 der Strandungsordnung gedachte Befugnis wird den Strandämtern überwiesen."

## Sinken von Fahrzeugen und Geräten.

**§ 59.** Sind im Fahrwasser Fahrzeuge, Anker[1]), Ketten oder andere Gegenstände[2]) gesunken, durch welche die Schiffahrt gefährdet werden kann[3]), so hat der Eigentümtümer[4]), der Schiffsführer[5]) oder derjenige, der den gesunkenen Gegenstand[6]) zur Zeit des Sinkens im Gebrauche hatte[7]), die Liegestelle[8]) sofort[9]) behelfsmäßig zu bezeichnen[10]) und der zuständigen Schiffahrtspolizeibehörde Anzeige zu erstatten[11]). Die endgültige Bezeichnung[12]) des gesunkenen Gegenstandes[13]) erfolgt durch die zuständige Schiffahrtspolizeibehörde auf Kosten des Eigentümers[14]).

[1]) Sicherung der Anker durch die Ankerkettenstopper bei stillliegendem Schiff. Vgl. UnfVerhV. § 65 (Dampfer), § 55 (Segler).

[2]) Irgendwelcher Art, z. B. auch Stoffe der in § 48b bezeichneten Art, sofern sie nach ihrer Menge und dem Charakter des Fahrwassers eine Gefahr bedeuten, nicht nur der Bildung einer Verflachung usw. förderlich sind.

[3]) Abweichend von § 48b. Dort ist die Rede von Stoffen, die der Bildung von Verflachungen und Verkehrsbehinderungen „förderlich" sind, also eine Gefahr erst dann bilden, wenn ihr Ausschütten allgemein üblich würde. Hier jedoch ist die konkrete Gefährdung das Maßgebende, wenn auch in verschärftem Sinne, indem schon die Möglichkeit der Gefährdung („kann") ausreicht. Diese kann im Einzelfalle selbst dann eintreten, wenn es sich um Stoffe des § 48b handelt (vgl. Anm. 2).

[4]) Ebenso der Ausrüster gemäß § 510 HGB. Vgl. B. III S. 96ff.; I, 175. Bei Binnenschiffen der Schiffseigner (BSchG. § 1) oder Ausrüster (§ 2).

[5]) Oder dessen Stellvertreter. Vgl. § 5 Abs. 1. Auch § 2 UnfVerhB. (kl. Segler), § 2 (Segler), § 2 (Dampfer). Über die einzelnen Vertreter vgl. § 517 HGB. (I, 205) u. Anm. 6 zu § 516 (I, 204).

[6]) Ist dies ein Fahrzeug, so kommen in Frage: der Zeitcharterer, Mieter (vgl. I, 176ff.), Entleiher, Nießbraucher und jeder sonstige unmittelbare Besitzer z. B. auch der Berger, der das havarierte Schiff in Besitz genommen hat und genötigt ist, es im Fahrwasser aufzusetzen, bzw. dem es dort wegsinkt.

[7]) Gleichgültig, ob auf Grund eines binglichen oder persönlichen Rechts. Analog hat der Schlepper die Pflicht, einen gesunkenen Anhangskahn zu bezeichnen. Vgl. HansOLG. HansGZ. 1909 Nr. 16 (zu V. Unterelbe).

[8]) Ist der Gegenstand so vollständig weggesunken daß von ihm nichts mehr zu sehen ist, so muß seine Lage durch Lotungen oder auf andere Art, so genau als möglich festgestellt werden, damit nicht etwa eine falsche Stelle bezeichnet wird.

[9]) Sofort ist hier im Sinne von unverzüglich zu deuten, d. h. ohne schuldhaftes Zögern. Besonders beim Sinken eines Fahrzeuges mit der Notwendigkeit der Rettung von Menschen-

leben wird man der schwierigen Situation Rechnung tragen müssen.

[10]) D. h. mit den zur Verfügung stehenden Mitteln und in der Weise, daß der Zweck, herannahende Fahrzeuge zu warnen, einstweilen erreicht wird. Vgl. HansOLG. HansGZ. 1909 Nr. 16, auch wenn die angewendeten Zeichen weder den vor-vorgeschriebenen, noch den üblichen Zeichen entsprechen. Sie sind als optische Warnungssignale (analog dem akustischen des § 35a) anzusehen, welche keine bestimmte nautische Situation kennzeichnen. Immerhin haben Schiffe, die nicht vollständig gesunken sind, vielmehr die Möglichkeit der Lichterführung bewahrt haben, zunächst die Lichter des Art. 11 Abs. 4 SStrO. (I, 815), nicht aber die des Art. 4a SStrO. (Anm. 4 zu Art. 4 SStrO. — I, 808) zu setzen. Am Tage sind solche Schiffe ohnehin erkennbar. Wo allerdings bei kleineren Fahrzeugen nur die Masten herausragen, empfiehlt es sich, an diesen Gegenstände anzubringen, die sie schon von weitem sichtbar machen (Bälle, Fässer, Fender usw.). Bei Nacht sind behelfsmäßig Lichter anzubringen, möglichst so, daß auch die Enden des Fahrzeugs markiert werden (also z. B. in Booten, die an Bug und Heck verankert werden). Bei besonders gefährlicher Lage kann auch das Zeigen von Flackerfeuern und das Geben von Knallsignalen nach Art. 12 SStrO. erforderlich sein (vgl. I, 817). — Handelt es sich nicht um gesunkene Schiffe, sondern um andere Gegenstände, so ist die Art der behelfsmäßigen Bezeichnung nur im Einzelfall zu finden, z. B. Bezeichnung durch Bojen, verankerte Boote, Aufstellen von Fähnchen oder Pricken, Schwenken eines Lichtes von einem Boote aus usw.

[11]) Auf irgendeine Art: mündlich, schriftlich, telephonisch, telegraphisch. Das Wort „sofort" bezieht sich auch auf diese Anzeige und ist auch hier im Sinne von „unverzüglich" aufzufassen. Vgl. oben Anm. 9. Die Anzeigepflicht ergibt sich auch aus § 25 Abs. 4 StrO. (vgl. oben § 58 Anm. 7b.

[12]) Nunmehr nach Maßgabe der §§ 26, 28 SWO. und der Bek. vom 13. Mai 1912, betr. Bezeichnung der Fahrwasser und Untiefen (vgl. I, 854), abgedr. im Anhang.

[13]) Soweit besondere Kennzeichnungen weder durch die Bek. vom 13. Mai 1912 (I, 854) noch die SWO. vorgeschrieben oder zugelassen sind, bleibt die Art der Bezeichnung dem Ermessen der Behörde überlassen. Zu erfordern ist nur zweierlei: die Zeichen müssen sowohl bei Tage, wie bei Nacht zur Warnung der Schiffahrt geeignet sein und ferner darf eine Verwechselung mit den ausdrücklich vorgeschriebenen Zeichen (nachts insbesondere mit den Lichtern der SStrO. oder der SWO.) nicht möglich sein. Wenn irgend möglich, muß nicht nur die Tatsache, daß hier ein Gegenstand liegt, sondern auch der Umfang der Gefahrzone gekennzeichnet sein Äußerstenfalls müssen Polizeiboote an der Unfallstelle liegen und herannahenden Schiffen entgegenfahren, um sie zu orientieren. Besonders lehrreich ist der Fall „Vandalia" (RG. 86, 430).

[14]) Bzw. des Ausrüsters (§ 510 HGB.). Bei Binnenschiffen des Schiffseigners. Vgl Anm. 4. Dagegen haften für die Kosten (im Gegensatz zu Satz 1 des § 59) weder der Schiffer, noch diejenigen, welche den gesunkenen Gegenstand im Gebrauch hatten. Ob auch hier der Zeitcharterer dem Ausrüster gleichzustellen ist (vgl. I, 178) erscheint zweifelhaft. Doch halte ich eine solche analoge Ausdehnung wenigstens dort für angängig, wo ein Schiff im Wege der Zeitcharter in Regie genommen und der Flotte eines Unternehmens auf Zeit eingegliedert worden ist (vgl. Wüstendörfer, Seerecht S. 311).

## Wettfahrten.

**§ 60.** Die Veranstaltung von Wettfahrten[1]) auf den Seewasserstraßen bedarf in jedem Falle einer besonderen Erlaubnis seitens der zuständigen Schiffahrtspolizeibehörde, die diese Erlaubnis von der Erfüllung gewisser Bedingungen abhängig machen kann[2]). Die Erlaubnis hierzu soll[3]) mindestens acht Tage vorher nachgesucht werden.

Für die Veranstaltung von Wettfahrten, bei denen eine zeitweise Sperrung[4]) der durchgehenden Schiffahrt erforderlich wird[5]), soll die Erlaubnis mindestens vier Wochen vorher nachgesucht werden.

[1]) Es handelt sich hier nicht um das Wettfahren zwischen zwei oder mehr, in gleicher Richtung fahrenden Kauffahrteischiffen, welche sich gegenseitig überholen wollen, sondern nur um Veranstaltungen, also sportlich vorbereitete und durchgeführte Fahrten (Ruder- und Segelregatten, Motorboot-, Schnellboot-, Dampferwettfahrten), gleichgültig ob sie offen oder geschlossen, von Einzelpersonen oder Vereinen veranstaltet werden. Maßgebend ist nur die Frage der öffentlichen Sicherheit des Verkehrs

[2]) Ebenso wie in § 7. Insbesondere kann die Lage und die Ausdehnung der Bahn, ferner Zeit und Dauer der Wettfahrt vorgeschrieben werden.

[3]) Ordnungsvorschrift. Auch ein später eingereichtes Gesuch kann genehmigt werden. Erfolgt jedoch die Einreichung so spät, daß eine eintretende Schiffahrtsbehinderung nicht mehr allgemein bekannt gemacht werden kann, so ist die Genehmigung zu verweigern.

[4]) Sperrung bedeutet mehr als Behinderung, nämlich ein zeitweiliges Aussetzen des gesamten Schiffsverkehrs.

[5]) Insbesondere also, wenn die Bahn der Wettfahrt ein belebtes Fahrwasser an einer oder gar an mehreren Stellen schneidet oder Segelboote je nach dem Wind das Fahrwasser auf längere Strecken oder durch Kreuzen in Anspruch nehmen.

# Teil II.

# Besondere Vorschriften für die einzelnen Seewasserstraßen[1]).

## Besondere Vorschriften für die Ems[2]).

### 1. Grenzen des Geltungsbereichs der Seewasserstraßenordnung[3]).

§ 61. Die untere Geltungsgrenze[4]) wird gebildet durch die Verbindungslinie der Tonnen O 1 bis O A (Osterems)—Riffgat—Westerems—Hubert = Gat und von hier durch eine Linie rechtweisend Süd bis zur südlichen Fahrwassergrenze.

Die obere Geltungsgrenze wird durch die über die Ems gehende, geradlinig verlängerte Grenzlinie der Regierungsbezirke Aurich und Osnabrück unterhalb der Papenburger Seeschleuse gebildet.

Auf der Leda gilt diese Ordnung von der Mündung bis zur Seeschleuse von Leer.

[1]) Gleichzeitig wird in den besonderen Vorschriften auch der Geltungsbereich der SWO. gemäß § 1 festgelegt und zwar auch mit Wirkung für Teil I (allgemeine Vorschriften).

[2]) Schiffahrtspolizeibehörden.

Bis zur Errichtung reichseigener Wasserstraßenbehörden sind innerhalb der in Ziff. 1 genannten Grenzen als Schifffahrtpolizeibehörde der Preußische Regierungspräsident in Aurich und als dessen Organe die Wasserbauämter in Leer und Emden zuständig, die in ihrer Tätigkeit durch die Organe des Reichswasserschutzes unterstützt werden.

Zuständige Behörde gemäß § 46 ist das Wasserbauamt in Emden.

Vom Reg. Präs. in Aurich ist unter dem 25. November 1927 folgende Pol. Verordnung (Amtsbl. d. Reg. zu Aurich 1927 S. 171) erlassen worden:

Die Schiffahrtspolizeiverordnung für die Ems von Halte abwärts bis in See vom 4. Juni 1901 — Regierungsamtsblatt S. 208 — mit dem 1. Nachtrag vom 30. Oktober 1903, betr. Benutzung der Pfahlwerke (Dalben) unterhalb der Halter Fähre — Regierungsamtsblatt S. 379 —, dem 2. Nachtrag vom 1. Dezember 1905, betr. Geschwindigkeit von Dampfschiffen unterhalb der Emsbrücke bei Weener — Regierungsamtsblatt S. 313 — und der Änderung vom 23. August 1921 — Regierungsamtsblatt S. 159 —, und die Polizeiverordnung, betr. die Signalführung der Dampfbagger vom 7. November 1908 — Regierungsamtsblatt S. 336 — werden mit Ablauf des 30. November 1927 außer Kraft gesetzt.

[3]) Über Betonnung und Befeuerung vgl. Anhang Anl. 4 u. 5.

[4]) Untere und obere Geltungsgrenze bedeuten hier und im folgenden: die Grenze nach der See zu bzw. die stromaufwärts gezogene Grenze.

2. Signalstellen für Warnungssignale.

a) Warnungssignale gemäß § 24 werden gezeigt[1]):

1. in Borkum:

am Signalmast der Marine-Nachrichtenstelle Borkum,

2. in Delfzyl (Holland):

am Leuchtturmgebäude,

3. in Emden:

am Signalmast der Nesserländer Seeschleuse,

4. in Oldersum:

am Signalmast der Oldersumer Seeschleuse.

b) Außerdem ist über außergewöhnliche Störungen[2]) Auskunft zu erhalten:

1. in Emden:

bei Tage während der üblichen Dienststunden im Wasserbauamte sowie bei Tage und bei Nacht im Dienstzimmer des wachthabenden Schleusenmeisters an der Neuen Seeschleuse,

2. in Leer:

bei Tage während der üblichen Dienststunden im Wasserbauamte sowie

bei Tage und bei Nacht im Dienstzimmer des wachthabenden Schleusenmeisters an der Schleuse in Leer.

[1]) Außergewöhnliche Schiffahrtsbehinderungen.

[2]) Gleichbedeutend mit Schiffahrtsbehinderung irgend welcher Art. Es handelt sich hier um die in § 24 Abs. 2 vorgesehene Auskunftserteilung.

### 3. Lotsensignale[1]).

Bei Annäherung an Emden sind gegebenenfalls folgende Signale zu geben:

| | als | | |
|---|---|---|---|
| | Tagsignal | Nachtsignal | Schallsignal[2]) |
| a) Zum Absetzen eines Lotsen | Lotsenflagge halbmast im Vortopp | | ein lang, fünf kurz (▬ ● ● ● ● ●) |
| b) Zum Herbeirufen eines Hafenlotsen | Lotsenflagge im Vortopp vorgeheißt | Flackerfeuer | zwei lang, vier kurz (▬ ▬ ● ● ● ●) |
| c) Zum Herbeirufen eines Binnenlotsen für Leer, Weener od. Papenburg. (Der Binnenlotse ist gleichzeit. Hafenlotse für Leer und Papenburg) | Signal PT des Internationalen Signalbuchs im Vortopp | | ein lang, vier kurz, ein lang (▬ ● ● ● ● ▬) |

| | als | | |
|---|---|---|---|
| | Tagsignal | Nachtsignal | Schallsignal |
| d) Zum Herbeirufen eines Seelotsen | Signal S des Internationalen Signalbuchs im Vortopp | | vier lang, zwei kurz (▬ ▬ ▬ ▬ ● ●) |

[1]) Vorgesehen in § 35 g. Vgl. die Anm. daselbst.

[2]) Mit Dampfpfeife oder Nebelhorn zu geben.

### 4. Wegerechtsschiffe.

a) Im Ostfriesischen Gatje zwischen den Tonnen G 3 und E 13 dürfen sich Wegerechtsschiffe (vgl. §§ 14 und 42) nicht überholen[1]).

b) Oberhalb Emden ist es jedem Wegerechtsschiff verboten, ein anderes Wegerechtsschiff zu überholen[1]).

[1]) Vgl. § 42 c und d.

### 5. Schleppzüge.

a) Aus See kommende Schleppzüge müssen, bevor sie in das Ostfriesische Gatje einlaufen, im Dukegat ihre Schleppleine auf eine Höchstlänge von 100 m kürzen[1]). Emsabwärts fahrende Schleppzüge dürfen erst nach Durchfahren des Ostfriesischen Gatje im Dukegat die volle Länge ihrer Schleppleine ausstecken[2]).

b) Auf der Ems oberhalb Emdens und auf der Leda bis Leer dürfen Schleppzüge einschließlich des Schleppdampfers und der Schleppleinen nur eine Länge von 325 m haben[3]).

c) Das Zusammenkoppeln von mehr als zwei geschleppten Fahrzeugen nebeneinander ist verboten[4]).

[1]) Es handelt sich hierbei um die Trosse zwischen Schlepper und dem ersten Anhangsfahrzeug. Werden mehrere Fahrzeuge geschleppt, so ist die Länge der sie verbindenden Trosse nicht vorgeschrieben oder begrenzt, pflegt aber normalerweise kürzer zu sein als 100 m.

[2]) Bis dahin muß man als Höchstlänge 100 m annehmen (vgl. Satz 1).

[1]) Einschließlich der Anhangsfahrzeuge. Vgl. dagegen § 62 Nr. 13: von Heck des Schleppers bis Heck des letzten Schleppschiffs.

[2]) Daraus dürfte zu schließen sein, daß der Schlepper nur ein Fahrzeug längsseit schleppen darf, weil es sich hier um eine Bestimmung handelt, welche die Breite des Schleppzugs begrenzen will. Doch kann dies mangels ausdrücklicher Regelung zweifelhaft sein.

## 6. Flöße.

a) Die Flöße dürfen nicht länger als 80 m[1]) und nicht breiter als 10 m sein.

b) Bei Nacht dürfen Flöße oberhalb Emdens nicht fahren[2]).

[1]) Vgl. dazu Anm. 4 zu § 18.

[2]) D. h. weder treiben (vgl. § 47 Abs. 2) noch geschleppt werden.

## 7. Fahrtgeschwindigkeit.

Die zulässige Höchstgeschwindigkeit auf der Ems oberhalb Leerort bis Halte und auf der Leda bis Leer beträgt acht Knoten[1]). Höchstgeschwindigkeit bei Fähren siehe Ziffer 9.

[1]) Durch das Wasser oder über Grund? Für die Frage der „mäßigen Geschwindigkeit" im Sinne des Art. 16 SStrO. (I, 820) ist die Fahrt durchs Wasser entscheidend (vgl. RG. HansGZ. 1888 Nr. 76; HansOLG. HansGZ. 1911 Nr. 33; OSA. 17, 112). Ob das auch auf den Fall übertragen werden

kann, daß eine bestimmte Geschwindigkeit im Interesse des Schutzes der übrigen Schiffe (insbes. kleiner, offener Fahrzeuge, Kähne, Schuten usw.) und zur Vermeidung der Beschädigung von Uferanlagen und Böschungen durch Wellenschlag und der Fahrwassersohle durch den Sog und das Schraubenwasser erfordert wird, kann zweifelhaft sein. Es ist dabei zu erwägen, daß bei einer Strömungsgeschwindigkeit, von beispielshalber zwei Knoten, das gegen den Strom fahrende Schiff mit einem Kraftaufwand fahren muß, der einer Geschwindigkeit von zehn Knoten entspricht (praktisch ist es noch etwas mehr), um tatsächlich acht Knoten über Grund zu machen. Sog und Wellenschlag werden etwa einer Geschwindigkeit von zehn Knoten entsprechen. Dies dürfte aber das Gesetz nicht gewollt haben. Andererseits fährt ein Schiff in diesem Falle stromabwärts mit zehn Knoten über Grund, wenn es acht Knoten durchs Wasser läuft. Sog, Wellenschlag und Steuerfähigkeit entsprechen aber dabei einer Geschwindigkeit von acht Knoten. Im Allgemeinen halte ich es für richtig, alle Geschwindigkeitsbestimmungen der SWO. zu verstehen: durch das Wasser (und nicht über Grund).

Allerdings können sich zuweilen Zweifel erheben, insbesondere in den häufigen Fällen, in welchen neben der Zahl der Knoten (also Geschwindigkeit in Seemeilen pro Stunde) auch noch die Fahrtzeit für bestimmte Strecken angegeben ist, welche als Mindestfahrzeit zu gelten hat (vgl. § 80 Nr. 14 b, § 83 Nr. 4).

Als Beispiel sei Bezug genommen auf § 83 Nr. 4. Mangels anderweiter Bestimmung gilt die Geschwindigkeit von dreieinhalb Knoten sowohl stromaufwärts als stromabwärts, gleichzeitig aber ist eine Mindestfahrzeit von acht Minuten herausgerechnet. Es kommt also darauf an, ob diese acht Minuten gleichfalls für die Fahrt stromauf und stromab gelten sollen. In diesem Falle versteht sich die Geschwindigkeit von dreieinhalb Knoten über Grund. Das ist jedoch wenig plausibel, da stromab in diesem Falle kaum die Steuerfähigkeit erhalten bliebe. Will man die Fahrt durchs Wasser als maßgebend ansehen, so müssen sich die acht Minuten Fahrzeit auf die Fahrt stromab beziehen, weil im entgegengesetzten Falle (Beziehung auf die Fahrt stromauf) die Fahrt stromab weniger als acht Minu en erfordern müßte, also die Mindestfahrzeit unterschreiten würde; die Frage erscheint zweifelhaft. Vielleicht stell sie sich als bedeutungslos heraus, wenn nämlich die Strömung in den betreffenden Gewässern gering ist, so daß sie praktisch nicht ins Gewicht fällt, zumal es sich hier ja stets um Geschwindigkeiten handelt, die innerhalb gewisser Grenzen schwanken dürfen. Die aufgeworfene Frage betrifft jedenfalls aber nicht die Fälle, in denen die SWO. lediglich eine Umrechnung von Seemeilen in Kilometer vornimmt (vg . § 65 Nr. 3; § 66 Nr. 3; § 67 Nr. 3; § 68 Nr. 3; § 69 Nr. 3; § 70 Nr. 3; § 71 Nr. 3; § 72 Nr. 3 u. a.).

### 8. Verkehr auf engen Strecken.

Für den Schiffsverkehr auf den engen Emsstrecken gelten folgende Sonderbestimmungen:

a) Beim Durchfahren der scharfen Krümmungen der Ems bei Coldam, Weekeborg und Mitling, deren Grenzen durch rote Tafeln mit der weißen Aufschrift „Signal" kenntlich gemacht sind, haben Dampffahrzeuge folgende Bestimmungen zu beachten:

1. Bei den Tafeln, die an beiden Seiten des Stromes angebracht sind, haben die mit dem Strom fahrenden Dampffahrzeuge einen langen Ton[1]) mit der Dampfpfeife abzugeben, worauf die gegen den Strom fahrenden Fahrzeuge nur bis zu der roten Tafel die Fahrt fortsetzen dürfen. Hier haben sie so lange zu warten[2]), bis das mit dem Strome fahrende Fahrzeug vorbeigefahren ist.

2. Begegnen sich Dampffahrzeuge zu einer Zeit, wo keine Strömung vorhanden ist, so haben die Fahrzeuge, welche den äußeren Bogen der

Krümmung an Steuerbord haben, die Fahrt unter Beobachtung des unter 1 angegebenen Signals fortzusetzen, während die begegnenden Fahrzeuge das Freiwerden der Krümmung abzuwarten haben[3]).

3. Sobald das unter 1 aufgeführte Signal abgegeben ist, ist das Quertreiben von Fahrzeugen[4]) in den Krümmungen unzulässig. Kleinere Fahrzeuge haben das tiefere Fahrwasser tunlichst frei zu lassen[5]).

b) Wegen des Ankerverbotes in den Krümmungen vergleiche Ziffer 11.

[1]) 4—6 Sekunden (§ 2 Ab. 2 SWO; Art. 15 Abs. 2 SStrO.).

[2]) Entweder, indem sie sich gegen den Strom halten oder vor Anker.

[3]) Befinden sich mehrere Schiffe mit Vorrecht in der Krümmung, so muß die Durchfahrt aller abgewartet werden. Ist aber die Krümmung einmal frei geworden, so braucht das begegnende Fahrzeug nicht auf ein Schiff Rücksicht zu nehmen, das sich der Krümmung von der anderen Seite erst nähert, außer wenn dies nach § 5 Abs. 4, Art. 29 SStrO. geboten ist.

[4]) An sich durch die SWO. nicht verboten Aber § 48d und § 5 Abs. 4 ergeben eine besondere Sorgfaltspflicht. Vgl. auch § 38. Stets ist der Gesichtspunkt maßgebend, daß die durchgehende Schiffahrt nicht behindert werden darf.

[5]) Vgl. § 36 Satz 3 und 4.

### 9. Fähren[1]).

a) Die Fährstrecken[2]) aller Fähren dürfen nur mit einer Höchstgeschwindigkeit von drei Knoten[3]) durchfahren werden. Soweit aus dem Wellenschlag auch dann noch Beschädigungen entstehen können, ist die Geschwindigkeit noch weiter zu mäßigen oder zu stoppen[4]).

b) Falls durch besondere Signale der Fähren nicht etwas anderes angezeigt wird, sind die Fähren verpflichtet, das Absetzen und Übersetzen nach Möglichkeit so einzurichten, daß die durchgehende Schiffahrt nicht behindert wird[5]).

c) Bei nebligem Wetter[6]) wird während der ganzen Überfahrt von den Fähren mit einer Glocke geläutet[7]).

d) Bei der Fähre zu Leerort werden von den in Fahrt befindlichen Fähren besondere Signale gegeben, hinsichtlich deren folgendes zu beachten ist:

1. Bei Tage werden die nachstehenden Signale mittels eines den Eisenbahnsignalmasten ähnlichen Apparates gegeben, der aus einer 3 m über der Schanzkleidung[8]) der Fähren hervorragenden, rot angestrichenen Stange mit oben zwei rot angestrichenen beweglichen, 1 m langen blattförmigen Armen besteht.
   a) Hängen diese beiden Arme auf einer Fähre an der Stange senkrecht herab, so können Fahrzeuge und Flöße an jeder Seite der Fähre vorbeifahren.
   b) Ist einer der beiden Arme in rechtwinkliger Stellung zu der Stange aufgezogen, so dürfen Fahrzeuge und Flöße auf derjenigen Seite des Stromes, nach der dieser Arm hinweist, nicht an der Fähre vorbeifahren.
   c) Sind beide Arme in rechtwinkliger Stellung zur Stange aufgezogen, so ist die Vorbeifahrt von Fahrzeugen und Flößen auf beiden Seiten der Fähre verboten.
   d) Bei Nebel wird bei Abgabe der unter b und c beschriebenen Signale[9]) auf der Fähre gleichzeitig mit der Glocke geläutet.
2. Bei Nacht werden die Fahrtregelungssignale durch eine Laterne mit rotem Lichte und durch Glockenläuten[10]) wie folgt gegeben:

a) Steht auf einer in Fahrt befindlichen Fähre das rote Licht fest und wird die Glocke nicht geläutet, so können Fahrzeuge und Flöße in der Mitte der größeren Strombreite, welche zwischen einem der beiden Stromufer und der Fähre vorhanden ist, vorüberfahren[11]).

b) Wird das rote Licht hin und her bewegt und gleichzeitig die Glocke geläutet, so ist die Vorbeifahrt von Fahrzeugen und Flößen an der Fähre verboten.

c) Bei der Halter Fähre wird zum Zeichen des Abfahrens der Fähre vom Ufer jedesmal mit einer Glocke geläutet und bei Nacht an möglichst erhöhter Stelle der Fähre ein helles weißes Licht gezeigt[12]).

[1]) Vgl. § 16, § 40, § 44, § 56f und g.

[2]) Über Fähr- und Brückenstrecken als Gefahrzonen vgl. § 44 Anm. 1 und zu § 56 f und g.

[3]) Vgl. oben § 61 Anm. 7 (durchs Wasser, nicht über Grund).

[4]) Vgl. 39. Also bis an die Grenze der Steuerfähigkeit, Stoppen bedeutet: die Fährlinie ohne Schraubendrehung durchfahren. Nicht erfordert wird ein Anhalten des Schiffes, sondern der Maschine.

[5]) Im Gegensatz zu § 44, welcher bei Ketten- und Seilfähren die Rücksichtnahme der die Fährlinie passierenden Schiffahrt auferlegt. 9b gilt in erster Reihe für freie Fähren. Doch auch bei Ketten- und Seilfähren hat die Vorschrift ihren guten Sinn, indem sie zu einer beiderseitigen Rücksichtnahme verpflichtet.

[6]) Vgl. §§ 33, 56b.

[7]) Ohne Unterbrechung und Gliederung, um Verwechselungen zu vermeiden (§ 33b, c und e, Art. 15 Abs. 4d SStrO.).

[8]) Gleich: oberer Bordrand.

[9]) Diese Signale müssen also auch bei Nebel (am Tage) gegeben werden. Bei schwerem Nebel werden sie allerdings als zwecklos anzusehen sein, da sie zu spät sichtbar werden,

als daß der Gegenfahrer noch Manöver machen könnte, um etwa an der anderen Seite der Fähre vorüberzufahren. Das Läuten der Glocke wird damit zum einfachen Nebelsignal i. S. des Art. 15 SStrO., worauf der Gegenfahrer nach Art. 16 SStrO. reagieren muß.

[10]) Der SStrO. unbekannte Kombination von Licht- und Schallsignalen. Bei schwerem Nebel bleibt auch hier nur das Läuten der Glocke auf größere Entfernung merkbar.

[11]) Vorausgesetzt, daß dies nach § 5 Abs. 4 (Art. 29 SStrO.) tunlich ist. Denn die Vorschrift des § 36 (Rechtsfahren) wird nicht außer Kraft gesetzt. Liegt die größere Strombreite zu Backbord des passierenden Schiffes, so müßte es in das falsche Fahrwasser hinüber. Besteht dabei Gefahr der Kollision mit einem Gegenfahrer, so könnte sich das Schiff nicht darauf berufen, daß § 61 Nr. 9d zu 2a ihm eine besondere Erlaubnis zum Verlassen seiner Fahrwasserseite erteilt hätte. In solchen Fällen gilt Art 23 SStrO. § 44 Satz 2 SWO. analog: Das Schiff muß stoppen bzw. rückwärtsgehen, die Fähre passieren lassen und die Fährlinie hinter ihr kreuzen.

[12]) Also nur vorübergehend. Sichtweite: 1 Seemeile (§ 8 Abs. 4).

## 10. Durchfahren der Eisenbahnklappbrücke bei Weener.

a) Bei Annäherung an die Brücke ist auf die Verkehrssignale zu achten, die an einem auf dem Obergurt der Brücke stehenden, etwa 6,5 m hohen eisernen Gittermast gezeigt werden.

Als Tagsignale werden eine am oberen Ende des Mastes befindliche durchlöcherte Scheibe von 1,5 m Durchmesser und ein in halber Höhe des Mastes angebrachter 2 m langer durchlöcherter Balken benutzt. Es werden folgende Signale gezeigt:

1. Durchfahrt frei: Die runde Scheibe ist umgeklappt und liegt wagerecht, der Balken steht senkrecht vor dem Gittermaste.
2. Durchfahrt nicht frei, Brücke kann geöffnet werden: Die runde Scheibe ist voll sichtbar, der Balken steht senkrecht vor dem Gittermaste.
3. Durchfahrt verboten[1]): Die runde Scheibe ist voll sichtbar, der Balken steht wagerecht. Bei Dunkelheit werden an Stelle des Signals zu 3 am Gittermast zwei übereinander angebrachte rote Lichter gezeigt[2]).

b) Das Durchfahren der Brücke darf erst erfolgen, nachdem die Klappbrücke vollständig geöffnet ist und das Signal „Durchfahrt frei" gezeigt wird.

Wird das Signal „Durchfahrt verboten" gezeigt, so ist rechtzeitig zu stoppen und nötigenfalls an den unterhalb und oberhalb der Brücke befindlichen zwei Dalben festzumachen.

c) Die Brücke wird nur in der Zeit von etwa eine Stunde vor Sonnenaufgang bis etwa eine Stunde nach Sonnenuntergang offen gehalten oder geöffnet, und zwar wird sie:

1. offen gehalten[3]) bei Bedarf nach Möglichkeit täglich dreimal je etwa eine Stunde lang (vorläufig nur vom 1. April bis 30. September);
2. geöffnet[4]) für Seeschiffe[5]) auf Aufforderungssignal während der Eisenbahnbetriebspausen. Seeschiffe[6]), die die Brücke durchfahren wollen, müssen als Aufforderungssignal zum Öffnen der Brücke rechtzeitig zwei beliebige Flaggen übereinander am Maste zeigen und ein Schallsignal von zwei langen Tönen (▬ ▬) geben[7]). Die Zeit des Offenhaltens der Brücke und die Eisenbahnbetriebspausen

werden von der Reichsbahndirektion Oldenburg in den Tageszeitungen bekanntgegeben.

d) Bei Sturm (von Windstärke 9 an)[8]) bleibt die Brücke geschlossen.

Muß die Brücke infolge Instandsetzungsarbeiten geschlossen bleiben, so wird die Reichsbahndirektion Oldenburg dieses durch die Schleusenmeister in Leer und Papenburg, nach Möglichkeit auch durch die Tageszeitungen bekanntgeben[9]).

e) Außerdem ist den Führern von Fahrzeugen, die die Klappbrücke durchfahren wollen, in Leerort beim Fährmeister, auf der Schleuse Leer und in Papenburg Gelegenheit gegeben, sich unmittelbar durch Fernsprecher mit dem Brückenwärter über das Offenhalten der Brücke zu verständigen[10]).

Am östlichen Pfeiler der festen Durchfahrtsöffnung ist ein Ring von drei weißen Ziegelsteinschichten eingemauert. Solange die Oberkante dieses Ringes noch sichtbar ist, ist eine freie Durchfahrtshöhe von 4 m vorhanden[11]).

[1]) Müßte heißen: „Durchfahrt nicht frei. Brücke kann nicht geöffnet werden." Denn verboten ist die Durchfahrt natürlich auch im Falle 2, weil die Brücke geschlossen ist.

[2]) Daß für die Signale zu 1 und 2 keine entsprechenden Lichtsignale vorgesehen sind, liegt daran, daß die Brücke nachts überhaupt nicht geöffnet wird (vgl. zu c).

[3]) D. h. zur allgemeinen Benutzung (für Schiffe aller Art), aber ohne Rücksicht darauf, ob sie während der ganzen Zeit durchfahren wird.

[4]) Zur Durchfahrt für ein oder mehrere besondere Schiffe, hinter denen die Brücke alsbald geschlossen wird.

[5]) Regelmäßig zur Seefahrt verwendetes Schiff. Vgl. das Nähere I, 8. Aus der Judikatur: RG. Seuff. Arch. 38, 82;

Gruchot 38, 1142; HansOLG. HansGZ. 1902, 116; 1903 Nr. 86. Auch ein regelmäßig zur See- und Binnenschiffahrt verwendetes Schiff. RG. Gruchot 38, 1142; HansOLG. Seuff. Arch. 69, 414. Seeleichter im Schlepp eines Dampfers gehören stets zu den Seeschiffen, wie überhaupt alle Schleppzüge, in denen ein Seeschiff enthalten ist.

[6]) Bei Schleppzügen hat entweder der Schlepper oder das geschleppte Seeschiff das Signal zu geben.

[7]) Langer Ton vgl. § 2 Abs. 2 SWO., Art. 15 Abs. 2 SStrO. (4—6 Sekunden).

[8]) Beaufort-Skala. Vgl. Budde S. 76.

[9]) Vgl. dazu § 24.

[10]) Der Fähr- bzw. Schleusenmeister hat die Benutzung des Fernsprechers zu gestatten.

[11]) Wichtig zur Beurteilung, ob das Fahrzeug durch die feste Durchfahrtsöffnung fahren kann und darf. Bestehen Zweifel, so muß der Schiffer die Brücke öffnen lassen oder auf ihre Offenhaltung warten (§ 5 Abs. 4 SWO.).

## 11. Ankern und Anlegen.

a) Das Ankern von Fahrzeugen innerhalb der scharfen Krümmungen der Ems bei Coldam, Weekeborg und Mitling ist verboten.

b) An den Pfahlwerken (Dalben) am rechten Emsufer vor dem Völlener Wehrdeich unterhalb der Halter Fähre sowie auf der Ems bei Halte ist das Ankern[1]) und Leichtern von Seeschiffen oder das Umladen zwischen See- und Kanalschiffen verboten. Ausnahmen können durch die Schiffahrtspolizeibehörde auf vorherigen Antrag gestattet werden[2]).

Das vorübergehende Anlegen von Fahrzeugen an den Dalben ist gestattet, es dürfen jedoch hierbei niemals zwei Fahrzeuge nebeneinandergelegt werden.

c) Das Ankern von Fahrzeugen auf der Ems bei Leerort ist oberhalb der Fähre verboten. Fahrzeuge, die unterhalb der Fähre von Leerort vor Anker gehen, dürfen den Betrieb und die Sicherheit der Fähre nicht stören[3]).

d) In der Leda ist das Ankern zwischen der Esclumer Fähre und der Mündung des Außenhafens von Leer verboten. Fahrzeuge, die in der Leda vor Anker gehen wollen, müssen oberhalb der Einfahrt zur Leerer Seeschleuse anlegen, sofern sie nicht im Außenhafen selbst liegen können und dürfen.

e) Bagger haben ihre im Fahrwasser oder in dessen Nähe liegenden Anker mit einer gut sichtbaren Boje zu bezeichnen[4]).

[1]) Vor allem das Anlegen an der Dalbenreihe zum Zweck des Ladens usw. Dies ergibt sich aus dem nächsten Absatz, der nur ein vorübergehendes Anlegen gestattet.

[2]) Vgl. § 48c.

[3]) Vgl. § 56g.

[4]) Vgl. § 59 Anm. 10. Am besten von roter Farbe.

## 12. Ankerplätze für Fahrzeuge mit Sprengstoffen oder Munition[1]).

Fahrzeuge, die mehr als fünfunddreißig Kilogramm Sprengstoffe oder Munition geladen haben (vgl. § 56 Abs. h), dürfen nur an folgenden Stellen ankern:

a) im Fahrwasser der „Alten Ems" südlich von Borkum zwischen den Tonnen A D und A E,

b) an der Knock außerhalb des betonnten Fahrwassers[2]), südwestlich der Tonne E F.

[1]) Vgl. § 56h.

[2]) Hauptfahrwasser i. S. der §§ 6 und 36.

13. Ausübung der Fischerei.

a) Fischende Fahrzeuge müssen das betonnte Fahrwasser so weit frei lassen, daß die Schiffahrt nicht behindert wird[1]). Sie müssen in der Längsrichtung des Flusses von den stehenden Hamen einen Abstand von mindestens 300 m, untereinander mindestens 150 m, wahren. Auch müssen sämtliche in einem Racke des Flusses fischende Fahrzeuge an ein und derselben Seite der tiefen Fahrrinne liegen. In scharfen Krümmungen des Flusses dürfen die den Fischfang ausübenden Fahrzeuge sich nur an der auf dem inneren Bogen der Krümmung gelegenen Seite aufhalten.

b) An den einzelnen Fangstellen dürfen die Netzpfähle nur so weit ausgesteckt werden, als durch sie die Schiffahrt nicht behindert wird. Über die Grenze der auszusteckenden Pfähle und über ihre Anzahl entscheidet im einzelnen Falle die Schiffahrtspolizeibehörde[2]) oder in ihrem Auftrag der Fischereiaufsichtsbeamte.

c) Spätestens 14 Tage nach Beendigung der jedesmaligen Fangsaison sind alle für den Fischfang ausgesteckten Pfähle zu entfernen.

[1]) Grundsätzlich ist also das Fischen im Hauptfahrwasser nicht unzulässig. Vgl. jedoch § 55.

[2]) Vgl. § 7.

## Besondere Vorschriften für die Jade, Weser und Lesum[1])[2]).

### 1. Grenzen des Geltungsbereichs der Seewasserstraßenordnung[3]).

**§ 62.** Die äußere Geltungsgrenze[4]) wird gebildet durch die Verbindungslinie „Harle-Ansteuerungstonne,

Jade-Heultonne, Weser-Schlüsseltonne, rote Bakentonne Alte-Weser, weiße Bakentonne Nordergründe West".

Nach innen[4]) gilt die Seewasserstraßenordnung:

Auf der Jade bis zur Reichskriegshafengrenze (für das Reichskriegshafengebiet sind die Bestimmungen der Hafen- und Seepolizeiordnung für das Reichskriegshafengebiet von Wilhelmshaven maßgebend)[5]), auf der Weser bis zur Kaiserbrücke in Bremen, auf der Lesum bis zur Eisenbahnbrücke bei Burg-Lesum[6]).

[1]) Keine Haftung des Bremischen Staats für einen Schaden, der durch ein Wrack auf der Lesum entstanden ist. HansGZ. 1919 Nr. 103.

[2]) Schiffahrtspolizeibehörde.

Bis zur Errichtung reichseigener Wasserstraßenbehörden sind für die Schiffahrtpolizei für die Jade das Marinestationskommando in Wilhelmshaven, für die Weser, Hunte und Lesum die Landesbehörden innerhalb des Hoheitsgebiets der einzelnen Länder zuständig.

Zuständige Behörde gemäß § 46 ist die Wasserstraßendirektion in Bremen.

Durch Verordnung des Senats vom 29. November 1927 (Gesetzbl. Bremen 1927 S. 309) sind mit Wirkung vom 1. Dezember 1927 aufgehoben worden:

1. Die Verordnung, betr. Polizeiliche Vorschriften für die Schiffahrt und Flößerei auf der Weser von der Kaiserbrücke in Bremen bis zum Rotesand-Leuchtturm, sowie auf der Geeste und Lesum, vom 15. Dezember 1911, (Gesetzbl. S. 205) mit Ausnahme der §§ 1—16, die am 1. Januar 1928 außer Kraft treten.

2. Verordnung, betr. Dampfschiffe, die unter arbeitender Maschine vor Anker liegen, vom 13. Dezember 1895 (Gesetzbl. S. 266).

3. Verordnung der Polizeidirektion, betr. das Ankern von Schiffen auf der Weser, vom 2. Januar 1901 (Gesetzbl. S. 4).

4. Verordnung, betr. die mißbräuchliche Benutzung von Seeschiffahrtszeichen, vom 4. September 1901 (Gesetzbl. S. 193).

5. Verordnung, betr. das unbefugte Anbringen von Bezeichnungen des Fahrwassers der Weser, vom 29. November 1901 (Gesetzbl. S. 305).

6. Verordnung, betr. die Behandlung von Schiffen, welche im Fahrwasser der Unterweser an Grund geraten sind, vom 3. März 1903 (Gesetzbl. S. 9).

7. Verordnung der Polizeidirektion über die Anmeldung von Schiffsmannschaften vom 19. April 1918 (Gesetzbl. S. 93).

8. Verordnung des Hafenamts Bremerhaven, betr. das Einlaufen von Schiffen aus der Weser in die Geeste, vom 21. August 1922 (Gesetzbl. S. 459).

Dagegen ist am 1. Januar 1928 in Kraft getreten: Die Strom- und Schiffahrtspolizeiverordnung für die Binnenschiffahrt und Flößerei auf der Unterweser vom 7. Dezember 1927 (RGB. II S. 1109). Vgl. unten Anm. 7.

[3]) Über Betonnung und Befeuerung vgl. Anhang Anl. 4 und 5.

[4]) Vgl. § 61 Nr. 1 Anm. 4.

[5]) Die SWO. gilt dort überhaupt nicht, die SStrO. nur subsidiär.

[6]) Vgl. Verordn., betr Binnenschiffahrt und Flößerei auf der Unterweser vom 7. Dezember 1927 (RGBl. S. 1109). Sie gilt von der Kaiserbrücke in Bremen bis zur Grenze der Seefahrt auf der Lesum und auf der Hunte von Oldenburg bis zu ihrer Einmündung in die Weser.

## 2. Benennung des Weserfahrwassers.

Innerhalb des Geltungsbereichs dieser Ordnung heißt die Fahrwasserstrecke unterhalb der Südgrenze der Reede von Wesermünde und Bremerhaven Außenweser, die Fahrwasserstrecke oberhalb dieser Grenze Unterweser.

### 3. Lichterführung.

Offene Fahrzeuge[1]), gleichviel ob sie rudern, segeln oder geschleppt werden[2]), müssen eine Laterne mit einem weißen Lichte gebrauchsfertig zur Hand haben[3]), das bei Annäherung an andere Fahrzeuge rechtzeitig gezeigt werden muß, um einen Zusammenstoß zu verhindern[4]).

[1]) Ungedeckte (evtl. auch halbgedeckte) Fahrzeuge. Vgl. § 10 Anm. 2.

[2]) Auch wenn sie die Lichter des geschleppten Schiffes nach Art. 5 SStrO. führen.

[3]) Vgl. § 12 SWO; Art. 6 SStrO.

[4]) Da dieses Licht nur diesem Zweck dient, also erhebliche Annäherung der Schiffe vorliegen muß, so ist die Sichtweite (trotz § 8 Abs. 4) nicht von Belang.

### 4. Seelotsenfahrzeuge[1]).

Seelotsenfahrzeuge, die Lotsendienste auf der Weser tun[2]), dürfen, wenn sie vor Anker liegen, außer dem für Lotsenfahrzeuge vorgeschriebenen weißen Lichte am Masttopp (vgl. Artikel 8 der Seestraßenordnung) eine Ankerlaterne[3]) führen, um ihre Lage im Fahrwasser erkennbar zu machen[4]). Sie brauchen das im Artikel 8 der Seestraßenordnung vorgeschriebene Flackerfeuer nur bei Annäherung von Fahrzeugen zu zeigen, die Lotsenhilfe begehren[5]).

[1]) Vgl. § 23.

[2]) Sind sie nicht im Dienst, so haben sie lediglich die Lichter wie andere Fahrzeuge ihrer Art und Größe zu führen (vgl. Art. 8 Abs. 6 SStrO. — I, 811).

[3]) Anbringung nach Art. 11 Abs. 1 SStrO.

[4]) Sind sie nicht im Dienst, so gilt für sie Art. 11 SStrO. (I, 815).

[5]) Einschränkung des Art. 8 SStrO. Die Berechtigung zum Zeigen von Flackerfeuern (aus Art. 8 und 12 SStrO.) bleibt ihnen unbenommen.

### 5. Lotsensignale[1]).

Die nachstehenden Vorschriften gelten für die Reede von Wesermünde und Bremerhaven:

a) Fahrzeuge, die nach Nordenham, Brake oder nach einem anderen oldenburgischen Hafen im Wesergebiete bestimmt sind und einen Lotsen wünschen, müssen:
   1. bei Tage die Flagge P des Internationalen Signalbuchs[2]) im Vortopp[3]) heißen und einen langen Ton von mindestens zehn Sekunden Dauer[4]) mit der Dampfpfeife geben;
   2. bei Nacht ein weißes Licht über den Bug[5]) oder ein einmaliges Flackerfeuer zeigen und einen langen Ton mit der Dampfpfeife von mindestens zehn Sekunden Dauer geben.

b) Fahrzeuge, die einen Bremerhavener Hafenlotsen wünschen, müssen:
   1. bei Tage eine Flagge halbstocks im Großwant[6]) zeigen und einen langen, einen kurzen, einen langen und zwei kurze Töne mit der Dampfpfeife geben[7]);
   2. bei Nacht nur das unter 1 genannte Dampfpfeifensignal geben. (Die langen Töne der Signale unter 1 und 2 müssen eine Dauer von mindestens zehn Sekunden haben.)

c) Fahrzeuge, die einen Wesermünder Hafenlotsen wünschen, müssen:

1. bei Tage das Signal PT des Internationalen Signalbuchs im Vortopp heißen und zwei lange Töne von mindestens je zehn Sekunden Dauer mit der Dampfpfeife geben;
2. bei Nacht zwei lange Töne von mindestens je zehn Sekunden Dauer mit der Dampfpfeife geben und ein zweimaliges Flackerfeuer zeigen.

d) Fahrzeuge, die einen Lotsen nach Bremen-Stadt oder Vegesack wünschen, müssen:
1. bei Tage das Signal PTQ des Internationalen Signalbuchs im Vortopp heißen und drei lange Töne mit der Dampfpfeife von mindestens je zehn Sekunden Dauer geben;
2. bei Nacht ein Flackerfeuer dreimal in kurzen Zwischenräumen hintereinander zeigen und drei lange Töne mit der Dampfpfeife von mindestens je zehn Sekunden Dauer geben.

e) Fahrzeuge, die einen Seelotsen wünschen, müssen:
1. bei Tage die Lotsenflagge oder Flagge S des Internationalen Signalbuchs im Vortopp heißen und drei lange und einen kurzen Ton mit der Dampfpfeife geben;
2. bei Nacht über der Verschanzung[3]) in kurzen Zwischenräumen ein weißes Licht oder Flackerfeuer zeigen und drei lange und einen kurzen Ton mit der Dampfpfeife geben. (Die langen Töne der Signale unter 1 und 2 müssen eine Dauer von mindestens zehn Sekunden haben.)

[1]) Vgl. § 23.

[2]) Vgl. Budde S. 77.

[3]) Oberer Teil des vordersten Mastes.

[4]) Abweichung von § 2 Abs. 2 SWO. und Art. 15 Abs. 2 SStrO. (dort nur 4—6 Sekunden Dauer!).

[5]) Also nicht in solcher Höhe, daß es in Verbindung mit dem weißen Topplicht des Art. 2a SStrO. gebracht werden kann (Verwechslung mit den Schlepperlichtern des Art. 3 SStrO. bei kleineren Fahrzeugen nicht ausgeschlossen).

[6]) Seitliche Versteifung des Großmastes (zweiter Mast von vorn gerechnet).

[7]) Auch hier gelten nicht § 2 Abs. 2 SWO., Art 15, Abs. 2 SStrO. (langer Ton von 4—6 Sekunden Dauer). Vgl. Nr. 2.

[8]) Verschanzung = Schanzkleidung (§ 61 Nr. 9d zu 1), d. h. oberer Bordrand.

### 6. Reedereierkennungssignale.

Für Benachrichtigung der Reedereien darf beim Vorbeifahren an den Signalstellen Bremerhaven, Brake-Fünfhausen und Vegesack als Schallsignal das Achtungssignal[1]) (§ 35 Ziffer a) bei gesetzter Reedereiflagge oder zur Nachtzeit in Verbindung mit dem nach Artikel 13 der Seestraßenordnung zugelassenen Erkennungssignale[2]) gebraucht werden.

[1]) Ein langer Ton von 4—6 Sekunden Dauer (§ 2 Abs. 2 SWO. und Art. 15 Abs. 2 SStrO.).

[2]) Es muß vom Reeder mit amtlicher Genehmigung angenommen, vorschriftsmäßig eingetragen und bekannt gemacht sein. Vgl. I, 817. Das sog. „Kontorlicht" ist nicht zulässig. Vgl. RG. 21, 143.

### 7. Warnungssignale für Schiffahrtsbehinderung.

Warnungssignale gemäß § 24 werden gezeigt:

auf der Außenweser[1]) auf den Leuchttürmen Rotersand und Robbenplate, in Bremerhaven am Wasserstandssignalmast auf dem Außendeich nördlich der Einfahrt zum alten Hafen;

auf der Unterweser[1]) von den Wasserstandssignalstationen Brake-Fünfhausen und Vegesack zwischen zwei aufgestellten Signalmasten.

Die Leuchttürme Rotersand und Robbenplate geben Signale für Störungen im Fahrwasser der Außenweser, die Stelle in Bremerhaven für Störungen im Fahrwasser der Außen- und Unterweser, die Stellen in Brake-Fünfhausen und Vegesack für Störungen im Fahrwasser der Unterweser und Hunte.

Das Weserfahrwasser wird zum Zwecke der Unterscheidung der Signale bei Nacht in sieben Strecken eingeteilt; für jede Strecke ist ein besonderes Nachtsignal vorgesehen, so daß man erkennen kann, auf welcher Strecke die Schiffahrtsbehinderung[2]) sich befindet.

Die Signale für die Weserstrecke unterhalb Bremerhavens bestehen aus einer Zusammensetzung von zwei wagerecht angebrachten Lichtern, die Signale für die Weserstrecke oberhalb Bremerhavens aus einer Zusammenstellung von drei Lichtern, die ein gleichseitiges, mit der Spitze nach unten gerichtetes Dreieck bilden.

Für die einzelnen Wasserstrecken gelten folgende Warnungssignale für Schiffahrtsbehinderung, die von den im Abs. 1 bestimmten Signalstellen gezeigt werden:

a) Rotersand Leuchtturm bis Hoheweg
   rotes und weißes Licht (wagerecht),

b) Hoheweg bis Leuchtbake Langlütjen
   zwei rote Lichter (wagerecht),

c) Leuchtbake Langlütjen bis Südgrenze der Reede Wesermünde und Bremerhaven
   zwei weiße Lichter (wagerecht),

d) Südgrenze der Reede Wesermünde und Bremerhaven bis Signalstelle Brake-Fünfhausen
drei weiße Lichter (im Dreieck),

e) Signalstelle Brake-Fünfhausen bis Hunteleuchtbake
zwei weiße Lichter, darunter (im Dreieck) ein rotes Licht,

f) Hunteleuchtbake bis Oldenburg
ein weißes Licht, ein rotes Licht, darunter (im Dreieck) ein weißes Licht,

g) Hunteleuchtbake bis Signalstelle Vegesack
drei rote Lichter (im Dreieck),

h) Signalstelle Vegesack bis Hohentorshafeneinfahrt in Bremen zwei rote Lichter, darunter (im Dreieck) ein weißes Licht.

[1]) Vgl. § 62 Nr. 2

[2]) Vgl. § 24 SWO.

8. Fahrtbeschränkungen.

Im Fahrwasser bei Nordenham, und zwar auf der Strecke von dem roten Flagbaljersieltief-Unterfeuer (querab von der Nordgrenze des Grundstücks der Norddeutschen Seekabelwerke am Flußufer nördlich des Fischereihafens von Nordenham) bis zur roten Tonne NA (querab von der Südgrenze des Grundstücks der Deutsch-amerikanischen Petroleum-Gesellschaft am Flußufer südlich von Nordenham) sowie querab von der Braker Reede, haben Dampffahrzeuge ihre Geschwindigkeit so weit zu mäßigen, wie es die Erhaltung der Steuerfähigkeit der Fahrzeuge gestattet[1]), damit schädlicher Wellenschlag und Sog nach Möglichkeit vermieden werden.

Auf der Strecke von Rönnebeck — Kilometer 22 — bis zur Kaiserbrücke in Bremen müssen alle gegen den Strom fahrenden Dampffahrzeuge und Schleppzüge, wenn sie sich einem aus entgegengesetzter Richtung mit dem Strome kommenden Dampffahrzeug oder Schleppzug nähern, die Fahrt mäßigen[2]) und sich so einrichten[3]), daß ein Vorbeifahren in einer Biegung des Fahrwassers möglichst vermieden wird.

[1]) Vgl. dazu § 39 SWO.

[2]) Grad der Mäßigung ist abhängig von den Umständen (insbes. Größe, Tiefgang, voraussichtlicher Abstand beim Passieren, Windstärke, Wellengang), wobei auch die erkennbaren Eigenschaften des Gegenfahrers berücksichtigt werden müssen. Es gilt § 5 Abs. 4 SWO. und Art 29 SStrO.

[3]) Äußerstenfalls stoppen und liegenbleiben (Analog § 61 Nr. 8a), evtl. ankern.

## 9. Überholen.

Auf der Strecke von Rönnebeck — Kilometer 22 — bis zur Kaiserbrücke in Bremen ist es verboten, ein Dampffahrzeug oder einen Schleppzug zu überholen, während diese ein anderes Fahrzeug überholen[1]).

[1]) Ein an sich schon im engen Fahrwasser bedenkliches, aber weder durch die SWO. noch durch die SStrO. verbotenes Manöver. Ist das Überholen des ersten Schiffes durch das zweite beendet (d. h. also, liegt das zweite Schiff jetzt „klar" vor dem ersten; vgl. dazu Art. 24 Abs. 2 SStrO. — I, 833), so darf das dritte Schiff mit dem Überholen nur dann beginnen, wenn das erste Schiff nicht seinerseits das jetzt vor ihm liegende zweite zu überholen versucht. Hat andererseits das dritte Schiff nun mit dem Überholen des jetzt führenden zweiten Schiffes begonnen, so darf das erste Schiff ein Überholen des dritten nicht einleiten. Hier ist in besonderem Maße Umsicht und Befolgen seemännischer Praxis am Platze (§ 5 Abs. 4 SWO.). Vgl. auch Anm. 1 zu § 37.

10. Fahrregeln und Signale beim Einlaufen in Häfen, Vorhäfen und Nebengewässern oder umgekehrt[1]).

Alle Fahrzeuge haben beim Einlaufen in Häfen, Vorhäfen oder Nebengewässern ihren Kurs so zu nehmen, daß sie rechtzeitig die Einfahrtverhältnisse[2]) überblicken[3]) und sich danach einrichten können[4]); aus solchen Einfahrten auslaufende Fahrzeuge haben ebenfalls die der Sachlage entsprechende Vorsicht zu gebrauchen[5]).

Fahrzeuge, die von der Wesermünder Reede in die an der Geestemündung liegende Fischereischleuse von Wesermünde einzulaufen beabsichtigen, haben dieses Vorhaben durch das Signal „zwei kurze, ein langer[6]), zwei kurze Töne" anzuzeigen[7]).

Fahrzeuge, die in die Geeste einlaufen wollen, müssen in so großem Bogen einfahren, daß sie in der Lage sind, das Fahrwasser in der Geeste klar zu übersehen, um auslaufenden Fahrzeugen rechtzeitig ausweichen zu können[8]). Dampffahrzeuge haben sowohl vor dem Einlaufen wie vor dem Auslaufen einen mindestens acht Sekunden langen Ton[9]) mit der Dampfpfeife zu geben. Die Fahrt muß in jedem Falle so verlangsamt werden, wie es die sichere Führung des Fahrzeugs gestattet[10]).

[1]) D. h. die Regeln und Signale gelten auch beim Auslaufen aus Häfen, Vorhäfen und Nebengewässern. Vgl. Anm. zur Überschrift vor § 36 (örtliche Vorschriften).

[2]) D. h. nicht nur, ob ein Gegenfahrer durch die Einfahrt hinauskommt, sondern ob und welche Manöver nach Passieren der Einfahrt erforderlich sind, ob der Eingang zu einem Hafenbecken einstweilen gesperrt ist, weil ein Dampfer mit Schlepperhilfe dreht usw. Einfahrtverhältnisse bedeutet hiernach die Gesamtheit der Umstände welche während und bald nach der Einfahrt von dem Schiffe in Rechnung gezogen werden müssen.

[3]) Das darf aber nicht dazu führen, daß das Schiff, um die Einfahrt überblicken zu können (z. B. wenn diese durch hohe Gebäude verdeckt ist), in das falsche Fahrwasser (§ 36) hinübergeht. Wohl aber kann es sich der Fahrwassermitte nähern, um einen größeren Bogen zu machen (vgl. Abs. 3) und die Einfahrt rechtzeitig zu übersehen (OSA. 23 Nr. 73), d. h. so, daß unvorhergesehene Begegnungen mit auslaufenden Schiffen nach Möglichkeit vermieden werden, jedenfalls aber Ausweichmanöver möglich bleiben (vgl. Abs. 3). Über die Frage wieweit beim Ein- und Auslaufen in Seitenhäfen die Art. 19, 21, 22 und 25 SStrO. gegenüber den allgemeineren Vorschriften der Art. 27 und 29 SStrO. zurücktreten müssen und über die Notwendigkeit von Sondersignalen vgl. OSA. 23 Nr. 74; SA. Hamburg Hansa 1927, 295, ferner HansOLG. HansGZ. 1908 Nr. 120; RG. ibid. 1909 Nr. 125. Große, durch eine Hafeneinfahrt gehende Schiffe müssen Schlepperhilfe behalten, bis alles klar ist. OSA. 23 Nr. 66. § 62 Nr. 10 gilt auch für kleine Fahrzeuge. Auch diese dürfen nicht in kurzem Bogen um die Einfahrtmole herumdrehen oder (wenn es sich um kleine Segler handelt) mit einem kurzen Schlag die Einfahrt nehmen. Schleppzüge von größerer Länge sind schon wegen des langen Anhangs genötigt, weiter auszuholen.

[4]) Also stoppen, Raum geben, ausweichen, Signale geben (§ 35a), von der Einfahrt Abstand nehmen usw.

[5]) Hier sind besondere Manöver nicht vorgeschrieben, sondern nur der Grundsatz genannt, der auch die vorangegangene Alternative beherrscht: Vorsicht beim Ein- und Ausfahren! (§ 5 Abs. 4.)

[6]) 4—6 Sekunden (§ 2 Abs. 2 SWO. Art. 15 Abs. 2 SStrO.) im Gegensatz zum nächsten Absatz.

[7]) Rechtzeitig. Vgl. dazu § 39 Anm. 3.

[8]) Vgl. Abs. 1, aus dem sich ergibt, daß es sich nicht nur um das Ausweichen handelt. Vielmehr um die Möglichkeit, sich nach den Umständen „einrichten" zu können, wovon das Ausweichen nur ein Faktor ist.

[9]) Abweichung von § 2 Abs. 2 SWO., Art. 15 Abs. 2 SStrO.

[10]) Das bedeutet: Die Fahrt ist nur so weit zu ermäßigen, daß die volle Manövrier- insbesondere Steuerfähigkeit des Schiffes erhalten bleibt. Und zwar muß die sichere Führung erhalten bleiben. Es darf also nicht an die untere Grenze der Manövrierfähigkeit gegangen werden (weiter geht § 39 Satz 3: „Das geringste Maß, um das Fahrzeug steuerfähig zu erhalten"). Vgl. auch § 45 (für Schleppzüge).

## 11. Fahrregeln für Segel- und Ruderboote.

Auf der Strecke von Hoheweg bis zur Kaiserbrücke in Bremen muß ein kreuzendes Segelfahrzeug[1]) einem Dampffahrzeug aus dem Wege gehen[2]), sobald dieses ein Warnungssignal, bestehend aus einem mindestens zehn Sekunden langen Tone, mit der Dampfpfeife gibt; das Dampffahrzeug muß gleichzeitig seine Fahrt mindern[3]). Diese Vorschriften gelten nicht für Schlepper ohne Anhang[4]).

Ruder- und Segelluftfahrzeuge[5]) müssen auf der genannten Strecke rechtzeitig so manövrieren, daß die übrige Schiffahrt nicht behindert wird[6]).

[1]) Segelfahrzeuge, die nicht kreuzen, sondern vor dem Winde oder mit raumem Winde segeln, können die Fahrwasserseite halten und brauchen nicht das Fahrwasser zu kreuzen, dürfen es auch nicht (§ 36). Hier geht das Gesetz noch weiter: Im Gegensatz zu Art. 20 SStrO. (I, 329) muß der Segler ausweichen, wenn der Dampfer dies durch ein besonderes Signal verlangt.

[2]) Gleichbedeutend mit Ausweichen (vgl. Art. 20 SStrO.). Es muß also entweder in den Wind schießen (beidrehen) oder über Stag gehen, bevor es in den Kurs des Dampfers gerät. Verboten ist es, den Bug zu kreuzen (Art. 22 SStrO.). Der Dampfer wird zum Kurshalter i. S. des Art. 21 SStrO. Vgl. jedoch die nächste Anm.

[3]) Abweichung von Art. 21 SStrO., wonach der Kurshalter Kurs und Geschwindigkeit beibehalten muß. Hier wird nur der Kurs beibehalten; die Geschwindigkeit soll ermäßigt werden und zwar von der Abgabe des Signals an. Der Grad der Ermäßigung bleibt dem Ermessen des Schiffsführers überlassen (§ 5 Abs. 4 SWO.). Schleppzüge brauchen im allg. ihre Geschwindigkeit nicht zu ermäßigen.

[4]) Schlepper mit Anhang wird wie ein Dampffahrzeug behandelt, hat also das Wegerecht gegenüber Segelfahrzeugen, sofern er das Signal gibt. Alleinfahrende Schlepper unterstehen Art. 20 SStrO., brauchen aber andererseits ihre Geschwindigkeit nur zu mäßigen, wenn dies im konkreten Falle erforderlich erscheint (§ 5 Abs. 4 SWO.; Art. 29 SStrO.).

[5]) Ruderboote (insbes. auch Sportsboote), Segeljachten aller Art und Größe. Die Vorschrift kann unbedenklich auf alle Ruder- und Segelboote ausgedehnt werden (§ 5 Abs 4).

[6]) Sie müssen insbesondere (als kleine Fahrzeuge) die tiefe Rinne freilassen und möglichst die Nebenfahrwasser benutzen (§ 36).

## 12. Fahrregeln für Dampffahrzeuge, die Leichterfahrzeuge auf einer Seite[1]) schleppen.

Wenn auf der Strecke von der südlichen Grenze der Braker Reede bis zur Kaiserbrücke in Bremen ein Dampffahrzeug ein Leichterfahrzeug[2]) auf der Seite schleppt[3]) und die Breite beider Fahrzeuge zusammen mehr als 20 m beträgt, so hat das Dampffahrzeug mit dem geschleppten Fahrzeug das Fahrwasser zu meiden[4]), sobald ihm ein anderes Fahrzeug begegnet oder sobald es ein anderes Fahrzeug überholt[5]) oder von einem solchen überholt wird[6]).

[1]) Gilt natürlich auch dann wenn das Dampffahrzeug (im allg. wohl ein Schlepper) nicht nur auf einer Seite, sondern

auf beiden Seiten je einen Leichter schleppt. Über Längsseitschleppen vgl. Anm. 4 zu § 45.

²) Auch Schuten, Prähme, Kähne, Pontons usw. Denn der Zweck der Vorschrift ist, Schleppaggregate von mehr als 20 m Breite aus dem Fahrwasser zu verweisen.

³) Vgl. Anm. 4 zu § 45.

⁴) D. h. es muß aus dem Hauptfahrwasser in das Nebenfahrwasser und dort so weit als möglich am Rande des Ufers fahren (vgl. § 6).

⁵) Ausnahme von § 37 Abs. 1 (links überholen): Soll der Schlepper mit dem längsseit geschleppten Schiff das „Fahrwasser meiden", sofern er überholen will, so bedeutet das nichts anderes, als daß er rechts außerhalb des Tonnenstriches oder der sonstigen Fahrwassergrenze überholen muß. Aber auch in diesem Falle muß das Frage- und Antwortsignal nach § 37 ausgetauscht werden. Auch muß der Schlepper nach § 37 Abs. 2 das Ausweichen nach Steuerbord gemäß Art. 28 SStrO. anzeigen. Das überholte Schiff muß nötigenfalls nach Backbord Raum geben (§ 37 Abs. 3). Es handelt sich für das Schleppaggregat hier um eine Modifikation der dem überholenden Schiff grundsätzlich obliegenden Ausweichpflicht (§ 37 Abs. 4).

⁶) Abweichung von allen Grundsätzen der SStrO. Zwar bleibt sowohl nach der SStrO. Art. 24 Abs. 2 (I, 833) wie nach § 37 Abs. 4 SWO. das überholende Schiff ausweichpflichtig. Trotzdem soll hier der Schlepper mit seinem längsseit geschleppten Leichter die Fahrrinne meiden, d. h. auch seinerseits ausweichen. Also zwei Ausweichende und kein Kurshalter! (Einzige Analogie: Art. 18 Abs. 1 SStrO.) Da aber durch das Verlassen des Fahrwassers seitens des Schleppers ein Ausweichen des überholenden Schiffes, welches ja im Fahrwasser bleibt, überflüssig wird, so liegt hier eine Umkehrung des § 37 Abs. 4 vor: das überholte Schiff wird ausweichpflichtig. Und zwar, ohne daß der Überholende hierauf durch Abgabe eines Signals Anspruch zu erheben braucht (wie zu Nr. 11).

## 13. Schleppzüge[1]).

Von See kommende Schleppzüge haben beim Hoheweg-Leuchtturm, bevor sie in das Fedderwarder Fahrwasser einlaufen, ihre Schleppleinen angemessen[2]) zu verkürzen. Weserabwärts fahrende und das Fedderwarder Fahrwasser benutzende Schleppzüge dürfen erst unterhalb von Hoheweg-Leuchtturm die volle Länge ihrer Schleppleinen ausstecken[3]).

Von Rönnebeck — Kilometer 22 — bis zur Kaiserbrücke in Bremen darf die Länge eines Schleppzuges, der mehr als ein Fahrzeug schleppt[4]), vom Heck des schleppenden Fahrzeuges[5]) bis zum Heck des letzten geschleppten Fahrzeuges 200 m nicht übersteigen.

Auf der Lesum darf die Länge eines Schleppzuges, der mehr als ein Fahrzeug schleppt, vom Heck des schleppenden Fahrzeugs bis zum Heck des letzten geschleppten Fahrzeuges 140 m nicht übersteigen.

[1]) Schleppzüge im Sinne der Nr. 13 liegen nicht vor, wenn ein oder mehrere Fahrzeuge vom Schlepper längsseit geschleppt werden. Für diesen Fall gilt Nr. 12. Vgl. im übrigen die Anm. zu § 45.

[2]) Nach Ermessen des Schlepperführers. Auch die Trossen zwischen mehreren Anhangsfahrzeugen müssen gekürzt werden.

[3]) Vgl. Anm. zu § 61 Nr. 5. Bis dahin müssen die Trossen angemessen verkürzt sein. Bestimmte Maße sind hier jedoch nicht angegeben.

[4]) Eine Begrenzung der Länge eines Schleppzuges mit nur einem geschleppten Fahrzeug ist untunlich, da er ja doch keinesfalls teilbar ist.

[5]) Wenn zwei Schlepper, voreinander gespannt, schleppen, so ist die Länge vom Heck des ersten Schleppers zu messen (vgl. OLG. Rostock, Meckl. Zeitschr. 1913 Nr. 61, allerdings nur im Hinblick auf die Lichterführung des Art. 3 SStrO.).

### 14. Flöße[1]).

Die zulässige Höchstbreite eines Floßes beträgt 12 m.

[1]) Vgl. dazu § 18 und § 47 (bezüglich der Besatzung § 53).

### 15. Zusammenkoppeln von Fahrzeugen.

Auf der Strecke von der südlichen Grenze der Braker Reede bis zur Kaiserbrücke in Bremen ist das Zusammenkoppeln von mehr als zwei Fahrzeugen nebeneinander verboten[1]).

Auf der Lesum ist das Zusammenkoppeln von mehr als zwei geschleppten Fahrzeugen nebeneinander nur bei Tage[2]) und nur dann gestattet, wenn die Gesamtbreite der Fahrzeuge nicht größer als 8 m ist.

[1]) Ein Schlepper darf also nur ein Fahrzeug längsseit schleppen. Daß sich das Zusammenkoppeln nur auf Anhangsfahrzeuge bezieht, sagt das Gesetz nicht. Sein Zweck ist die Freihaltung des Fahrwassers von breiten und schwer navigierbaren Schleppaggregaten.

[2]) Vgl. § 8 Abs. 6.

### 16. Fischerei.

Im Wurster Arm dürfen fischende Fahrzeuge innerhalb des betonnten Fahrwassers ankern[1]), ebenso in der Nordenhamer Richtfeuerlinie[2]), soweit diese in dem für die Fischerei freigegebenen Teile des früheren Westfahrwassers zwischen Nordenham und Kleinensiel liegt.

[1]) Ausnahmen von § 56a.

[2]) Ausnahmen von § 48f.

### 17. Treiben vor schleppendem Anker.

Das Treiben vor schleppendem Anker ist auf der Strecke von der Signalstelle Vegesack bis zur Kaiserbrücke in Bremen für alle Fahrzeuge bei Nacht verboten[1]).

[1]) § 56 e und f verbietet das Treiben vor schleppendem Anker nur im Falle spezieller Gefährdung (Bagger, Schiffahrtshindernis, Kabel, Fährkette, Leitungen usw.). aber andererseits sowohl tags wie nachts. § 62 Nr. 17 verbietet es unbedingt, jedoch nur bei Nacht (§ 8 Abs. 6). Vgl. auch § 71 Nr. 6 Abs 4.

### 18. Sondersignale beim Passieren von Häfen und Molen.

Weserabwärts fahrende Dampffahrzeuge haben kurz oberhalb der Südmole der Häfen I, II und des Industrie- und Handelshafens in Bremen einen mindestens acht Sekunden[1]) anhaltenden Ton mit der Dampfpfeife zu geben.

[1]) Abweichung von § 2 Abs. 2 SWO., Art. 15 Abs. 2 SStrO. (4—6 Sekunden). Es handelt sich um ein Achtungssignal nach § 35 a.

### 19. Reeden[1]).

a) Die Reede von Wesermünde und Bremerhaven wird begrenzt:

im Norden durch die Richtungslinie Wurster-Watt-Bake III-Kirchturm Lehe,
im Osten durch die Reedebakenlinie,
im Süden durch die Linie Bremerhaven Kirchturm-Blexen Kirchturm.

Innerhalb dieser Grenze wird die Reede durch die Linie, die von dem Leuchtturm zwischen den beiden Einfahrten zum Kaiserhafen in Bremerhaven sich quer über die Weser erstreckt, in eine Nord- und eine Südreede eingeteilt; nachts[2]) wird diese Grenze durch das weiße elektrische Licht des Leuchtturms am Kaiserhafen angezeigt.

b) Die Reede von Blexen wird begrenzt:

im Norden von der Verbindungslinie Reedetonne I und Spierentonne[3]) E,
im Osten von der Spierentonnenlinie,
im Süden von der Verbindungslinie Reedetonne V und Spierentonne J,
im Westen von den Reedetonnen.

c) Die Reede von Nordenham wird begrenzt:
im Norden von der Fischereihafeneinfahrt,
im Osten von der Spierentonnenlinie,
im Süden von dem Quermarkenfeuer Nordenham,
im Westen von dem linken Weserufer.

d) Die Braker Reede wird begrenzt:
im Norden von der Schlenge bei der Ecke zum Boitwarder Groden (Kilometer 42,1),
im Süden vom Deichschart an der südlichen Grenze der Stadtgemeinde Brake (Kilometer 39,1),
im übrigen liegt sie außerhalb des betonnten Fahrwassers.

[1]) Vgl. § 56a.

[2]) Vgl. § 8 Abs. 6.

[3]) Vgl. Bek. vom 13. Mai 1912 (I, 854) A 1 b: „Spierentonnen haben über Wasser die Form einer Spiere. Die Gestalt des Schwimmkörpers kommt nicht in Betracht."

## Besondere Vorschriften für die Hunte[1]).

### A. Allgemeine Vorschriften.

#### 1. Geltungsbereich der Seewasserstraßenordnung[2]).

**§ 63.** Auf der Hunte gilt die Seewasserstraßenordnung von der Mündung bis zum Hafen von Oldenburg[3]).

[1]) Behörden und Ausführungsverordnungen vgl. § 62 Nr. 1 Anm. 2.

²) Über Betonnung und Befeuerung vgl. Anhang Anl. 4 und 5.

³) Vgl. Anm. 4 zu § 61 Nr. 1.

## 2. Lichterführung.

In Fahrt befindliche Baggerprähme¹) und offene Boote²) müssen bei Nacht ein weißes Licht führen.

¹) Soweit es Dampfprähme sind, haben sie die Lichter des Art. 2 SStrO., soweit sie geschleppt werden, die Lichter des Art. 5 SStrO. zu führen. Die Vorschrift der Nr. 2 kommt daher im Hinblick auf Einl. Abs. 4 SStrO. (§ 2 Abs. 2 SWO.) nur für treibende Prähme ohne eigenen Antrieb in Betracht. Abweichend § 64 Nr. 3.

²) Segel- oder Ruderboote.

## 3. Warnungssignale für Schiffahrtsbehinderungen¹).

Warnungssignale für die Hunte werden an den Signalstellen in Brake-Fünfhausen und in Vegesack gezeigt, und zwar: ein weißes Licht, ein rotes Licht, darunter im Dreieck ein weißes Licht (vgl. § 62 Ziffer 7f).

¹) Vgl. § 24 SWO.

## 4. Überholen.

Von 300 Meter oberhalb bis 300 Meter unterhalb von Schiffsliegeplätzen, Brücken, Baggern und Fähren¹) darf nicht überholt werden²).

¹) Ketten-, Seil- und freie Fähren. Vgl. § 44.

²) Ausführung zu § 37 Abs. 5, welcher ausdrücklich auf die Sondervorschriften des 2. Teils verweist.

## 5. Schleppzüge.

Die Gesamtlänge eines Schleppzuges¹) darf höchstens 160 m betragen.

[1]) Im Zweifel vom Heck des Schleppers bis zum Heck des letzten geschleppten Fahrzeuges zu messen (vgl. § 62 Nr. 13).

### 6. Zusammenkoppeln von Fahrzeugen und Flößen.

Das Zusammenkoppeln von mehr als zwei Fahrzeugen[1]), mehr als zwei Flößen oder mehr als einem Fahrzeug und einem Floße nebeneinander ist verboten[2]).

Die Breite der zusammengekoppelten Fahrzeuge oder Flöße darf im ganzen nicht mehr als 10 m betragen[3]).

[1]) Auch Schlepper mit längsseit geschlepptem Schiff. Vgl. § 62 Nr. 15.

[2]) Auch wenn die Gesamtbreite geringer als 10 m ist (vgl. Abs. 2).

[3]) Überschreitet die Gesamtbreite 10 m, so ist auch ein Zusammenkoppeln zu zweien unzulässig.

### 7. Flöße.

Die Flöße dürfen nicht breiter als 6 Meter sein.

Bei Nacht[1]) dürfen Flöße nicht fahren[2]).

[1]) Vgl. § 8 Abs. 6.

[2]) Auch nicht geschleppt werden, da sie anders überhaupt nicht fahren dürfen (§ 47 Abs. 2).

### 8. Treiben mit dem Strome.

Das Treiben mit dem Strome ist bei Nacht[1]) verboten. Zusammengekoppelte Fahrzeuge[2]) dürfen sich überhaupt nicht[3]) mit dem Strome treiben lassen.

[1]) Vgl. § 8 Abs. 6.

[2]) Ebensowenig natürlich auch zusammengekoppelte Flöße oder Fahrzeug und Floß zusammengekoppelt (Nr. 6).

[3]) D. h. auch nicht bei Tage.

### 9. Gebrauch der Schrauben.

Fahrzeuge, die mit dem Heck unmittelbar am Ufer oder an Uferwerken liegen[1]), dürfen die Schraube nicht gebrauchen[2]).

[1]) Ob die Vorschrift auch für Dampfer gilt, welche längs des Ufers oder Uferwerks liegen oder nur dann, wenn das Schiff im spitzen oder rechten Winkel so mit dem Heck am Ufer liegt, daß der Schraubenstrom gegen das Ufer prallen muß, ist nicht gesagt. Doch greift in jedem Falle § 49, § 5 Abs. 4 SWO. ein. Ob Doppelschraubendampfer die vom Ufer abliegende Schraube gebrauchen dürfen, ist Tatfrage.

[2]) Sie müssen sich also entweder treiben oder schleppen lassen. Kleinere Fahrzeuge müssen erst durch Staken oder Abstoßen mit Bootshaken vom Ufer freigemacht werden.

### 10. Ankerboje.

Jeder im Fahrwasser oder in dessen Nähe ausliegende Anker ist mit einer Ankerboje zu bezeichnen[1]).

[1]) Vgl. dazu § 59 SWO., welcher jedoch nicht etwa auf Fälle der Nr. 10 anwendbar ist. Aber der Grundgedanke ist derselbe: Kenntlichmachung der Situation. Wo eine Ankerboje liegt, darf z. B. ein anderes Schiff nicht mit schleppendem Anker fahren (§ 5 Abs. 4). Analogie zu § 56f.

## B. Besondere Bestimmungen für den Schiffsverkehr auf der Flußstrecke zwischen Oldenburg und Iprump.

### 1. Ankern.

Das Ankern auf der Hunte zwischen den Hafenanlagen in Oldenburg und Iprump ist verboten[1]). Schiffe, welche ihre Fahrt unterbrechen, haben ausschließlich einen der Liegeplätze bei der Eisenbahnbrücke in Drielake, beim Donnerschwer Siel oder in Iprump zu benutzen.

[1]) Falls es im Notfalle geschieht, ist nach Beendigung der Zwangslage sofort der Ankerplatz zu wechseln. Vgl. § 48 Anm. 37. Zu berücksichtigen ist in diesen Fällen auch § 56 b (Ankern an der Fahrwassergrenze bzw. außerhalb des Fahrwassers).

2. Ausweicheplätze für größere Fahrzeuge usw.

Für Schleppzüge[1]) sowie Fahrzeuge mit einem größeren Tiefgang als 2 m oder einer — mit Einschluß der Decksladung[2]) — größeren Breite als 7 m gilt folgendes:

Um zu vermeiden, daß Schleppzüge und Fahrzeuge mit den angegebenen Abmessungen sich begegnen, haben diese Schleppzüge und Fahrzeuge an einem der in Ziffer 1 erwähnten Liege- beziehungsweise Ausweicheplätze festzumachen[3]), wenn folgende Signale gegeben werden:

> Am Tage eine rote Flagge, bei Nacht ein rotes Licht[4]) an den Signalmasten, bei Iprump und der Drielaker Eisenbahnbrücke gezeigt, bedeutet, daß das Fahrwasser nicht frei ist, und daß die in Betracht kommenden Fahrzeuge von Drielake beziehungsweise Iprump nicht abfahren dürfen oder dort festmachen sollen[5]).

Wird kein Signal gegeben, so ist die Strecke zwischen Oldenburg und Iprump frei.

[1]) Die Vorschrift muß auch für Längsseitschleppen gelten, sofern die Breite des Schleppaggregats mehr als 7 m beträgt.

[2]) Falls diese über den Vorbrand hinausragt (Holz, Faschinen, Reisig, Heu usw.).

[3]) Vgl. § 56a und i.

[4]) Sichtweite: 1 Seemeile (§ 8 Abs. 4).

[5]) D. h. in Iprump bzw. Drielake oder, wenn sie sich schon auf der Fahrt befinden, an dem anderen in Nr. 1 genannten Liegeplatze (Donnerschwer Siel).

### 3. Schiffsliegeplätze[1]).

a) Alle stromaufwärts bei der Eisenbahnbrücke in Drielake ankommenden und auf Durchfahrt wartenden Fahrzeuge haben den Liegeplatz am linken (nördlichen) Ufer aufzusuchen.

Alle stromabwärts bestimmten Fahrzeuge, welche nach Durchfahren der Eisenbahnbrücke ihre Reise nicht sogleich fortsetzen, sowie solche Fahrzeuge, welche stromaufwärts gekommen sind und ihre Rückfahrt antreten, ohne die Brücke durchfahren zu haben, müssen am rechten (südlichen) Ufer unterhalb der Eisenbahnbrücke anlegen.

Oberhalb der Eisenbahnbrücke dürfen stromaufwärts kommende Fahrzeuge nicht liegenbleiben, sondern haben unverzüglich ihre Reise fortzusetzen, stromabwärts gehende Fahrzeuge, welche auf das Öffnen der Eisenbahnbrücke warten, müssen vor der Brücke am linken (nördlichen) Ufer anlegen.

b) Die zwischen Oldenburg und Ipwump eingerichteten Schiffsliegeplätze dürfen für Lösch- und Ladezwecke ohne Genehmigung der zuständigen Behörde nicht benutzt werden[2]).

Die Benutzung des am linken (nördlichen) Ufer unterhalb der Eisenbahnbrücke befindlichen Liegeplatzes ist der Regel nach[3]) und die Liegezeit der Fahrzeuge am linken Ufer oberhalb der Eisenbahnbrücke unbedingt nur auf die durch das Öffnen der Brücke bedingte Wartezeit zu beschränken.

c) Auf den Liegeplätzen sind zum Festlegen der Fahrzeuge ausschließlich die dazu bestimmten Landfesten zu benutzen[4]). Das Festmachen an den Sturmpfählen sowie das Auswerfen von Ankern sowohl im Wasser als auch an Land ist nur im äußersten Notfalle gestattet[5]).

d) Auf den Liegeplätzen dürfen zwei oder mehrere Fahrzeuge nur nebeneinander liegen, wenn sie zusammen nicht mehr als zehn Meter Breite einnehmen. Sämtliche Fahrzeuge müssen an beiden Enden ausreichend befestigt werden[6]).

e) Die Schiffsführer haben sich beim Anlegen und beim Verlassen der Liegeplätze nach den Anweisungen der Brücken- oder Platzwärter und der Stromaufsichtsbeamten zu richten[7]).

[1]) Reeden. Vgl. § 56a.

[2]) Vgl. § 57a.

[3]) Ausnahmen sind also zulässig und zwar auch ohne Genehmigung der Schiffahrtspolizei (§ 7). Doch kann diese das längere Liegen über die Wartezeit hinaus stets verbieten.

[4]) Das Abbäumen ist dadurch nicht verboten.

[5]) Insbesondere zur Verhinderung einer Kollision mit anderen Schiffen oder mit Uferbauten, des Treibens auf Brücken, Fähren usw. Sobald die Zwangslage beendet, ist ordnungsmäßig an den Landfesten festzumachen. Vgl. § 48 Anm. 87.

[6]) Unter Umständen nur aneinander, sofern das erste Fahrzeug am Ufer vertäut ist. Daß auch das zweite Schiff direkt am Ufer befestigt sein muß, ist nicht erforderlich.

[7]) Damit ist die Erörterung darüber überflüssig geworden, ob alle diese Beamten die Schiffahrtspolizei im Sinne des § 7 ausüben. Vgl. auch § 7 Anm. 2.

## C. Bestimmungen und Signale für den Verkehr durch Huntebrücken[1]).

### 1. Allgemeines.

a) Die Durchlaßöffnungen der Eisenbahnbrücken bei Drielake und Ohrt und der Chausseebrücke bei Huntebrücke sind in der Regel geschlossen.

Das Öffnen der Brücken erfolgt durch die Brückenwärter auf ein von den Fahrzeugen gegebenes Signal (Ziffer C2b), bei den Eisenbahnbrücken jedoch nur insoweit, als es der Eisenbahnbetrieb gestattet.

b) Kleinere Fahrzeuge, deren Masten und Schornsteine zum Niederlegen eingerichtet sind, müssen bei geeignetem Wasserstand[2]) unter den geschlossenen Durchlässen oder unter den festen Brückenteilen der Chausseebrücke in Huntebrück und der Eisenbahnbrücken bei Ohrt und Drielake durchfahren, nachdem die Schornsteine und Masten niedergelegt sind. Nicht derartig eingerichtete Fahrzeuge müssen stets[3]) die Durchlässe bei geöffneter Brücke passieren.

[1]) Vgl. auch § 40.

[2]) D. h. wenn der Wasserstand so ist, daß sie nach Niederlegen des Mastes und Schornsteins ohne Gefahr durchfahren können.

[3]) Also auch dann, wenn sie zweifelsfrei den geschlossenen Durchlaß benutzen können? Wohl zu verneinen. Ein kleiner Dampfer mit kurzem, aber nicht umlegbaren Schornstein und ohne Mast braucht nicht auf das Öffnen der Brücke zu warten.

## 2. Brückensignale.

a) Zum Zeichen, daß die Drehbrücken bei Drielake und Ohrt geschlossen sind, werden am Signalmast der Brücken bei Tage ein schwarzer Korbball[1]), bei Nacht zwei rote Lichter[2]) in ein Meter Entfernung senkrecht übereinander geheißt.

Sind die Brücken geöffnet, so wird bei Tage der Ball niedergeholt; bei Nacht werden am Mast zwei weiße Lichter[2]) senkrecht übereinander in ein Meter Abstand geheißt.

Zum Zeichen, daß die Straßenbrücke bei Huntebrück geschlossen ist, werden bei Nacht in Richtung der Schiffahrt auf den beiden Enden des drehbaren Teiles der Brücke zwei rote Lichter gezeigt. Am Tage werden keine Signale gezeigt.

Die Durchfahrtsöffnungen aller drei Drehbrücken — bei Drielake die nördliche, bei Huntebrück und Ohrt die südliche — werden während der Nacht an beiden Seiten durch weiße Laternen erleuchtet[3]).

b) Fahrzeuge, die die Brücken durchfahren wollen, haben dieses, sobald die Brücke in Sicht kommt, durch Zeigen einer roten Flagge an gut sichtbarer Stelle[4]), bei Nacht, Nebel oder unsichtigem Wetter[5]) durch zwei langgezogene Töne[6]) anzuzeigen.

Wenn dem Öffnen der Brücke Hindernisse nicht entgegenstehen, so antwortet der Brückenwärter auf das Signal des Fahrzeugs durch drei Glockenschläge. Erfolgt diese Antwort nicht, so bedeutet dies, daß die Brücke nicht geöffnet werden kann. Die Fahrzeuge haben alsdann vor der Eisenbahnbrücke bei Ohrt und vor der Chausseebrücke zu Huntebrück in mindestens hundert Meter Abstand von den Brücken vor Anker zu gehen, vor der Brücke zu Drielake aber an den dort am linken (nördlichen) Ufer befindlichen Liegeplätzen festzumachen, bis ihnen die Beseitigung des Hindernisses durch die Glockenschläge gegeben wird. Ein Festmachen der Fahrzeuge an den Leitwerken der Brücke ist nicht gestattet.

In Zweifelsfällen[7]) sind die Signale von den Fahrzeugen und von den Brückenwärten zu wiederholen.

Nach dem Öffnen der Brücken bei Drielake und Ohrt hat der Brückenwärter bei Tage den Korbball herunterzuziehen, bei Nacht zwei weiße Lichter senkrecht in ein Meter Entfernung übereinander am Signalmast zu zeigen. Die Öffnung der Brücke bei Huntebrück wird bei Tage nicht besonders angezeigt.

Bei allen Brücken wird bei Nacht, Nebel oder unsichtigem Wetter die erfolgte Öffnung der Brücken außer den vorgenannten Signalen durch einen langgezogenen Ton mit dem Nebelhorn[8]) angezeigt.

Die Fahrzeuge dürfen sich der Brücke erst nähern, nachdem diese Signale gegeben sind und nicht etwa schon auf die von den Brückenwärtern gegebenen Glockenzeichen[9]).

[1]) § 8 Abs. 5: Durchmesser mindestens 65 cm.

[2]) Sichtweite: 1 Seemeile (§ 8 Abs. 4).

[3]) Die Laternen sind keine Lichter im Sinne des § 8 Abs. 4

[4]) Vgl. dazu Art. 4a und Art. 14 SStrO. (I, 808 u. 817).

[5]) Vgl. § 33 und 56b SWO.

[6]) Langgezogen = lang. Daher im Zweifel 4—6 Sekunden, § 2 Abs. 2 SWO., Art. 15 Abs. 2 SStrO.

[7]) D. h. wenn Grund zu der Annahme vorliegt, daß das Signal des einen von dem andern nicht oder unrichtig verstanden worden ist, wenn z. B. der Schiffer Miene macht, vor Anker zu gehen oder festzumachen, trotzdem der Wärter drei Glockenschläge gegeben hat.

[8]) Kann auch mit dem Munde geblasen werden (im Gegensatz zu Art. 15 Abs. 3 SStrO.: mechanische Vorrichtung). Vgl. auch § 33e.

[9]) Diese bedeuten also noch nicht die Aufforderung zur Durchfahrt.

### 3. Das Durchfahren der Brücken.

a) Bei der Durchfahrt durch die Brücken haben die Schiffsführer besondere Vorsicht anzuwenden und den Anordnungen der diensttuenden Brückenwärter Folge zu leisten[1]).

Die Fahrt muß so weit gemindert werden, daß die Fahrzeuge die Steuerfähigkeit noch behalten[2]). Die Segel sind, soweit erforderlich[3]), einzuziehen.

Für die Durchfahrt durch die mit zwei Durchlaßöffnungen versehene und geöffnete Eisenbahnbrücke bei Ohrt haben sowohl stromaufwärts als stromabwärts fahrende Fahrzeuge die südliche Durchlaßöffnung der Brücke zu wählen, es sei denn, daß sie aus dem in Ziffer C 2b angegebenen Grunde oder zu anderen Zwecken vorher am nördlichen (Elsflether) Ufer festgemacht haben sollten. In diesen Fällen haben die Fahrzeuge beider Fahrtrichtungen die nördliche Öffnung der Brücke zur Durchfahrt zu benutzen.

Außerdem haben die Fahrzeuge die nördliche Öffnung der Brücke zur Durchfahrt zu benutzen, wenn sie im einzelnen Falle aus besonderen Gründen, wie zum Beispiel beim gleichzeitigen Eintreffen mehrerer Fahrzeuge verschiedener Fahrtrichtung vor der Brücke, vom Brückenwärter eine entsprechende Anweisung erhalten.

b) Kommen mehrere Fahrzeuge gleichzeitig vor einer Brücke an, so bestimmt der Brückenwärter die Reihenfolge, in welcher sie die Brücke zu passieren haben[4]). Wenn zu beiden Seiten einer Brücke Fahrzeuge auf das Durchfahren warten, haben die mit dem Strome fahrenden Fahrzeuge den Vorrang[5]). Bei der Eisenbahnbrücke in Drielake haben die stromabwärts bestimmten Fahrzeuge den Vorrang.

Stromabwärts kommende, nach dem Hafen der Glashütte bestimmte und abwärts gehende Fahrzeuge aus diesem Hafen haben stets die linksseitige (nördliche) Durchlaßöffnung der Drielaker Brücke, und zwar mit dem Buge voraus, zu benutzen und entweder ihre Fahrtrichtung in der Hunte oberhalb der Brücke zu wechseln oder im städtischen Hafen zu wenden[6]).

[1]) Wiederholung von § 5 Abs. 4 u. § 7.

[2]) Vgl. § 39; § 40 (ganz langsame Fahrt).

[3]) Gleich, aus welchen Gründen, z. B. um die Fahrt zu ermäßigen oder weil sie seitlich so weit überragen, daß die Durchfahrt zu schmal wäre oder um bessere Übersicht zu gestatten.

[4]) Grundsätzlich hat das zuerst angekommene Fahrzeug den Vorrang. Doch kann der Brückenwärter wohl ausnahmsweise einem später gekommenen Fahrzeug den Vorrang einräumen, z. B. einem Schlepper, der zur Hilfeleistung für ein havariertes Schiff oder zur Rettung aus Seenot ausläuft. Aber auch einem schnellfahrenden kleinen Schiff gegenüber einem breiten, nur mit größter Vorsicht durch den Durchlaß zu bugsierenden Dampfer, der zum Passieren viel Zeit braucht.

[5]) Weil deren Durchfahrt sich schneller vollzieht.

[6]) Vgl. § 48d SWO. (Drehen im Fahrwasser).

## Besondere Vorschriften für die Elbe[1])[2]).

### 1. Grenzen des Geltungsbereichs der Seewasserstraßenordnung[3]).

**§ 64.** Die untere Geltungsgrenze auf der Elbe bildet die rechtweisende Peilung 180 Grad der Bake auf Scharhörn.

Die obere Geltungsgrenze bildet die bei Blankenese quer über die Elbe gehende Preußisch-Hamburgische Landesgrenze und deren gradlinige Verlängerung.

[1]) Bisher galt die Hamb. Verordnung für d. Schiffahrt auf der Unterelbe vom 20. April 1904 (mit Nachträgen). Diese ist jetzt durch Verordn. des Reichsverkehrsministers (Amtl. Anz. 20 November 1927) aufgehoben worden. Vgl. Anm. 2.

[2]) Schiffahrtspolizeibehörden.

Bis zur Errichtung reichseigener Wasserstraßenbehörden sind für die Unterelbe folgende Behörden als Schiffahrtspolizeibehörden zuständig:

1. der Preußische Regierungspräsident in Lüneburg und als dessen Organ das Wasserbauamt Harburg;
2. der Preußische Regierungspräsident in Schleswig und als dessen Organe die Wasserbauämter Glückstadt und Tönning;

3. der Preußische Regierungspräsident in Stade und als dessen Organ das Wasserbauamt Stade;
4. die Wasserstraßendirektion in Hamburg und als deren Organ das Schiffahrtsamt in Cuxhaven;
5. das Reichskanalamt in Kiel.

Zuständige Behörden gemäß § 46 sind die Schiffahrtsämter in Hamburg und Cuxhaven.

### Ausführungsverordnungen.

1. Durch Pol. Verordn. vom 15. November 1927 (RGBl. II S. 1102; ABl. Schleswig 1927 S. 400) ist die gemeinsam von Preußen und Hamburg erlassene Polizeiverordnung für die Schiffahrt auf der Unterelbe vom 20. April 1904 mit Ablauf des Monats November 1927 für den Geltungsbereich der Seewasserstraßenordnung außer Kraft gesetzt worden. Sie gilt aber noch auf dem preußischen Teil der Unterelbe von Blankenese bis Hamburg. SeeA. Hamb. Hans.R.Z. 1928 S. 196.

2. Polizeiverordnung, betr. Aufhebung von Schiffahrtspolizei-Verordnungen vom 14. Dezember 1927 (ABl. Schleswig 1928 S. 15).

Es werden aufgehoben die im Amtsblatt der Regierung Schleswig veröffentlichten Polizeiverordnungen vom

a) 12. Oktober 1899, betreffend das Ankern von Fischerfahrzeugen im betonnten Fahrwasser der Unterelbe (ABl. S. 723),
b) 16. März 1900 (ABl. S. 131) und 21. April 1900 (ABl. S. 214) über dieselbe Angelegenheit,
c) 23. Mai 1901 für die Bezeichnung von Schiffahrtshindernissen auf der unteren Elbe (ABl. S. 240).

3. Polizeiverordnung, betr. den Verkehr mit Sprengstoffen auf der Elbe innerhalb des Geltungsbereichs der Polizeiverordnung zur Regelung des Verkehrs auf den deutschen Seewasserstraßen (Seewasserstraßenordnung) vom 31. März 1927 (RGBl. II S. 157ff.).

§ 1. Auf der Elbe innerhalb des Geltungsbereichs der Seewasserstraßenordnung ist das Löschen und Laden von Sprengstoffen und Munition nur auf den in der Seewasserstraßenordnung § 64 Ziff. 14 vorgeschriebenen Ankerplätzen gestattet.

An Landungsplätzen dürfen Sprengstoffe oder Munition nur nach vorher eingeholter Erlaubnis der zuständigen Polizeibehörden auf den von diesen dazu bestimmten Stellen geladen oder gelöscht werden.

§ 2. Nach dem Hafen von Altona bestimmte Schiffe, die mehr als 100 kg Sprengstoff oder Munition geladen haben, müssen auf den in § 1 erwähnten Ankerplätzen solange warten, bis sie von der Polizeiverordnung in Altona die schriftliche Erlaubnis zum Einbringen ihrer Sprengstoff- oder Munitionsladung erhalten haben. Die Erlaubnis ist beim Kommandeur der Hafenwache in Altona nachzusuchen.

§ 3. Nach dem Hafen von Hamburg bestimmte Schiffe, die mehr als 400 kg Sprengstoff oder Munition geladen haben, müssen auf den in § 1 erwähnten Ankerplätzen solange warten, bis sie von der Polizeibehörde in Hamburg (Hafen- und Schifffahrtspolizei), die schriftliche Erlaubnis zum Einbringen ihrer Sprengstoff- oder Munitionsladung in den Hafen von Hamburg erhalten haben.

§ 4. Die Schiffsführer haben den Lotsen über die Art und Menge der an Bord befindlichen Sprengstoffe oder Munition genaue Auskunft zu geben.

§ 5. Zuwiderhandlungen gegen diese Polizeiverordnung werden mit Geldstrafen bis zu 150 (Einhundertfünfzig) *RM* bestraft, sofern nicht nach anderen Bestimmungen eine höhere Strafe verwirkt ist.

§ 6. Die vom Herrn Preußischen Minister für Handel und Gewerbe erlassene Polizeiverordnung, betr. den Verkehr mit Sprengstoffen auf der Unterelbe unterhalb Altona vom 16. März 1894 und die Abänderung zu dieser Verordnung vom 18. Mai 1896 werden aufgehoben.

§ 7. Diese Verordnung tritt am 1. Dezember 1927 in Kraft.

[3]) Früher § 1 V. Unterelbe. — Über Betonnung und Befeuerung vgl. Anhang Anl. 4 und 5.

### 2. Benennung der Fahrwasser[1]).

Hauptfahrwasser[2]) im Sinne dieser Ordnung ist das durch eine fortlaufende Betonnung bezeichnete, von Seeschiffen befahrene Fahrwasser innerhalb der Geltungsgrenzen dieser Verordnung auf der Elbe, außerdem das nördliche Ostebankfahrwasser.

[1]) § 3 V. Unterelbe definierte Fahrwasser unter Bezugnahme auf d. Bek., betr. einheitl. Bezeichnung der Fahrwasser und Untiefen in den deutschen Küstengewässern vom 31. Juli 1887. — Jetzt gilt § 6 SWO.

[2]) § 3 Abs. 2 V. Unterelbe gab eine andere Abgrenzung und Abs. 3 fügte hinzu: „Alle übrigen Fahrwasser sind Nebenfahrwasser". Von Bedeutung ist der Begriff des Hauptfahrwassers für § 36 Satz 3, § 45 Abs. 3.

### 3. Lichterführung[1]).

Oberhalb der Einfahrt zum Schulauer Hafen muß jedes Fahrzeug, welches keine Seitenlichter zu führen braucht[2]), einerlei, ob es mit eigener Kraft fährt oder geschleppt wird[3]), ein weißes Licht führen[4]).

[1]) Verallgemeinerung des früheren § 11 V. Unterelbe. Vgl. § 6 und § 36.

[2]) Jollen, Schuten und kleine Fahrzeuge bei schlechtem Wetter (vgl. Art. 6 SStrO.), Ruderboote (Art. 7 Nr.4 SStrO.). Vielfach örtliche Vorschriften gleichen Inhalts.

[3]) Damit ist Art. 5 SStrO. ausgeschaltet.

[4]) Sichtweite: 1 Seemeile (§ 8 Abs. 4 SWO.).

### 4. Verpflichtung zur Lotsenbeförderung.

Die von See in die Elbe einlaufenden Schiffe sollen nach Möglichkeit vom Feuerschiff Elbe 3 die Lotsen, die zurückbefördert werden sollen, auf deren eigene Gefahr[1]) als Fahrgäste unentgeltlich[2]) mitnehmen.

[1]) Eine Haftung aus Verschulden der Schiffsbesatzung (§ 486 Nr. 3 HGB.) ist damit nicht ausgeschlossen.

[2]) Es entsteht kein Vertragsverhältnis im Sinne der §§ 664 ff. HGB.

5. Lotsensignale[1]).

A. Auf der Cuxhavener Reede haben Fahrzeuge, die einen Lotsen wünschen oder aus anderen Gründen[2]) mit dem Lande in Verbindung treten wollen, folgende Signale zu benutzen:

1. wenn sie einen Seelotsen[3]) wünschen:
   bei Tage die Lotsenflagge im Vormast vorgeheißt,
   bei Nacht ein Flackerfeuer[4]);
   außerdem kann als Schallsignal ein langer und fünf kurze Töne gegeben werden[5]);
2. wenn sie einen Hafenlotsen[6]) wünschen:
   bei Tage die Lotsenflagge über der Flagge C des Internationalen Signalbuches im Vormast vorgeheißt,
   bei Nacht ein Flackerfeuer dreimal verdunkelt[7]);
   außerdem kann als Schallsignal ein langer, ein kurzer, ein langer, ein kurzer Ton gegeben werden;
3. wenn sie aus anderen Gründen mit dem Lande in Verbindung treten und den Reededampfer[8]) herbeirufen wollen:
   bei Tage eine beliebige Flagge im Vormast halb vorgeheißt,
   bei Nacht ein Flackerfeuer gezeigt;
   außerdem kann als Schallsignal ein langer, drei kurze und wieder ein langer Ton gegeben werden.

B. Vor Brunsbüttelkoog dienen zum Herbeirufen einesBöschlotsen[9]) die allgemeinen Lotsensignale[10]).

Wird ein Kanallotse für den Kaiser-Wilhelm-Kanal gewünscht, so ist das Signal 61 der Betriebsordnung für den Kaiser-Wilhelm-Kanal[11]) (bei Tage: nationale Lotsenflagge oder das Signal P T des Internationalen Signalbuches, in jedem Falle mit Antwortwimpel darunter, bei Nacht: zwei weiße Lichter nebeneinander, mindestens ein Meter voneinander entfernt vorn über der Reeling)[12]) zu zeigen.

Außerdem können zum Herbeirufen von Lotsen vor Brunsbüttelkoog die folgenden Schallsignale abgegeben werden:

1. von Böschlotsen: ein langer und fünf kurze Töne;
2. von Kanallotsen: ein langer Ton, drei kurze Töne und wieder ein langer Ton.

[1]) Vgl. § 35g. Auch Lotsenordnung für die Unterelbe vom 31. März 1920 (Hamb. Amtsbl. S. 467). Wüstendörfer S. 694.

[2]) Etwa weil sie Hilfe oder Schleppassistenz brauchen oder wichtige Meldungen zu machen haben (z. B. § 59) oder sich über Fahrwassersperrungen usw. orientieren wollen.

[3]) Über den Seelotsen vgl. Wüstendörfer S. 694.

[4]) Vgl. Art. 12 SStrO. (I, 817).

[5]) Lange und kurze Töne: Art. 15 Abs. 2, Art. 28 Abs. 1 SStrO.

[6]) Über den Hafenlotsen vgl. Wüstendörfer S. 694.

[7]) D. h. das Feuer muß dreimal durch einen Gegenstand verdeckt werden (etwa hinter der Reeling oder durch Vorhalten eines Schirms usw.).

[8]) Der diensttuende Polizeidampfer, welcher die Vorgänge auf der Reede überwacht und evtl. mit Maßnahmen gemäß § 7 eingreift.

[9]) Böschlotse ist der Revierlotse (von Brunsbüttel bis zu den drei Elbhäfen). Vgl. Wüstendörfer S. 694.

[10]) Lotsensignalordnung vom 7. Februar 1907 (RGBl. S. 27), abgedr. im Anhang. Vgl. auch § 35g und § 23.

11) Vom 31. März 1922.

12) Also nicht hoch, um zu vermeiden, daß bei kleinen Fahrzeugen eine Mißdeutung eintritt, indem das Topplicht zu den anderen beiden Lichtern in eine Beziehung gesetzt wird. Vgl. oben Anm. 5 zu § 62 Nr. 5

### 6. Reederei-Erkennungssignale[1]).

Zur Benachrichtigung der Reedereien darf beim Vorbeifahren an Brunshausen und Schulau als Schallsignal das Achtungssignal (§ 35 Abs. a) bei gesetzter Reedereiflagge oder zur Nachtzeit in Verbindung mit dem nach Artikel 13 der Seestraßenordnung zugelassenen Erkennungssignal gebraucht werden.

1) Vgl. § 62 Nr. 6.

### 7. Quarantänesignale[1]).

a) Bei Annäherung an Cuxhaven hat ein Quarantäneschiff, das bei Cuxhaven abgefertigt werden will, das allgemeine Quarantänesignal gemäß § 35 (vier Gruppen von je sechs kurzen Tönen) zu geben und im Vortopp die Quarantäneflagge[2]) und darunter einen Wimpel des Internationalen Signalbuches zu zeigen.

b) Soll ein Quarantäneschiff in Hamburg abgefertigt werden, so ist dreimal hintereinander ein kurzer, ein langer, ein kurzer Ton (● ▬ ● ● ▬ ● ● ▬ ●) zu geben und im Vortopp die Quarantäneflagge allein zu zeigen.

1) Vgl § 4 und Anhang Anl. 9.

2) Vgl. Budde S. 78 (Flagge Q des Signalbuches).

### 8. Signalstellen für Warnungssignale.

Warnungssignale gemäß § 24 werden gezeigt:

a) in Hamburg:

an den Flaggenstöcken des Hafenlotsen-Wachthauses und des Wachtschiffes am Jonas;

b) in Cuxhaven:
am Flaggenstock des Wachthauses der Bootsleute an der Alten Liebe;

c) auf dem Feuerschiff Elbe 1:
im Vortopp.

Die Signalstelle Cuxhaven wird außergewöhnliche Vorkommnisse den vorbeifahrenden Schiffen bei Tage durch Flaggensignale nach dem Internationalen Signalbuch, bei Nacht mit der Morselampe[1]) bekanntgegeben.

Außerdem ist über außergewöhnliche Störungen Auskunft zu erhalten:

a) in Hamburg:
bei Tage während der üblichen Dienststunden im Schiffahrtsamte, Reeperbahn 2/3, im Oberhafenamt und im Hafenamte des 2. Bezirkes, Marinegebäude, Admiralitätsstraße 46b sowie bei Tage und bei Nacht im Hafenlotsenwachthaus und im Wachtschiff am Jonas;

b) in Brunsbüttelkoog und Holtenau:
bei Tage und bei Nacht im Hafenamt und beim Schleusenmeister;

c) in Cuxhaven:
im Wachthaus der Bootsleute an der Alten Liebe, außerdem bei Tage während der üblichen Dienststunden im Geschäftszimmer des Schiffahrtsamts;

d) auf dem Feuerschiff Elbe 1:
zu jeder Zeit.

In Cuxhaven können außerdem vorbeifahrende Fahrzeuge bei Tage durch Halbmastsetzen einer Flagge im Vortopp, bei Nacht durch Zeigen eines Flackerfeuers[2]) den Reedebampfer[3]) herbeirufen, um Auskunft zu erhalten. Hierfür wird die tarifmäßige Gebühr berechnet.

[1]) Vgl. Budde S. 87.

[2]) Art. 12 SStrO.

[3]) Vgl. § 63 Nr. 5 A 3.

### 9. Fahrtbeschränkungen oberhalb der Lühemündung[1]).

Seedampfschiffe dürfen oberhalb der Lühemündung nur langsam aneinander vorbeifahren[2]).

Auf der Strecke zwischen der Einfahrt zum Schulauer Hafen und der oberen Geltungsgrenze dieser Ordnung müssen alle Dampffahrzeuge mit so weit gemäßigter Geschwindigkeit fahren, daß der am Ufer erzeugte Wellenschlag keinen Schaden irgendwelcher Art anrichten kann[3]).

[1]) Früher § 27 V. Unterelbe.

[2]) Vgl. dazu § 39.

[3]) Vgl. dazu § 39, § 49c. Insbesondere dürfen auch am Ufer liegende offene Fahrzeuge oder tiefgeladene Kähne nicht gefährdet werden.

### 10. Fahrtbeschränkung im Südfahrwasser der Ostebank.

Im Südfahrwasser der Ostebank ist das Überholen auf der Strecke zwischen den Tonnen S und a 1 verboten[1]).

[1]) Vgl. § 37 Abs. 5.

### 11. Schleppzüge.

a) Auf der Unterelbe vom Feuerschiff Elbe 4 aufwärts darf die Länge der Schlepptrossen in Schleppzügen höchstens neunzig Meter betragen[1]). Bei starkem Wind und Seegang[2]) kann mit dem Aufkürzen der Schlepptrossen bis Cuxhaven gewartet werden. Die Gesamtlänge eines Schleppzuges, der aus einem oder mehreren Schleppern und mehreren geschleppten Fahrzeugen besteht, darf höchstens 450 Meter betragen[3]).

b) Fahrzeuge, die die nötigen Einrichtungen zum Schleppen nicht besitzen[4]) oder deren Manövrierfähigkeit beim Schleppen über das für die sichere Schiffsführung zulässige Maß beschränkt wird[5]), dürfen auf der Unterelbe nicht schleppen. Solche von See kommenden Fahrzeuge haben ihren Anhang spätestens bei Cuxhaven an Schleppdampfer abzugeben[6]).

[1]) D. h. jeder einzelnen Schlepptrosse, wenn mehr als ein Fahrzeug geschleppt wird.

[2]) Welcher Wind und Seegang hierzu berechtigt, ist von der Natur des Schleppzuges abhängig. Ermessen des Schiffsführers.

[3]) Zu messen vom Bug des ersten Schleppers („Gesamtlänge") bis zum Heck des letzten geschleppten Fahrzeuges.

[4]) Vor allem kleine Dampfer, welche etwa ein gerettetes Schiff (§ 740 HGB.) auf See geschleppt haben, ohne eine Schleppeinrichtung zu besitzen, indem sie etwa die Trosse um das Lukfüll legen.

[5]) Wenn z. B. ein kleiner Küstendampfer mit schwacher Maschine ein großes havariertes Schiff geschleppt hat oder wenn auch das schleppende Schiff havariert ist.

[6]) Zum Herbeirufen der Schlepper dient das Signal des § 35c. Eventuell genügt Abgabe eines Schleppzugteils, wenn die Manövrierfähigkeit des schleppenden Schiffes für den ihm verbleibenden Teil des Schleppzugs ausreicht.

## 12. Fahrregeln für Segelfahrzeuge, Dampf- und Motorbarkassen und Ruder- und Paddelboote oberhalb der Kugelbake bei Cuxhaven.

Auf der Elbe zwischen der oberen Grenze dieser Ordnung und der Kugelbake bei Cuxhaven gelten für Segelfahrzeuge[1]), Dampf- und Motorbarkassen und Ruder- und Paddelboote folgende Fahrregeln:

a) Segelfahrzeuge haben, wenn sie ohne kreuzen zu müssen, dem Fahrwasser zu folgen vermögen, die Mitte des Hauptfahrwassers[2]) zu meiden und sich auf der an ihrer Steuerbordseite liegenden Seite des Fahrwassers möglichst nahe dem Tonnenstrich zu halten[3]), ausgenommen auf der Strecke zwischen der oberen Geltungsgrenze dieser Verordnung und dem Schulauer Hafen, wo sie sich der Südgrenze des Fahrwassers so nahe zu halten haben, wie es ihr Tiefgang erlaubt[4]). Sobald ein Dampffahrzeug einen langen Ton mit der Dampfpfeife als Warnungssignal gibt, müssen Segelfahrzeuge diesem Dampffahrzeuge aus dem Wege gehen[5]).

b) Dampf- und Motorbarkassen haben die Mitte des Hauptfahrwassers zu meiden und möglichst nahe an den Tonnenstrich auf der richtigen, an ihrer Steuerbordseite liegenden Seite des Fahrwassers zu halten[6]). Ein Queren des Hauptfahrwassers[7]), um das gegenüberliegende Ufer zu erreichen, ist auf dem kürzesten Wege und ohne Aufenthalt auszuführen[8]). Hierbei ist allen anderen Fahrzeugen rechtzeitig auszuweichen[9]).

c) Ruder- und Paddelbooten, auch wenn sie Segel gesetzt haben[10]), ist verboten, das Hauptfahrwasser in der Stromrichtung zu benutzen. An den Elbufern entlangfahrenden Booten ist, wenn das Hauptfahrwasser bis an die Köpfe der Uferschutzwerke herangeht[11]), das Entlangfahren nur dicht an den Köpfen gestattet[12]). Ein Queren des Hauptfahrwassers, um das gegenüberliegende Ufer zu erreichen, ist auf dem kürzesten Wege und ohne Aufenthalt auszuführen[13]) und nur dann, wenn Seeschiffe im Hauptfahrwasser nicht vorbeifahren[14]). Hierbei ist allen anderen Fahrzeugen mit Ausnahme der Barkassen auszuweichen[15]).

[1]) Es kommen nur kleinere Segelfahrzeuge in Frage, da die großen Segelschiffe in diesem Bezirk normalerweise nicht segeln, sondern geschleppt werden müssen. Soweit größere Schiffe ausnahmsweise schon vor der Kugelbake bei Cuxhaven zu segeln beginnen (auslaufend) oder darüber hinaus segeln (einlaufend), so unterliegen sie den Fahrregeln der Nr. 12.

[2]) Vgl. oben Nr. 2: Begriff des Hauptfahrwassers.

[3]) Wiederholung des § 36 mit der Maßgabe, daß Segler sich nicht der Fahrwassermitte nähern dürfen, sondern möglichst nahe am Tonnenstrich fahren müssen.

[4]) Auch diese Vorschrift gilt nicht für kreuzende Fahrzeuge.

[5]) Vgl. die Anm. 4 zu § 62 Nr. 11 und zur Überschrift vor § 36: Fahrregeln.

[6]) Vgl. Anm. 2; dazu § 36 SWO.; Art. 25 SStrO.

[7]) Vgl. § 38.

[8]) Also möglichst nicht im spitzen, sondern im rechten Winkel, wobei vom Schiffer die Abtrift in Rechnung gestellt werden muß.

[9]) Dampf- und Motorbarkassen haben also beim Queren des Fahrwassers anderen Dampffahrzeugen, welche in der Fahrwasserrichtung fahren, auch dann auszuweichen, wenn sie diese Schiffe an Backbord haben (entgegen Art. 19 SStrO.). Mehrere das Fahrwasser querende Barkassen haben sich gegenseitig nach den allg. Vorschriften der SStrO. auszuweichen. Sie müssen ganz allgemein auch Ruder- und Paddelbooten, (selbst wenn diese Segel gesetzt haben) ausweichen. Vgl. zu c.

[10]) Hier ist es gleichgültig, ob das Boot vor dem Wind segelt (und damit an sich die Fahrwasserseite halten könnte) oder ob es kreuzt. Diese improvisierten Segler gehören grundsätzlich nicht in das Hauptfahrwasser.

[11]) Vgl. § 6 SWO.

[12]) Sie dürfen also äußerstenfalls an der Linie entlang segeln, welche die Köpfe verbindet.

[13]) Vgl. oben Anm. 8.

[14]) Vgl. § 38.

[15]) Diese Fahrzeuge haben also nur Barkassen gegenüber ein Wegerecht. Unter sich müssen sie, soweit die SStrO. auf sie überhaupt anwendbar ist, nach deren Vorschriften ausweichen. Vgl. Art. 7 Nr. 4 SStrO. Zum mindesten gilt für sie § 5 Abs. 4 SWO., Art. 29 SStrO.

## 13. Ausübung der Fischerei[1]).

Für die Ausübung des Fischfanges gelten folgende Bestimmungen:

A. Im Hauptfahrwasser der Elbe oberhalb der Linie Neufeld—Hafen am Holsteinischen Ufer hinüber nach der Mitte der Ostemündung ist die Anwendung von Grundschleppnetzen, welche mit Segel-, Dampf- oder Motorkraft auf dem Boden der Gewässer geschleppt werden (Kurren, Zeesen usw.) verboten.

B. Den Fischerfahrzeugen, welche vor Anker liegend fischen oder mit lebenden Fischen elbaufwärts bestimmt sind[2]), ist das Ankern innerhalb der Hauptfahrwasser auf folgenden Strecken mit folgender Bestimmung gestattet:

1. Auf der Strecke zwischen der oberen Geltungsgrenze[3]) dieser Ordnung und Schulau, welche begrenzt wird:

   a) im Osten durch eine Linie, auf der man beim Vorbeifahren elbauf- wie elbabwärts die Kirche von Nienstedten querab peilt,

   b) im Westen durch eine Linie, auf der man beim Vorbeifahren elbauf- wie elbabwärts die Einfahrt zum Schulauer Hafen querab peilt,

   dürfen höchstens zwei Fischerfahrzeuge nebeneinander ankern. Das am weitesten ins Fahrwasser hineinliegende Fahrzeug darf höchstens 50 Meter nördlich von dem südlichen Tonnenstriche liegen.

Ausgenommen hiervon ist die Strecke von der Kreuztonne beim Mühlenberger Loch bis Tonne F, wo das Fischen ganz untersagt ist. Zwischen den Tonnen C und B darf bis zu 50 Meter nördlich vom südlichen Tonnenstriche gefischt, beziehungsweise von Fischerfahrzeugen[4]) geankert werden.

2. Auf der Strecke zwischen Leuchtturm Somfletherwisch und dem zweiten Stack oberhalb der Lühemündung dürfen Fischerboote bis 100 Meter außerhalb der Stacks festlegen.

3. 50 Meter südlich der Verbindungslinie der Tonnen 13—12—11 ist das Fischen gestattet.

4. Zwischen der Verbindungslinie des Leuchtfeuers Twielenfleth mit dem Leuchtfeuer Julssand und der roten Bakentonne Twielenfleth ist das Fischen 50 Meter nördlich des südlichen Tonnenanstrichs gestattet.

5. Auf der Strecke von 200 Meter oberhalb des Leuchtturms Bützflether-Sand-Unterfeuer elbabwärts bis zu der Verbindungslinie der schwarzen spitzen Tonne 9 mit der roten Spierentonne N dürfen Fischerfahrzeuge am Ostufer bis zu einer Linie, welche 75 Meter westlich von der Verbindungslinie der beiden Pulvertonnen mit der schwarzen spitzen Tonne 10 liegt, in das Hauptfahrwasser hineinankern[5]).

6. Auf der Strecke von Tonne N bis M dürfen Fischerfahrzeuge bis zu 60 Meter innerhalb des grünen

Sektors[6]) des Unterfeuers Bützflether Sand an der Süd festlegen.

7. Zwischen Pagensand und der Verbindungslinie der schwarzen Tonne 7 mit dem Kopfe des Stacks beim Leuchtturm Pagensand-Unterfeuer ist das Fischen gestattet.
8. Auf der Strecke von der Pinnautonne bis zum Leuchtfeuer Steindeich-Ezfleth ist das Fischen in dem elbaufwärtsscheinenden, zwischen den Peilungen rechtweisend 294 Grad bis 316 Grad liegenden roten Sektor[6]) dieses Leuchtfeuers an der Nord gestattet.
9. Von Tonne G bis an den weißen Sektor des Leuchtfeuers Bielenberg ist das Fischen bis auf 200 Meter von der Deckpeilung der Richtfeuer Krautsand auf der Südseite gestattet.
10. Von der unteren Grenze des roten Sektors im Leuchtfeuer Bielenberg bis zur Tonne 3 an der Rhynplatte dürfen Fischerfahrzeuge auf beiden Seiten bis auf 300 Meter von der Deckpeilung der Leuchtfeuer Brokdorf und Hollerwettern ankern.
11. Auf der Strecke von Tonne 3 bis zur Bakentonne Glückstadt ist das Fischen bis zu 200 Meter auf beiden Seiten von der Deckpeilung der Leuchtfeuer Brokdorf und Hollerwettern gestattet.
12. Auf der Strecke vom Leuchtturm Hollerwettern bis zur schwarzen Tonne 24 ist das Fischen 250 Meter südlich der Verbindungslinie dieser Punkte im Fahrwasser gestattet.
13. Auf der Strecke zwischen der Ostgrenze der Nordostreede von Brunsbüttelkoog und der Verbindungslinie des Kirchturms von St. Margarethen mit der

roten Spierentonne f ist nördlich des weißen Zweiblitzsektors (rechtweisend 102 Grad) von Scheelenkuhlen das Fischen gestattet.

14. Auf der Strecke zwischen der Tonne f und der Tonne d dürfen Fischerfahrzeuge zwischen dem Süduser und einer Linie ankern, die 200 Meter nördlich der Verbindungslinie dieser beiden Tonnen f und d liegt.

15. Auf der Nordostreede von Brunsbüttelkoog (vgl. Ziffer 15 G) ist während der Hauptfangzeit des Stintes die Hamenfischerei gestattet. Die Fischer haben während des Fischens ihre Fahrzeuge so nahe wie möglich aneinander zu legen, um die Schiffahrt beim Aufsuchen und Verlassen und bei der Benutzung der Reede möglichst wenig zu behindern.

Die Hauptfangzeit wird der Schiffahrt bekanntgegeben[7]).

16. Auf der Strecke nördlich der Verbindungslinie der Einfahrt zum Brunsbütteler Hafen mit einem Punkte 600 Meter nördlich der nördlich von der Oste-Bank liegenden Leuchttonne NB ist das Fischen gestattet.

[1]) Lichterführung fischender Fahrzeuge nach Art. 9 SStrO. (I, 812). Vgl. § 55.

[2]) Also auf der Fahrt elbaufwärts begriffen sind und aus irgendwelchen Gründen ankern wollen.

[3]) Vgl. oben Nr. 1.

[4]) Sofern sie mit lebenden Fischen elbaufwärts bestimmt sind (vgl. oben Nr. 13 B).

[5]) D. h. der Anker darf im Fahrwasser liegen, nicht aber das Fahrzeug. Vgl. auch § 48f.

[6]) Vgl. § 48f.

[7]) Vgl. auch § 24 Abs. 2.

### 14. Ankerplätze für Fahrzeuge mit Sprengstoffen oder Munition.

Fahrzeuge, die mehr als 35 Kilogramm Sprengstoffe oder Munition geladen haben (vgl. § 56 Abs. h)[1]) dürfen nur an folgenden Stellen ankern:

a) gegenüber den am linken Elbufer unterhalb Brunshausen gelegenen Kahlensande auf der Ostseite des Fahrwassers. Der Platz ist durch große gelbgestrichene und mit einem schwarzen P als Aufschrift versehene Faßtonnen bezeichnet;

b) zwischen Brokdorf und Scheelenkuhlen vor dem Leuchtturm von Scheelenkuhlen bei dem Böschrücken an der Südseite des Fahrwassers in der Mitte zwischen den roten Spierentonnen g und f.

[1]) Vgl. auch § 17 (Signale).

### 15. Reeden[1]).

A. Die nördliche Reede beim Feuerschiff Elbe 3 wird begrenzt:

im Norden: durch die Verbindungslinie der schwarzen spitzen Tonnen 6, 7 und 8;

im Osten: durch die rechtweisende Peilung 0° der schwarzen Tonne 8;

im Süden: durch eine Linie 500 m nördlich von der Verbindungslinie der Feuerschiffe Elbe 3 und 4;

im Westen: durch die rechtweisende Peilung 197,5° des Leuchtturms Neuwerk (Ostgrenze des grünen Sektors dieses Feuers).

Die südliche Reede beim Feuerschiff Elbe 3 wird begrenzt:

im Norden: durch die Verlängerung der Verbindungslinie Leuchttonne I—Feuerschiff Elbe 4;

im Osten: durch die rechtweisende Peilung 221,5° des Leuchtturms Neuwerk (Ostgrenze des festen weißen Sektors von Neuwerk);

im Süden: durch die Verbindungslinie der roten Spierentonnen G, H und KA;

im Westen: durch die rechtweisende Peilung 187,5° des Leuchtturms Neuwerk (Westgrenze des grünen Sektors von Neuwerk).

Außerdem kann östlich anschließend an die südliche Reede im Kugelbakenfahrwasser geankert werden.

B. Die Reede von Cuxhaven wird begrenzt:

elbaufwärts: durch die Verbindungslinie des Wasserturms in Cuxhaven mit dem Leuchtturm Alte Liebe;

elbabwärts: durch die Verbindungslinie der Döser Windmühle mit der Kugelbake;

im Westen: durch die Verbindungslinie des Leuchtturms Osterende-Groden mit dem Leuchtturm Alte Liebe;

im Osten: durch die Verbindungslinie des Leuchtturms Osterende-Groden mit der roten Bake bei Neufeld (östliche Grenze des Dreiblitzsektors des Leuchtturms Neufeld).

C. Quarantäneankerplatz von Groden.

Quarantäneschiffe[2]) dürfen zwecks Abfertigung in der Nähe der Quarantäneanstalt Groden möglichst nahe dem Südufer ankern.

Schiffe, welche während der Nacht nicht abgefertigt werden, haben den auf der Reede von Altenbruch für Quarantäneschiffe vorgesehenen Ankerplatz (Ziffer 15 D) zu benutzen.

D. Die Reede von Altenbruch wird begrenzt:

elbaufwärts: durch die rechtweisende Peilung 180° des Leuchtfeuerdückdalben Otterndorf (östliche Grenze des elbabwärts scheinenden roten Sektors dieses Feuers);

elbabwärts: durch die rechtweisende Peilung 156° des Leuchtturms Altenbruch (westliche Grenze des grünen Sektors dieses Leuchtfeuers);

gegen Norden: durch die Verbindungslinie der schwarzen spitzen Tonnen 16, 17, 18 und 19;

gegen Süden: durch die Verbindungslinie der roten Tonnen R, Q und von dort mit dem südlichen Ufer gleichlaufend bis zur unteren Grenze (Altenbruch Leuchtturm rechtweisend 156°).

Zwischen der Ostgrenze des roten Festsektors[3]) des Leuchtfeuers Altenbruch (rechtweisend 256°) bis zur unteren Grenze der Reede bildet die Nordgrenze des grünen Dreiblitzsektors von Neufeld (rechtweisend 296°) die Südgrenze der Reede.

Auf dieser Reede haben bei Nacht alle Quarantäneschiffe zu ankern, die während der Nacht nicht abgefertigt werden.

In den Leitsektoren der Leuchtfeuer Cuxhaven und Neufeld und in dem Fahrsektor des Leuchtfeuers Altenbruch darf innerhalb der Grenzen der Reede von Altenbruch nicht geankert werden[4]).

E. Die Brunsbüttelkooger Kanalreede[5]) wird begrenzt:

im Osten durch die Verlängerung der Verbindungslinie zweier weißer Lichtmasten, die etwa 200 m westlich der Ladebrücke der Fabrik Rhenania an Land aufgestellt sind. Die Richtung der Verbindungslinie ist rechtweisend 0°;

im Süden durch die Verbindungslinie der Leuchttonnen 22a und 22b und ihre gradlinige Verlängerung bis zur Ost- und Westgrenze;

im Westen durch die Verlängerung der Verbindungslinie zweier Baken mit Dreieckstoppzeichen am Nordufer. Die Richtung der Verbindungslinie ist rechtweisend 0° und führt über Tonne N 4;

im Norden durch eine Linie, die die Buhnenköpfe des nördlichen Elbufers zwischen der östlichen und der westlichen Reedegrenze verbindet.

Die Leuchttonne 22b liegt auf dem Schnittpunkt der Verlängerung der Linie, die den Kirchturm von St. Margarethen mit der Bake an der Bösch verbindet, der Verlängerung der Linie, die den Leuchtturm von Brunsbüttelkoog mit dem östlichen Molenfeuer des alten Vorhafens verbindet und der Verlängerung der Verbindungslinien zweier roter Lichtmasten, die etwa 250 m östlich des Elblotsenhauses stehen. Die Leuchttonne 22a liegt rechtweisend 267° zwei Seemeilen von Tonne 22b auf der Verlängerung der Verbindungslinie zweier in der Nähe der Strandhalle bei Zweidorf stehenden roten Lichtmasten. Wenn eine dieser beiden Leuchttonnen nicht ausliegt oder ihr Feuer nicht brennt, zeigen die zu dieser Tonne gehörigen Lichtmasten die aus dem Leuchtfeuerverzeichnis ersichtlichen Lichter.

Wegen der Beschreibung der Leuchttonnen und Lichtmasten und deren Richtfeuer siehe Leuchtfeuerverzeichnis.

Die Brunsbüttelkooger Kanalreede wird eingeteilt

in Fahrwasser und

Ankerplätze.

Das Fahrwasser ist der Teil der Reede, der begrenzt wird:

im Osten: durch eine von der Leuchttonne 22b nach der östlichen Einfahrtsleuchte der alten Einfahrt gezogenen Linie;

im Westen: durch eine Linie, die in 500 m Abstand westlich parallel zu der Linie Leuchttonne 22a und Lichtmasten bei der Strandhalle gezogen wird;

im Süden: durch die Südgrenze der Reede.

Die übrigen Teile der Reede sind Ankerplätze.

Die Benutzung der Brunsbüttelkooger Kanalreede ist nur den aus dem Kaiser-Wilhelm-Kanal kommenden und den dorthin gehenden Fahrzeugen gestattet. Sie wird im einzelnen durch die Betriebsordnung für den Kaiser-Wilhelm-Kanal[6]) und die Polizeiverordnung für die Brunsbüttelkooger Kanalreede[7]) geregelt.

F. Die Südreede bei Brunsbüttelkoog wird begrenzt:

im Norden: durch die rechtweisende Peilung 90,5° des Leuchtturms Scheelenkuhlen (Südgrenze des elbabwärtsgerichteten Leitsektors von Scheelenkuhlen);

im Süden: durch die Peilung 85,5° des Leuchtturms Scheelenkuhlen (Südgrenze des Einblitzsektors von Scheelenkuhlen);

im Osten und im Westen: durch die Peilungslinien Brunsbüttelkoog-Oberfeuer 330,5° und 19,5° rechtweisend (innerhalb des grünen Sektors dieses Leuchtfeuers).

G. Die Nordostreede von Brunsbüttelkoog wird begrenzt:

im Westen: durch die Ostgrenze der Kanalreede und ihre geradlinige Verlängerung bis zur Südgrenze;

im Osten: durch die Peilungslinie 0° rechtweisend der am Stackende stehenden Kanalreedebake. Diese Peilungslinie führt über die schwarze spitze Tonne 23.

im Süden: durch die Nordgrenze des elbabwärts gerichteten Leitsektors von Scheelenkuhlen (rechtweisende Peilung 95°).

Auf dieser Reede dürfen nur solche Schiffe ankern, deren Tiefgang ein Ankern auf der Südreede von Brunsbüttelkoog nicht erlaubt[8]). Über das Ankern fischender Fahrzeuge siehe Ziffer 13 B 15.

H. Die Reede von Freiburg[9]) wird begrenzt:

elbaufwärts: durch die rechtweisende Peilung 17° des Leuchtturms Brokdorf (östliche Grenze des grünen Sektors dieses Feuers);

elbabwärts: durch die rechtweisende Peilung 55° des Leuchtturms Brokdorf (westliche Grenze des grünen Sektors dieses Feuers);

nordöstlich: durch die rechtweisende Peilung 314° des Leuchtturms Scheelenkuhlen (Nordgrenze des Einblitzsektors dieses Feuers);

südwestlich: durch die rechtweisende Peilung 319° des Leuchtturms Scheelenkuhlen (Südgrenze des Einblitzsektors dieses Feuers).

I. Die Reede von Krautsand wird begrenzt:

elbaufwärts: durch die rechtweisende Peilung 295° des Leuchtturms Krautsand-Unterfeuer;

elbabwärts: durch die rechtweisende Peilung 90° des Glückstädter Leuchtturms.

Auf dieser Reede darf nur westwärts in einem Abstand von mindestens 100 m von der Deckpeilung der Leuchtfeuer Hollerwettern und Brokdorf geankert werden.

K. Die Reede von Brunshausen wird begrenzt:
elbaufwärts: durch die rechtweisende Peilung 215° des Leuchtturms Staber-Sand (Westgrenze des grünen Sektors dieses Feuers);
elbabwärts: durch die rechtweisende Peilung 240° des mittelsten Bauernhofes auf Bützflether-Sand.

Auf dieser Reede darf in den Fahrsektoren der Unterfeuer Staber-Sand und Bützflether-Sand und in dem Leitsektor des Leuchtfeuers Twielenfleth nicht geankert werden[10]).

L. Die Reede von Blankenese erstreckt sich:

a) längs des Norbufers vom unteren Ende des Baurschen Parkes querab bis zur Falkenthaler Landungsbrücke. Die Fahrzeuge dürfen hier nicht weiter südlich als 25 m von der Verbindungslinie der Stackköpfe liegen, müssen auch am Lande derartig vertäut sein, daß sie nicht in das 40 m südlich der Stackköpfe beginnende tiefe Fahrwasser hineinschwojen[11]) können;
b) längs der südlichen Tonnen in derselben Ausdehnung wie unter a und bis 10 m nördlich in das Hauptfahrwasser hinein.

[1]) Vgl. § 56a.

[2]) Signal vgl. § 35f. Über gesundheitliche Behandlung der Seeschiffe vgl. § 4 und Anlage 9.

[3]) Berichtigte Fassung (V. v. 3. Oktober 1927; RGBl. S. 886).

[4]) Vgl. § 48g.

[5]) Über die PolV. für die Brunsbüttelkooger Kanalreede vgl. unten Anm. 7.

[6]) Vom 31. März 1922.

[7]) Erlassen vom Reichskanalamt in Kiel.

Nach dieser Polizeiverordnung wird die Brunsbüttelkooger Kanalreede in „Fahrwasser" und „Ankerplätze" eingeteilt.

Das Fahrwasser der Reede wird begrenzt im Osten durch eine von der Leuchttonne 22 b nach dem östlichen Molenfeuer der alten Einfahrt gezogenen Linie, im Westen durch eine Linie, die in 500 m Abstand westlich parallel zu der Linie Leuchttonne 22 a — Lichtmasten bei der Strandhalle gezogen wird und im Süden durch die Südgrenze der Reede, die durch die Verbindungslinie der Leuchttonnen 22 a und 22 b und ihre geradlinige Verlängerung dargestellt wird. Die übrigen Teile der Reede sind Ankerplätze.

Das Fahrwasser der Brunsbüttelkooger Kanalreede dient für den Schiffsverkehr zwischen der Elbe und dem Nordostseekanal und darf nur von Schiffen und Schleppzügen benutzt werden, die in den Kanal einlaufen wollen oder ihn verlassen. Das Ankern im Fahrwasser ist auch solchen Schiffen und Schleppzügen verboten. Auslaufende Schiffe und Schleppzüge haben die Reede auf dem kürzesten Wege zu verlassen. Jedoch dürfen hierbei elbaufwärtsgehende Schiffe das Fahrwasser insoweit benutzen, daß sie sich dem Verkehr auf der Elbe anpassen können; elbabwärtsgehende haben an der Tonne 22 a südlich vorzubeifahren. Schiffe, die in den Kanal oder in den Vorhafen einlaufen wollen, haben den Kanallotsen außerhalb der Reedegrenzen abzuwarten. Von der Elbe kommende Fahrzeuge dürfen zur Erreichung eines der Ankerplätze das Fahrwasser nicht berühren. Die dem Kanallotsenzwang nicht unterliegenden kleinen Dampfer, Boote, Bagger und Baggerschuten sind verpflichtet, den ein- oder auslaufenden Dampfern und Schleppzügen genügend Raum zu geben und ihre Manöver so einzurichten, daß über ihre Absicht keine Zweifel bestehen. Besonders müssen sie in allen Fällen, in denen sich die Kurse kreuzen und sie nicht in sicherem Abstande vor dem Bug des betreffenden Dampfers vorbeifahren können, an seinem Heck vorbeifahren. Das Ankern auf den Ankerplätzen der Brunsbüttelkooger Kanalreede ist nur den Fahrzeugen, die in den Nordostseekanal einlaufen wollen oder die, aus dem Kanal kommend, nicht alsbald weiterfahren wollen oder können, gestattet. Fahrzeuge, die von der Kanalverwaltung eingeschleppt werden wollen, müssen auf dem östlichen Ankerplatz vor Anker gehen. Allen Fahrzeugen ist verboten, die Ankerplätze der Brunsbüttelkooger Kanalreede zur Durchfahrt zu benutzen.

Diese neue Kanalpolizeiverordnung ist mit dem 26. Juni 1926 in Kraft getreten. Die bisherigen Polizeiverordnungen der Brunsbütteler Kanalreede vom 1. April 1922 und vom 26. März 1926 traten mit dem gleichen Tage außer Kraft.

[8]) Ist auch von Seegang und Strömung abhängig. Daher von Fall zu Fall zu entscheiden. Das Schiff muß auch bei Niedrigwasser noch Wasser unter dem Kiel haben.

[9]) Vorschriften für den Freiburger Hafenpriel: § 66.

[10]) Vgl. § 48f.

[11]) Vgl. § 48 (Fahrwasser freihalten); § 56 Anm. 30.

## Besondere Vorschriften für die Oste[1]).

### 1. Grenzen des Geltungsbereichs der Seewasserstraßenordnung[2]).

**§ 65.** Auf der Oste gilt die Seewasserstraßenordnung von der Mündung bis zur Grenze des Bremervörder Hafens.

[1]) Schiffahrtspolizeibehörde.

Bis zur Errichtung reichseigener Wasserstraßenbehörden ist als Schiffahrtspolizeibehörde der Preußische Regierungspräsident in Stade und als dessen Organ das Wasserbauamt Stade zuständig.

Zuständige Behörde gemäß § 46 ist das Wasserbauamt Stade.

Durch PolV. vom 5. November 1927 (Amtsbl. der Regierung zu Stade 1927 S. 156) sind mit Wirkung vom 1. Dezember 1927 aufgehoben worden:

1. Die Schiffahrtsordnung für den Schiffahrtsbetrieb auf der Este zwischen Buxtehude und Cranz vom 30. Juli 1892 (Amtsblatt S. 241) mit dem Nachtrage vom 14. Oktober 1897 (Amtsblatt S. 257).

2. Die Schiffahrtsordnung für den Schiffahrtsbetrieb auf der unteren Lühe von der Krümmung neben der Grünendeicher Kirche bis zum Ausfluß in die Elbe vom 23. Mai 1863 (Hann. Gesetzsammlg. Abt. 3 S. 17).

3. Die Polizeiverordnung, betr. die von den Dampfschiffen, welche die Schwinge zwischen Stade und Brunshausen befahren, innezuhaltende Fahrzeit, vom 25. Mai 1886 (Amtsblatt S. 297).

4. Die Polizeiverordnung, betr. den Schiffsverkehr auf und vor der Wischhafener Süderelbe vom 15. Oktober 1894 (Amtsblatt S. 291) mit dem Nachtrage vom 10. Dezember 1924 (Amtsblatt S. 263).

5. Die Polizeiverordnung für die Schiffahrt auf der Oste unterhalb Bremervörde vom 15. Juni 1900 (Amtsblatt S. 203).

6. Die Polizeiverordnung über die Weser-Reede von Geestemünde und Bremerhaven vom 11. September 1902 (Amtsblatt S. 252) mit dem Nachtrage vom 19. Juni 1925 (Amtsblatt S. 125).

[2]) Über Betonnung und Befeuerung vgl. Anhang Anl. 3 u. 5.

## 2. Signalstelle für Warnungssignale.

Die Warnungssignale gemäß § 24 werden für die Oste gezeigt:

a) am Flaggenstocke der Sturmwarnungsstelle Belumerschanze;

b) am Flaggenstocke bei der Fähre Hechthausen;

c) am Flaggenstocke der Schleuse Bremervörde.

Durch Aushang an den Flaggenstöcken werden gleichzeitig Art und Ort der Störung bekanntgegeben.

Über außergewöhnliche Störungen ist außerdem Auskunft von dem Wasserbauamt Stade zu erhalten.

## 3. Höchstgeschwindigkeit.

Die zulässige Höchstgeschwindigkeit[1]) beträgt oberhalb der Eisenbahnbrücke bei Hechthausen 10 km (5,4 Knoten) auf den geraden Strecken und 8 km (4,3 Knoten) in den Krümmungen; unterhalb der Eisenbahnbrücke bei Hechthausen 15 km (8,3 Knoten); Schleppzüge[2]) haben jedoch auf dieser Strecke in scharfen Krümmungen[3]) die Geschwindigkeit auf 10 km (5,4 Knoten) zu ermäßigen.

[1]) Durchs Wasser (nicht über Grund). Vgl. § 61 Nr. 7 nebst Anm.

[2]) Ohne Rücksicht auf Länge und Zusammensetzung (vgl. § 45). Längsseitschleppen fällt nicht darunter.

[3]) Vgl. § 39, welcher hier durch § 65 Nr. 3 ergänzt wird.

### 4. Beschränkung der Masthöhe.

Die Schwebefähre in Osten und die Überführung der Hochspannungsleitung bei Klint und Bremervörde dürfen nur von Fahrzeugen mit einer Masthöhe bis zu 24 m[1]) über dem Wasserspiegel (Mittleres Hochwasser)[2]) durchfahren werden.

[1]) Evtl. muß die oberste Stenge gefiert (d. h. heruntergelassen) werden, wenn dies möglich ist.

[2]) Je nach dem Wasserstand kann sich der Betrag von 24 m erhöhen oder verringern.

### 5. Schleppzüge und Flöße.

Oberhalb der Eisenbahnbrücke bei Hechthausen dürfen nicht mehr als zwei Fahrzeuge[1]) oder zwei Flöße von Stammlänge[2]) geschleppt werden, und zwar hintereinander. Torfbullen, die geschleppt oder getreidelt werden[3]), dürfen jedoch in drei Gruppen von je zwei Bullen hintereinander gebunden werden. Dampffahrzeuge von mehr als 20 m Länge dürfen auf dieser Strecke nicht zum Schleppen benutzt werden.

Auf der Strecke unterhalb der Eisenbahnbrücke bei Hechthausen dürfen zwei Fahrzeuge (nicht Flöße) nebeneinander gebunden werden[4]). Die Länge der Schleppzüge, vom Hecke des Schleppers ab gerechnet[5]) darf auf der Strecke unterhalb der Fähre Hechthausen höchstens 210 m und oberhalb dieser Fähre höchstens 130 m betragen. Für die Strecke unterhalb Hechthausen müssen auf jedem Anhänger, der[6]) vom Hecke des Schleppers mehr als 150 m entfernt ist, zwei Mann Besatzung vorhanden sein.

Die Breite der Flöße darf oberhalb der Eisenbahnbrücke bei Hechthausen nicht mehr als 5 m, unterhalb dieser Brücke nicht mehr als 10 m betragen.

Jedes geschleppte Fahrzeug oder Floß mit Ausnahme der Torfbullen muß bemannt[7]) und mit einer Steuervorrichtung ausgerüstet sein[8]). Es muß loswerfen[9]), wenn die Gefahr eines Zusammenstoßes oder einer Beschädigung der Ufer besteht[10]).

[1]) Deren Länge gleichgültig ist. Auch die Länge der Trosse ist nicht begrenzt.

[2]) D. h. es dürfen nicht mehrere Floßtafeln in der Längsrichtung miteinander zu einem Floß verbunden werden. Nebeneinander dürfen weder Fahrzeuge noch Flöße geschleppt werden.

[3]) Treideln = vom Ufer aus schleppen (durch Menschen- oder Pferdekraft). Vgl. näheres § 80 Nr. 11.

[4]) Längsseit schleppen ist hiernach zulässig.

[5]) Bis zum Heck des letzten geschleppten Fahrzeugs.

[6]) D. h. dessen Bug soweit vom Heck des Schleppers entfernt ist.

[7]) Es genügt ein Mann. Ausnahmsweise ist in Nr. 5 Abs. 2 eine Besatzung von zwei Mann vorgeschrieben.

[8]) Vgl. für Flöße: § 47 Abs. 2 Satz 2.

[9]) D. h. die Schleppverbindung lösen (Trosse schlippen oder notfalls kappen).

[10]) Diese Verpflichtung ergibt sich schon aus § 5 Abs. 4 SWO.; Art. 29 SStrO.; § 49 SWO.

## 6. Segeln und Treiben.

Fahrzeuge von mehr als 300 cbm Nettoraumgehalt[1]) dürfen weder segeln noch treiben, sondern sind zu schleppen oder von der Leinpfadstrecke aus zu treideln[2]).

[1]) Vgl. Schiffsvermessungsordnung vom 1. März 1895 mit Nachträgen vom 12. April 1908 und 11. Dezember 1913. Dazu Instruktion vom 26. März 1895. Die Vermessungsergebnisse sind aus dem Schiffsbrief bzw. Zertifikat zu ersehen. Wüstendörfer S. 142 und 186. Ferner I, 37 und Mittelstein, BSchR. S. 25.

[2]) Vgl. § 80 Nr. 11.

## 7. Überholen[1]).

Das Überholen ist in Krümmungen[2]) und auf denjenigen Strecken, die für das Ausweichen zu eng sind[3]), verboten.

[1]) Vgl. § 37.

[2]) Vgl. dazu § 39.

[3]) Gemeint ist das mit dem Überholen verbundene Nebeneinanderfahren, wobei mit dem Raumgeben des überholten Schiffes einerseits, mit der starken Sogwirkung in engen und flachen Gewässern andererseits zu rechnen ist. Vgl. die Anm. zu § 37.

## 8. Wenden.

Das Wenden[1]) ist so vorsichtig auszuführen, daß die Ufer nicht beschädigt werden[2]).

Fahrzeugen von mehr als 15 m Länge ist oberhalb der Nehemündung das Wenden mit Hilfe der Schraube[3]) verboten.

[1]) Vgl. § 48d (Drehen ist gleichbedeutend mit Wenden, wenigstens für Dampffahrzeuge).

[2]) Durch Gegenlaufen, aber evtl. auch durch das Schraubenwasser, wenn das Heck unmittelbar am Ufer vorbeidreht (vgl. § 63 A Nr. 9, eine Vorschrift, welche denselben Zweck verfolgt). Es muß in diesem Falle die Umdrehung der Schraube herabgesetzt evtl. ganz eingestellt werden.

[3]) Also nur Herumdrehen mit Schlepperhilfe oder durch Herumziehen an ausgebrachten Ankern, mit Bootshaken usw.

### 9. Festmachen und Ankern[1]).

Das Nebeneinanderliegen von Fahrzeugen ist mit folgenden Ausnahmen verboten:

Bei dem Lösch- und Ladeplatz Schwarzenhütten dürfen zwei Fahrzeuge[2]) nebeneinanderliegen.

An den übrigen Schiffsstellen — mit Ausnahme der Schiffsstelle in Gräpel — darf beiderseits eines größeren Fahrzeuges ein Torfbulle liegen, jedoch nur während des Ladens[3]).

Torfbullen dürfen — mit Ausnahme der Schiffsstelle Gräpel — zu zweien nebeneinanderliegen.

Die Fahrzeuge müssen stromrecht[4]) liegen und sicher befestigt sein. Das Ausbringen von Ketten und Tauen nach dem gegenüberliegenden Ufer ist verboten[5]).

Das Festmachen vor[6]) Schleusen und Schleusenflethen ist verboten.

[1]) Vgl. § 56.

[2]) Ihre Breite ist unerheblich.

[3]) D. h. wenn aus den Torfbullen in das größere Schiff geladen wird.

[4]) D. h. nicht in einem Winkel zum Strome, sondern entlang des Anlegeplatzes.

[5]) Eine Selbstverständlichkeit im Hinblick darauf, daß das Fahrwasser freizuhalten ist (§ 48 Überschrift).

[6]) Wie weit der Abstand zu der Schleuse sein muß, ist Tatfrage. Grundsatz ist auch hier, daß keine Behinderung oder Gefährdung von Fahrzeugen eintreten darf. Analoge Anwendung des § 56g. Vgl. die Anm. dortselbst.

## 10. Ankern.

In scharfen Krümmungen, vor den Schleusen und Schleusenflethen und auf je 150 m Entfernung von den Seil- und Kettenfähren, der Schwebefähre in Osten und der Eisenbahnbrücke bei Hechthausen ist das Ankern verboten[1]).

Im übrigen dürfen Fahrzeuge nur derart[2]) ankern, daß das Fahrwasser für die ungehinderte Fahrt der größten auf der Oste verkehrenden Fahrzeuge[3]) frei bleibt.

Die ankernden Fahrzeuge müssen so nahe am Ufer wie möglich und nur in einer Reihe hintereinanderliegen; das Nebeneinanderliegen ist verboten. Nur Torfbullen dürfen zu zweien nebeneinanderliegen.

[1]) Falls dies im Notfalle doch geschehen muß, ist nach Fortfall des zwingenden Umstandes die verbotene Ankerstelle sofort zu verlassen. Vgl. § 48 Anm. 37.

[2]) D. h. an solchen Stellen, mit so langer Kette und im Hinblick auf das Schwojen um den Anker.

[3]) D. h. solcher Fahrzeuge, welche nach ihrem Tiefgang und im Hinblick auf die Eigenschaften des Oste-Fahrwassers auf diesem verkehren können und — wenn auch nur zuweilen — tatsächlich fahren.

## 11. Nebeneinanderfahren und Koppeln.

Das Nebeneinanderfahren[1]) und Koppeln[2]) segelnder Fahrzeuge ist verboten. Eine Ausnahme wird zugelassen für zwei gekoppelte Torfbullen.

[1]) Bord an Bord. Nicht verboten ist das Längsseitschleppen durch einen Schlepper.

[2]) Aneinanderbefestigen und zwar längsseit.

12. Eisenbahndrehbrücke bei Hechthausen.

Fahrzeugen, die auf das Öffnen der Brücke angewiesen sind[1]), ist die Durchfahrt nur gestattet, wenn am Mast der Brücke bei Tage der Signalball[2]), nachts ein weißes Licht[3]) gezeigt wird. Das Schleppen des Ankers ist verboten[4]).

Die Brücke ist langsam zu durchfahren; Segelfahrzeuge haben die Segel zu streichen[5]) und den Baum einzuholen[6]).

Auf das Öffnen wartende Fahrzeuge haben an den am linken Ufer beiderseits der Brücke stehenden Pfählen anzulegen. Anderen Fahrzeugen ist das Festmachen an diesen Pfählen verboten[7]).

[1]) D. h. nicht durch das feste Brückenjoch fahren können, weil die lichte Höhe nicht ausreicht. Vgl. § 63 C 1 b. „Angewiesen" auf das Öffnen der Brücke sind nicht solche Dampffahrzeuge, die durch Umlegen des Schornsteines und der Masten zum Durchfahren des festen Brückenjochs instand gesetzt werden können.

[2]) § 8 Abs. 5 ergibt die Abmessungen.

[3]) § 8 Abs. 4 ergibt die Sichtweite.

[4]) Vgl. § 56e und f.

[5]) D. h. einzuziehen. Hieraus ergibt sich, daß ein Durchsegeln der Durchfahrt unzulässig ist.

[6]) So daß er vollständig binnenbords liegt. (Baum ist das Holz, an welchem der Unterrand des Besahn- oder Gaffelsegels befestigt wird.)

[7]) Vgl. § 56a.

## Besondere Vorschriften für den Freiburger Hafenpriel[1]).

### 1. Grenzen des Geltungsbereiches der Seewasserstraßenordnung[2]).

**§ 66.** Auf dem Freiburger Hafenpriel[3]) gilt die Seewasserstraßenordnung von der Mündung bis zur Grenze des Freiburger Hafens.

[1]) Schiffahrtspolizeibehörden.

Bis zur Errichtung reichseigener Wasserstraßenbehörden ist als Schiffahrtspolizeibehörde der Preußische Regierungspräsident in Stade und als dessen Organ das Wasserbauamt Stade zuständig. — Über Ausführungsverordnungen vgl. zu § 65.

[2]) Über Betonnung und Befeuerung vgl. Anhang Anl. 4 und 5.

[3]) Über die Reede von Freiburg vgl. § 64 Nr. 15 H.

### 2. Signalstellen für Warnungssignale.

Warnungssignale gemäß § 24 werden nicht gezeigt. Der Hafenmeister in Freiburg und das Wasserbauamt Stade erteilen Auskunft über außergewöhnliche Störungen.

### 3. Höchstgeschwindigkeit.

Die zulässige Höchstgeschwindigkeit beträgt 8 km (4,3 Knoten)[1]).

[1]) Vgl. dazu § 61 Nr. 7: Durchs Wasser und nicht über Grund!

### 4. Festmachen und Ankern.

Das Festmachen ist nur kleinen Fahrzeugen[1]) für die Bewirtschaftung der Ufergrundstücke gestattet und auch nur insoweit, als das Fahrwasser für die ungehinderte Fahrt der größten auf dem Hafenpriel verkehrenden Fahrzeuge[2]) frei bleibt. Das Nebeneinanderliegen von Fahrzeugen ist verboten.

Die Fahrzeuge müssen hart am Ufer[3]) stromrecht liegen und sicher befestigt sein. Das Ausbringen von Ketten und Tauen nach dem gegenüberliegenden Ufer ist verboten[4]). Das Ankern ist verboten[5]).

[1]) Vgl. § 36.

[2]) Vgl. § 65 Nr. 10.

[3]) Abbäumen ist verboten.

4) Vgl. § 65 Nr. 9.
5) Vgl. § 56a.

## Besondere Vorschriften für die Nebenelben bei Wischhafen, Assel und Bützfleth[1]).

(Wischhafener Süderelbe, Gauensieker Kanal, Ruthenstrom, Barnkruger Loch mit der Asseler-Weether Süderelbe, Bützflether Binnenelbe.)

### 1. Grenzen des Geltungsbereichs der Seewasserstraßenordnung[2]).

**§ 67.** Die Seewasserstraßenordnung gilt auf dem ganzen Bereiche dieser Fahrwasser mit Ausnahme der Abzweigungen der Hafeneinfahrten nach dem Asseler und dem Bützflether Hafen.

1) Siehe Anm. 1 auf Seite 262 oben.
2) Über Betonnung und Befeuerung vgl. Anhang Anl. 4 und 5.

### 2. Signalstellen für Warnungssignale.

Warnungssignale gemäß § 24 werden nur für die Wischhafener Süderelbe gezeigt und zwar am Flaggenstocke der Dampferanlegebrücke unterhalb der Einfahrt zum Wischhafener Hafen. Durch Aushang an dem Flaggenstocke werden gleichzeitig Art und Ort der Störung bekanntgegeben.

Über außergewöhnliche Störungen auf allen vorbezeichneten Nebenelben ist außerdem von dem Wasserbauamt Stade Auskunft zu erhalten.

### 3. Höchstgeschwindigkeit.

Die zulässige Höchstgeschwindigkeit für Fahrzeuge mit mehr als 30 P.S. Maschinenstärke[1]) beträgt auf der Strecke der Wischhafener Süderelbe von der Mündung bis zur Dampferanlegebrücke unterhalb der Einfahrt zum Wischhafener Hafen 10 km (5,4 Knoten), auf den übrigen Strecken der Nebenelben 8 km (4,3 Knoten)[2].

[1]) Indizierte P. S. (nicht effektive).

[2]) Durchs Wasser, nicht über Grund. Vgl. § 61 Nr. 7.

### 4. Festmachen und Ankern.

a) Festmachen.

Das Festmachen ist nur insoweit gestattet, als das Fahrwasser für die ungehinderte Fahrt der größten auf der Süderelbe verkehrenden Fahrzeuge[1]) frei bleibt; jedoch ist das Nebeneinanderliegen von Fahrzeugen verboten.

An der Dampferanlegebrücke in der Wischhafener Süderelbe unterhalb der Einfahrt zum Wischhafener Hafen dürfen nicht mehr als zwei Fahrzeuge nebeneinander liegen. Das unbefugte Anlegen an dieser Brücke ist verboten[2]).

Die Fahrzeuge müssen stromrecht liegen und sicher befestigt sein. Das Ausbringen von Ketten oder Tauen nach dem gegenüberliegenden Ufer ist verboten[3]).

Das Festmachen vor[4]) den Schleusen und Schleusenflethen ist verboten.

b) Ankern.

In der Wischhafener Süderelbe (mit Ausnahme der Krümmung von der Dampferanlegebrücke unterhalb der Einfahrt zum Wischhafener Hafen bis 1 km oberhalb der Hafeneinfahrt) und im Ruthenstrom ist das Ankern gestattet, jedoch nur insoweit, als das Fahrwasser für den ungehinderten Verkehr der größten auf der Wischhafener Süderelbe und dem Ruthenstrom verkehrenden Fahrzeuge[5]) frei bleibt. Die ankernden Fahrzeuge müssen so nahe am Ufer wie möglich und in nur einer Reihe hintereinanderliegen; das Nebeneinanderliegen ist verboten.

Auf den übrigen Nebenelben in der Krümmung der Wischhafener Süderelbe von der Dampferanlegebrücke unterhalb der Einfahrt zum Wischhafener Hafen bis 1 km oberhalb der Hafeneinfahrt, vor den Schleusenflethen und auf je 150 m Entfernung ober- und unterhalb der Seil- und Kettenfähren ist das Ankern verboten[6]).

[1]) Vgl. § 65 Nr. 10.

[2]) Wer zum Anlegen befugt ist, sagt die SWO. nicht. Es handelt sich hier um örtliche Regelungen, über welche das Wasserbauamt Stade (vgl. Nr. 2) nötigenfalls Auskunft erteilen kann.

[3]) Vgl. § 65 Nr. 9.

[4]) Vgl. § 65 Nr. 9.

[5]) Vgl. § 65 Nr. 10.

[6]) Vgl. § 56c, f und g; § 44.

## 5. Drehbrücke bei Gauensiek.

Fahrzeuge, die auf das Öffnen der Drehbrücke angewiesen sind[1]), haben in mindestens 300 m Abstand von der Brücke wiederholt ein Signal von zwei langen Tönen[2]) zu geben. Die Brücke darf erst durchfahren werden, wenn sie völlig geöffnet ist.

Die Brücke ist langsam zu durchfahren; das Schleppen des Ankers ist verboten[3]). Segelfahrzeuge haben die Segel zu streichen und den Baum einzuholen[4]).

[1]) Vgl. § 65 Nr. 12.

[2]) 4—6 Sekunden. Vgl. § 2 Abs. 2 SWO.; Art. 15 Abs. 2 SStrO.

[3]) Vgl. § 56 e und f.

[4]) Vgl. § 65 Nr. 12 Abs. 2.

## Besondere Vorschriften für die Schwinge[1]).

### 1. Grenzen des Geltungsbereichs der Seewasserstraßenordnung[2]).

**§ 68.** Auf der Schwinge gilt die Seewasserstraßenordnung von der Mündung bis zur Grenze des Hafens von Stade.

[1]) Schiffahrtspolizeibehörden.

Bis zur Errichtung reichseigener Wasserstraßenbehörden ist als Schiffahrtspolizeibehörde der Preußische Regierungspräsident in Stade und als dessen Organ das Wasserbauamt Stade zuständig. — Über Ausführungsverordnungen vgl. zu § 65.

Zuständige Behörde gemäß § 46 ist das Wasserbauamt in Stade.

[2]) Über Betonnung und Befeuerung vgl. Anhang Anl. 4 und 5.

### 2. Signalstellen für Warnungssignale.

Warnungssignale gemäß § 24 werden gezeigt:

a) am Flaggenstocke des Hafens Brunshausen;

b) am Flaggenstocke der Salztorschleuse in Stade.

Durch Aushang an den Flaggenstöcken werden gleichzeitig Art und Ort der Strömung bekanntgegeben.

Außerdem ist über außergewöhnliche Störungen von dem Wasserbauamt Stade Auskunft zu erhalten.

### 3. Höchstgeschwindigkeit.

Die zulässige Höchstgeschwindigkeit für Dampffahrzeuge mit mehr als 30 P.S. Maschinenstärke[1]) beträgt 8 km (4,3 Knoten)[2]).

[1]) Vgl. § 67 Nr. 3.

[2]) Durchs Wasser, nicht über Grund. Vgl. § 61 Nr. 7.

### 4. Beschränkung der Masthöhe.

Die Überführung der Hochspannungsleitung unterhalb Stade darf nur von Fahrzeugen mit einer Masthöhe bis zu 41 m über dem Wasserspiegel (mittleres Hochwasser) durchfahren werden[1]).

[1]) Vgl. § 65 Nr. 4.

### 5. Schleppzüge und Flöße.

Es dürfen höchstens drei Fahrzeuge[1]) oder zwei Flöße von Stammlänge geschleppt werden[2]) und zwar hintereinander[3]).

Die Breite eines Floßes darf höchstens 5 m betragen.

Jedes geschleppte Fahrzeug oder Floß muß bemannt und mit einer Steuervorrichtung ausgerüstet sein. Es muß loswerfen, sobald die Gefahr eines Zusammenstoßes oder einer Beschädigung der Ufer besteht[4]).

[1]) Auf ihre Länge kommt es nicht an. Auch über die Länge der Schlepptrosse ist nichts bestimmt.

[2]) Vgl. § 65 Nr. 5 Abs. 1.

[3]) Längsseitschleppen hiernach verboten.

[4]) Vgl. zu diesem Absatz: § 65 Nr. 5 Abs. 4.

### 6. Segeln und Treiben.

Fahrzeuge von mehr als 300 cbm Nettoraumgehalt dürfen weder segeln noch treiben; sie sind zu schleppen oder zu treideln[1]).

[1]) Vgl. § 65 Nr. 6; Anm. zur Überschrift vor § 36.

### 7. Festmachen und Ankern.

Das Festmachen in der Krümmung 600 m unterhalb des Hafens Stade ist verboten, auf der übrigen Flußstrecke ist es nur dann gestattet, wenn mindestens 12 m nutzbare Fahrwasserbreite[1]) frei bleiben.

Das Nebeneinanderliegen von Fahrzeugen ist verboten. Jedoch dürfen im Hafen Brunshausen Fahrzeuge nebeneinanderliegen mit der Einschränkung, daß mindestens 15 m nutzbare Fahrwasserbreite frei bleiben[2]) und die Fahrzeuge nur am Nordufer liegen.

Die Fahrzeuge müssen stromrecht liegen und sicher befestigt sein. Das Ausbringen von Ketten und Tauen nach dem gegenüberliegenden Ufer ist verboten[3]).

Das Festmachen vor den Schleusen und das Ankern im Fahrwasser[4]) ist verboten.

[1]) Zur Durchfahrt von Schiffen geeignet, also Teil der Fahrrinnen bzw. des Hauptfahrwassers. Nutzbar ist die Breite nur dann, wenn nichts unter- und oberhalb der Wasserlinie hineinragt, z. B. nicht Fallreep, ausgeschwungene Davits, längsseits befestigtes Boot, Raaen, Baum, Ladebäume, Rüsten, Scheuerleisten, Brückennock, selbst Fender, schräg in das Fahrwasser stehende Ankerketten usw. Nicht gesagt ist, daß ein 12 m breites Schiff passieren können muß.

[2]) Vgl. die vorige Anm.

[3]) Vgl. § 65 Nr. 9.

[4]) Vgl. § 56 und § 48f.

## Besondere Vorschriften für die Lühe[1]).

### 1. Grenzen des Geltungsbereichs der Seewasserstraßenordnung[2]).

**§ 69.** Auf der Lühe gilt die Seewasserstraßenordnung von der Mündung bis zur Mühle in Horneburg.

[1]) Schiffahrtspolizeibehörden wie zu § 68. — Über Ausführungsverordnungen vgl. zu § 65.

[2]) Über Betonnung und Befeuerung vgl. Anhang Anl. 4 und 5.

2. Signalstellen für Warnungssignale.

Warnungssignale gemäß § 24 werden gezeigt:

a) in Grünendeich am Flaggenstock des Lösch- und Ladeplatzes (350 m oberhalb der Lühemündung);

b) in Horneburg am Flaggenstock bei der Landstraßenbrücke.

Durch Aushang an den Flaggenstöcken werden gleichzeitig Art und Ort der Störung bekanntgegeben.

Über außergewöhnliche Störungen ist außerdem Auskunft von dem Wasserbauamt Stade zu erhalten.

3. Höchstgeschwindigkeit.

Die zulässige Höchstgeschwindigkeit beträgt auf den ganzen Strecken 8 km (4,3 Knoten), in den Krümmungen 5 km (2,7 Knoten)[1].

[1]) Durchs Wasser (nicht über Grund). Vgl. § 61 Nr. 7.

4. Beschränkung der Fahrzeuggrößen.

Dampffahrzeuge von mehr als 15 m Länge[1]) und 3,5 m Breite und 1,50 m Tiefgang dürfen[2]) auf der Lühe nur verkehren, wenn sie durch eine Bescheinigung der Schiffahrtpolizeibehörde als nach ihren Abmessungen und ihrer Maschinenstärke für die Lühe geeignet zugelassen sind.

[1]) Maßgebend sind die betr. Angaben des Schiffszertifikats (bzw. Schiffsbriefs). Vgl. Bek. betr. Ausführungsbestimmungen zum § 25 des Flaggengesetzes vom 10. November 1899 ZBl. 1899 S. 380ff. (I, 33).

[2]) Sofern auch nur eins dieser Höchstmaße überschritten ist. Länge und Breite sind als Maß nicht mißverständlich. Der Tiefgang ist jedoch wechselnd. Maßgebend ist der Maximaltiefgang bis zum Freibordzeichen. Vgl. Freibordvorschriften

der Seeb. Genossensch. für Dampfer und Segelschiffe nebst Ausf. Bestimmungen (Ausg. 1908). Vgl. auch § 14 Anm. 3.

### 5. Beschränkung der Masthöhe.

Die Überführung der Hochspannungsleitung bei Steinkirchen darf nur von Fahrzeugen mit einer Masthöhe bis zu 35 m über dem Meeresspiegel (mittleres Hochwasser) durchfahren werden[1]).

[1]) Vgl. § 65 Nr. 4.

### 6. Schleppzüge und Flöße.

In einem Schleppzug darf nur ein Fahrzeug oder Floß von Stammlänge[1]) geschleppt werden. Das Schleppen längsseit[2]) ist verboten. Auf der Strecke von der Drehbrücke in Steinkirchen abwärts ist es zulässig, zwei Fahrzeuge oder Flöße hintereinander zu schleppen, jedoch darf in diesem Falle keines der geschleppten Fahrzeuge mehr als 50 t Tragfähigkeit oder 100 cbm Nettoraumgehalt[3]) haben.

Die Breite der Flöße darf höchstens 4,5 m betragen.

Jedes geschleppte Fahrzeug oder Floß muß bemannt und mit einer Steuervorrichtung ausgerüstet sein[4]). Es muß loswerfen, sobald die Gefahr eines Zusammenstoßes oder einer Beschädigung der Ufer besteht[5]).

[1]) Vgl. § 65 Nr. 5 Abs. 1.

[2]) Vgl. § 45 Anm. 4.

[3]) § 69. Nr. 4 Auch der Brutto- und Nettoraumgehalt ergibt sich aus dem Schiffszertifikat (bzw. Schiffsbrief). Nicht dagegen die Tragfähigkeit.

[4]) Vgl. § 45 Anm. 1 und 2

[5]) Vgl. zu diesem Absatz: § 65 Nr. 5 Abs. 4.

### 7. Segeln und Treiben.

Fahrzeuge von mehr als 200 cbm Nettoraumgehalt oder 100 t Tragfähigkeit[1]) dürfen weder segeln noch treiben, sondern sind zu schleppen.

[1]) Vgl. oben Nr. 6.

### 8. Begegnen.

Begegnen sich zwei Fahrzeuge an einer für das Ausweichen zu engen Stelle des Fahrwassers[1]), so muß das gegen den Strom fahrende an einer zum Vorbeifahren geeigneten Stelle[2]) so lange anhalten, bis das mit dem Strome fahrende vorbeigefahren ist.

[1]) Zu eng ist die Stelle schon dann, wenn das Ausweichen nicht mit Sicherheit erfolgen kann. Schon die bloße Gefahr des Sogs, des Zusammenstoßes oder der Beschädigung von Ufern oder Uferanlagen macht die Stelle zu eng zum Ausweichen im Sinne der Nr. 8.

[2]) Das mit dem Strome fahrende Schiff muß es aber dem anderen Schiffe ermöglichen, bis zu einer solchen geeigneten Stelle zu gelangen. Nötigenfalls muß es stoppen oder gar rückwärtsgehen.

### 9. Überholen.

Das Überholen[1]) ist an denjenigen Stellen des Fahrwassers, die für das Ausweichen zu eng sind[2]), verboten[3]).

[1]) Vgl. § 37.

[2]) Vgl. oben Nr. 8.

[3]) Außerdem natürlich an den Stellen, die gemäß § 37 Abs. 5 ausscheiden. Es ist sehr wohl denkbar, daß eine Stelle zum Begegnen noch gerade geeignet ist, nicht aber mehr zum Überholen, weil das lange Nebeneinanderfahren im engen und flachen Wasser die Soggefahr außerordentlich erhöht. Die Beurteilung des Einzelfalles gemäß § 69 Nr. 8 und 9 und § 37 Abs. 5 untersteht dem Ermessen des Schiffsführers, gemäß § 5 Abs. 4.

## 10. Wenden.

Das Wenden ist so vorsichtig auszuführen, daß die Ufer nicht beschädigt werden[1]).

Fahrzeugen von mehr als 12 m Länge ist das Wenden mit Hilfe der Schraube verboten[2]). Bei dem Lösch- und Ladeplatz in Mittelnkirchen und auf der Strecke von der Mündung bis zur oberen Grenze des Lösch- und Ladeplatzes von Grünendeich dürfen jedoch Fahrzeuge bis zu 15 m Länge mit Hilfe der Schraube wenden.

[1]) Vgl. § 65 Nr. 8 Abs. 1.

[2]) Vgl. § 65 Nr. 8 Abs. 2.

## 11. Festmachen und Ankern.

Das Festmachen in scharfen Krümmungen[1]) ist verboten, im übrigen nur dann gestattet, wenn wenigstens 8 m nutzbare Fahrwasserbreite[2]) frei bleiben.

Das Nebeneinanderliegen von Fahrzeugen ist verboten. Die Fahrzeuge müssen stromrecht liegen und sicher befestigt sein. Das Ausbringen von Ketten und Tauen nach dem gegenüberliegenden Ufer ist verboten[3]).

Das Festmachen vor den Schleusen und das Ankern im Fahrwasser[4]) ist verboten.

[1]) Vgl. § 39.

[2]) Vgl. § 68 Nr. 7.

[3]) Vgl. § 65 Nr. 9.

[4]) Vgl. § 56.

## 12. Klappbrücke in Steinkirchen.

Fahrzeuge, die auf das Öffnen der Klappbrücke angewiesen sind[1]) haben in mindestens 400 m Abstand vor der Brücke wiederholt ein Signal von zwei langen Tönen[2]) zu geben. Der Brückenwärter wiederholt das Signal mit dem Nebelhorn[3]), sobald die Brücke völlig geöffnet ist. Bevor der Brückenwärter dieses Signal gibt, dürfen sich die Schiffe der Brücke nur so weit[4]) nähern, daß sie noch vor ihr stoppen können.

Die Brücke ist langsam zu durchfahren; das Schleppen des Ankers ist verboten[5]). Segelfahrzeuge haben die Segel zu streichen und den Baum einzuholen[6]).

[1]) Vgl. § 65 Nr. 12.

[2]) Vgl. § 2 Abs. 2 SWO.; Art. 15 Abs. 2 SStrO.

[3]) Vgl. § 33d SWO.; Art. 15 SStrO.

[4]) Und mit so geringer Geschwindigkeit. Dies muß hinzugefügt werden, weil der Stoppweg des Schiffes von beiden Faktoren (Entfernung und Geschwindigkeit) abhängig ist.

[5]) Vgl. § 56 e und f.

[6]) Vgl. § 65 Nr. 12 Abs. 2.

## Besondere Vorschriften für die Este[1]).

### 1. Grenzen des Geltungsbereichs der Seewasserstraßenordnung[2]).

**§ 70.** Auf der Este gilt die Seewasserstraßenordnung von der Mündung bis zur Grenze des Hafens Buxtehude.

[1]) Schiffahrtspolizeibehörde: wie zu § 68. Über Ausführungsverordnungen vgl. zu § 65.

[2]) Über Betonnung und Befeuerung vgl. Anhang Anl. 4 und 5.

### 2. Signalstellen für Warnungssignale.

Warnungssignale gemäß § 24 werden für die Este gezeigt:

a) in Cranz-Neuenfelde am Flaggenstocke bei der Anlegebrücke 700 m oberhalb der Estemündung;

b) am Flaggenstock im Hafen von Buxtehude.

Durch Aushang an den Flaggenstöcken werden gleichzeitig Art und Ort der Störung bekanntgegeben.

Über außergewöhnliche Störungen ist außerdem von dem Wasserbauamte Stade Auskunft zu erhalten.

### 3. Höchstgeschwindigkeit.

Die zulässige Höchstgeschwindigkeit beträgt 10 km[1])[2]) (5,4 Knoten) auf den geraden Strecken, 6 km (3,3 Knoten) in den Krümmungen.

[1]) Durchs. Wasser (nicht über Grund). Vgl. § 61 Nr. 7.

[2]) Zu ergänzen ist: „in der Stunde". Bei Kilometerangabe ist dies nötig, nicht dagegen bei Angabe in Knoten, da der Begriff Knoten bereits die Zeiteinheit mit umfaßt.

### 4. Beschränkung der Fahrzeuggrößen[1]).

Dampffahrzeuge von mehr als 20 m Länge, 4 m Breite und 1,80 m Tiefgang[2]) dürfen auf der Este nur verkehren, wenn sie durch eine Bescheinigung der Schiffahrtspolizeibehörde als nach ihren Abmessungen und ihrer Maschinenstärke für die Este geeignet zugelassen sind.

[1]) Vgl. § 69 Nr. 4.

[2]) Vgl. § 69 Nr. 4; § 14 Anm. 3.

### 5. Beschränkung der Masthöhe[1]).

Die Überführung der Hochspannungsleitung unterhalb der Drehbrücke in Estebrügge darf nur von Fahrzeugen mit einer Masthöhe bis zu 35 m über dem Wasserspiegel (mittleres Hochwasser) durchfahren werden.

[1]) Vgl. § 65 Nr. 4.

### 6. Schleppzüge und Flöße.

In einem Schleppzug darf nur ein Fahrzeug oder Floß von Stammlänge[1]) geschleppt werden. Das Schleppen längsseit ist verboten[2]).

Auf der Strecke von der Drehbrücke in Hove abwärts ist es zulässig, zwei Fahrzeuge oder Flöße hintereinander zu schleppen, jedoch darf in diesem Falle keins der geschleppten Fahrzeuge mehr als 75 t Tragfähigkeit oder 150 cbm Nettoraumgehalt[3]) haben.

Die Breite der Flöße darf höchstens 5 m betragen.

Jedes geschleppte Fahrzeug oder Floß muß bemannt und mit einer Steuervorrichtung ausgerüstet sein[4]). Es muß loswerfen, sobald die Gefahr eines Zusammenstoßes oder einer Beschädigung der Ufer besteht[5]).

[1]) Vgl. § 65 Nr. 5 Abs. 1.

[2]) Vgl. § 45 Anm. 4.

[3]) Vgl. § 69 Nr. 6.

[4]) Vgl. § 45 Anm. 1 und 2.

[5]) Vgl. zu diesem Absatz: § 65 Nr. 5 Abs. 4.

## 7. Segeln und Treiben.

Fahrzeuge von mehr als 250 cbm Nettoraumgehalt oder 125 t Tragfähigkeit[1]) dürfen weder segeln noch treiben, sondern sind zu schleppen oder von der Leinpfadstrecke aus zu treideln[2]).

[1]) Vgl. oben Nr. 6.

[2]) Vgl. § 80 Nr. 11.

## 8. Begegnen[1]).

Begegnen sich zwei Fahrzeuge an einer für das Ausweichen zu engen Stelle des Fahrwassers, so muß das gegen den Strom fahrende an einer zum Vorbeifahren geeigneten Stelle so lange anhalten, bis das mit dem Strom fahrende vorbeigefahren ist.

Vor dem Einfahren in die Engstelle von Estebrügge — 200 m ober- bis 200 m unterhalb der Drehbrücke — ist wiederholt das Signal „Achtung"[2]) (ein langer Ton) zu geben und jede Minute so lange zu wiederholen, bis die Engstelle durchfahren ist.

[1]) Vgl. § 69 Nr. 8.

[2]) Vgl. § 35a SWO.; Art. 15 Abs. 2 SStrO.; § 2 Abs. 2 SWO.: 4—6 Sekunden.

### 9. Überholen.

Das Überholen[1]) ist an denjenigen Stellen des Fahrwassers, die für das Ausweichen zu eng sind, verboten[2]).

[1]) Vgl. § 37.

[2]) Vgl. oben Nr. 8 nnd § 69 Nr. 8 nnd 9.

### 10. Wenden.

Das Wenden ist so vorsichtig auszuführen, daß die Ufer nicht beschädigt werden[1]).

Fahrzeugen von mehr als 15 m Länge ist das Wenden mit Hilfe der Schraube verboten[2]).

[1]) Vgl. § 65 Nr. 8 Abs. 1; § 49.

[2]) Vgl. § 65 Nr. 8 Abs. 2.

### 11. Festmachen und Ankern.

a) Festmachen. Das Festmachen in scharfen Krümmungen[1]) ist verboten, im übrigen nur dort gestattet, wo mindestens 10 m nutzbare Fahrwasserbreite[2]) frei bleiben. Abweichend hiervon wird für die Engstelle in Estebrügge — von 200 m oberhalb bis 200 m unterhalb der Drehbrücke — das Anlegen an den Landebrücken gestattet, mit der Maßgabe, daß der Aufenthalt an den Brücken auf die für die ungesäumte Abwicklung des Verkehrs unbedingt nötige Zeit beschränkt wird[3]).

Auf der Strecke von der Estemündung bis zu dem Lösch- und Ladeplatz Cranz-Elbe dürfen jedoch zwei Fahrzeuge nebeneinander liegen, derart, daß mindestens 15 m nutzbare Fahrwasserbreite[4]) frei bleiben. Auf der übrigen

Strecke der Este ist das Nebeneinanderliegen von Fahrzeugen verboten.

Die Fahrzeuge müssen stromrecht liegen und sicher befestigt sein. Das Ausbringen von Ketten und Tauen nach dem gegenüberliegenden Ufer ist verboten[5]).

b) Ankern. Das Ankern im Fahrwasser ist nur Fahrzeugen ohne eigene Triebkraft[6]) gestattet, und zwar nur dann, wenn wenigstens 10 m nutzbare Fahrwasserbreite[7]) frei bleiben. Das Ankern in Krümmungen ist in jedem Falle verboten.

Das Ankern vor Schleusen[8]), in der Engstelle von 200 m ober- bis 200 m unterhalb der Drehbrücke in Estebrügge und auf je 150 m Entfernung beiderseits der Drehbrücke in Hove, ist verboten.

[1]) Vgl. § 39.

[2]) Vgl. § 68 Nr. 7.

[3]) D. h. die Zeit, welche das anlegende Schiff zur Abwickelung seines Verkehrs (also An- und von Bordgehen der Passagiere, Aus- u. Einladen) bei sofortiger Inangriffnahme und ungesäumter Durchführung braucht.

[4]) Vgl. § 68 Nr. 7.

[5]) Vgl. § 65 Nr. 9.

[6]) Z. B. Prähmen, Schuten, Schleppkähnen, Pontons, nicht auch Ruder- und Segelbooten, da diese die Möglichkeit haben, sich fortzubewegen. Die Frage, ob ein Segelboot bei völliger Windstille eigene Triebkraft hat, bleibt allerdings offen.

[7]) Vgl. § 68 Nr. 7.

[8]) Analog § 56g.

12. Drehbrücken in Hove und Estebrügge[1]).

Fahrzeuge, die auf das Öffnen der Drehbrücken angewiesen sind[2]), haben in mindestens 400 m Abstand von der Brücke wiederholt[3]) ein Signal von zwei langen Tönen zu geben. Der Brückenwärter wiederholt das

Signal mit dem Nebelhorn, sobald die Brücke völlig geöffnet ist. Bevor der Brückenwärter dieses Signal gibt, dürfen sich die Schiffe der Brücke nicht weiter nähern, als daß sie noch vor ihr stoppen können[4]).

Die Brücke ist langsam zu durchfahren; das Schleppen des Ankers ist verboten. Segelfahrzeuge haben die Segel zu streichen und den Baum einzuholen[5]).

[1]) Vgl. § 69 Nr. 12.

[2]) Vgl. § 65 Nr. 12.

[3]) Solange, bis der Brückenwärter das Signal verstanden hat.

[4]) Vgl. § 69 Nr. 12.

[5]) Vgl. § 65 Nr. 12; § 56 e und f.

## Besondere Vorschriften für die Stör[1]).

### 1. Grenzen des Geltungsbereichs der Seewasserstraßenordnung[2]).

**§ 71.** Auf der Stör gilt die Seewasserstraßenordnung von der Mündung bis zur Spitze der Trennungsbuhne zwischen Delftordurchstich und Stadtarm bei Itzehoe.

[1]) Schiffahrtspolizeibehörde.

Bis zur Errichtung reichseigener Wasserstraßenbehörden ist als Schiffahrtspolizeibehörde der Regierungspräsident in Schleswig und als dessen Organ das Wasserbauamt Glückstadt zuständig.

Zuständige Behörde gemäß § 46 ist das Wasserbauamt in Glückstadt.

Im Bezirk der §§ 71—77 sind folgende Ausführungsverordnungen erlassen:

a) Polizeiverordnung vom 23. Oktober 1927 (RegABl. Schleswig S. 400) nebst Abänderung vom 5. Januar 1928 (RegABl. Schleswig 1928 S. 38).

Mit dem Inkrafttreten der Polizeiverordnung zur Regelung des Verkehrs auf den deutschen Seewasserstraßen (Seewasserstraßenordnung) vom 31. März 1927 (Amtsbl. S. 273) treten die nachstehend aufgeführten Polizeiverordnungen außer Kraft.

1. Polizeiverordnung zur Sicherstellung des Fährbetriebes vom 12. August 1885 (Amtsbl. S. 1347),
2. Polizeiverordnung, betr. das Stilliegen von Schiffen vor beweglichen Brücken vom 7. August 1914 (Amtsbl. S. 425),
3. Polizeiverordnung, betr. das Ankern von Schiffen im Fehmarnsund vom 2. Juli 1904 (Amtsbl. S. 268),
4. Polizeiverordnung für den Schiffsverkehr durch die Baggerrinnen des Fehmarnsundes vom 27. Februar 1923 (Amtsbl. S. 112).
5. Polizeiverordnung für die Schiffahrt auf der Schlei vom 5. Dezember 1914 (Amtsbl. S. 604),
6. Reglement für den Schiffsverkehr durch die Eisenbahnbrücke über die Schlei bei Stubbe vom 20. Dezember 1881 (Amtsbl. S. 454),
7. Polizeiverordnung, betr. Lichterführung auf der Unterelbe von Dampfern geschleppter Flöße während der Dunkelheit vom 6. August 1892 (Amtsbl. S. 418),
8. Polizeiverordnung für die Elbstrecke von Altona abwärts vom 18. Juli 1888 (Amtsbl. S. 335),
9. Ergänzung zu lfd. Nr. 8 vom 18. März 1899 (Amtsbl. S. 114 und 156),
10. Polizeiverordnung, betr. die Schiffahrt auf der Stör unterhalb Itzehoe vom 2. August 1884 (Amtsbl S. 783),
11. Polizeiverordnung, betr. die Durchfahrt durch die Störbrücke bei Heiligenstedten vom 5. Juni 1898 (Amtsbl. S. 270),
12. Polizeiverordnung, betr. den Verkehr der Schiffe und Flöße auf der Stör bei Wewelsfleth und Beidenfleth vom 25. Februar 1911 (Amtsbl. S. 122),
13. Reglement für die Eisenbahndrehbrücke über die Stör bei Itzehoe und für den Schiffsverkehr durch dieselbe vom 21. September 1878 (Amtsbl. S. 292),
14. Nachtrag zu lfd. Nr. 13 vom 18. Dezember 1895 (Amtsbl. 1896 S. 62),
15. Schiffahrtspolizeiverordnung, betr. die Schiffahrt auf der Krückau vom 24. Oktober 1896 (Amtsbl. S. 514),

16. Polizeiverordnung, betr. die Schiffahrt auf der Pinnau vom 24. Oktober 1906 (Amtsbl. S. 514),
17. Polizeiverordnung, betr. den Schiffsverkehr durch die Straßenbrücke über die Pinnau bei Klevendeich vom 16. Juni 1887 (Amtsbl. S. 385),
18. Abänderung zu lfd. Nr. 17 vom 24. November 1902 (Amtsbl. S. 438),
19. Polizeiverordnung für den Schiffsverkehr auf der Obereider vom 15. Januar 1900 (Amtsbl. S. 40),
20. Polizeiverordnung für den Schiffsverkehr durch die Eisenbahnbrücke über die Obereider bei Rendsburg vom 28. Januar 1899 (Amtsbl. S. 53),
21. Polizeiverordnung, betr. den Schutz des Telegraphenkabels an der Drehbrücke in Friedrichstadt vom 29. September 1894 (Amtsbl. S. 454),
22. Polizeiverordnung für die Benutzung der Schiffahrtsschleuse bei Rendsburg vom 16. Januar 1900 (Amtsbl. S. 42),
23. Polizeiverordnung, betr. die Beleuchtung der Eiderfähren zur Nachtzeit vom 6. März 1886 (Amtsbl. S. 356).

b) Polizeiverordnung vom 23. September 1927 (Amtsbl. Schleswig 1927 S. 401):

§ 1. Mit dem 1. Dezember 1927 werden für den Geltungsbereich der Polizeiverordnung zur Regelung des Verkehrs auf den deutschen Seewasserstraßen (Seewasserstraßenordnung) vom 31. März 1927 (Amtsbl. S. 273) folgende Polizeiverordnungen außer Kraft gesetzt:

1. Polizeiverordnung, betr. das fahrlässige Zerstören von Schiffahrtszeichen vom 19. November 1879 (Amtsbl. S. 356),
2. Polizeiverordnung, betr. die Signalführung der Dampfbagger vom 22. Mai 1888 (Amtsbl. S. 246),
3. Polizeiverordnung, betr. Signalführung zur Sicherung von Bagger- und Bergungsarbeiten, sowie von Strom-, Ufer- und Leuchtfeuerbauten vom 1. Februar 1909 (Amtsbl. S. 59),

Für den Teil des Bezirkes, in dem die Seewasserstraßenordnung nicht gilt, insbesondere für die Gewässer der Nordsee, bleiben sie bestehen.

§ 2. § 1 der Polizeiverordnung, betr. den Hafenverkehr in Elmshorn, vom 31 Januar 1911 (Amtsbl. S. 56) wird wie folgt geändert:

An Stelle der Worte: „durch die vormals Möllersche Ziegelei Krück bzw. das gegenüberliegende Ufer der Krückau" ist zu setzen: „durch das untere Ende der Ladebrücke am rechten Ufer vor der Carstenschen Steingutfabrik."

§ 3. Die Polizeiverordnung für die Lösch- und Ladeplätze an der Pinnau zu Uetersen und Moorrege vom 7. Oktober 1895 (Amtsbl. S. 418) wird wie folgt geändert:

a) im § 1 sind die Worte: „sowie für diejenigen Strecken des Flusses, welche zu diesen Gemeindebezirken gehören", zu streichen;

b) der § 5 ist zu streichen.

§ 4. Zuwiderhandlungen gegen diese Polizeiverordnung werden mit Geldstrafe bis zu 150 RM. bestraft, an deren Stelle im Unvermögensfalle entsprechende Haftstrafe tritt.

c) Sperrung des Hafen Schülpersiel. (Verordn. v. 10. November 1927. Amtsbl. Schleswig S. 401).

Der Hafen Schülpersiel wird hiermit gesperrt, da er ohne Gefahr nicht mehr benutzt werden kann.

Der Tarif vom 21. August 1908 (Amtsbl. S. 405) wird aufgehoben.

d) Polizeiverordnung, betr. den Schutz der Wadenfischerei auf der Kieler Förde südl. Friedrichsort, vom 11. November 1927 (Amtsbl. Schleswig S. 401).

Auf Grund der §§ 138 und 139 des Gesetzes über die allgemeine Landesverwaltung vom 30. Juli 1883 (GS. S. 195) und der Verordnung vom 6. Februar 1924 (RGBl. S. 44) wird zum Schutze der Wadenfischerei für die Kieler Förde südlich des Breitenparallels des Leuchtturms Friedrichsort mit Zustimmung des Bezirksausschusses folgendes verordnet:

§ 1. 1. Sämtlichen Dampf- und Motorfahrzeugen ist in der Zeit vom 15. Oktober bis 15. April verboten:

I. Die westlichen Uferstrecken zwischen dem verlängerten Karllöwe Weg und der Militärschwimmanstaltsbrücke (Wadenzüge 19 bis 30), die östlichen Uferstrecken zwischen Brücke III des Munitionsdepots in Diebrichsdorf und der nördlichen Kompensationsbake bei Kitzeberg (Wadenzüge 20 bis 39) in einem Abstand von weniger als 300 m zu passieren.

II. Die an den unter I genannten Teilen des Ufers gelegenen Brücken parallel zum Ufer anzusteuern.

2. Die Ansteuerung dieser Brücken soll möglichst senkrecht zum Ufer erfolgen.

§ 2. Die im § 1 genannten Fahrzeuge müssen die mit einer roten Flagge (von mindestens 40 cm im Quadrat) 1 m über Wasser, nachts mit einem weißen Licht bezeichneten Netze der Wadenfischerei in einem Abstande von mindestens 50 m nach der Fahrwassermitte hin passieren.

§ 3. Zuwiderhandlungen gegen § 1 Abs. 1 und 2 dieser Polizeiverordnung werden mit Geldstrafe bis zu 150 RM. bestraft, an deren Stelle, wenn sie nicht beigetrieben werden kann, entsprechende Haftstrafe tritt, soweit in den bestehenden Gesetzen und Verordnungen keine höhere Strafe bestimmt ist.

e) Verordnung zur Ausführung der Seewasserstraßenordnung vom 16. Januar 1928 (Amtsbl. 1928. S. 38).

§ 1. Fahrzeuge, die über keinen wasserdichten Raum oder Aufbau verfügen, können von der Verpflichtung zur Mitführung eines Abdruckes der Seewasserstraßenordnung befreit werden.

Die Führer solcher Fahrzeuge haben zu diesem Zweck dem zuständigen Wasserbauamt einen eigenen Abdruck der Seewasserstraßenordnung vorzulegen oder einzusenden und schriftlich oder zu Protokoll die Erklärung abzugeben, daß sie sich mit den Bestimmungen der Seewasserstraßenordnung vertraut gemacht haben. Im Falle der Befreiung vermerkt das

Wasserbauamt sie in dem vorgelegten Abdruck der Seewasserstraßenordnung.

§ 2. Diese Verordnung tritt mit dem Tage der Veröffentlichung im Regierungsamtsblatt in Kraft.

f) Vgl. auch die Bekanntmachung für Seefahrer zu § 75.

[2]) Über Betonnung und Befeuerung vgl. Anhang Art. 4 und 5.

## 2. Lichterführung.

In Fahrt befindliche Baggerprähme und offene Boote[1]) müssen bei Nacht ein weißes Licht führen.

[1]) Vgl. dazu § 64 Nr. 2.

## 3. Fahrtbeschränkungen.

Die zulässige Höchstgeschwindigkeit für Dampffahrzeuge beträgt 15 km (8,2 Knoten)[1]).

Fahrzeuge von über 35 m Länge oder mehr als 300 t Tragfähigkeit müssen bei der zuständigen Schiffahrtspolizeibehörde angemeldet werden[2]).

[1]) Durchs Wasser (nicht über Grund). Vgl. § 61 Nr. 7; § 70 Nr. 3.

[2]) Vor Antritt der Durchfahrt. Eine besondere Zulassung wie nach § 69 Nr. 4 ist nicht erfordert.

## 4. Schleppzüge[1]).

Die größte zulässige Länge für Schleppzüge[2]) beträgt 210 m. Auf Anhängern, die[3]) vom Heck des Schleppers mehr als 150 m entfernt sind, müssen zwei Mann Besatzung vorhanden sein[4]).

[1]) Vgl. § 45.

[2]) Vom Heck des Schleppers (bzw. bei mehreren hintereinander geschalteten, vom Heck des letzten Schleppers) bis zum Heck des letzten Anhangsfahrzeugs.

[3]) D. h. deren Bug.

[4]) Nicht erforbert ist, daß auf den, dem Schlepper näheren Schleppfahrzeugen überhaupt Bemannung vorhanden ist. Vgl. § 45 Anm. 15.

### 5. Treiben von Fahrzeugen.

Nebeneinander gekoppelte Fahrzeuge dürfen sich nicht mit dem Strome treiben lassen[1]).

[1]) Vgl. § 63 Nr. 8.

### 6. Festmachen und Ankern.

Das Ankern in der Strommitte[1]), in scharfen Krümmungen oder neben einem anderen Fahrzeug[2]) ist verboten, das Festmachen eines Fahrzeugs neben einem anderen im Flusse ankernden Fahrzeug[3]) ist verboten.

Der Anker ist möglichst nahe dem Ufer, an dem das Fahrzeug liegt, auszuwerfen[4]); das Festmachen mit Ketten und Tauen am anderen Ufer ist verboten[5]).

An den Anlegestellen dürfen in der Breite des Fahrwassers nicht mehr als zwei Fahrzeuge nebeneinander liegen; die Fahrzeuge sind an beiden Enden ausreichend am Ufer[6]) zu befestigen.

In der Nähe der durch Tafeln bezeichneten Stellen der durch die Stör verlegten Postkabel zu Wewelsfleth, Hodorf, Itzehoe (Eisenbahnbrücke) dürfen Fahrzeuge weder Anker werfen noch mit schleppendem Anker oder schleppender Kette fahren[7]).

[1]) Also im Fahrwasser (§§ 6, 48 SWO.).

[2]) Welches angelegt oder festgemacht oder geankert hat (§ 56).

[3]) Auch wenn es nicht im Hauptfahrwasser liegt. Neben einem ankernden Fahrzeug darf weder am Ufer noch durch Vertäuung am Schiff festgemacht werden.

[4]) Also nicht nach der Fahrwassermitte zu, sondern nach dem Ufer zu.

[5]) Vgl. § 64 Nr. 9.

[6]) Es genügt also nicht Befestigung eines Fahrzeuges am Ufer und des zweiten Fahrzeuges am ersten Fahrzeug.

[7]) Vgl. § 62 Nr. 17; § 56f.

### 7. Gebrauch der Schraube[1]).

Solange Fahrzeuge mit dem Heck unmittelbar am Ufer oder an Uferwerken liegen, dürfen sie die Schraube nicht gebrauchen.

[1]) Vgl. § 63 Nr. 9.

### 8. Festkommen im Fahrwasser.

Fährt sich ein Fahrzeug im Fahrwasser derart fest, daß der Verkehr behindert wird[1]), so hat der Schiffsführer davon auf dem schnellsten Wege innerhalb 12 Stunden[2]) der zuständigen Schiffahrtspolizeibehörde Meldung zu erstatten. Auf Anordnung dieser Behörde ist spätestens nach Ablauf von 24 Stunden nach dem Festfahren mit Leichtern zu beginnen[3]).

[1]) Das kann auf der Lage des festgefahrenen Schiffes (quer oder schräg im Fahrwasser) oder auf der Länge der Zeit der Behinderung beruhen. Kommt ein Schiff fest, kann es aber mit eigener Kraft in kurzer Zeit wieder freikommen, so liegt kein Anlaß zur Meldung vor. Ist dies nicht der Fall, so wird innerhalb des Hauptfahrwassers, selbst bei günstiger Lage, wohl stets eine Behinderung des Verkehrs gegeben sein. Dagegen braucht dies bei einem im Nebenfahrwasser festgeratenen Schiff nicht der Fall zu sein, wenn dies Fahrwasser breit genug ist, um besonders den kleinen Fahrzeugen (§ 36 SWO.) Platz zur Vorbeifahrt zu bieten und wenn auch die Manöver von Schleppzügen (§ 36) nicht behindert sind.

[2]) Wann er sich zur Meldung entschließt, ist seinem Ermessen überlassen (das Gesetz spricht weder von „sofort“ noch von „unverzüglich“) und mit gutem Grunde, da er zunächst einmal darauf rechnen kann, mit der nächsten Tide abzukommen

oder auch alsbald durch eigene Maschinenkraft. Entschließt er sich zur Meldung, so muß er dies auf dem schnellsten Wege (telephonisch, telegraphisch oder persönlich) tun. Spätestens 12 Stunden nach dem Festkommen muß die Meldung in den Händen der Schiffahrtspolizeibehörde sein.

[3]) D. h. ordnet die Behörde das Leichtern an (ohne einen Zeitpunkt zu bestimmen), so muß mit dem Leichtern spätestens 24 Stunden nach dem Festfahren begonnen werden. Die Behörde ist aber nicht gehindert, einen früheren Zeitpunkt festzusetzen oder sonstige Anordnungen irgendwelcher Art zu treffen (§ 7). Die Vorschrift gilt natürlich nicht wenn die Anordnung der Behörde erst 24 Stunden nach dem Festfahren erfolgt. Dann ist innerhalb der angeordneten oder einer angemessenen Frist zu beginnen.

## 9. Besondere Bestimmungen für die Schiffahrt bei den Seilfähren[1]) zu Wewelsfleth und Beidenfleth.

a) Bei Nacht wird nur das dem Fahrwasser zuliegende Ende des in Ruhe befindlichen Fährprahms[2]) durch ein weißes Licht bezeichnet.

Drei Minuten vor Antritt einer Fahrt und während der Fahrt zeigt der Fährprahm am Tage in seiner Mitte die schwarz und weiß gestreiften Arme eines Zeigertelegraphen in wagerechter Stellung. Bei unsichtigem Wetter[3]) werden kurz aufeinanderfolgende Glockensignale[4]) gegeben.

b) An den am Ufer liegenden Fährprähmen dürfen Fahrzeuge[5]) nur in einem Abstand von mindestens 25 m vorbeifahren.

c) Wenn der Fährprahm in Fahrt ist oder das Zeichen für den Fahrtbeginn gegeben hat, dürfen Fahrzeuge[6]) nicht in die Fährstrecke einlaufen. Sie müssen 250 m oberoder unterhalb der Fährstelle (also außerhalb der Fährstrecke) die Fahrt unterbrechen; die schon in die Fährstrecke eingefahrenen Fahrzeuge muß der Fährprahm vorbeifahren lassen[7]).

Die obere und untere Grenze der Fährstrecke ist durch Tafeln am Ufer bezeichnet.

d) Das Schleppenlassen der Anker[8]) und das Treiben vor Anker oder Kette ist innerhalb der Fährstrecke verboten.

[1]) Vgl. §§ 16, 40 Abs. 1 letzter Satz (an Fähren ist ganz langsam vorbeizufahren). Dazu § 44 und § 56 f und g (Ankern, Liegen usw. in der Nähe von Fähren).

[2]) Solange gefahren wird, gilt § 16 (zwei weiße Lichter in gleicher Höhe).

[3]) Vgl § 56 b SWO.; Art. 15 SStrO.

[4]) Vgl. § 32 Abs. 2.

[5]) Wird sinngemäß nicht auf kleine Fahrzeuge (Boote, kleine Segler, Motorboote) anzuwenden sein, wenngleich auch diese einen, nach § 5 Abs. 4 gebotenen Abstand einhalten müssen.

[6]) Aller Art, außer kleinen Fahrzeugen. Vgl. Anm. 7 und 9. Diese werden nicht 250 m entfernt zu bleiben brauchen.

[7]) Wird auf kleine Fahrzeuge nicht anzuwenden sein. Vielmehr muß für diese § 44 gelten, der einerseits weitherziger in bezug auf das Durchfahren der Fährstrecke ist, andererseits aber die Ausweichpflicht dem Fahrzeug auferlegt, indem es hinter der Fähre passieren muß (also nicht den jeweiligen Bug der Fähre kreuzen darf — Art. 22 SStrO.). Diese Regelung ist im Verhältnis kleiner Fahrzeuge (Segelboote, Motorboote, Ruderboote) zur Fähre zweckentsprechender, als die in § 71 Nr. 9c getroffene, welche die Situation mehr im Hinblick auf ein passierendes Seeschiff oder einen größeren Schleppzug erfaßt. Es wäre unverständlich und nautisch verfehlt, wollte man die Fähre nicht abfahren lassen, weil ein Ruder- oder Segelboot in die Fährstrecke eingefahren ist.

[8]) Vgl. § 56 e und f; § 44

### 10. Besondere Bestimmungen für die Durchfahrt durch die Straßenbrücke zu Heiligenstedten.

a) Die Brücke darf nur durchfahren werden, wenn die Durchfahrtsöffnung (Brückenklappen) vollständig geöffnet ist.

b) Fahrzeuge ohne Masten oder mit niedergelegten Masten dürfen die geschlossene Durchfahrtsöffnung durchfahren[1]), sofern der höchste Punkt von Schiff[2]) und Ladung mindestens 0,50 m tiefer liegt als die Unterkante der Klappenträger.

Die Unterkante der Klappenträger liegt 1,90 m über mittlerem Hochwasser[3]).

c) Die Durchfahrt durch die Nebenöffnung in der Brücke ist allen Fahrzeugen verboten.

d) Bei Nacht wird auf dem Durchfahrtsjoch an der in der Fahrtrichtung rechts liegenden Seite ein rotes Licht[4]) gezeigt, wenn die Brücke geschlossen, und weiße Lichter[5]) wenn die Brücke geöffnet ist.

e) Fahrzeuge, die das Öffnen der Brücke zur Durchfahrt begehren, haben dies durch Schallsignal (zwei lange Töne)[6]) dem Brückenwärter anzuzeigen.

Diese Fahrzeuge haben 200 m ober- oder unterhalb der Brücke (Brückenstrecke) die Fahrt so lange zu unterbrechen, bis die Durchfahrtsöffnung vollständig geöffnet ist.

Beginn und Ende der Brückenstrecke sind am Ufer durch Tafeln bezeichnet.

f) Innerhalb der Brückenstrecke ist Überholen[7]), Begegnen[8]) oder Ankern[9]) von Fahrzeugen verboten.

Nähern sich Schiffe von entgegengesetzter Seite der Brücke, so hat das gegen den Strom fahrende außerhalb der Brückenstrecke auf das Vorbeifahren des mit dem Strome fahrenden Fahrzeugs zu warten[10]).

g) Dampffahrzeuge dürfen die Brückenstrecke nur mit einer Geschwindigkeit von höchstens 7,5 km (4,1 Knoten)[11]) durchfahren.

Segelschiffe haben vor dem Einlaufen in die Brückenstrecke die Segel einzuziehen[12]) und die Fahrtgeschwindigkeit — nötigenfalls durch Schleppenlassen einer Kette[13]) — zu mindern. Bei Schiffen mit Rahen sind diese aufzutoppen[14]) oder scharf anzubrassen[15]).

Auf jedem Fahrzeug muß bei der Durchfahrt durch die Brücke ein Heckanker[16]) klar zum Fallen gehalten werden.

Fahrzeuge mit mehr als 500 cbm Nettoraumgehalt[17]) dürfen nur mit Hilfe eines Schleppers die Brücke durchfahren[18]).

Schleppzüge dürfen bei der Fahrt durch die Brücke mit dem Strome nicht mehr als ein, gegen den Strom nicht mehr als zwei geschleppte Fahrzeuge führen[19]).

Die hiernach nötig werdende Auflösung und Zusammenstellung der Schleppzüge hat außerhalb der Brückenstrecke[20]) zu erfolgen.

h) Die Schiffer sind verpflichtet, den Anordnungen des Brückenwärters hinsichtlich des Durchfahrens der Brücke[21]) Folge zu leisten, auch auf Verlangen Namen[22]) und Heimatshafen[23]) des Schiffes anzugeben.

[1]) Vgl. § 63 C 1 b.

[2]) Insbesondere der Schornstein, sofern er nicht umlegbar ist.

[3]) Vgl. § 65 Nr. 4.

[4]) Sichtweite: eine Seemeile (§ 8 Abs. 4).

[5]) D. h. an der in Fahrtrichtung rechts liegenden Seite je ein weißes Licht.

[6]) 4—6 Sekunden. § 2 Abs 2 SWO.; Art. 15 Abs. 2 SStrO.

[7]) § 37.

[8]) Es muß also jedes Schiff so lange liegenbleiben, bis das in der Brückenstrecke befindliche andere Schiff aus dieser Brückenstrecke herausgefahren ist. Außerdem gilt Abs. 2 (gleichzeitige Annäherung).

[9]) Vgl. § 56.

[10]) Es darf also erst weiterfahren, wenn das stromabfahrende Schiff an ihm klar passiert hat.

[11]) Durchs Wasser (nicht über Grund). Vgl § 61 Nr. 7.

[12]) D. h. zu bergen

[13]) Schleppende Kette ist sonst vielfach verboten (vor allem auch dort, wo wegen Leitungen, Kabel usw. am Grunde nicht geankert werden darf). Vgl. § 56f und g.

[14]) Nach einer Seite schräg hoch zu nehmen, so daß sie nach der anderen Seite zu schräg nach unten binnenbords zu liegen kommen.

[15]) Scharf anbrassen heißt die Rahen in horizontaler Richtung soweit als möglich herumdrehen, so daß sie möglichst in der Längsachsenrichtung des Schiffes verlaufen.

[16]) Daraus folgt, daß alle auf dieser Strecke verkehrenden Fahrzeuge einen Heckanker haben müssen. Für kleinere Fahrzeuge (Boote, Segelboote, Motorboote) wird dies aber nicht zu erfordern sein. Vgl. dazu auch § 45 Anm. 13 und § 52.

[17]) Vgl. § 69 Nr. 6.

[18]) Dadurch ist nicht ausgeschlossen, daß das Schiff „unter Dampf" ist, d. h. seine eigene Maschine gebraucht. Der Schlepper soll nicht sowohl schleppen, als vielmehr helfen (assistieren). Vgl. dazu d. Anm. zu § 11 und § 33a.

[19]) Stromab ist das Passieren der Brücke durch einen Schleppzug um so schwieriger, je größer der Schleppzug ist, weil der Schlepper beim Mäßigen der Geschwindigkeit kurz vor der Durchfahrt leicht den Anhang aus der Gewalt verliert, so daß beim Nachlassen des Trossenzuges die Anhangsfahrzeuge ausscheren oder den Schlepper bzw. einander auflaufen. Der stromauf fahrende Schleppzug bleibt auch bei ermäßigter Geschwindigkeit strumrecht.

[20]) Vgl. oben Nr. 10e. Über Auflösung des Schleppzuges beim Ankern vgl. § 45 Abs. 4.

[21]) Und der Vorbereitungen dazu: Vgl. zu e (Warten), f (Überholen, Begegnen, Ankern), g (Geschwindigkeit in der Brückenstrecke, Rahen auftoppen usw., Schlepperannahme, Auflösung der Schleppzüge).

[22]) Über den Namen vgl. Pappenheim, der Schiffsname und sein Recht. Schiff.-Jahrb. 1925; W. S. 182. § 7 Flaggengesetz vom 22. Juni 1899 (RGBl. 1899, 319; 1901, 184). I, 22.

[23]) Heimathafen vgl. § 480 HGB. Nicht immer identisch mit Registerhafen. Vgl. I, 21.

11. Besondere Bestimmungen für die Durchfahrt durch die Eisenbahnbrücke zu Itzehoe.

a) Die Durchfahrtsöffnung (Klappbrücke) der Eisenbahnbrücke zu Itzehoe wird nur zu den nach dem Eisenbahnverkehr geeigneten Zeiten geöffnet.

b) Fahrzeuge, die die geschlossene Durchfahrtsöffnung oder die anderen Brückenöffnungen mit einem Freiraum von mindestens 0,50 m Höhe über dem höchsten Teile des Schiffes oder der Ladung[1]) nicht durchfahren können, haben dies dem Brückenwärter zu erkennen zu geben[2]) und sich zur Durchfahrt bereitzulegen. Hierbei haben sie sich so hinzulegen, daß die die geschlossene Durchfahrtsöffnung benutzende Schiffahrt nicht behindert wird.

c) Die Durchfahrt darf erst erfolgen, nachdem die Brücke vollständig geöffnet ist.

[1]) Fassung hier wie in § 71 Nr. 10b. Doch ist dort (in Abs. 2) noch der Anhaltspunkt gegeben, welche lichte Höhe das Brückenjoch hat. Im Falle des § 71 Nr. 11 entscheidet die konkrete Höhe von Schiff oder Ladung (Decklabung) im Zusammenhalt mit dem jeweiligen Wasserstand über die Durchfahrtsmöglichkeit.

[2]) Ein besonderes Signal ist nicht vorgeschrieben. Das Achtungssignal des § 35 erscheint analog anwendbar. Evtl. Winkflaggen oder Zuruf.

## Besondere Vorschriften für die Krückau und Pinnau[1]).

### 1. Grenzen des Geltungsbereichs der Seewasserstraßenordnung[2]).

§ 72. Die Seewasserstraßenordnung gilt:

a) auf der Krückau von der Mündung bis an das untere Ende der Ladebrücke am rechten Ufer vor der Carstenschen Steingutfabrik,

b) auf der Pinnau von der Mündung bis „Hohe Brücke" bei Uetersen.

[1]) Schiffahrtspolizeibehörden: wie zu § 71. Vgl. daselbst auch über Ausführungsverordnungen.

[2]) Über Betonnung und Befeuerung vgl. Anhang Anl. 4 und 5.

### 2. Lichterführung.

In Fahrt befindliche Baggerprähme und offene Boote[1]) müssen bei Nacht ein weißes Licht führen.

[1]) Vgl. dazu § 64 Nr. 2.

### 3. Höchstgeschwindigkeit.

Die zulässige Höchstgeschwindigkeit beträgt 10 km (5,4 Knoten)[1]).

[1]) Durchs Wasser (nicht über Grund). Vgl. § 61 Nr. 7.

### 4. Schleppzüge[1]).

Die zulässige Länge für Schleppzüge beträgt 210 m. Auf Anhängern, die vom Hecke des Schleppers mehr als 150 m entfernt sind, müssen zwei Mann Besatzung vorhanden sein.

Das Schleppen eines Fahrzeuges längsseit des Schleppers[2]) und das Schleppen mehrerer Fahrzeuge nebeneinander ist verboten, ausgenommen auf der

Strecke von der Mündung des Flusses bis 1 km flußaufwärts, und zwar

auf der Krückau bis zum Störenhaus,
auf der Pinnau bis gegenüber Kreuzdeich.

[1]) Vgl. § 71 Nr. 4; § 45.
[2]) Vgl. § 45 Anm. 4.

### 5. Beschränkung der Fahrzeuggrößen.

Fahrzeuge von über 35 m Länge oder mehr als 300 t Tragfähigkeit müssen bei der zuständigen Schiffahrtspolizeibehörde angemeldet werden[1]).

[1]) Bei jeder Durchfahrt. Eine generelle Zulassung wie z. B. in § 70 Nr. 4 ist nicht vorgesehen.

### 6. Treiben von Fahrzeugen[1]).

Nebeneinandergekoppelte Fahrzeuge dürfen sich nicht mit dem Strom treiben lassen.

[1]) Vgl. § 63 Nr. 8. An sich ist Treiben nicht verboten.

### 7. Überholen.

In einem Abstande bis zu 300 m vor und hinter Baggern und Schiffsliegestellen ist das Überholen verboten[1]).

[1]) Spezialisierung des § 37 Abs. 5 Satz 2, welcher aber daneben anwendbar ist. Eine analoge Anwendung der Nr. 7 mit ihrer Entfernungsbestimmung (300 m) auf alle Schiffahrtshindernisse (§ 37) kommt wegen ihrer örtlichen Bedingtheit nicht in Frage; sie kann aber als Anhaltspunkt verwertet werden. Vgl. auch die Gefahrzonen in § 71 Nr. 9c und 10e (Fähr- bzw. Brückenstrecken).

### 8. Festmachen und Ankern.

Das Ankern in der Strommitte, scharfen Krümmungen oder neben einem anderen Fahrzeug ist verboten[1]).

Das Nebeneinanderliegen von Fahrzeugen ist verboten, ausgenommen auf der Strecke von der Mündung des Flusses bis 1 km flußaufwärts, und zwar

auf der Krückau bis zum Störenhaus,

auf der Pinnau bis gegenüber Kreuzdeich.

Der Anker ist möglichst nahe dem Ufer, an dem das Fahrzeug liegt, auszuwerfen; außerdem ist das Fahrzeug durch eine Trosse am Ufer zu befestigen. Das Anbringen von Ketten und Tauen am gegenüberliegenden Ufer ist verboten[2]).

Im Wasser ausliegende Anker sind mit Ankerbojen zu bezeichnen[3]).

An den Anlegestellen darf in der Breite des Fahrwassers nur je ein Fahrzeug liegen; die Fahrzeuge müssen an beiden Enden ausreichend am Ufer befestigt sein.

[1]) Vgl. § 71 Nr 6 Abs. 1.

[2]) Vgl. zu diesem Absatz § 71 Nr. 6 Abs. 2.

[3]) Vgl. § 63 A Nr. 10. Wichtig im Hinblick auf § 56f. Vgl. § 56 Anm. 25.

### 9. Gebrauch der Schraube[1]).

Solange Fahrzeuge mit dem Hecke unmittelbar am Ufer oder an Uferwerken liegen, dürfen sie die Schraube nicht gebrauchen.

[1]) Vgl. § 63 A Nr. 9.

### 10. Besatzung.

Alleinfahrende Fahrzeuge[1]) über 100 t Ladefähigkeit müssen außer dem Führer mindestens noch eine zur Bedienung des Steuers[2]) und Freihalten des Fahrzeugs vom Ufer[3]) geignete Hilfskraft[4]) an Bord haben.

[1]) D. h. solche, die weder Maschinenantrieb haben, noch geschleppt werden. Daß Dampfer und Motorfahrzeuge hier

nicht gemeint sind, ergibt sich daraus, daß diese nicht besonders vom Ufer freigehalten zu werden brauchen, außerdem bei dieser Größe stets mindestens zwei Personen an Bord haben werden.

[2]) Auch wenn der Führer das Ruder (Steuer) selbst bedient, muß der zweite Mann an Bord sein.

[3]) Abhalten mit Bootshaken, Aushängen von Fendern an Bollwerken usw.

[4]) Also kräftig genug, um das Schiff vom Ufer freihalten zu können und in der Seemannschaft so weit erfahren, daß er das Ruder (evtl. in Vertretung des Schiffers) bedienen kann. Besondere Qualifikation (Prüfung) nicht erforderlich.

## 11. Festkommen im Fahrwasser[1]).

Fährt sich ein Fahrzeug im Fahrwasser derart fest, daß der Verkehr behindert wird, so hat der Schiffsführer auf dem schnellsten Wege innerhalb 12 Stunden der zuständigen Schiffahrtspolizeibehörde Meldung zu erstatten.

Auf Anordnung dieser Behörde ist spätestens nach Ablauf von 24 Stunden nach dem Festfahren mit Leichtern zu beginnen.

[1]) Vgl. § 71 Nr. 8.

## 12. Besondere Bestimmungen für die Durchfahrt durch die Drehbrücke zu Klevendeich.

a) Die Brücke darf nur durchfahren werden, wenn die Durchfahrtsöffnung vollständig geöffnet ist.

b) Fahrzeuge ohne Masten oder mit niedergelegten Masten dürfen die geschlossene Brücke durchfahren, sofern der höchste Punkt vom Schiff und Ladung mindestens 0,50 m tiefer liegt als die Unterkante des Brückenträgers[1]). Die Unterkante des drehbaren Teiles der Brücke liegt 4,90 m über mittlerem Hochwasser.

c) Bei geschlossener Durchfahrtsöffnung der Brücke ist die über dem Drehpfeiler auf einer Stange angebrachte rote Scheibe dem Flusse zugekehrt und vom Fahrwasser aus in ganzer Fläche sichtbar[2]).

Bei Nacht[3]) und dunklem Wetter[4]) zeigt eine an derselben Stange unter der Scheibe angebrachte Laterne in Richtung des Fahrwassers bei geschlossener Durchfahrtsöffnung rotes, bei geöffneter Brücke weißes Licht.

d) Fahrzeuge, die die Öffnung der Brücke zur Durchfahrt begehren, haben dies durch Schallsignal (zwei lange Töne)[5]) dem Brückenwärter anzuzeigen.

Diese Fahrzeuge haben vor Eintritt in die Brückenstrecke[6]) (200 m oberhalb bis 200 m unterhalb der Brücke) die Fahrt so lange zu unterbrechen, bis die Durchfahrtsöffnung vollständig geöffnet ist.

Beginn und Ende der Brückenstrecke sind durch Tafeln am Ufer bezeichnet. Innerhalb der Brückenstrecke ist Überholen und Begegnen oder Ankern von Fahrzeugen verboten[6]).

Nähern sich Fahrzeuge aus entgegengesetzter Richtung der Brücke, so hat das gegen den Strom fahrende außerhalb der Brückenstrecke auf das Vorbeifahren des mit dem Strome fahrenden Fahrzeugs zu warten.

e) Dampffahrzeuge dürfen die Brückenstrecke nur mit einer Geschwindigkeit von höchstens 7,5 km (4,1 Knoten) durchfahren[6]).

Segelfahrzeuge haben vor dem Einlaufen in die Brückenstrecke die Segel einzuziehen und die Fahrtgeschwindigkeit — nötigenfalls durch Schleppenlassen einer Kette — zu mindern[6]).

f) Die Schiffer sind verpflichtet, den Anordnungen des Brückenwärters hinsichtlich des Durchfahrens der

Brücke Folge zu leisten, auch auf Verlangen ihren Namen und Heimatshafen des Schiffes anzugeben[7]).

g) In der Zeit vom 16. Oktober bis 15. März wird die Brücke von 10 Uhr abends bis 6 Uhr morgens nicht geöffnet.

[1]) Vgl. § 71 Nr. 10b.

[2]) Vgl. § 61 Nr. 10.

[3]) Vgl. § 8 Abs. 6.

[4]) D. h. wenn die Sonne zwar noch nicht untergegangen ist, aber die Dunkelheit infolge diesiger Luft früher eingetreten ist.

[5]) Vgl. § 2 Abs. 2 SWO.; Art. 15 Abs. 2 SStrO. (4—6 Sekunden).

[6]) Vgl. § 71 Nr. 10e, f und g.

[7]) Vgl. § 71 Nr. 10h.

## Die Eider[1]).

### 1. Grenzen des Geltungsbereichs der Seewasserstraßenordnung[2]).

**§ 73.** Die äußere Geltungsgrenze wird gebildet durch eine Linie, die die rote Bakentonne mit zwei Bällen, die vor der Eidermündung auf etwa 54° 14′N und 8° 31′ O liegt, rechtweisend 0° schneidet, bis zu zwei Punkten, die 800 m nördlich und südlich von dieser Tonne liegen, und durch zwei Linien, die diese zwei Punkte mit den Fahrwassertonnen 1 und A der Eider verbinden.

Die innere Geltungsgrenze wird gebildet durch die Einmündung der Eider in den Kaiser-Wilhelm-Kanal und die Hafengrenzen.

[1]) Schiffahrtspolizeibehörde.

Bis zur Errichtung reichseigener Wasserstraßenbehörden ist als Schiffahrtspolizeibehörde der Regierungspräsident in

Schleswig und als dessen Organ die Wasserbauämter Tönning und Rendsburg zuständig.

Zuständige Behörde gemäß § 46 ist für die von See kommenden und die zwischen Tönning und Friedrichstadt abgehenden Schleppzüge das Wasserbauamt in Tönning, im übrigen das Wasserbauamt in Rendsburg. — Über Ausführungsverordnungen vgl. zu § 71.

[2]) Über Betonnung und Befeuerung vgl. Anhang Anl. 4 und 5.

## 2. Benennung der Fahrwasser.

Untereider ist die Strecke der Eider von See bis zur Schleuse in Rendsburg, Obereider die Strecke zwischen der Schleuse in Rendsburg und dem Kaiser-Wilhelm-Kanal.

Das Hauptfahrwasser im Sinne dieser Ordnung ist auf der Obereider durch Landbaken[1]) gekennzeichnet, die bei Nacht rotes und weißes Licht zeigen; im übrigen folgt es dem Stromstrich und ist an besonders schwierigen Stellen durch Pricken[2]) und Tonnen bezeichnet.

[1]) Vgl. Bek., betr. Bezeichnung der Fahrwasser usw. vom 13. Mai 1912 (I, 854) zu 2 (Feste Seezeichen). „Baken sind gerüstartige oder volle Aufbauten, welche eine gegen den Hintergrund sich scharf abhebende und in die Augen fallende Gestalt haben." Anhang Anl. 4 und 5.

[2]) Vgl. vorige Anm. „Pricken sind junge, mit Ästen versehene Bäume oder Baumzweige, welche in den Grund gesteckt werden." Anhang Anl. 4 und 5.

## 3. Signalstellen für Warnungssignale.

Warnungssignale gemäß § 24 werden in Tönning an der Einfahrt zum Hafen gezeigt.

Über außergewöhnliche Störungen ist auf dem Hafenmeisteramt in Tönning und auf dem Wasserbauamt in Rendsburg während der üblichen Dienststunden und auf den Schleusen in Brunsbüttelkoog und Holtenau Auskunft zu erhalten. Außerdem werden Störungen im Fahrwasser durch Aushang auf der Rendsburger Schleuse bekanntgegeben.

### 4. Fahrtbeschränkungen.

Die zulässige Höchstgeschwindigkeit beträgt auf der Strecke oberhalb der Verbindungslinie Kirchturm Vollerwiek mit der Westkante des Hundeknöll 8 Knoten (15 km)[1]. In den Durchstichen bei Westerrönfeld, Rübbel, Schülp und Breiholz sowie an sonstigen besonders schmalen Stellen ist die Fahrgeschwindigkeit so weit zu mäßigen, daß keine Beschädigung anderer Fahrzeuge oder der Ufer eintreten kann[2].

[1] Durchs Wasser (nicht über Grund). Vgl. § 61 Nr. 7.
[2] Vgl. § 39, § 49.

### 5. Schleppzüge.

a) Zum Schleppen von Fahrzeugen dürfen oberhalb Tönning keine Dampffahrzeuge von über 30 m Länge verwendet werden.

b) Auf der Untereider oberhalb der Eisenbahnbrücke bei Friedrichstadt dürfen von einem Dampffahrzeuge geschleppt[1] werden nicht mehr als:

1 Fahrzeug über 700 cbm Nettoraumgehalt[2]),
2 Fahrzeuge bis zusammen 700 cbm Nettoraumgehalt,
3 Fahrzeuge bis zusammen 600 cbm Nettoraumgehalt,
4 Fahrzeuge bis zusammen 500 cbm Nettoraumgehalt,

5 Fahrzeuge bis zusammen 400 cbm Nettoraumgehalt.

Fahrzeuge von über 200 cbm Nettoraumgehalt dürfen nur hintereinander geschleppt werden[3]).

Die Zahl, der hinter dem Schlepper befindlichen Fahrzeuge oder Gruppen von Fahrzeugen[4]) darf drei nicht übersteigen.

c) Auf der Obereider dürfen von einem Dampffahrzeuge nicht mehr als sechs Fahrzeuge von zusammen 2000 cbm Nettoraumgehalt geschleppt werden[5]).

[1]) Gilt auch für die Längsseitschleppen, jedoch mit der Maßgabe des nächsten Absatzes. Vgl. § 45 Anm. 4.

[2]) Vgl. § 69 Nr. 6.

[3]) Es steht also nichts im Wege, daß der Schlepper ein Fahrzeug von 100 cbm längsseit und gleichzeitig eins oder mehrere Fahrzeuge von über 200 cbm an der Trosse schleppt, sofern die im vorangehenden Absatz genannte Gesamtsumme der Kubikmeter nicht überschritten wird.

[4]) Werden also 4 oder 5 Fahrzeuge geschleppt, so müssen aus ihnen Gruppen gebildet werden, also eine Zusammenkoppelung zweier Fahrzeuge nebeneinander (z. B. 2 + 2 + 1, bei 4 Fahrzeugen 2 + 2 oder 2 + 1 + 1). Längsseit geschleppte Fahrzeuge werden hierbei nicht berücksichtigt („hinter dem Schlepper").

[5]) Die weitergehende Spezialisierung im Falle b ist hier aufgegeben. Zwischen Schleppen längsseit und an der Trosse wird hier nicht unterschieden. Die Höchstgrenze von 2000 cbm gilt in jedem Falle (also auch wenn nicht 6, sondern weniger Schiffe geschleppt werden).

## 6. Fähren[1]).

In Fahrt befindliche Fähren haben bei Nacht ein weißes Licht zu führen.

[1]) Vgl. § 71 Nr. 9; § 16.

### 7. Segeln und Treiben[1]).

a) Auf der Untereider oberhalb der Eisenbahnbrücke bei Friedrichsstadt dürfen Fahrzeuge von mehr als 500 cbm Nettoraumgehalt weder segeln noch treiben.

b) Auf der Obereider dürfen Fahrzeuge von mehr als 900 cbm Nettoraumgehalt weder segeln noch treiben.

[1]) Vgl. § 70 Nr. 7; § 65 Nr. 6.

### 8. Überholen[1]).

Von 300 m oberhalb bis 300 m unterhalb von Anlegeplätzen, Fähren und Baggern darf nicht überholt werden.

[1]) Vgl. § 72 Nr. 7; § 37.

### 9. Anlegen und Ankern[1]).

An den Brücken und Anlegestellen der Eider dürfen nicht mehr als drei Fahrzeuge nebeneinanderliegen. Das Anlegen muß stromrecht geschehen; die Fahrzeuge müssen an beiden Enden ausreichend befestigt werden[2]). Ankern in den Krümmungen des Fahrwassers ist verboten.

In dem Rack von Pahlhude dürfen Fahrzeuge nicht ankern. Fahrzeuge, welche in Pahlhude Ladung einnehmen oder löschen wollen und nicht sogleich an das dortige Bollwerk anlegen können, haben sich bis zum Freiwerden eines Platzes in dem Rack oberhalb oder unterhalb von Pahlhude zu halten. Auf der Tönninger Reede ist so zu ankern, daß der Einlauf zum Hafen frei bleibt[3]). Gegenüber den Tönninger Dampfschiffbrücken ist das Ankern untersagt[4]).

In der Nähe

a) der durch die Eider geführten Telegraphenkabel[5]), deren Lage durch Warnungstafeln bezeichnet ist, namentlich bei Breiholz, Friedrichstadt-Fähre, der Eisenbahnbrücke bei Friedrichstadt;

b) der auf der Eider bestehenden Seilfähren[6]) namentlich zu Breiholz, Lexfähre, Hohnerfähre, Bargen, Süderstapel und Friedrichstadt,

dürfen Fahrzeuge weder Anker werfen noch mit schleppendem[7]) oder nicht völlig aufgewundenem Anker[8]) sich fortbewegen. Das Ankern hat gegebenenfalls[9]) in solcher Entfernung von den genannten Anlagen zu erfolgen, daß eine Beschädigung derselben auch im Falle Vertreibens der Fahrzeuge durch schleppende Anker[10]) nicht stattfinden kann.

[1]) Vgl. § 56.

[2]) Vgl. § 65 Nr. 9; § 56a und i.

[3]) Vgl. § 56g; § 62 Nr. 10 (welcher Vorschriften gibt, die auf alle Einfahrten gemäß § 5 Abs. 4 SWO. und Art. 29 SStrO. erstreckt werden können).

[4]) Entsprechend § 56g.

[5]) Vgl. § 56f.

[6]) Vgl. § 56f und g; § 44.

[7]) Vgl. § 56e und f. Dem schleppenden Anker ist auch hier die schleppende Kette gleichzustellen (vgl. § 71 Nr. 6 Abs. 4; § 62 Nr. 17).

[8]) Patent(Hall-)Anker sind bis in die Klüsen, Admiralitätsanker bis zum Kranbalken einzuziehen.

[9]) Z. B. bei starkem Wind oder Strömung, welche das Fahrzeug in der Richtung auf die Kabel oder Fährlinie versetzen würden.

[10]) D. h. also, wenn der Anker das Schiff nicht hält, sondern von dem ins Treiben geratenen Schiff durch den Grund gezogen wird. „Durch schleppende Anker" ist nicht auf das Vertreiben, sondern auf „Beschädigung" zu beziehen.

10. Annäherung an Drehbrücken und Schleusen.

Bei der Annäherung an die bei Rendsburg über die Obereider führende Eisenbahndrehbrücke sowie an die Schleuse bei Rendsburg haben die Fahrzeuge rechtzeitig ihre Fahrt zu mäßigen[1]). Der Gebrauch von Segeln beim Durchfahren durch Brücken und Schleusen ist verboten[2]). Die Segel müssen rechtzeitig geborgen werden.

An der bei der Eisenbahnbrücke angelegten Laufbrücke dürfen Fahrzeuge nach dem Durchfahren der Brücke nicht liegenbleiben.

[1]) Vgl. § 39.

[2]) Segler müssen mit ihrem Hilfsmotor oder mit Schlepperhilfe fahren oder sich an einem ausgebrachten Warpanker vorwärts hieven.

11. Durchfahren der Eisenbahnbrücken.

Die Eisenbahnbrücken bei Rendsburg und Friedrichstadt sind geschlossen und werden nur nach Bedarf geöffnet, soweit es der Eisenbahnverkehr zuläßt. Fahrzeuge, welche die geschlossene Brücke nicht passieren können[1]), haben dies dem Brückenwärter zu erkennen zu geben[2]) und sich zur Durchfahrt bereitzulegen.

Die Durchfahrt der Fahrzeuge darf erst erfolgen, nachdem die Brücke vollständig geöffnet ist.

Vor diesem Zeitpunkte darf kein Teil des Fahrzeugs[3]) nach der Brücke zu über eine von beiden Seiten der Brücke an den Leitwerken angebrachte Marke hinausragen.

[1]) Vgl. § 71 Nr. 11b.

[2]) Vgl. § 72 Nr. 12d; § 71 Nr. 11d.

[3]) D. h. des Schiffsrumpfs oder der Takelung (Bug, Buganker, Klüverbaum, Bugspriet, Ladebaum).

## 12. Benutzung der Schleuse in Rendsburg[1]).

Die von der Untereider kommenden Fahrzeuge haben rechtzeitig Segel zu bergen[2]) und müssen, wenn erforderlich, schon an den Dalben des Hafens stoppen[3]). In keinem Falle ist es den Fahrzeugen erlaubt, mit größerer Fahrt[4]) bei westlichen Winden[5]) bis unmittelbar vor das Bollwerk der Schleuse zu laufen und erst hier abzustoppen. Die für das Durchschleppen erforderlichen Leinen[6]) sowie geeignete Fender[7]) zum Schutze der Schleusenwerke sind zum Gebrauche bereitzuhalten. Beim Anlegen an das Bollwerk sowie beim Durchlegen durch die Schleuse sind die Anweisungen des Schleusenmeisters zu befolgen[8]).

Das Durchschleusen der Fahrzeuge geschieht in der Reihenfolge, in der sie sich beim Schleusenmeister melden[9]). Sind sie auf Anforderung des Schleusenmeisters zum Durchschleusen nicht bereit[10], so können sie in der Reihenfolge zurückgesetzt werden[11]).

Fahrzeuge des Reichs[12]) oder eines Landes[12]) sowie solche, die für Rechnung des Reichs oder eines Landes Transporte besorgen[13]), gehen allen anderen Fahrzeugen beim Durchschleusen vor. Ebenso werden Dampffahrzeuge sowie deren Anhang[14]) den Segelfahrzeugen vorgezogen. Geschleust wird von 7 bis 12 Uhr vormittags und von 1½ bis 5 Uhr nachmittags. Jedoch wird auf vorherige Anmeldung auch außerhalb dieser Zeit geschleust.

[1]) Über die Haftung des Fiskus für Schiffahrtshindernisse auf dem Schleusenboden vgl. RG. VerkR. 1927 S. 49. Ebenso VerkR. 1927 S. 595 (auch über die Stellung des Schleusenmeisters).

[2]) D. h. Segel einziehen.

[3]) Dies gilt auch für Dampffahrzeuge, denen in dieser

Richtung besondere Manöver nicht vorgeschrieben zu werden brauchen.

[4]) Größere Fahrt ist bei Seglern von etwa vier Knoten aufwärts anzunehmen. Doch ist dies Tatfrage.

[5]) Zwischen SW und NW? Die Vorschrift läßt dies nicht erkennen. Sie ist m. E. so auszulegen, als sei die Windrichtung gar nicht erwähnt.

[6]) Hanf- oder Stahltrossen.

[7]) Fender sind Kugeln oder Rollen aus Kork oder Tauwerk, welche zwischen das Schiff und einen anderen Gegenstand, gegen den das Schiff treibt (anderes Schiff, Bollwerk, Kai, Dalben), geschoben werden, um den Stoß abzufangen.

[8]) Vgl. § 7 Anm. 2.

[9]) Hier ist also nicht (wie in § 63 C Nr. 3 b) maßgebend, welches Schiff zuerst angekommen ist.

[10]) Wenn Rahen nicht aufgetoppt, Maschine nicht in Ordnung. Ob die mangelnde Bereitschaft auf einem Verschulden beruht oder nicht, ist gleichgültig.

[11]) Die anderen wartenden Schiffe haben jedoch auf diese Zurücksetzung keinen Anspruch. Der Schleusenmeister kann, insbesondere dann, wenn die Bereitschaft in Kürze hergestellt werden kann, das Schleusen bis dahin völlig aussetzen. Keinesfalls darf ein zurückgesetztes Schiff unzulässige Maßnahmen treffen, etwa ohne die vorgeschriebene Schlepperhilfe einlaufen. Vgl. SSchG. 17. Juni 1918 (Fall Hellfried Bismarck-Therese). Es darf sich auch nicht vordrängen und auf diese Art andere Schiffe in Gefahr bringen.

[12]) Also vor allem Kriegsschiffe, Kriegshilfsschiffe (Tender, Wasserboote, Transporter, Scheibenschlepper, Minensucher), Vermessungsschiffe, staatliche Bagger (vgl. auch I, 863) und Dienstfahrzeuge aller Art (§ 7 Abs. 2). Nicht dagegen auch solche Schiffe, welche zwar dem Reich oder einem Lande gehören bzw. unterstehen, jedoch an private Reeder verchartert sind (wie dies bei Prisenschiffen vorgekommen ist). Ebenso wenig ausländische Kriegs- und Staatsschiffe aller Art.

[13]) Gleichgültig in welcher rechtlichen Form dies geschieht (Ausrüsterverhältnis, Schiffsmiete, Zeitcharter, Reisecharter). Maßgebend ist nur, daß Reich bzw. Staat wirtschaftlich die Träger des Unternehmens sind.

[14]) Also Schleppzüge. Werden diese zwecks Schleusung geteilt, so sind die verschiedenen Schleppzugsteile unmittelbar hintereinander zu schleusen. Es kann sich nicht etwa ein Dampfer darauf berufen, daß von dem Schleppzug nur noch ein Segler übrig sei, welchem er vorzugehen habe.

## Besondere Vorschriften für die Flensburger Förde (Deutsches Hoheitsgebiet)[1].

### 1. Grenzen des Geltungsbereichs der Seewasserstraßenordnung[2]).

**§ 74.** Die äußere Geltungsgrenze bildet die Verbindungslinie Birknack—Kekenis-Leuchtturm. Die innere Geltungsgrenze ist die Grenze des Hafens Flensburg, welche durch zwei Marksteine festgelegt ist, von denen einer auf dem Ostufer an der Grenze zwischen den früheren Gemarkungen Jürgensgaard und Fruerland, der andere auf dem Westufer an der Grenze zwischen der Stadt Flensburg und der Staatlichen Forst Kluesries aufgestellt ist. Der Standort der Steine ist durch je eine Tafel mit der Aufschrift „Hafengrenze" kenntlich gemacht.

[1]) Schiffahrtspolizeibehörde.

Bis zur Errichtung reichseigener Wasserstraßenbehörden ist als Schiffahrtspolizeibehörde für den deutschen Teil der Flensburger Förde der Regierungspräsident in Schleswig und als dessen Organ das Wasserbauamt Kiel zuständig

Zuständige Behörde gemäß § 46 ist das Wasserbauamt in Kiel. — Über Ausführungsverordnungen vgl. zu § 71.

[2]) Über Betonnung und Befeuerung vgl. Anhang Anl. 4 und 5.

2. Lichterführung.

In der Flensburger Förde sind nur Fahrzeuge, die mehr als 20 Brutto-Registertonnen[1]) Raumgehalt haben, verpflichtet, das Hecklicht in fester Anbringung zu führen (vgl. § 10)[2]).

[1]) Der Raumgehalt (Brutto und Netto) ergibt sich aus dem Schiffszertifikat. Vgl. § 69 Nr. 6.

[2]) Kleinere Fahrzeuge bleiben dazu nach Art. 10 Abs. 2 SStrO. berechtigt (I, 814).

3. Signalstellen für Warnungssignale.

Warnungssignale gemäß § 24 werden nicht gezeigt. Über außergewöhnliche Störungen ist beim Wasserbauamt Kiel während der Dienststunden Auskunft zu erhalten.

4. Reeden[1]).

Als Flensburger Reede gilt die Förde nordöstlich vom Mittelgrund.

[1]) Vgl. § 56a.

## Besondere Vorschriften für die Schlei[1]).

1. Grenzen des Geltungsbereichs der Seewasserstraßenordnung[2]).

**§ 75.** Die äußere Geltungsgrenze wird gebildet durch die Verbindungslinie der Fahrwassertonnen A und 1 vor der Einfahrt in die Schlei.

Nach innen erstreckt sich der Geltungsbereich bis an die Ostgrenze des Hafens von Schleswig, die durch die Verbindungslinie des auf dem Norduser der Schlei liegenden Fährhauses auf der Freiheit in Schleswig mit dem auf dem Süduser der Schlei liegenden Schulhause von Fahrdorf gebildet wird.

[1]) Schiffahrtspolizeibehörden: wie zu § 74. — Bekanntmachung für Seefahrer vom 17. November 1927 (Erlassen vom Wasserbauamt Kiel. — RegABl. Schleswig 1927 S. 406).

Nach der Seewasserstraßenordnung Teil II § 75: „Besondere Vorschriften für die Schlei", Ziffer 9c Abs. 1, haben alle Fahrzeuge bis zur Freigabe der Durchfahrt durch die Brücken sich außerhalb der Brückenstrecke in mindestens 200 m Abstand von der Brücke zu halten und stillzuliegen. Es wird besonders darauf hingewiesen, daß dieser Mindestabstand für die Drehbrücke in Kappeln unbedingt innezuhalten ist, damit das etwa 180 m südlich der Brücke liegende Kabel nicht durch Anker beschädigt wird.

Im übrigen vgl. zu § 71.

[2]) Über Betonnung und Befeuerung vgl. Anhang Anl. 4 und 5.

## 2. Signalstellen für Warnungssignale.

Warnungssignale gemäß § 24 werden an dem auf der Lotseninsel Schleimünde befindlichen Signalmast gezeigt. Mündliche Auskunft über Störungen im Fahrwasser wird durch den Hafenmeister in Schleimünde erteilt. Über außergewöhnliche Störungen ist außerdem beim Wasserbauamte Kiel während der Dienststunden Auskunft zu erhalten.

## 3. Zulässige Abmessung der Fahrzeuge und Flöße.

a) Für Fahrzeuge: Der zulässige Tiefgang[1]) beträgt bei Mittelwasser 3,65 m. Dieser ändert sich entsprechend dem Unterschiede zwischen dem jeweiligen und dem mittleren Wasserstande[2]).

Mittelwasser liegt:
am Schleimünder Pegel auf 2,07 m P. N. (Pegel-Null),
am Kappelner Pegel auf 2,19 m P. N.,
am Schleswiger Pegel auf 2,00 m P. N.

b) Für Flöße: Die größte zulässige Breite beträgt 7 m.

[1]) Im Gegensatz zu den sonstigen örtlichen Bestimmungen ist hier nur der Tiefgang begrenzt und zwar auf 3,65 m entsprechend der Mindesttiefe von 3,80 m (vgl. Nr. 4).

[2]) Der Betrag über dem mittleren Wasserstande wird dem Normalhöchsttiefgang von 3,65 m zugezählt, der Betrag unter dem mittleren Wasserstande von dem zulässigen Tiefgang abgezogen.

4. Fahrtbeschränkungen.

Diejenigen Stellen im Fahrwasser, an denen nur die Mindesttiefe von 3,80 m vorhanden ist, sind mit verminderter Geschwindigkeit zu durchfahren[1]).

[1]) Je nach den individuellen Eigenschaften des Schiffes, seinem Tiefgang, seiner Neigung zum Ausscheren (Ausdemruderlaufen) usw. Die Bestimmung dient nicht nur der Sicherheit des Schiffes, sondern auch der Erhaltung des Fahrwassergrundes.

5. Vorbeifahren an festgekommenen Fahrzeugen.

Ist im Hauptfahrwasser[1]) ein Fahrzeug festgekommen, so ist das Vorbeifahren an solchen Fahrzeugen nur gestattet, nachdem vorher Verständigung von beiden Seiten über die Möglichkeit des Vorbeifahrens[2]) stattgefunden hat.

[1]) Vgl. § 6 und 36.

[2]) Und auch über die Art insbes. die Geschwindigkeit usw. Z. B. kann es notwendig werden, daß ohne Benutzung der Schraube vorbeigefahren werden muß, also mit Schlepperhilfe oder durch Heranhieven an ausgebrachte Anker. Natürlich darf das festsitzende Schiff nicht „ohne Not" (§ 37 Abs. 3) Wider-

spruch erheben. Mangels sachlicher Gründe ist der Widerspruch wirkungslos. Zum mindesten hat das andere Schiff noch die Möglichkeit, die Schiffahrtspolizei anzurufen, welche nach § 7 einzugreifen hat. — Unanwendbar ist die Vorschrift der Nr. 5 auf kleine Fahrzeuge (Boote, Yachten, Motorboote usw.), deren Vorbeifahrt wohl nur in seltenen Ausnahmefällen eine bedenkliche Situation schaffen kann. Dies ist nach § 5 Abs. 4 zu beurteilen. — Die Art der Verständigung bleibt dem Ermessen der beteiligten Schiffer überlassen. § 37 (Signale) gilt hier nicht.

### 6. Benutzung der Schraube beim Festkommen eines Fahrzeuges.

Ein festgekommenes Fahrzeug darf die Schiffsschraube nicht benutzen, um vom Grunde freizukommen[1]). Es ist auf Verlangen der Schiffahrtspolizeibehörde verpflichtet, zu leichtern[2]).

[1]) Eine seltene Bestimmung. Gerade bei verminderter Geschwindigkeit (infolge geringer Tiefe. Vgl. Nr. 4) kann sich ein Schiff zuweilen mit geringer Mühe freimachen. Das forcierte Rückwärtsschlagen bringt offenbar Gefahren für die Fahrwassersohle mit sich. Dagegen sind Abschleppversuche nicht untersagt. Vgl. § 78 Nr. 10.

[2]) D. h. einen Teil der Ladung in andere Fahrzeuge (Leichter) umzuladen. Im allg. kommt das Leichtern erst in Frage, wenn Abschleppversuche erfolglos bleiben. Vgl. § 78 Nr. 10.

### 7. Ankern.

Ankern in schmalen Strecken des Hauptfahrwassers ist nur im Notfalle gestattet[1]). Es darf nur hart an der Luvseite[2]) des Hauptfahrwassers geschehen. Segelfahrzeuge haben ihre Rahen scharf anzubrassen[3]), damit das Hauptfahrwasser nicht mehr als unbedingt erforderlich eingeengt wird.

[1]) Vgl. § 56; § 48 Anm. 37.

[2]) D. h. unmittelbar an der, dem Winde zugekehrten Seite des Hauptfahrwassers. Weht der Wind in der Richtung des Fahrwassers, so treten subsidiär die Vorschriften der §§ 36, 56 b in Kraft. Es muß also in der Fahrtrichtung hart am rechten Tonnenstrich geankert werden, falls dies möglich ist.

[3]) Oder aufzutoppen. Vgl. § 71 Nr. 10 g Abs. 2.

## 8. Fahrzeuge mit Sprengstoffen.

Fahrzeuge, die mehr als 35 kg Sprengstoffe oder Munition geladen haben[1]), dürfen bei Nacht[2]) nicht fahren. Beim Ankern müssen sie von anderen Schiffen mindestens 200 m Abstand halten[3]).

[1]) Vgl. § 17, § 56h.

[2]) Vgl. § 8 Abs. 6.

[3]) D. h. so hingelegt werden, daß sie auch beim Schwojen um den Anker sich keinem Schiffe auf weniger als 200 m nähern können. Evtl. müssen die Schiffe vor doppelten Buganker (mit Drehschäkel) gelegt werden, sofern das Fahrwasser dies gestattet. Werden dann beide Ankerketten scharf angehievt, so kann das Schiff nur um seine eigene Länge schwojen. Endlich kann das Schiff auch vor Bug- und Heckanker gelegt werden.

## 9. Besondere Bestimmungen für die Durchfahrt durch die Brücken bei Kappeln und Lindaunis.

### a) Öffnen der Brücken.

Die Brücken sind in der Regel geschlossen. Sie werden nur geöffnet, wenn Fahrzeuge die Durchfahrt begehren. Während der Zeit von einer Stunde nach Sonnenuntergang bis: in Kappeln: 3½ Uhr, in Lindaunis: 5½ Uhr vormittags, erfolgt das Öffnen nur, wenn es spätestens 48 Stunden vor der beabsichtigten Durchfahrt beim Wasserbauamt Kiel beantragt ist. In einem derartigen Antrag sind Größe, Art und Zahl der Fahrzeuge[1]) und nach Möglichkeit auch die Uhrzeit der Durchfahrt anzugeben.

Sobald das Fahrwasser zu beiden Seiten der Brücken infolge Eises für die Schiffahrt geschlossen ist, werden die Brücken nicht mehr geöffnet.

b) Signale.

1. Fahrzeuge, die die Durchfahrt begehren, haben auf mindestens 1000 m Entfernung von den Brücken bei Tage zwei Flaggen übereinander, bei Nacht zwei weiße Lichter[2]) übereinander im Wante[3]) zu zeigen und ein Schallsignal von zwei langen Tönen (— —) zu geben[4]).

2. Bei Annäherung an die Brücken ist auf die Verkehrssignale zu achten, die an dem Brückensignalmaste gezeigt werden. Als Tagsignal werden eine rote, weißgeränderte Scheibe und ein roter, weißgeränderter Doppelarm benutzt, bei Nacht grüne und rote Lichter[5]). Folgende Signale werden gezeigt:

a) Durchfahrt frei:
   Tagsignal: Scheibe wagerecht, Doppelarm senkrecht am Maste.
   Nachtsignal: ein grünes Licht direkt unterhalb der Scheibe

b) Brücke geschlossen:
   Tagsignal: Scheibe vom Fahrwasser aus voll sichtbar, Doppelarm senkrecht am Maste.
   Nachtsignal: rotes Licht direkt unterhalb der Scheibe.

c) Die Brücke kann nicht geöffnet werden (zum Beispiel in Erwartung eines Zuges):
   Tagsignal: Scheibe vom Fahrwasser aus voll sichtbar, Doppelarm wagerecht darunter.

Nachtsignal: Unter dem unter b erwähnten roten Lichte ein zweites rotes Licht.

3. Die Pfeiler der Durchfahrtsöffnungen werden bei Nacht schleiaufwärts und schleiabwärts auf der in der Fahrrichtung rechts liegenden Seite durch grüne, auf der in der Fahrrichtung links liegenden Seite durch rote Lichter gekennzeichnet.

c) Durchfahren der Brücken.

1. Die Brücken dürfen erst durchfahren werden, nachdem sie vollständig geöffnet sind und das Signal „Durchfahrt frei“[6]) gegeben ist. Bis dahin haben alle Fahrzeuge sich außerhalb der Brückenstrecke in mindestens 200 m Abstand von der Brücke zu halten und stillzuliegen[7]).

2. Kleinere Fahrzeuge bis zu 16 m Länge, die sich zu mehreren gleichzeitig den Brücken nähern, müssen auf die Öffnung der Brücken warten, bis sie dicht hintereinander die Brücken durchfahren können[8]).

3. Die Fahrzeuge haben die Brücken in der Reihenfolge ihrer Ankunft zu durchfahren[9]). Nähern sich Fahrzeuge einer Brücke von beiden Seiten, so haben die mit dem Strome fahrenden den Vorrang. Das Durchfahren der Brücken mit schleppendem Anker oder schleppender Kette ist verboten[10]). Segelfahrzeugen ist das Kreuzen in der Brückenöffnung untersagt. Beim Durchfahren der Brücken ist den Anweisungen der Brückenwärter Folge zu leisten[11]).

d) Größenverhältnisse der Durchfahrtsöffnungen.

Die lichte Durchfahrtshöhe der Straßen- und Kleinbahnbrücke über die Schlei bei Kappeln beträgt 3 m bei mittlerem Wasserstand[12]), in den Seitenöffnungen weniger.

Die lichte Durchfahrtsweite zwischen den Leitwerken beträgt 22,5 m.

Die lichte Durchfahrtshöhe der Straßen- und Eisenbahnbrücke bei Lindaunis beträgt 3,85 m bei mittlerem Wasserstande.

Die lichte Durchfahrtsweite zwischen den Leitwerken beträgt 22,30 m.

Fahrzeuge ohne Masten oder mit niedergelegten Masten dürfen die geschlossenen Brücken durchfahren, wenn zwischen Unterkante, Brücke und dem höchsten Teile des Fahrzeuges oder der Ladung ein Freiraum von mindestens 0,50 m vorhanden ist[13]).

[1]) Sei es, daß mehrere Schiffe gleichzeitig durchfahren wollen, sei es, daß es sich um einen Schleppzug handelt.

[2]) Sichtweite: 1 Seemeile (§ 8 Abs. 4).

[3]) Seitliche Versteifung der Masten zur Bordwand (bzw. Rüsten).

[4]) 4—6 Sekunden. § 2 Abs. 2 SWO.; Art. 15 Abs. 2 SStrO.

[5]) Sichtweite: 1 Seemeile (§ 8 Abs. 4).

[6]) Vgl. oben zu 2a und die Bek. vom 17. November 1927 (Anm. zur Überschrift des § 75).

[7]) Sich entweder gegen den Strom zu halten oder zu ankern oder festzumachen.

[8]) M. a. W.: die Brücke wird erst geöffnet, wenn sich alle Fahrzeuge versammelt haben, so daß sie hintereinander passieren können.

[9]) Vgl. § 63 C Nr. 3b und § 73 Nr. 12 Abs. 2 und SSchG. 17. Juni 1918 (Fall Hellfried Bismarck—Therese).

[10]) Vgl. § 56e und f.

[11]) Vgl. § 7 Anm. 2.

[12]) Vgl. § 71 Nr. 10.

[13]) Vgl. § 63 C Nr. 1 b; § 72 Nr. 12.

## Besondere Vorschriften für die Eckernförder Bucht[1]).

### 1. Grenzen des Geltungsbereichs der Seewasserstraßenordnung[2]).

**§ 76.** Die äußere Geltungsgrenze wird gebildet durch die Linie von Boknis-Eck nach der Huk bei Dänisch Nienhof.

Nach innen erstreckt sich der Geltungsbereich bis an die Grenze des Hafens von Eckernförde, die von dem südöstlichen Ende des Hafenbollwerkes beim Hafenfeuer nach der am nördlichen Ufer befindlichen Ausmündung des sogenannten Pferdebachs verläuft.

[1]) Schiffahrtspolizeibehörden: wie zu § 74. — Über Ausführungsverordnungen vgl. zu § 71.

[2]) Da hier nur der Geltungsbereich festgesetzt ist, ohne daß besondere Anordnungen getroffen sind, so gilt in diesem Teile ausschließlich der erste Teil der SWO. (§ 1—60) und die SStrO. — Über Betonnung und Befeuerung vgl. Anhang Anl. 4 und 5.

## Besondere Vorschriften für den Fehmarnsund[1]).

### 1. Grenzen des Geltungsbereichs der Seewasserstraßenordnung.

**§ 77.** a) Die westliche Grenze wird gebildet durch eine Linie, die die rote Tonne „Fehmarnsund" rechtweisend 0° schneidet bis zur nördlichen und südlichen Grenze des Leitsektors vom Fehmarnsund-Feuer.

b) Die östliche Grenze wird gebildet durch eine Linie, die die schwarz-rote Bakentonne Fehmarnsund rechtweisend 45° schneidet, bis zu zwei Punkten 200 m nordöstlich und südwestlich dieser Tonne und der Verbindungslinie dieser zwei Punkte mit den Fahrwassertonnen 7 und H des Fehmarnsundes.

[1]) Schiffahrtspolizeibehörden: wie zu § 74. — Über Ausführungsverordnungen vgl. zu § 71.

## 2. Signalstellen für Warnungssignale.

Warnungssignale gemäß § 24 werden im Fehmarnsund nicht gezeigt. Über außergewöhnliche Störungen im Fahrwasser ist beim Wasserbauamt Kiel während der Dienststunden Auskunft zu erhalten.

## 3. Ankern.

a) Das Ankern von Fahrzeugen in der betonnten Baggerrinne[1]) des Fehmarnsundes ist verboten.

b) Das Ankern von Fahrzeugen im Fehmarnsund in einem Abstande von je 200 m östlich und westlich der Verbindungslinie zwischen den Einfahrten zu den beiden Fährhäfen auf dem Festlande und Fehmarn ist verboten[2]).

Zur Bezeichnung dieser für die Eisenbahnfähre freizuhaltenden Wasserfläche liegen am Süd- und Nordrande des Fahrwassers östlich und westlich von der vorerwähnten Verbindungslinie je zwei grau angestrichene Faßtonnen[3]) aus. Die beiden westlich liegenden Tonnen haben in schwarzen Buchstaben die Aufschrift: „Östlich nicht ankern", die beiden östlich liegenden Tonnen haben in schwarzen Buchstaben die Aufschrift: „Westlich nicht ankern".

Zwischen den Molen der beiden Eisenbahnfährhäfen in der vorgenannten Zone liegen Werkstromkabel[4]). Ihre Lage kennzeichnen weit sichtbare, rote Kabelhäuschen mit weißem „K", die auf den Molenköpfen stehen.

[1]) Ausgebaggerte Fahrrinne (Hauptfahrwasser im Sinne des § 6 und 36).

[2]) Es handelt sich hier um eine Fährstrecke (wie in § 71 Nr. 9) die als Gefahrzone behandelt wird (vgl. § 44 Anm. 1). Diese Wasserfläche ist nach b Abs. 2 für die Eisenbahnfähre freizuhalten,

welche ähnlichen Schutz genießt wie eine Seil- oder Kettenfähre, wenn auch aus anderen Gründen (hier der Grundgedanke des § 56 g, dort des § 56 f).

[3]) Vgl. Bek., betr. Bezeichnnng der Fahrwasser usw. vom 13. Mai 1912 (I, 854) zu **A** 1 f: „Faßtonnen haben die Gestalt eines Fasses oder eines Zylinders, dessen gewölbte Fläche nach oben gekehrt ist." Anhang Anl. 4 und 5.

[4]) Daraus ergibt sich, daß das Ankern, sowie das Treiben vor schleppendem Anker oder schleppender Kette verboten ist (§ 56 f).

### 4. Vorsichtsmaßnahmen beim Durchfahren der Baggerrinnen des Fehmarnsundes.

Beim Durchfahren der Baggerrinne ist das Ruder auf dem geschleppten Fahrzeug ununterbrochen besetzt zu halten[1]) und gewissenhaft zu bedienen.

Um ein Beschädigen und Verschleppen[2]) der Seezeichen in der Baggerrinne zu vermeiden, haben die Schiffe die Baggerrinne innerhalb der Tonnen C bis H und 2 bis 7 mit der größten Vorsicht zu durchfahren.

[1]) An sich schon nach § 5 Abs. 4 SWO. (Art. 29 SStrO.) geboten, damit ein ordnungsmäßiges Nachsteuern möglich ist. Vgl. Anh. zu § 735 Anm. 7 (I, 741) und SeeA. Hamburg Hansa 1910, 824.

[2]) Vgl. § 49 SWO.; § 322 StGB.

### 5. Schleppzüge[1]).

Die Baggerrinne durchfahrende Schleppzüge haben die Schlepptrossen möglichst aufzukürzen.

[1]) Gilt nicht für Längsseitschleppen. — Aufzukürzen sind alle Trossen, auch die zwischen den Anhangsfahrzeugen.

## Besondere Vorschriften für die Wismar-Bucht[1]).

### 1. Grenzen des Geltungsbereichs der Seewasserstraßenordnung[2]).

**§ 78.** Die äußere Geltungsgrenze wird gebildet durch die Verbindungslinie: Tarnewitz Huk—Tonnen Lieps N. Wismar—Wismar Offen Tief—Hannibal N. Wismar—Wismar Große Tief—Wismar 1 und ihre geradlinige Verlängerung bis zur Halbinsel Wustrow.

Nach innen gilt diese Ordnung bis zur Verbindungslinie der Dückdalben e und 6.

[1]) Schiffahrtspolizeibehörde.

Bis zur Errichtung reichseigener Wasserstraßenbehörden ist als Schiffahrtspolizeibehörde das Mecklenburg-Schwerinsche Ministerium des Innern in Schwerin und als dessen Organ das Wasserstraßenamt in Rostock zuständig.

Die Anmeldungen gemäß § 46 sind an den Oberlotsen in Timmendorf zu richten. —

Bekanntmachung des Rates der Stadt Wismar vom 2. Dezember 1927.

Nachdem mit dem 1. Dezember 1927 die Seewasserstraßenordnung für das Reichswasserstraßengebiet in Kraft getreten ist, wird hiermit für das Gebiet der Seewasserstraße bei Wismar

1. die Hafenordnung vom 17. Oktober 1907 mit ihren Nachträgen,
2. die Verordnung wegen Führung eines Hecklichtes vom 28. August 1913,
3. die Verordnung, betr. Schiffe und Böte mit Hoheitszeichen vom 7. Juli 1903

außer Kraft gesetzt.

Die Seewasserstraße beginnt nördlich der Linie Werftplatz—Industriehafen und ist bis zu dem Alten Schweden durch die festen Pfahlbündel, von dort ab durch schwimmende Seezeichen begrenzt.

²) Über Betonnung und Befeuerung vgl. Anhang Anl. 4 und 5.

## 2. Signalstellen für Warnungssignale.

Warnungssignale gemäß § 24 werden am Signalmast in Timmendorf auf Poel gezeigt.

Über außergewöhnliche Schiffahrtsstörungen ist Auskunft zu erhalten

a) in Timmendorf a. P. auf der Lotsenstation,

b) in Wismar beim Hafenmeister.

## 3. Lotsensignale¹).

Zur Herbeirufung eines Lotsen sind bei Annäherung an Timmendorf die allgemeinen Lotsensignale gemäß Lotsensignalordnung vom 7. November 1907 zu geben²). Wenn bei auflandigem Sturme³) das Abkommen der Timmendorfer Lotsen nicht möglich ist, wird das internationale Signal TJP „Lotse kann nicht abkommen" am Sturmsignalmast Timmendorf geheißt. Läuft in einem solchen Falle ein Lotsendampfer von Wismar aus, so werden im Anschluß an das Signal „TJP" an demselben Maste die internationalen Signale FPC/GUB („Warten Sie die Ankunft des Lotsendampfers ab") geheißt.

¹) Vgl. § 23.

²) Also nicht besondere Signale, wie sie in § 35 g vorgesehen sind. Lotsensignalordnung vgl. Anhang. Anl. 3.

³) Sturm in der Richtung von See auf die Küste.

## 4. Lotsenbereitschaft und Ansteuerung der Binnenrede.

Die Lotsenbereitschaft in Timmendorf dauert von Tagesanbruch bis eine Stunde nach Sonnenuntergang. Das Ansteuern der Binnenreede bei Nacht ist sehr gefährlich[1]). Es darf ohne Lotsenhilfe nur dann unternommen werden, wenn das Fahrzeug oder die Besatzung bei längerem Verweilen in See in noch größere Gefahr kommen würde und der Führer sich daher für das Einlaufen entscheiden muß[2]).

[1]) Erhöhte Verantwortung des Kapitäns gemäß § 5 Abs. 4 SWO. (Art. 29 SStrO.).

[2]) M. a. W. wenn die nautische Situation keinen anderen Ausweg läßt.

### 5. Manövrierunfähige oder beschädigte Fahrzeuge.

1. Manövrierunfähige Fahrzeuge[1]) dürfen das Fahrwasser der Wismarbucht nur mit Schlepperhilfe befahren.

2. Fahrzeuge, deren Zustand die Gefahr des Sinkens[2]) erkennen läßt, sind von der Benutzung des Fahrwassers ausgeschlossen[3]).

[1]) Aus welchem Grunde manövrierunfähig, ist gleichgültig (vgl. dagegen Art. 4a SStrO.). Auch beschränkte Manövrierfähigkeit macht Schlepphilfe erforderlich.

[2]) Sie brauchen nicht im Sinken begriffen zu sein. Z. B. können Fahrzeuge zurückgewiesen werden, die so überladen sind, daß sie bei der Begegnung mit einem Dampfer der Gefahr des Vollschlagens ausgesetzt sind. Ebenso havarierte Dampfer, die nur durch ständig arbeitende Pumpendampfer schwimmfähig erhalten werden und die bei jedem Versagen oder Aussetzen der Pumpen wegsacken müßten.

[3]) Tritt die Gefahr des Sinkens erst ein, nachdem das Schiff sich im Fahrwasser befindet, so gilt § 58b und § 59.

### 6. Zulässiger Tiefgang.

Fahrzeuge mit größerem als dem jeweils zulässigen Tiefgang dürfen in der gebaggerten Fahrrinne von Tonne 8 ab bis zum Hafen Wismar nicht verkehren. Die Entscheidung über den jeweils höchst zulässigen Tiefgang[1]) liegt zunächst beim Oberlotsen in Timmendorf oder dem Hafeningenieur in Wismar, im Berufungsfalle endgültig beim Wasserstraßenamte Rostock.

[1]) Dieser wird hier je nach den Wind- und Wasserverhältnissen bestimmt, zwar nicht für jeden Einzelfall, aber in unregelmäßigen Zeitabständen je nach der Änderung der Verhältnisse. Gegen die Versagung der Weiterfahrt: Beschwerde an das Wasserstraßenamt Rostock.

### 7. Höchstgeschwindigkeiten.

Die Höchstgeschwindigkeit beträgt auf der Strecke von Tonne 8 bis zur inneren Grenze des Geltungsbereichs dieser Ordnung 8,1 Knoten[1]) oder 4 Minuten auf 1 km.

[1]) Durchs Wasser, nicht über Grund. Vgl. § 61 Nr. 7.

### 8. Ankern und Festmachen.

Im Fahrwasser von Tonne 8 ab nach innen ist das Ankern verboten. Muß im Notfall geankert werden, so ist das Fahrzeug so festzulegen, daß hierdurch das Fahrwasser nicht gesperrt wird[1]). Nötigenfalls müssen Warpanker ausgebracht werden[2]).

[1]) Auch im Falle des Schwojens. Vgl. § 48 d und f; § 56. Über Festlegen des Schiffes vgl. § 75 Nr. 8 Anm. 3.

[2]) Vgl. § 75 Nr. 8.

### 9. Fahrzeuge mit Sprengstoffen oder Munition[1]).

Fahrzeuge, die mehr als 35 kg Sprengstoffe oder Munition an Bord haben, müssen ihre Ladung sofort dem Lotsen oder der Schiffahrtspolizeibehörde melden[2]). Sie dürfen nur an einer solchen Liegestelle festmachen oder ankern, die ihnen der Lotse oder die Schiffahrtspolizeibehörde anweist.

[1]) Vgl. § 17, § 56b.

[2]) Sobald der Lotse an Bord kommt oder Nachrichtenverbindung mit dem Lande besteht. Auf Kriegsschiffe finden diese Bestimmungen keine Anwendung. Vgl. § 56b.

## 10. Festkommen.

Kommt ein Fahrzeug im Fahrwasser fest und behindert hierdurch die Schiffahrt[1]), so ist dieses sofort der Lotsenstation Timmendorf anzuzeigen. Die Schiffahrtspolizeibehörde kann das sofortige Leichtern anordnen, falls nicht auf eine andere Art das Fahrwasser frei gemacht werden kann[2]).

[1]) Liegt das Schiff im Nebenfahrwasser (§ 36), ohne die kleine Schiffahrt zu behindern, so ist die Meldung nicht erforderlich, wenn auch zu empfehlen.

[2]) D. h. falls das Schiff sich nicht durch Gebrauch der Schraube befreien kann (anders § 75 Nr. 5) und Abschleppversuche erfolglos oder aussichtslos sind.

## 11. Schleppzüge.

1. Die Länge der Schlepptrosse[1]) in Schleppzügen darf in der gebaggerten Fahrrinne von Tonne 8 ab nach innen höchstens 60 m betragen.

2. Auf dieser Strecke dürfen Schleppzüge von mehr als 160 m Gesamtlänge[2]) oder mehr als 12 m größter Breite[3]) nur mit vorheriger Genehmigung des Oberlotsen verkehren[4]).

3. Fahrzeuge,* die die nötigen Einrichtungen zum Schleppen nicht besitzen[5]) oder deren Manövrierfähigkeit beim Schleppen über das für die sichere Schiffsführung zulässige Maß beschränkt ist, dürfen auf der zu 1 genannten Strecke nicht schleppen[5]).

[1]) D. h. der einzelnen Trosse.

[2]) D. h. vom Heck des Schleppers bis zum Heck des letzten geschleppten Schiffes.

[3]) Gesamtbreite, d. h. also auch beim Längsseitschleppen und beim Schleppen mehrerer gekoppelter Fahrzeuge.

[4]) Sie werden dadurch aber nicht zu „Außergewöhnlichen Schleppzügen" im Sinne des § 46, sind also nach allgemeinen Grundsätzen ausweichpflichtig. Auch hinsichtlich der Lichterführung gelten die allgemeinen Grundsätze. Insbesondere müssen die besonderen Voraussetzungen des § 13 vorliegen, um die Führung der Lichter des Art. 4 SStrO. zu rechtfertigen.

[5]) Vgl. § 64 Nr. 11 b. Sie müssen den Anhang an andere, ausreichende Schlepper abgeben. Rufsignal: § 35c.

## 12. Fahrregeln für Ruder-, Segel- und kleine Motorboote.

Ruder- und Segelboote, kleine[1]) Motor- und Segelfahrzeuge (Lustjachten) und Fischerquasen aller Art müssen allen im Fahrwasser fahrenden Seeschiffen, einschließlich der zwischen Wismar und den Nachbarorten verkehrenden Fahrgastdampfer[2]), ausweichen[3]). Auf der Strecke zwischen Tonne 8 und der inneren Geltungsgrenze dieser Ordnung müssen die kleinen Fahrzeuge beim Begegnen mit einem Seeschiff die Fahrrinne verlassen[4]) oder, wenn dieses nicht angängig ist, sich soweit wie möglich am Rande der Fahrrinne halten[5]).

[1]) Große Motor- und Segeljachten, welche ihrem Charakter nach als Schiffe anzusprechen sind, fallen nicht darunter.

[2]) Welche evtl. als Binnenschiffe anzusehen sind und daher an sich nicht hierher gehören würden.

[3]) Abweichung von Art. 20 SStrO. (I, 829), wonach das Dampffahrzeug dem Segler aus dem Wege zu gehen hat. Ferner von Art. 19 SStrO. (I, 828), wonach bei zwei sich begegnenden Dampffahrzeugen nicht die Größe über die Ausweichepflicht entscheidet, sondern die Lage (Gegner an Steuerbord!).

[4]) Konsequenz aus § 36, welcher ja grundsätzlich verlangt, daß derartige kleine Fahrzeuge möglichst das Hauptfahrwasser meiden und das Nebenfahrwasser benutzen. Sie fahren sozusagen „precario“ oder jederzeit widerruflich im Hauptfahrwasser. Daß diese kleinen Fahrzeuge auch dann die Fahrrinne verlassen müssen, wenn sie überholt werden, ist hier nicht (wie in § 62 Nr. 12 für Längsseitschleppzüge) erfordert. Trotzdem dürfte eine Erstreckung der Vorschrift auf den Fall des Überholtwerdens ihrem Sinne entsprechen. Der Begriff des „Begegnens“ wäre nicht im technischen Sinne, sondern als Bezeichnung für jede Art des Vorbeifahrens aufzufassen. Der gleiche Gesichtspunkt greift durch, wenn das kleine Fahrzeug das große überholt, zumal die Ausweichpflicht hier schon nach § 37 Abs. 4 feststeht. Andererseits ist die Pflicht zum Ausweichen nicht davon abhängig, daß das Seeschiff das Wegerecht durch Signal für sich in Anspruch nimmt (wie in § 62 Nr. 11).

[5]) Und zwar an der ihnen nach § 36 SWO., Art. 25 SStrO. zukommenden Seite, sofern nicht besondere Umstände vorliegen.

### 13. Fischerei[1]).

Das Aufstellen von Fischereigeräten in dem durch Fahrwassertonnen bezeichneten Fahrwasser ist verboten[2]).

[1]) Vgl. § 55.

[2]) Fischen vom Fahrzeug aus ist also nicht untersagt.

## Besondere Vorschriften für die Warnow[1]).

### 1. Grenzen des Geltungsbereichs der Seewasserstraßenordnung[2]).

**§ 79.** Die untere Geltungsgrenze dieser Ordnung auf der Warnow wird gebildet durch eine Linie, die das in die Hafeneinfahrt von Warnemünde führende Fahrwasser eine Seemeile nördlich des Westmolenkopfes rechtwinklig schneidet.

Die obere Geltungsgrenze wird durch das Unterhaupt der Schiffahrtsschleuse am Mühlendamm zu Rostock gebildet.

[1]) Schiffahrtspolizeibehörde.

Bis zur Errichtung reichseigener Wasserstraßenbehörden ist als Schiffahrtspolizeibehörde für die Warnow das Mecklenburg-Schwerinsche Ministerium des Innern in Schwerin und als dessen Organ das Wasserstraßenamt in Rostock zuständig.

Zuständige Behörde gemäß § 46 ist das Wasserstraßenamt in Rostock, das durch das Lotsenamt in Warnemünde weitere Anweisungen zugehen läßt. —

Bekanntmachung des Rates der Stadt Rostock vom 28. Januar 1928.

Nachdem die vom Reiche erlassene Seewasserstraßenordnung vom 31. März 1927 am 1. Dezember 1927 in Kraft getreten ist, haben dadurch von dem genannten Zeitpunkt ab die nachstehenden städtischen Verordnungen ihre Geltung verloren:

1. die revidierte Verordnung vom 4. Februar 1870, betreffend die Einführung und Aufbewahrung von Erdöl,
2. die Verordnung vom 7. November 1888, betreffend Verbot des Ankerns auf dem Kabel Warnemünde-Gjedser,
3. die Verordnung vom 21. Juni 1905 und 11. Januar 1909, betreffend die Wagenfähre über den neuen Strom in Warnemünde,
4. die Verordnung vom 11. Februar 1909, betreffend das Passieren von Baggern und ähnlichen Fahrzeugen auf der Unterwarnow,
5. die Verordnung vom 13. November 1913, betreffend Lichterführung auf der Unterwarnow,
6. die Verordnung vom 4. März 1915, betreffend Lichterführung der Kettenfähre in Warnemünde.

[2]) Über Betonnung und Befeuerung vgl. Anhang Anl. 4 und 5.

## 2. Begriffsbestimmung[1]).

Als Fahrwasser im Sinne dieser Ordnung[2]) gilt:

a) nördlich des Westmolenkopfes die Fahrrinne in je 200 m Breite beiderseits der durch Richtmarken bezeichneten Ansegelungslinie[3]),

b) von der Molenspitze Warnow aufwärts jede von Seeschiffen befahrbare Schiffahrtrinne[4]) bis zur oberen Geltungsgrenze dieser Ordnung.

[1]) Abweichung vom § 6 SWO. Vgl. auch § 36 Anm. 2.

[2]) D. h. natürlich nur für die Warnow.

[3]) Durch Baken oder Richtfeuer usw. (vgl. § 48f) bezeichnete, die Einfahrt leitende Linienführung.

[4]) Innerhalb derselben sind gegebenenfalls wieder Rinne, Hauptfahrwasser und Nebenfahrwasser gemäß §§ 6, 36 SWO. zu unterscheiden.

## 3. Signalstellen für Warnungssignale.

a) Warnungssignale gemäß § 24 werden in Warnemünde am Signalmast vor dem Leuchtturm gezeigt.

b) Über außergewöhnliche Schiffahrtsbehinderungen ist Auskunft zu erhalten:

1. in Warnemünde ständig im Lotsenamte,
2. in Rostock bei Tage während der üblichen Dienststunden beim Wasserstraßenamt und beim Hafenmeister am Strande.

## 4. Lotsensignale.

a) Zur Herbeirufung eines Lotsen sind bei Annäherung an Warnemünde die allgemeinen Lotsensignale gemäß der Lotsensignalordnung vom 7. November 1907 zu geben[1]).

b) Wenn starker Seegang[2]) das Auslaufen des Lotsenbootes verhindert, wird dies den Fahrzeugen durch Heißen der deutschen Handelsflagge[3]) auf einer auf der Westmole aufgestellten Winkbake (Flaggenstange) angezeigt. Der Lotse kommt in diesem Falle erst innerhalb der Molen an Bord.

[1]) Vgl. § 78 Nr. 3 (Lotsensignalordnung vgl. Anhang Anlage 3).

[2]) Oder sonstige zwingende Gründe, z. B. Havarie des Lotsendampfers usw. Das Signal soll ja nur anzeigen, daß der Lotse dem Schiffe nicht entgegenfahren kann.

[3]) Vgl. § 54.

### 5. Einlaufen in die Hafeneinfahrt von See aus.

a) Für das Einlaufen in die Warnow besteht für Fahrzeuge von 50 und mehr Registertonnen[1]) Lotsenpflicht[2]).

b) Kann der Lotse bei starkem Seegang erst innerhalb der Molen an Bord kommen[3]), so wird dem Fahrzeug der zu steuernde Kurs am Tage durch die Winkbake auf der Westmole, an deren Topp die deutsche Handelsflagge weht, angegeben.

Es ist Kurs zu halten[4]), wenn die Bakenrute aufrecht steht, oder nach der Seite hin zu steuern, nach der die Bakenrute geneigt wird.

c) Das Einlaufen ohne Lotsen bei Nacht ist sehr gefährlich. Es darf nur dann unternommen werden, wenn das Fahrzeug oder die Besatzung bei längerem Verweilen in See in noch größere Gefahr kommen würde und der Führer sich daher für das Einlaufen entscheiden muß[5]).

[1]) Brutto- oder Netto? Im allgemeinen wird in solchen Fällen die Netto-Registerzahl maßgebend sein (ersichtlich aus dem Zertifikat, § 10 des Flaggengesetzes vom 22. Juni 1899. — I, 24).

[2]) Aus dem Lotsenzwang folgt noch nicht, daß der Lotse ein Zwangslotse im Sinne des § 737 HGB. ist. Dies wäre nur dann der Fall, wenn der Lotse das Kommando auf dem Schiffe

im Rahmen des Art. 33 Abs. 2 SStrO. (I, 849) hätte, was aber hier nicht vorgesehen ist. Der Lotse ist daher lediglich Berater des Kapitäns; bei einer durch Verschulden des Lotsen verursachten Kollision tritt die Befreiung des Reeders gemäß § 737 HGB. nicht ein. Vgl. I, 762 ff. und Trave (Anl. 1) Nr. 3. Die Verletzung der Lotsenpflicht durch Nichtannahme eines Lotsen ist ein strafbarer Verstoß gegen die SWO. (vgl. § 86).

[3]) Vgl. Nr. 4 b.

[4]) D. h. geradeaus zu fahren (es handelt sich hier nicht um Kurshalten im Sinne der Ausweichpflicht des Art. 21 SStrO.).

[5]) Vgl. § 78 Nr. 4.

### 6. Manövrierunfähige oder beschädigte Fahrzeuge.

a) Manövrierunfähige Fahrzeuge dürfen das Fahrwasser nur mit Schlepperhilfe befahren[1]).

b) Fahrzeuge, deren Zustand die Gefahr des Sinkens erkennen läßt, sind von der Benutzung des Fahrwassers ausgeschlossen[2]).

[1]) Vgl. § 78 Nr. 5 Abs. 1; Lichterführung: § 13.

[2]) Vgl. § 78 Nr. 5 Abs. 2.

### 7. Zulässiger Tiefgang[1]).

Fahrzeuge mit größerem als dem jeweilig zulässigen Tiefgang dürfen zwischen Warnemünde und Rostock nicht verkehren.

Die Entscheidung über den jeweilig höchstzulässigen Tiefgang liegt zunächst beim Lotsenamte Warnemünde, im Berufungsfall endgültig beim Wasserstraßenamte Rostock.

[1]) Vgl. § 78 Nr. 6.

### 8. Höchstgeschwindigkeiten.

a) Die zulässige Höchstgeschwindigkeit beträgt innerhalb des Geltungsbereichs dieser Ordnung auf der Warnow

(Ziffer 1) allgemein 10,8 Knoten[1]) oder 3 Minuten auf 1 km.

b) 1. Frachtfahrzeuge von mehr als 20 m Länge müssen im Fahrwasser der Warnow bei Warnemünde zwischen dem Westmolenkopfe und dem südlichen Ende des Durchsstichs sowie bei Rostock zwischen Dalben 10 und der oberen Geltungsgrenze dieser Verordnung ihre Geschwindigkeit so weit mäßigen, daß die Steuerfähigkeit noch erhalten bleibt[2]).

2. Für kleinere Frachtfahrzeuge beträgt auf dieser Strecke die zulässige Höchstgeschwindigkeit 5,4 Knoten oder 6 Minuten auf 1 km.

3. Zwischen dem südlichen Ende des Durchstichs und dem Dalben 10 ist die Höchstgeschwindigkeit für Frachtfahrzeuge über 20 m Länge auf 5,4 Knoten oder 6 Minuten auf 1 km beschränkt.

c) Für Dampffahrzeuge, die gewerbsmäßig[3]) Personen befördern, beträgt die zulässige Höchstgeschwindigkeit:

1. im Fahrwasser der Warnow bei Warnemünde vom Westmolenkopfe bis 500 m südlich des Durchstichs sowie bei Rostock zwischen dem Dalben 10 und der oberen Geltungsgrenze dieser Ordnung 5,4 Knoten oder 6 Minuten auf 1 km,

2. von 500 m südlich des Durchstichs bis zum Dalben 10 8,1 Knoten oder 4 Minuten auf 1 km.

d) Die Maschinen sind so rechtzeitig zu stoppen[4]), daß an den festgesetzten Grenzen die vorgeschriebene Geschwindigkeit bereits erreicht ist.

e) Die Strecke 200 m unterhalb bis 200 m oberhalb der Fährstelle am Neuen Strom zu Warnemünde[5]) müssen alle Fahrzeuge mit langsamer Fahrt[6]) durchfahren, auch wenn die Kettenfähre[7]) nicht in Betrieb ist.

[1]) Durchs Wasser, nicht über Grund. Vgl. § 61 Nr. 7.

[2]) Vgl. § 39.

[3]) Es braucht nicht regelmäßig der Fall zu sein. Das Wesentliche ist die Entgeltlichkeit in Erwerbsabsicht. Wenn ein Reeder seine Barkasse einem Bekannten gegen Erstattung der baren Unkosten zur Verfügung stellt, so liegt keine Gewerbsmäßigkeit vor. Wohl aber, wenn ein Unternehmer Spazierfahrten veranstaltet, sobald sich eine ausreichende Teilnehmerzahl gemeldet hat. Für Passagierfahrzeuge, die nicht gewerbsmäßig fahren, (vgl. Nr. 9b) gilt die allgemeine Höchstgeschwindigkeit (Nr. 8a): 10, 8 Knoten.

[4]) Oder auf langsam zu stellen. Nötigenfalls muß die Maschine sogar auf rückwärts gestellt werden.

[5]) Fährstrecke wie in § 71 Nr. 9 und § 77 Nr. 3b. Vgl. auch § 44 Anm. 1.

[6]) Vgl. § 39. Schleppen des Ankers ist verboten (§ 56f).

[7]) Vgl. § 44.

### 9. Überholen[1]).

a) Passagierfahrzeuge[2]) dürfen sich im allgemeinen[3]) innerhalb der betonnten Fahrrinne[4]) der Warnow nicht überholen, vielmehr muß das hintere Fahrzeug mindestens 200 m hinter dem vorauffahrenden zurückbleiben[5]).

b) Ist durch unvorhergesehene Umstände[6]) die Fahrt des vorauffahrenden Fahrzeugs so gering, daß hierdurch die Steuerfähigkeit des folgenden Fahrzeugs erheblich beeinträchtigt wird[7]), oder erreicht das vorauffahrende Fahrzeug infolge seiner geringen Maschinenstärke nicht annähernd[8]) die für Passagierfahrzeuge zulässige Höchstgeschwindigkeit[9]), so ist das Überholen gestattet, falls das Fahrwasser unter Berücksichtigung der Abmessungen beider Fahrzeuge[10]) hinreichenden Raum gewährt und so weit frei ist, daß ein Zusammentreffen mit weiteren Fahrzeugen nicht zu erwarten ist[11]). Das vorauffahrende Fahrzeug darf in diesem Falle ohne Not kein anderes am Überholen hindern[12]), es hat das Überholmanöver vielmehr durch ganz langsame Fahrt[13]) oder Ankern möglichst weit von der Fahrwassermitte zu erleichtern.

[1]) Abweichung von § 37.

[2]) Hier kommt es (anders wie in Nr. 8c) auf die Gewerbsmäßigkeit der Beförderung nicht an. Besondere Sorgfalt des Führers von Passagierschiffen. Vgl. HansOLG. HansGZ. 1925, 54 und 225.

[3]) Ausnahmen in dringenden Fällen (nicht nur die zu b) sind zuzulassen.

[4]) Voraussetzung ist, daß **beide** Fahrzeuge innerhalb der betonnten Rinne fahren. Anderenfalls gelten die Vorschriften des § 37 SWO., Art. 24 SStrO., sofern es sich dann überhaupt um ein Überholen handelt.

[5]) Waren die Schiffe bei ihrer Abfahrt weniger als 200 m voneinander entfernt, so muß das nachfolgende Schiff durch Stoppen oder Langsamfahren den Abstand herstellen.

[6]) Insbesondere also im Falle einer Havarie, aber auch, wenn das Schiff halten muß (Mann über Bord) oder etwa zum Zweck einer Besichtigung ausgefahren ist und daher langsam fährt.

[7]) Ungerechtfertigte Abstellung auf die Steuerfähigkeit. Man bedenke: das vorauffahrende Schiff fährt infolge Havarie statt mit 8 Knoten nur mit 4 Knoten. Dann darf das folgende Schiff nicht überholen, da es bei 4 Knoten Fahrt noch durchaus steuerfähig ist. Fährt aber das vorauffahrende Schiff nur deswegen mit 4 Knoten, weil es eine schwache Maschine hat, dann darf das folgende Schiff überholen! (Vgl. den nächsten Satz der Vorschrift.)

[8]) Das ist Ermessenssache. Abgesehen von der unsicheren Schätzung wird man sagen können, daß die gesetzlich zugelassene Geschwindigkeit dann „nicht annähernd" erreicht wird, wenn die

wirkliche Geschwindigkeit um etwa ein Drittel hinter ihr zurückbleibt.

[9]) Vgl. Nr. 8a: 10,8 Knoten. Nicht maßgebend ist die für gewerbsmäßige Passagierfahrten gegebene Höchstgeschwindigkeit Nr. 8c). Denn es wäre unsinnig, die Zulässigkeit des Überholens darauf abzustellen, ob das vorausfahrende oder das nachfolgende oder beide Fahrzeuge gegen Entgelt fahren.

[10]) Und ihrer Manövriereigenschaften.

[11]) D. h. ein Zusammentreffen mit einem anderen begegnenden Schiff erst nach völliger Beendigung des Überholungsmanövers („Klar passiert", vgl. I, 835) möglich ist.

[12]) Wiederholung des § 37 Abs. 3. Die vorherige Verständigung nach § 37 Abs. 2 ist auch hier geboten.

[13]) Es muß also seine ohnehin schon geringe Fahrt — sonst ist das Überholen ja nicht zulässig — weiter bis zur Erhaltung der Steuerfähigkeit herabmindern (vgl. § 39).

## 10. Verbot von Schallsignalen bei der Fährstelle am Neuen Strom.

In unmittelbarer Nähe der in Betrieb befindlichen Kettenfähre am Neuen Strom ist die Abgabe von Schallsignalen mit Ausnahme der im Artikel 28 der Seestraßenordnung[1]) und im § 34 dieser Ordnung vorgesehenen Signale[2]) verboten[3]). Das Achtungssignal vorbeifahrender Schiffe[4]) muß in 200 m Entfernung vor der Fährstelle gegeben werden.

[1]) Kurssignale im Falle des Ausweichens (vgl. I, 838).

[2]) Gefahr- und Warnungssignal.

[3]) Überholen innerhalb dieser Fährstrecke von 400 m ist nicht zulässig, da die Verständigung nach § 37 Abs. 2 nicht durchführbar ist.

[4]) Vgl. § 35a (zur Erregung der Aufmerksamkeit eines anderen Fahrzeugs): ein langer Ton.

### 11. Ankern und Festmachen.

a) Auf der Reede von Warnemünde ist das Ankern in der Nähe[1]) der beiden von Warnemünde nach Gjedser führenden Telegraphenkabel verboten[2]).

Die Lage des östlichen Kabels ist bezeichnet durch die Deckpeilung einer am Strande etwa 300 m westlich vom Leuchtturm aufgestellten Telegraphenbake mit einem auf der Spitze stehenden schwarz angestrichenen Viereck aus Gitterwerk mit dem Kirchturm in Warnemünde. Das westliche Kabel verläuft in Richtung Leuchtturm Warnemünde rechtweisend 120° bis zu einer Entfernung von etwa 2 Seemeilen von der Küste und biegt dann in Richtung Norden ab.

b) Im Fahrwasser der Warnow darf ohne zwingenden Grund nicht geankert werden[3]). Zwingen Wind- und Stromverhältnisse zum Ankern, so ist das Fahrzeug so zu legen[4]), daß hierdurch das Fahrwasser nicht gesperrt wird. Nötigenfalls müssen Warpanker ausgebracht werden[4]).

[1]) Angemessene Entfernung. Maßgebend ist § 5 Abs. 4. Vgl. auch § 56e.

[2]) Ebenso auch das Treiben vor schleppendem Anker oder vor schleppender Kette gemäß § 56f; vgl. auch § 48 Anm. 37.

[3]) Vgl. § 56a; § 48 Anm. 37.

[4]) Vgl. § 78 Nr. 8; § 56a. Über Festlegen des Fahrzeugs vgl. § 75 Nr. 8.

### 12. Fahrzeug mit Sprengstoffen oder Munition[1]).

Fahrzeuge, die mehr als 35 kg Sprengstoffe oder Munition geladen haben, müssen dieses sofort dem Lotsenamt oder der Schiffahrtspolizeibehörde melden.

Sie dürfen nur an einer Liegestelle festmachen, die ihnen durch die Schiffahrtspolizeibehörde angewiesen ist.

[1]) Vgl. § 78 Nr. 9; § 17; § 56h.

### 13. Festkommen[1]).

Kommt ein Fahrzeug im Fahrwasser fest und behindert es hierdurch die Schiffahrt, so ist sofort der Schiffahrtspolizeibehörde Meldung zu erstatten. Diese kann das sofortige Leichtern anordnen, falls nicht auf eine andere Art das Fahrwasser frei gemacht werden kann.

[1]) Vgl. § 78 Nr. 10.

### 14. Schleppzüge.

a) Die Länge der Schlepptrossen in Schleppzügen darf auf der Warnow höchstens 60 m betragen[1]).

b) Schleppzüge von mehr als 160 m Gesamtlänge oder mehr als 12 m größte Breite dürfen das Fahrwasser nur mit Genehmigung des Wasserstraßenamtes in Rostock befahren[2]), das ihnen durch das Lotsenamt in Warnemünde Anweisungen zugehen läßt[3]).

c) Fahrzeuge, die die nötigen Einrichtungen zum Schleppen nicht besitzen oder deren Manövrierfähigkeit beim Schleppen über das für die sichere Schiffsführung zulässige Maß beschränkt wird, dürfen auf der Warnow nicht schleppen[4]).

[1]) Vgl. § 78 Nr. 11 Abs. 1.

[2]) Vgl. § 78 Nr. 11 Abs. 2. Sie sind nicht außergewöhnliche Schleppzüge. Vgl. Anm. zu § 78 Nr. 11.

[3]) Die natürlich befolgt werden müssen. Zuwiderhandlung ist strafbar. Vgl. § 7; § 86.

[4]) Vgl. § 78 Nr. 11 Abs. 3; § 64 Nr. 11b.

### 15. Flöße.

a) Flöße mit ihrem Schlepper[1]) müssen das tiefe Fahrwasser verlassen[2]), sobald ein Dampffahrzeug oder Segelfahrzeug in Sicht kommt[3]), das auf die Benutzung des tiefen Fahrwassers angewiesen ist[4]). Ist dieses nicht möglich, so haben die Flöße mit ihrem Schlepper so lange möglichst abseits von der Fahrwassermitte[5]) langsam zu fahren, bis das Dampffahrzeug oder Segelfahrzeug vorbeigefahren ist.

b) Floßschleppzüge, deren Schlepper auf die Benutzung des tiefen Fahrwassers angewiesen sind[6]), oder deren Gesamtlänge[7]) mehr als 120 m, oder deren größte Breite[8]) mehr als 10 m beträgt, bedürfen zur Benutzung des Fahrwassers der Genehmigung[9]) des Wasserstraßenamts, das ihnen durch das Lotsenamt in Warnemünde Anweisungen zugehen läßt.

[1]) Ohne Schlepper dürfen Flöße überhaupt nicht fahren. Vgl. § 47 Abs. 2.

[2]) D. h. aus der Fahrrinne bzw. dem Hauptfahrwasser (§ 6) gehen.

[3]) Und als in Fahrt befindlich erkannt wird. Auch ein geschlepptes Segelfahrzeug kann Wegerechtsschiff sein, ebenso ein Schlepper. Vgl. Nr. 15 b.

[4]) Vgl. § 14 (Wegerechtsschiffe). Ausweichregeln für diese in § 42.

[5]) Nach § 36 möglichst im Nebenfahrwasser (§ 45 Abs. 3).

[6]) Also Wegerechtsschiffe im Sinne der §§ 14, 42 sind. Vgl. Anm. zu § 14 und 42.

[7]) Vom Heck des Schleppers bis zum Ende des letzten geschleppten Floßes.

[8]) Vgl. § 78 Nr. 11 Abs. 2.

[9]) D. h. der vorherigen Bewilligung (vgl. § 78 Nr. 11 Abs. 2). Der Begriff der Genehmigung ist hier nicht in dem juristisch scharf gefaßten Sinne des § 184 BGB. aufzufassen.

### 16. Fahrregeln für Ruder-, Segel- und kleine Motorboote.

Ruder- und Segelboote, kleine Motor- und Segelfahrzeuge (Lustjachten) sowie auch Fischerquasen aller

Art müssen allen im Fahrwasser fahrenden Seeschiffen einschließlich der zwischen Warnemünde und Rostock verkehrenden Personendampfer ausweichen[1]).

Sind die kleinen Fahrzeuge nicht auf die Benutzung der Fahrrinne[2]) angewiesen, so müssen sie, sobald ein Seeschiff in Sicht kommt[3]), die Fahrrinne verlassen oder, wo dies nicht möglich ist, sich soweit wie möglich abseits von der Mitte der Fahrrinne halten[4]).

[1]) Vgl. § 78 Nr. 12 Satz 1; § 80 Nr. 7; Anm. zur Überschrift vor § 36.

[2]) Nicht der tiefsten Fahrrinne (wie § 14 sagt) oder des tiefen Fahrwassers (wie in Nr. 15 b), sondern der Fahrrinne überhaupt. Diese kleinen Fahrzeuge sind also in keinem Falle Wegerechtsschiffe i. S. der §§ 14 und 42.

[3]) Vgl. oben Nr. 15 a.

[4]) Bereits durch § 36 geboten, wonach sich jedes Schiff (mit Ausnahme kreuzender Segler) an der rechten Fahrwasserseite halten muß.

17. Fischerei[1]).

Das Aufstellen von Fischereigeräten im Fahrwasser ist verboten.

[8]) Vgl. § 55.

## Besondere Vorschriften für die Seewasserstraße See—Stettin, die Alte Fahrt und das Stettiner Haff[1]).

1. Grenzen des Geltungsbereichs der Seewasserstraßenordnung[2]).

**§ 80.** Die untere Geltungsgrenze wird gebildet durch eine Linie, welche die Richtfeuerlinie in Höhe der Ansegelungstonne[3]) Swinemünde rechtwinklig schneidet, bis zu zwei Punkten 200 m östlich und 200 m westlich dieser Tonne und zwei Linien, die, parallel zu der Richtfeuerlinie laufend, diese zwei Punkte mit der Küste verbinden.

Die obere Geltungsgrenze wird gebildet durch die Grenze zwischen der Stadt Stettin und der Gemeinde Züllchow, geradlinig verlängert nach Osten bis zum Ostufer der Oder.

[1]) Schiffahrtspolizeibehörden.

Bis zur Errichtung reichseigener Wasserstraßenbehörden sind als Schiffahrtspolizeibehörden der Oberpräsident (Wasserbaudirektion) Stettin und als dessen Organe folgende Schiffahrtspolizeibehörden zuständig:

a) das Hafenbauamt in Swinemünde für die Schiffahrtstraße von der Ostsee bis zum Leitholm und das Stettiner Haff;
b) das Wasserbauamt in Stettin für die Schiffahrtstraße vom Leitholm bis zur Nordgrenze des Stettiner Hafens.

Zuständige Behörde gemäß § 46 ist für die Fahrtrichtung Swinemünde—Stettin das Hafenbauamt Swinemünde, für die Fahrtrichtung Stettin—Swinemünde das Wasserbauamt Stettin. —

Ausführungsverordnungen zur SWO.

a) Im Regierungsbezirk Köslin sind keine Polizeiverordnungen aufgehoben worden.
b) Bezüglich des Regierungsbezirkes Stralsund vgl. zu § 82.
c) Im Regierungsbezirk Stettin sind folgende Verordnungen erlassen worden.

1. Bekanntmachung vom 24. Oktober 1927.

(Sonderamtsblatt der Regierung Stettin vom 8. November 1927.)

Am 1. Dezember 1927 tritt die im Reichs-Gesetzblatt Teil II Seite 157ff. veröffentlichte Polizeiverordnung zur Regelung des Verkehrs auf den deutschen Seewasserstraßen (Seewasserstraßenordnung) vom 31. März 1927 auf den mit der See im Zusammenhang stehenden, von Seeschiffen befahrenen Wasserstraßen innerhalb der im Teil II der Verordnung für die einzelnen Seewasserstraßen angegebenen Grenzen in Kraft. Ein Abdruck dieser Polizeiverordnung ist als Anlage diesem Stück des Regierungsamtsblattes beigefügt. Damit werden zahlreiche ältere, Einzelheiten des Verkehrs auf diesen Wasserstraßen regelnde Polizeiverordnungen ersetzt. Zur Vermeidung von Zweifeln werden diese älteren Polizeiverordnungen durch eine besondere nachstehend abgedruckte Polizeiverordnung aufgehoben. Zur Regelung des Verkehrs in den der Seeschiffahrt dienenden Häfen Swinemünde, Stettin, Ziegenort und Stepenitz, soweit sie in der Seewasserstraßenordnung nicht berücksichtigt werden konnte, treten ebenfalls am 1. Dezember 1927 für diese Häfen besondere Hafenordnungen in Kraft. Auf den Zusammenhang dieser Vorschriften mit den Vorschriften der Seewasserstraßenordnung, die, soweit nicht abweichende Bestimmungen getroffen sind, auch für den Verkehr in den genannten Seehäfen gelten, wird hingewiesen.

Im einzelnen bestimme ich für die Provinz Pommern in Ausführung des § 5 Absatz 2 der Seewasserstraßenordnung, daß Mitglieder des Reichsverbandes deutscher See- und Küstenfischer, soweit sie ihr Gewerbe in offenen, nicht mit durchgehendem Deck versehenen Fischerbooten ausüben, von der Verpflichtung zur Mitführung eines Abdruckes der Seewasserstraßenordnung an Bord befreit sind.

Mit dem 1. Dezember 1927 wird auch die Bekanntmachung des Herrn Regierungspräsidenten zu Stettin vom 18. August 1913, Regierungsamtsblatt S. 340, außer Kraft gesetzt, durch welche die Höchstlänge der auf der Oder von Stettin abwärts verkehrenden Holzflöße auf 120 m festgesetzt war. Ein bestimmtes Höchstmaß ist fortan nicht vorgeschrieben.

Die für die Häfen Kolberg, Rügenwaldermünde, Stolpmünde geltende Hafenpolizeiverordnung in der Fassung vom 2. September 1925 wird durch die Seewasserstraßenordnung nicht berührt.

### 2. Polizeiverordnung betreffend ältere Strom-, Schiffahrts- und Hafenpolizeiverordnungen vom 20. Mai 1927.

(Sonderamtsblatt der Regierung Stettin vom 8. Nov. 1927.)

Mit dem 1. Dezember 1927 treten nachstehende Polizeiverordnungen außer Kraft

| Lfd. Nr. | Amtsblatt der Regierung Stettin Jahrgang | Amtsblatt der Regierung Stettin Seite | Datum der Polizeiverordnung | Überschrift der Polizeiverordnung |
|---|---|---|---|---|
| 1 | 1821 | 415 | 28. 9. 1821 | Verordnungen der Höhe der Kassen und Schiffsschnäbel an den Oderkähnen. |
| 2 | 1823 | 65 | 5. 2. 1823 | Verbot des Viehhütens in den Dünen. |
| 3 | 1842 | 161 | 30. 5. 1842 | Publikandum wegen des Befahrens der Oder an den schmalen Stellen. |
| 4 | 1842 | 300 | 31. 10. 1842 | Reglement, die polizeiliche Bezeichnung der inländischen Flußfahrzeuge betreffend. |
| 5 | 1843 | 24 | 28. 1. 1843 | Verordnung, betr. das Verbot des schnellen Fahrens auf der Oder. |
| 6 | 1844 | 279 | 4. 9. 1844 | Verordnung, betr. das Festlegen der Schiffe in den Krümmungen der Oder. |
| 7 | 1845 | 37 | 3. 1. 1845 | Verordnung wegen des schnellen Fahrens der Dampfschiffe auf dem Swinestrom. |
| 8 | 1845 | 118 | 2. 4. 1845 | Verordnung, betr. die Bezeichnung des Fahrwassers und den Tiefgang der Schiffe zwischen Stettin und Swinemünde. |
| 9 | 1853 | 89 | 12. 3. 1853 | Polizeiverordnung, betr. d. Belastung d. Wasserfahrzeuge. |
| 10 | 1855 | 122 | 25. 4. 1854 | Polizeiverordnungen wegen der Verunreinigung des Swinestromes durch das Hineinwerfen von Torfasche pp. |

| Lfd. Nr. | Amtsblatt der Regierung Stettin | | Datum der Polizei-Verordnung | Überschrift der Polizeiverordnung |
|---|---|---|---|---|
| | Jahrgang | Seite | | |
| 11 | 1854 | 281 | 9. 8. 1854 | Polizeiverordnung, betr. Beschädigung, Feueranzünden an Flechtzäunen und Pflanzungen an den Ufern der sogenannten Königsfahrt. |
| 12 | 1856 | 177 | 16. 12. 1856 | Polizeiverordnung, betr. den Schutz der Vordünen und der darauf befindlichen Pflanzen. |
| 13 | 1856 | 237 | 8. 7. 1856 | Verordnung, betr. die Einführung von Dienstbüchern für die Schiffsleute im Regierungsbezirk Stettin. |
| 14 | 1857 | 377 | 25. 9. 1857 | Polizeiverordnung, betr. den Kanal vom Vietziger See nach Misdroy. |
| 15 | 1858 | 119 | 14. 4. 1858 | Polizeiverordnung, betr. den Schiffsverkehr durch die im Bau befindlichen Brücken über die Oder bei Mescherin und die Reglitz bei Greifenhagen. |
| 16 | 1858 | Extrabeilage zu Nr. 26 | 15. 6. 1858 | Polizeiverordnung, betr. die Freihaltung des Fahrwassers für den Schiffs-, insonderheit auch den Dampfschiffsverkehr auf dem Stromgebiete der Oder vom Eingange in den Stettiner Hafen oberhalb Stettins bis zum Dammansch. |
| 17 | 1858 | 220 | 26. 6. 1858 | Polizeiverordnung, betr. die Freihaltung des Fahrwassers auf dem Stettin-Swinemünder Revier resp. im großen und kleinen Haff bis zur Peene. |

| | | | | |
|---|---|---|---|---|
| 18 | 1861 | 143 | 7. 8. 1861 | Polizeiverordnung für das Übersetzen über die Peene bei Wolgast. |
| 19 | 1867 | 125 | 4. 6. 1867 | Polizeiverordnung, betr. die Kettenfähre über die Peene zwischen Zecherin und Schwemmort. |
| 20 | 1868 | 108 | 20. 5. 1868 | Polizeiverordnung zum Schutze der Anlagen für den Neubau der Hauptbrücke und für die Interimsbrücke über den Dievenowstrom bei Wollin. |
| 21 | 1869 | 128 | 28. 6. 1869 | Polizeiverordnung zur Sicherung des durch den Vietziger See neu hergestellten Fahrwassers usw. |
| 22 | 1870 | 97 | 12. 5. 1870 | Polizeiverordnung zur Regelung des Durchgangs von Schiffsfahrzeugen und Flößen durch die Brücke über die Dievenow bei Wollin. |
| 23 | 1875 | 42 | 22. 12. 1874 | Polizeiverordnung, betr. Not- und Lotsensignalordnung für Schiffe auf See und auf Küstengewässern. |
| 24 | 1875 | 53 | 21. 2. 1875 | Polizeiverordnung, betr. die Einrichtung von Anlagen an öffentlichen Gewässern. |
| 25 | 1876 | 16 | 12. 1. 1876 | Polizeiverordnung, betr. die Sicherung der Telegraphenleitung durch den Peenestrom bei der Ducherow-Swinemünder Eisenbahnbrücke zwischen Camp und Carnin. |
| 26 | 1876 | 115 | 2. 6. 1876 | Polizeiverordnung, betr. Verhütung des Zusammenstoßes der Schiffe. |
| 27 | 1877 | 75 | 23. 3. 1877 | Polizeiverordnung, betr. den Schiffsverkehr auf dem Peenestrom bei der Camp-Carniner Eisenbahnbrücke. |

| Lfd. Nr. | Amtsblatt der Regierung Stettin: Jahrgang | Amtsblatt der Regierung Stettin: Seite | Datum der Polizeiverordnung | Überschrift der Polizeiverordnung |
|---|---|---|---|---|
| 28 | 1877 | 153 | 2. 7. 1877 | Polizeiverordnung, betr. die Königl. Fähre auf der Swine zwischen Swinemünde und Ostswine. |
| 29 | 1880 | Extrabeilage zu Stck. 29 | 2. 7. 1880 | Schiffahrtsordnung für das Stettin-Swinemünder Revier und die übrigen Binnengewässer des Regierungsbezirkes Stettin. |
| 30 | 1880 | Extrabeilage zu Stck. 29 | 7. 7. 1880 | dazugehörige Bekanntmachung der Königl. Regierung, Abtl. des Innern zu Stettin vom 7. Juli 1880. |
| 31 | 1880 | Sonderbeilage zu Stck. 23 | 2. 8. 1880 | Polizeiverordnung zur Regelung der Schiffahrt in der Kaiserfahrt. |
| 32 | 1878 | 278 | 4. 12. 1878 | Verordnung, betr. den zulässig größten Tiefgang der Schiffe im Revier. |
| | 1888 | 29 | 17. 1. 1888 | mit Bekanntmachung, betr. die Assistenz der Schleppdampfschiffe vom 17. Januar 1888 und |
| | 1889 | 289 | 5. 10. 1899 | Bekanntmachung II vom 5. Oktober 1899. |
| 33 | 1882 | 42 | 18. 2. 1882 | Polizeiverordnung wegen Sicherung der Schiffahrt aus See in den Hafen Swinemünde und aus dem Hafen in See. |
| 34 | 1883 | 111 | 23. 12. 1882 | Polizeiverordnung zur Sicherung der Schiffahrt auf den Wasserstraßen des Odergebietes oberhalb Stettin. |

| | | | | |
|---|---|---|---|---|
| 35 | 1884 | 191 | 2. 8. 1884 | Polizeiverordnung, betr. die Sicherung der bei Swinemünde durch den Swinestrom gelegten subaquatischen Reichstelegraphenleitung. |
| 36 | 1887 | 330 | 30. 11. 1885 | Polizeiverordnung, betr. das Freihalten des Fahrwassers auf der Oder. |
| 37 | 1885 | 320 | 17. 12. 1885 | Polizeiverordnung, betr. die Schiffahrt auf dem Richtgraben von seiner Abzweigung vom Peenefluß bis zur Einmündung in den Peenestrom. |
| 38 | 1889 | 36 | 13. 2. 1899 | Polizeiverordnung, betr. die Erhebnng der Eisbrechgebühren in Stettin. |
| 39 | 1890 | Stck. 32 Stralsund<br>124 Stettin | 31. 3. 1870<br>29. 4. 1890 | Polizeiverordnung, betr. die Schiffahrtsordnung in den Regierungsbezirken Stettin und Stralsund nnd auf dem Peenestrom. |
| 40 | 1892 | 223 | 26. 7. 1892 | Polizeiverordnung, betr. den Schiffsverkehr durch die Eisenbahndrehbrücke über den Dievenowstrom bei Wollin im Zuge der Eisenbahnlinie Gollnow—Wollin. |
| 41 | 1894 | 318 | 30. 11. 1894 | Polizeiverordnung, betr. Schiffahrtsverordnung für das Stettin-Swinemünder Revier und die übrigen Binnengewässer des Regierungsbezirks. Zusatz zu Ziffer 6 des § 20 der P.-V. des Oberpräsidenten vom 2. Juli 1880 — Extrabeilage zu Stück 29 des Amtsblattes. |
| 42 | 1895 | 240 | 29. 6. 1895 | Polizeiverordnung, betr. die Fahrgeschwindigkeit in dem kleinen Vietziger See. |

| Lfd. Nr. | Amtsblatt der Regierung Stettin Jahrgang | Amtsblatt der Regierung Stettin Seite | Datum der Polizeiverordnung | Überschrift der Polizeiverordnung |
|---|---|---|---|---|
| 43 | 1898 | 56 | 9. 3. 1898 | Polizeiverordnung, betr. den Schiffsverkehr in der Kaiserfahrt während der Baggerarbeiten. |
| 44 | 1898 | 168 | 23. 5. 1898 | Polizeiverordnung, betr. den Schiffsverkehr in der Mellinfahrt und durch die südliche Einfahrt in den Binnenhafen bei Swinemünde. |
| 45 | 1899 | 41 | 1. 2. 1899 | Polizeiverordnung, betr. Abänderung des § 15 der Schiffahrtsordnung vom 2. Juli 1880. |
| 46 | 1901 | 224 | 1. 7. 1901 | Polizeiverordnung, betr. Schutz des Eisenbahntrajektverkehrs im Swinemünder Winterhafen. |
| 47 | 1902 | 333 | 10. 12. 1902 | Polizeiverordnung zur Sicherung des Verkehrs über die durch die Eisbrecher gebrochenen Rinne auf der Oder bis zum Haff. |
| 48 | 1903 | 147 | 15. 4. 1903 | Polizeiverordnung, betr. den Schiffsverkehr in der neuen Dievenowmündung. |
| 49 | 1903 | 263 | 27. 10. 1903 | Polizeiverordnung, betr. den Schutz der Telegraphenkabel im Swinestrom. |
| 50 | 1904 | 171 | 12. 5. 1904 | Polizeiverordnung, betr. Verhaltungsmaßregeln gegenüber Schiffen und Booten, die Hoheitszeichen gegenüber Ihrer Majestäten des Kaisers und der Kaiserin oder Hoheitszeichen anderer Fürsten oder Staatsoberhäupter tragen. |

| | | | | |
|---|---|---|---|---|
| 51 | 1904 | 242 | 15. 6. 1904 | Polizeiverordnung für die Fahrt der Dampfer auf dem Fetzling. |
| 52 | 1906 | Sonderbeilage zu Stck. 20 | 17. 5. 1906 | Polizeiverordnung, betr. den Erlaß eines neuen § 3a zu der Schiffahrtsordnung für das Stettin-Swinemünder Revier vom 20. Juni 1880. |
| 53 | 1906 | 184 | 12. 7. 1906 | Polizeiverordnung, betr. den Schiffsverkehr auf den Schiffahrtsstraßen des Regierungsbezirk Stettin (Druckfehler-Bericht. Amtsblatt S. 196 lfd. Nr. 358). |
| 54 | 1907 | 60 | 13. 3. 1907 | Polizeiverordnung, betr. den Schiffsverkehr in der Kaiserfahrt, in der Mellinfahrt und durch die südliche Einfahrt in die Binnenhäfen bei Swinemünde sowie die Sicherung des Eisenbahntrajektes zwischen Friedrichsthal und Ostswine. |
| 55 | 1909 | 84 | 21. 1. 1909 | Polizeiverordnung, betr. das Probieren der Schiffsmaschinen an den Bollwerken. |
| 56 | 1909 | 390 | 27. 11. 1909 | Polizeiverordnung zur Sicherung von Bergungs- und Baggerarbeiten. |
| 57 | 1911 | 12 | 6. 1. 1911 | Polizeiverordnung, betr. die Mindestfahrzeit für Dampfer auf der vertieften Stettin-Swinemünder Schiffahrtsstraße zwischen der Königsbake und Gnageland. |
| 58 | 1912 | 342 | 19. 6. 1912 | Polizeiverordnung, betr. die Führung des Hecklichtes seitens der die Binnengewässer des Regierungsbezirkes Stettin von der oberen Grenze des Stettiner Hafens abwärts befahrenden Schiffsfahrzeuge. |

| Lfd. Nr. | Amtsblatt der Regierung Stettin | | Datum der Polizeiverordnung | Überschrift der Polizeiverordnung |
|---|---|---|---|---|
| | Jahrgang | Seite | | |
| 59 | 1913 | 21 | 15. 1. 1913 | Die §§ 3 und 4 der Polizeiverordnung zur Sicherung des Personen- und Warenverkehrs über die Rinne auf der Oder von der Baumbrücke in Stettin bis zum Haff. |
| 60 | 1913 | 275 | 2. 7. 1913 | Polizeiverordnung, betr. Abänderung des § 4 der P.-V. vom 12. Juli 1906 — Amtsblatt S. 185. |
| 61 | 1923 | 25 | 22. 1. 1923 | Die §§ 1, 2 und 3 der Polizeiverordnung, betr. Liegen von Fahrzeugen jeder Art in der Oderwasserstraße zwischen der nördlichen Grenze des Hafens von Stettin und der Königsbrücke-Bate. |
| 62 | 1923 | 376 | 16. 11. 1923 | Polizeiverordnung, betr. Verbot des Suchens (Fischens) nach Gegenständen für das Gebiet des Stettiner Hafens bis zur Königsfahrt. |
| 63 | 1924 | 39 | 13. 2. 1924 | Polizeiverordnung, betr. die Fahrzeit der Dampfer auf der Oder. |
| 64 | 1924 | 59 | 13. 2. 1924 | Polizeiverordnung, betr. Abänderung des § 3 der vorbezeichneten Polizeiverordnung. |

[2]) Über Betonnung und Befeuerung vgl. Anhang Anl. 4 und 5.

[3]) Die am weitesten seewärts gelegene Tonne, welche von den aus See kommenden Schiffen zunächst angesteuert wird und von der aus binnenwärts die Betonnung des Fahrwassers beginnt.

## 2. Dampferlichter.

Auf kleinen Dampferfahrzeugen, auf welchen die weißen Lichter gemäß Artikel 2 Abs. a, Artikel 3 und Artikel 7 Ziffer 1a der Seestraßenordnung nicht in der vorgeschriebenen Höhe[1]) angebracht werden können, müssen sie so hoch angebracht werden, wie es nach Lage der Verhältnisse möglich ist[2]), keinesfalls aber niedriger als die Seitenlichter[3]).

[1]) Die vorgeschriebene Höhe ist: Art. 2a: mindestens 6 m über dem Rumpf (I, 806), bei Schiffen, die breiter sind als 6 m, ist die Höhe entsprechend der Breite, braucht jedoch nicht über 12 m (über dem Rumpf) zu gehen. — Art. 3: 3 Lichter: 4, 6 und 8 m über Rumpf. Art. 7 Nr. 1a: 3 m über dem Schandeckel.

[2]) Eine bestimmte Höhe ist nicht vorgeschrieben. Hat das Schiff keinen Mast, so kann das Licht vorn am Schornstein oder an einem Gestell im Vorschiff geführt werden. Jedoch ist stets darauf zu achten, daß das Licht nicht mehr, als vorgeschrieben, abgeblendet ist. Hinsichtlich des Bogens, den das Licht bescheinen muß (je 10 Strich nach jeder Seite von rechts voraus) ist durch § 80 Nr. 2 keine Änderung zugelassen.

[3]) Äußerstenfalls also in gleicher Linie mit ihnen. Doch empfiehlt sich unter allen Umständen, die übliche Dreiecksfigur der Lichter zu wahren. So auch Trave (Anl. 1) Nr. 15: mindestens 1 m über den Seitenlichtern.

## 3. Schallsignale.

Als Aufforderungssignal zum Öffnen von beweglichen Brücken dürfen Fahrzeuge zwei lange Töne[1]) geben.

Als Ankunft- und Abfahrtzeichen[2]) am Anlegeplatze dürfen Personendampfer[3]) nur Zeichen mit der Glocke geben[4]).

[1]) 4—6 Sekunden. § 2 Abs. 2 SWO.; Art. 15 Abs. 2 SStrO. Es handelt sich um ein zugelassenes Signal i. S. des § 32, § 35g.

[2]) Zugelassen durch § 35g (§ 32).

[3]) Vgl. § 79 Nr. 9 (Passagierfahrzeuge).

[4]) Pfeifensignale sind unzulässig, sofern sie nicht durch die nautische Situation geboten sind (Achtungssignal des § 35a, Rudersignale des Art. 28 SStrO., wenn vor dem Anlegen noch ein Ausweichen nötig ist oder Gefahrsignal nach § 34).

### 4. Lotsensignale.

Fahrzeuge, welche bei Züllchow Lotsen absetzen oder nehmen wollen, haben rechtzeitig ein Lotsensignal nach der Lotsensignalordnung vom 7. November 1907 zu geben[1]). Als Antwortsignal zeigt die Hafenlotsenstelle Züllchow bei Nacht ein weißes Licht.

Außerdem können folgende Schallsignale gegeben werden[2]):

a) von stromaufwärts fahrenden Fahrzeugen:
ein langer, drei kurze Töne[3]);

b) von stromabwärts fahrenden Fahrzeugen:
drei lange Töne.

[1]) Vgl. Anhang Anl. 3.

[2]) Zugelassen durch § 35g (§ 32).

[3]) Analog für Eisbrecher: § 50h Nr. 1.

### 5. Warnungssignale.

Warnungssignale gemäß § 24 werden an den Sturmwarnungsstellen in Osternothafen, Ziegenort (Nordspitze Leitholm) und an der Hafenlosenstelle Züllchow gezeigt.

## 6. Überholen.

In den Krümmungen der vertieften Fahrrinne der Wasserstraße Swinemünde—Stettin zwischen den Tonnen 1 bis 4 am Leitholm, den Tonnen 6 bis 9 im Papenwasser und den Tonnen 16 bis 20 im Mittelloch ist das Überholen verboten[1]).

[1]) Ob nicht dennoch kleine Motorboote oder Segeljachten ein Seeschiff überholen dürfen, wenn nicht besondere Umstände dagegen sprechen (§ 5 Abs. 4), ist je nach der Örtlichkeit und den Eigenschaften der beteiligten Fahrzeuge zu entscheiden.

## 7. Ausweichen im allgemeinen[1]).

Ruder-, Segel- und Motorboote sowie Sportfahrzeuge[2]) müssen größeren Fahrzeugen[3]) und Flößen[4]) aus dem Wege gehen[5]), gegebenenfalls durch Anhalten Platz zum Vorbeifahren[6]) lassen.

Dampffahrzeuge haben diesen Booten gegenüber alle Vorsichtsmaßregeln anzuwenden, die durch die seemännische Praxis oder durch die besonderen Umstände des Falles geboten sind[7]).

[1]) Die Sonderbestimmungen der Nr. 9 gelten nur für das Fahrwasser der Swinemündung.

[2]) Vgl. § 78 Nr. 12.

[3]) Also nicht nur Seeschiffen, sondern auch größeren Kähnen, Schleppzügen aller Art (auch Floßschleppzügen), nicht dagegen auch alleinfahrenden Schleppern. Auf eine besondere Beziehung zum Tiefgang ist hier (im Gegensatz zu Nr. 9) nicht hingewiesen.

[4]) Vgl. § 47 und § 18. Da Flöße geschleppt werden müssen vgl. die vorige Anm.

[5]) Soweit es sich um das Verhältnis von kleinen Seglern zu Dampfern handelt, liegt eine Umkehrung der Regel des Art. 20 SStrO. vor. Soweit es sich um das Verhältnis eines

großen Seglers zu einem kleinen Segler oder eines großen Dampfers zu einem kleinen Dampfer (oder Motorboot) handelt, liegt eine Abänderung der Art. 17, 18, 19 SStrO. vor, indem statt der Lage (Gegner an Steuerbord bzw. Segellage) die Größe entscheidet und das beiderseitige Ausweichen des Art. 18 in ein einseitiges Ausweichen des kleinen Fahrzeuges verwandelt wird.

[6]) Die Überholungssignale der §§ 37, 35 brauchen in diesem Falle nicht gewechselt zu werden. Vgl. § 37 Anm. 2.

[7]) Die Fassung ist dem § 5 Abs. 4 entnommen. Die Dampffahrzeuge haben zunächst die Rolle des Kurshalters (Art. 21 SStrO.), doch gilt die Anm. zu Art. 21 im Falle unmittelbarer Kollisionsgefahr. Vor allem aber hat das große Schiff die Sogwirkung zu berücksichtigen und muß daher evtl. seine Geschwindigkeit mäßigen, wenn es an dem kleinen Fahrzeug vorbeifährt (Abs. 1). Außerdem gilt Art. 27 SStrO. (Unterstützung von Segelmanövern des Ausweichenden durch Raumgeben des Kurshalters usw.).

## 8. Ruder- und Segelboote.

Ruder- und Segelboote dürfen nur unter fachkundiger[1]), tüchtiger Führung verkehren.

[1]) Besondere Prüfungen nicht vorgeschrieben. Liegt ein Verschulden des Führers an einem Unfall vor, und kann er seine Sachkunde nicht nachweisen, so liegt schon in der Führung des Schiffes an sich ein nach § 86 strafbarer Verstoß gegen die SWO. Die weiterhin erforderte „Tüchtigkeit" ist wohl nur als eine ausschmückende Ergänzung zur Fachkunde anzusehen. Selbständige Bedeutung kommt ihr nicht zu, doch deutet sie auf den Entlastungsbeweis des § 831 BGB. hin.

## 9. Ausweichen im Fahrwasser der Swinemündung.

a) Zur Sicherung des unbehinderten Verkehrs der tiefgehenden Schiffe auf der Strecke zwischen See und dem Hafen von Swinemünde haben nicht lotsenpflichtige

Fahrzeuge[1]) einschließlich der Fischerfahrzeuge den in Fahrt befindlichen größeren Schiffen[2]) das Fahrwasser in dem mittleren Teile der nach der Ostmole zu gelegenen tiefen Rinne frei zu lassen[3]). Die nicht lotsenpflichtigen Fahrzeuge einschließlich Fischerfahrzeuge dürfen auch beim Kreuzen nicht in den Kurs der in Fahrt befindlichen größeren Schiffe hineinfahren[4]).

b) Das Ankern in der vorbezeichneten Fahrstraße darf, soweit es nach den Bestimmungen dieser Ordnung überhaupt zulässig ist[5]), nur in der Weise geschehen, daß das Fahrzeug durch ein Warp[6]) dicht an die Joachimsfläche oder durch Leinen[7]) soweit wie möglich an die Mole geholt wird.

[1]) Welche das sind, sagt die SWO. nicht. Insofern gelten die örtlichen Bestimmungen über Lotsenpflicht. Pol. Verordn. vom 22. August 1833 (Amtsbl. S. 211); 28. September 1864 (Amtsbl. S. 194); 31. Januar 1866 (Amtsbl. 39); 18. November 1873 (Amtsbl. S. 211); 21. Dezember 1886 (Amtsbl. S. 326); 5. Februar 1892 (Amtsbl. S. 30); 1. August 1895 (Amtsbl. S. 240) (vgl. I, 763). Ruder-, Segel-, Motorboote und Sportfahrzeuge (Nr. 7) sind nicht lotspflichtig.

[2]) Auch hier wird man Schleppzüge aller Art den Schiffen gleichstellen können, vorausgesetzt, daß der Schlepper als tiefgehendes Fahrzeug anzusehen ist. Soweit die Voraussetzungen der Nr. 9 (welche ausdrücklich zum Schutz tiefgehender Fahrzeuge dient) nicht gegeben sind, gilt aber immer noch Nr. 7 (Ausweichen im allgemeinen).

[3]) Auch wenn diese nicht gezwungen sind, die tiefste Rinne für sich in Anspruch zu nehmen (§ 14), also nicht Wegerechtsschiffe i. S. der §§ 14, 42 und § 80 Nr. 17 sind. Nr. 9a ist eine Ergänzung zu § 36, welcher die kleinen Schiffe aus der Rinne bzw. dem Hauptfahrwasser in das Nebenfahrwasser verweist. Kommt ein kleines Schiff der Anordnung nicht nach, bleibt es vielmehr trotz Nr. 9 in der tiefen Rinne und begegnet es

dort einem größeren Schiff, so bleibt es zwischen ihnen bei den normalen Ausweichregeln: ein selbständiges Wegerecht schafft Nr. 9 nicht (die Überschrift „Ausweichen" ist also für Nr. 9a Satz 1 nicht ganz zutreffend). Handelt es sich bei den nicht lotsenpflichtigen Fahrzeugen und Fischerfahrzeugen um Boote der in Nr. 7 genannten Art, so müssen sie allerdings nach Maßgabe dieser Vorschrift ausweichen. Aber auch hierdurch werden die größeren Schiffe nicht zu „Wegerechtsschiffen" i. S. der SWO. und man wird diesen neu geschaffenen Begriff, dessen Definition § 14 gibt, nicht verwässern dürfen, indem man die Konsequenz (Ausweichepflicht anderer Schiffe) zur Voraussetzung macht. Vgl. § 14 Anm. 1 nnd 7.

[4]) D. h. sie dürfen zwar das Fahrwasser kreuzen, aber nur dann, wenn sie nicht den Kurs kreuzen, das Fahrwasser also frei von größeren Schiffen ist, diese jedenfalls nicht schon in gewisse Nähe der Kreuzungslinie gekommen sind. Sachlich ist Nr. 9a Satz 2 eine Erweiterung des § 38 auf kreuzende Segler. Im übrigen wiederholt die Vorschrift nur den Gedanken des Art. 22 SStrO. (I, 832), daß der Ausweichpflichtige nicht den Bug des Kurshalters kreuzen soll.

[5]) Vgl. § 48d und f; § 56.

[6]) Ausbringen eines Warpankers und Einhieven der Kette.

[7]) Taue, Trossen (Spring). Vgl. HansGZ. 1924 S. 38.

## 10. Ausweichen auf der Oder zwischen Frauendorf und Züllchow.

Die auf der durch die Leitlinie[1]) der Frauendorfer Richtfeuer bezeichneten Stromstrecke verkehrenden Fahrzeuge, sowohl die stromaufwärts wie die stromabwärts fahrenden, haben sich rechts von der Mittellinie zu halten[2]). Um jedoch ein zweimaliges Kreuzen der stromabwärts fahrenden Personendampfer, welche sowohl in Züllchow als auch an der Anlegestelle in Frauendorf anlegen wollen, zu vermeiden, haben diese Dampffahrzeuge auf der

Strecke zwischen Züllchow und der Anlegestelle in Frauendorf dicht am linken Ufer zu bleiben[3]) und entgegenkommenden Schiffen nach links auszuweichen[4]) unter Abgabe des vorgeschriebenen Signals[5]).

Von der Anlegestelle in Frauendorf, stromabwärts fahrend, haben die vorstehend erwähnten, von Züllchow kommenden Personendampfer alsbald[6]) nach der rechten Seite des Fahrwassers hinüberzuhalten[7]).

[1]) Gleich Richtungslinie. Ankerverbot vgl. § 48f.

[2]) Entsprechend § 36.

[3]) Möglichst außerhalb des Hauptfahrwassers (§ 36).

[4]) Ausnahme von Art 18 SStrO., sofern die Schiffe aufeinander zufahren. Nr. 10 legt die volle Ausweichpflicht den Personendampfern auf. Der Gegenfahrer, der nach Art. 18 SStrO. gleichfalls abdrehen müßte, wird zum Kurshalter. Art. 19 SStrO. scheidet im allgemeinen hier aus, da keine kreuzenden Kurse i. S. desselben vorliegen. Vgl. SeeA. Hamburg Hansa 1912 S. 117; HansGZ. 1908 Nr. 120; 1910 Nr. 1. Dazu I, 828/29.

[5]) Kurssignal des Art. 28 SStrO.: zwei kurze Töne, d. h. ich richte meinen Kurs nach Backbord. Die Anomalie dieser Ausweichregelung erfordert von den Personendampfern rechtzeitige (§ 39 Anm. 3) und entschiedene (eindeutige) Signale und Manöver (§ 5 Abs. 4). — Die Vorschrift ist auch sonst anwendbar, wenn Ausgangspunkt und Ziel dicht beieinander an Backbordseite des Schiffs liegen Vgl. RG. 117 S. 172.

[6]) D. h. sie sollen nicht auf der linken Seite weiterfahren. Ferner aber soll das Queren des Fahrwassers möglichst schnell, also nicht etwa im spitzen Winkel erfolgen. Vgl. die Anm. zu § 38.

[7]) Es wird also ein Queren des Fahrwassers gemäß § 38 erforderlich, wobei die Schiffahrt nicht behindert und das Kurskreuzen vermieden werden soll (vgl. auch Nr. 9a).

## 11. Treideln von Fahrzeugen[1]).

a) Wenn sich getreidelte Fahrzeuge an demselben Ufer begegnen, muß das auslaufende dem einlaufenden ausweichen[2]). Einlaufende Fahrzeuge mit umlegbaren Masten[3]) müssen diese umlegen[4]).

Wenn getreidelte Fahrzeuge einander überholen[5]), muß das langsamer fahrende, wenn es umlegbare Masten hat, diese umlegen[6]), das überholende Fahrzeug weicht aus[7]).

b) [8]) Hat das langsamer fahrende Fahrzeug keine umlegbaren Masten (pommerscher Kahn), so muß es ausweichen[9]) und die Leine loslassen, damit das überholende Fahrzeug landseitig vorbeifahren kann[10]).

c) Wird der Leinpfad durch ein stilliegendes Fahrzeug[11]) unterbrochen, so ist das Betreten desselben zur Vorbeiführung der Leine beim Treideln gestattet[12]) und der Schiffer mit seinen Leuten[13]) nicht nur zur Duldung des Betretens[14]), sondern erforderlichenfalls[15]) auch zur Hilfeleistung verpflichtet[16]).

d) Das Betreten der Ufer[17]) ist nur so weit gestattet[18]), als es bei ordnungsmäßigem Schiffahrtsbetriebe unvermeidlich und notwendig ist.

e) Der Leinenzug[19]) in der Kaiserfahrt darf nur auf der rechten Seite der Fahrtrichtung[20]) ausgeübt werden.

f) In der Mellinfahrt ist der Leinenzug verboten.

[1]) Ist ein getreideltes Schiff in Fahrt? (§ 2 SWO.; Einl. Abs. 4 SStrO.). Es ist zweifellos nicht am Lande befestigt, wohl aber an Menschen oder Zugtieren, die ihrerseits auf dem Lande sind und die Entfernung des Schiffes von Lande hindern. Andererseits hat diese Art der Befestigung die Tendenz der Vorwärtsbewegung des Schiffes. Diese widerspruchsvolle Situation ist m. E. ohne Analogie in der SStrO oder der SWO.

Die Frage der Lichterführung wird nach der am nächsten stehenden Situation zu lösen sein. In Frage kommt: Schiff in Fahrt oder am Ufer vertäutes Schiff. Die Signale des ersteren sind nicht angebracht, weil der Durchfahrtsversuch eines Gegenfahrers zwischen getreideltem Schiff und Ufer zu befürchten ist und außerdem der Gegenfahrer mit Manövern des Schiffs rechnen würde. Der Zusammenhang mit dem Lande wird nicht erkennbar. Ich halte daher das Licht des § 22 SWO. für das gegebene, zumal die Fortbewegung nur langsam ist und wenn sie bemerkt wird, ganz zutreffend gedeutet werden muß. — Im Verhältnis zu einem fahrenden Schiff wird das getreidelte Fahrzeug zum mindesten als beschränkt manövrierfähig anzusehen sein. Die Ausweichpflicht hat also das fahrende Schiff. Vgl. I, 824 und § 5 Abs. 4.

[2]) Daraus folgt, daß beim Treideln ein bestimmtes Ufer für Einfahrt bzw. Ausfahrt nicht vorgeschrieben ist. Vgl. aber zu e (Kaiserfahrt). Ausweichen heißt hier, vom Ufer abhalten und das andere Fahrzeug zwischen sich und dem Ufer passieren lassen.

[3]) Wenn das einlaufende Fahrzeug überhaupt keine Masten führt, so ist das andere Schiff unbedingt weichepflichtig.

[4]) Damit die Leine des ausweichenden Fahrzeuges ungehindert über das einlaufende Fahrzeug hinweggleiten bzw. hinübergegeben werden kann (vgl. c). Was aber geschehen soll, wenn das einlaufende Fahrzeug keine umlegbaren Masten hat, sagt das Gesetz nicht. Denn Abs. b betrifft nur das Überholen. Man wird ihn jedoch teilweise analog anwenden müssen, d. h. das ausweichende Schiff muß die Leine loslassen, damit das einlaufende Schiff landseitig vorbeifahren kann. Eine weitere Analogie (Umkehrung der Ausweichpflicht) ist hier nicht am Platze, weil dem einlaufenden Schiffe ein Ausweichen nicht zuzumuten ist (anders beim Überholen!).

[5]) Ein Signalwechsel (wie in §§ 37, 35 b) ist hier nicht erforderlich, ebenso ist Art. 24 SStrO. nicht anwendbar. Außer Nr. 11 gilt nur noch § 5 Abs. 4 bzw. Art. 29 SStrO.

[6]) Vgl. oben Anm. 1.

[7]) Ohne Rücksicht darauf, ob die beiden Schiffe auf der Ein- oder Ausfahrt begriffen sind. Das ausweichende Schiff hat vom Lande abzuhalten.

[8]) Der Buchstabe b muß vor dem vorangehenden Absatz stehen. Denn beide Absätze regeln das Überholen.

[9]) Also Umkehrung der Ausweichpflicht: Das überholte Schiff muß ausweichen, weil mit Rücksicht auf die nicht umlegbaren Masten ein Überholen sonst gar nicht durchführbar wäre. Denn daß das überholende Schiff ausweicht und seinerseits die Leine losläßt, verbietet sich von selbst, weil ohne wirkende Zugkraft ein Überholen nicht zustande kommen kann.

[10]) Die Vorschriften des § 37 sind also im wesentlichen ausgeschaltet. Nur Abs. 3, 5 und 6 als Ausfluß des § 5 Abs. 4 wird man auch beim Treideln gelten lassen.

[11]) Manövrierunfähig, am Grunde festsitzend (HG. Hamburg HansGZ. 1879 Nr. 64); im Eise festsitzend (ibid. 1878 Nr. 146); treibendes Fahrzeug ohne eigene Bewegungsfähigkeit (OLG. Rostock, Meckl. Z. 1913 Nr. 61) vertäut, ankernd oder am Kai liegend (vgl. I, 712; auch Sebba, Verschulden des stilliegenden Schiffes bei Kollisionen, Jahrb. f. Verk.-Wissensch. 1914, 432ff.). Die Vorschrift ist gegebenenfalls auf liegende Flöße analog anwendbar.

[12]) Das Betreten ist nicht widerrechtlich; die Schiffsgewalt des Kapitäns ist insoweit durchbrochen, das Hausrecht (vgl. I, 184) ausgeschaltet und ein Hausfriedensbruch daher nicht möglich. Vorausgesetzt wird allerdings, daß der Betretende nur das Vorbeiführen der Leine besorgt. Soweit er dies nicht tut oder nach Erledigung noch an Bord bleibt, wird sein Aufenthalt widerrechtlich und er setzt sich der Strafe des Hausfriedensbruchs aus.

[13]) Also der ganzen Besatzung, einschließlich der Familienangehörigen. Er muß evtl. auch dritte, an Bord befindliche Personen, kraft seiner Schiffsgewalt zur Unterlassung jeder Störung anhalten.

[14]) Die Verweigerung des Betretens ist widerrechtlich (wenn nicht besondere Umstände — schwere Trunkenheit oder drohende Haltung des Betretenden — entgegenstehen). Die Duldung kann durch die Schiffahrtspolizei, evtl. auch durch einen Gerichtsvollzieher auf Grund einstweiliger Verfügung erzwungen werden (§§ 890, 892, 940 ZPO.). Unter den Voraussetzungen des § 229 BGB. ist Selbsthilfe durch Beseitigung des Widerstandes zulässig. Jedoch Schadensersatzpflicht bei irriger Annahme der Zulässigkeit (§ 231 BGB.).

[15]) D. h. falls die von dem getreidelten Schiffe oder vom Ufer gekommenen Leute die Leine nicht ohne Hilfe vorbeiführen können, z. B. wenn ein Umlegen des Schornsteines eines ankernden Schleppers nötig wird oder Umlegen von Masten. Wieweit allerdings die Hilfsbereitschaft gehen muß, ob insbesondere das Umlegen großer Masten mit dem ganzen stehenden und laufenden Gut verlangt werden kann, erscheint sehr zweifelhaft. Auch die Hilfsleistungspflicht untersteht dem Grundsatz von Treu und Glauben.

[16]) Entgelt kann nicht verlangt werden, es sei denn, daß die geleistete Arbeit über das hinausgeht, was nach Treu und Glauben verlangt werden kann und der Schiffer seine Absicht, Entgelt zu verlangen, vor Leistung der Mehrarbeit zu erkennen gibt. Insofern müssen die allgemeinen Grundsätze des bürgerlichen Rechts gelten.

[17]) Außerhalb des Leinpfades und soweit es im Privatbesitz steht.

[18]) Darüber hinaus unberechtigt. Der Anlieger kann dann seine Eigentümerrechte geltend machen (§ 903 BGB.).

[19]) Leinenzug ist gleichbedeutend mit Treideln.

[20]) Damit ist ein Begegnen (Nr. 11a Abs. 1) ausgeschlossen.

### 12. Verkehr in Eisbrecherrinnen[1]).

a) An den privaten Übergängen über die Eisbrecherrinne, die bei Tage durch zwei am festen Eisrande[2]) aufgestellte rote Flaggen, bei Nacht durch zwei weiße

Lichter[3]) bezeichnet werden, haben alle Dampffahrzeuge[4]) möglichst genau die gebrochene Rinne zu halten[5]) und ihre Geschwindigkeit schon in angemessener Entfernung von den Übergängen zu mäßigen[6]), damit ein Zerbrechen der festen Eisränder vermieden wird[7]).

b) Ein Begegnen zweier Fahrzeuge an den bezeichneten Übergängen ist verboten[8]). Das heraufkommende Fahrzeug hat so lange zu warten, bis das herabkommende an dem Übergange vorbeigefahren ist.

[1]) Die Vorschriften der Nr. 12 gelten ohne Rücksicht darauf, ob die Schiffe hinter einem Eisbrecher herfahren oder allein durch die Rinne gehen. Im ersteren Falle gelten noch die Vorschriften des § 50.

[2]) Zu jeder Seite der Rinne eine Fahne.

[3]) Sichtweite: 1 Seemeile (§ 8 Abs. 4).

[4]) Für Segler brauchte das nicht angeordnet zu werden, da diese nicht ohne Schlepper durch die Rinne fahren können. Dadurch, daß der Schlepper die Mitte der Rinne halten muß, ist auch der Kurs des geschleppten Schiffes bestimmt. In Krümmungen muß der Schlepper besonders darauf achten, daß das geschleppte Schiff nicht gegen die Eisränder stößt und diese abbricht oder sich beschädigt (über Nachsteuern des geschleppten Schiffes vgl. § 5 Abs. 4 und § 45 Anm. 2).

[5]) D. h. möglichst in der Mitte der Rinne zu fahren und nicht den Eisrand zu berühren (auch nicht indirekt durch Fahren gegen etwa dem Eisrand vorgelagerte Schollen). Der Nachsatz: Damit ein Zerbrechen der festen Eisränder vermieden wird, gilt auch für das Gebot, die Rinne zu halten.

[6]) Vgl. § 39.

[7]) Der Grad der Ermäßigung der Geschwindigkeit wird von der Stärke des Eises und von der Größe der durch das Schiff verursachten Wellenbewegung abhängen (§ 5 Abs. 4).

[8]) Weil damit die Gefahr gegeben wäre, die Nr. 12a vermeiden will: Annäherung an die Eisränder und besonders

starke Wellenbewegung, welche zu deren Abbrechen führen kann. Dementsprechend muß auch das Überholen als unzulässig angesehen werden.

### 13. Ingangsetzen der Schiffsschrauben.

Das Ingangsetzen der Schiffsschrauben ist in der Nähe der Ufer nur dann gestattet, wenn keine Gefährdung von Uferbauten zu befürchten ist[1]).

[1]) Vgl. dazu § 63 Nr. 9. Dort ist die Fassung jedoch enger („mit dem Heck am Ufer oder Uferwerk liegen"); es fehlt andererseits die Bezugnahme auf die konkrete Gefährdung. Dort ist das Verbot absolut.

### 14. Höchstgeschwindigkeiten.

a) Als größte zulässige Fahrtgeschwindigkeiten für Dampffahrzeuge sind festgesetzt:

1. für das Durchfahren der Binnenhäfen in Swinemünde 5 Knoten[1]);
2. auf der Strecke zwischen den Molen an der Mündung der Kaiserfahrt ins Große Haff 6,5 Knoten;
3. auf der Strecke des kleinen Vietziger Sees von dem Südende der Druschwiese bis zum Südende des Bollwerks der Laatziger Ablage 5 Knoten;
4. für die Strecke zwischen Tonne 14 bei Gnageland und der Königsbake 10 Knoten;
5. auf dem Fetzling von der nördlichen Bake des Mönchwerders bis zur südlichen Bake des Goldfischwerders 9 Knoten;
6. auf der Oder:
   a) auf der Strecke zwischen der Leuchtbake an der Königsfahrt und den Anlegestellen bei Sommerlust in Gotzlow 8 Knoten;

β) auf der Strecke zwischen den Anlegestellen bei Sommerlust in Gotzlow bis zur Nordgrenze des Stettiner Hafens und im ganzen Stettiner Hafenbezirk bis zu seiner oberen Grenze 7 Knoten.

b) Aus den unter a 1 bis 6 angegebenen Fahrtgeschwindigkeiten sind für die einzelnen Strecken die Fahrzeiten berechnet[2]) und an den Endpunkten dieser Strecken auf dort am Ufer errichteten Tafeln aufgeschrieben. Sie betragen:

| | | | |
|---|---|---|---|
| für die Strecke zu | 1 | mindestens | 10 Minuten, |
| " " " " | 2 | " | 10 " |
| " " " " | 3 | " | 9 " |
| " " " " | 4 | " | 33 " |
| " " " " | 5 | " | 7 " |

für die Strecke zwischen der Leuchtbake an der Königsfahrt und den Anlegestellen bei Sommerlust in Gotzlow mindestens 25 Minuten,

für die Strecke zwischen Sommerlust (Gotzlow) und der Anlegestelle in Frauendorf mindestens 7 Minuten,

für die Strecke zwischen Frauendorf und der Untermarke U. M. (südliche Grenze des Grundstücks Union) in Stettin am rechten Oderufer mindestens 10 Minuten.

c) Die den vorstehend angegebenen Zeitmaßen entsprechenden Geschwindigkeiten dürfen auf keinem Abschnitte der betreffenden Strecke durch schnelleres Fahren überschritten werden[3]).

Etwaige durch Halten oder sonstige Umstände verursachte Zeitversäumnisse dürfen also auf den angegebenen Stromstrecken nicht durch Vergrößerung der Fahrtgeschwindigkeit wieder ausgeglichen werden[4]).

d) Die Einhaltung eines Fahrplans entbindet nicht von der Beobachtung der vorstehenden Vorschriften über zulässige Höchstgeschwindigkeiten.

[1]) Durchs Wasser (nicht über Grund) vgl. § 61 Nr. 7.

[2]) Vgl. Anm. zu § 61 Nr. 7. Die Frage, ob die Geschwindigkeit durchs Wasser oder über Grund gilt, kann hier zweifelhaft sein.

[3]) Bloße Wiederholung und Bekräftigung von Nr. 14a zwecks Anschlusses der Bestimmung des 2. Absatzes („also").

[4]) Selbstverständliche Konsequenz daraus, daß hier nicht die Gesamtfahrzeit der Schiffe, sondern die Geschwindigkeit auf der ganzen Strecke jedes einzelnen Teilabschnittes im Interesse der Schiffahrt und der Uferbauten geregelt wird. Die gleiche Erwägung gilt für Nr. 14d.

15. Beschränkungen für das Befahren der Swine, Kaiserfahrt und Haffrinne.

a) Die Fahrt durch die Mellinfahrt ist nur Dampffahrzeugen[1]) und von Dampffahrzeugen geschleppten Segelfahrzeugen und Leichtern gestattet[2]).

b) Das Einsegeln in die Kaiserfahrt ist nur bei raumem[3]) Winde gestattet; das Kreuzen[4]) innerhalb der Kaiserfahrt ist verboten.

c) Schleppzügen[5]) und Fahrzeugen von weniger als 3 m Tiefgang[6]) ist das Befahren der vertieften Fahrrinne[7]) im Großen Haff verboten.

Segelfahrzeuge von mehr als 3 m Tiefgang dürfen nur mit raumem Winde[8]) in der Haffrinne entlang segeln[9]).

d) Kreuzende Segelfahrzeuge[10]) dürfen die Haffrinne nur im annähernd rechten Winkel queren[11]) und müssen allen die Rinne haltenden Fahrzeugen[12]) unbedingt aus dem Wege gehen[13]).

e) Die Benutzung der südlichen Einfahrt in die Binnenhäfen bei Swinemünde ist Fahrzeugen von mehr als 2,5 m Tiefgang verboten; Ausnahmen kann die Schiffahrtspolizeibehörde Swinemünde für Schiffe bis zu 3,5 m Tiefgang auf Antrag zulassen[14]).

f) Die Überfahrtslinien der Dampffähren zwischen Friedrichsthal und Mövenhaken und der Dampffähre bei Caseburg dürfen durch Fahrzeuge nicht gesperrt werden[15]). Das Ankern[16]), Kreuzen[17]) und steuerlose Treiben[18]) ist an diesen Überfahrtslinien verboten.

Alle Fahrzeuge haben bei der Annäherung[19]) an diese Überfahrtslinien sowie beim Durchfahren derselben rechtzeitig jede erforderliche Vorsicht[20]) anzuwenden, so daß durch ihre Fahrt[21] )der Betrieb[22]) der Fähren nicht gestört[23]) oder gefährdet wird.

[1]) Auch Motorseglern, sofern sie den Motor benutzen. Vgl. Einl. Abs. 2 und 3 SStrO. (I, 803), nicht dagegen einem Rotorschiff, das ohne Antriebsmotor (also nur mit den Rotoren) fährt (vgl. dazu § 15). Denn ein so fahrendes Rotorschiff ist nautisch als reiner Segler anzusehen, welcher als solcher seine Besonderheiten hat, aber niemals die nautischen Möglichkeiten eines Dampffahrzeuges.

[2]) Wohl auch geschleppten Dampfsahrzeugen, zum mindesten doch dann, wenn sie unter eigenem Dampf fahren. Vgl. § 11 und § 33a. Dagegen dürfen Flöße nicht geschleppt werden.

[3]) „Raumer Wind" kommt von der Seite ein und zwar höchstens bis 2 Strich vorderlicher als dwars. Vgl. § 36 und § 38.

[4]) Vgl. § 36.

[5]) Muß hier auch vom Längsseitschleppen gelten, da es sich nur um die Tiefgangsfrage handelt.

[6]) Gilt auch für Schleppzüge (nicht nur für Fahrzeuge). Dies ergibt sich daraus, daß man einen Schleppzug, von dem

auch nur ein Bestandteil einen Tiefgang von mehr als 3 m hat, unmöglich in das flache Fahrwasser verweisen kann.

[7]) Vgl. § 6 und § 36.

[8]) Vgl. zu Nr. 15b.

[9]) D. h. nur dann fahren, wenn der raume Wind (d. h. der das Schiff von der Seite treffende) es gestattet, in der Richtung der Fahrrinne zu segeln, ohne über Stag zu gehen. Vgl. auch § 36 Satz 2.

[10]) Vgl. zu Nr. 15b. Das Kreuzen innerhalb der Kaiserfahrt ist verboten. Die Schläge müssen also nach beiden Seiten über das Fahrwasser hinausgreifen und zwar so weit, daß ein häufiges Kreuzen des Fahrwassers vermieden wird.

[11]) Vgl. § 38 und oben Nr. 10 Abs. 2.

[12]) D. h. die Rinne entlang fahrende. Mehrere kreuzende Segler weichen einander nach Art. 17 SStrO. aus.

[13]) Im Verhältnis zu anderen Seglern bedeutet dies eine Ausnahme von Art. 17, welcher dem kreuzenden Fahrzeug erhebliche Privilegien gibt. Im Verhältnis zu Dampffahrzeugen aller Art (auch Schleppzügen) eine Ausnahme von Art. 20 SStrO.

[14]) Muß vor Beginn der Fahrt erfolgen. Zweckmäßig ist es, sich hierüber eine schriftliche Bescheinigung als Ausweis geben zu lassen. — Schiffe, die tiefer als 3,5 m gehen, sind von der Benutzung der südlichen Einfahrt ausgeschlossen.

[15]) Vgl. § 37 Abs. 5; § 44; vor allem § 56c, f und g.

[16]) Vgl. § 56c, f und g.

[17]) D. h. nur das Kreuzen in der Richtung der Fährlinie oder so, daß jedenfalls die Fährlinie mehrfach hintereinander gequert werden muß. Das einmalige Durchfahren der Linie durch ein kreuzendes Fahrzeug ist nicht verboten. Zu beachten ist aber stets § 44.

[18]) Nicht nur Treiben vor schleppendem Anker oder Kette (wie in § 56f), sondern jedes Treiben. „Steuerlos" ist das Treiben dann, wenn das Schiff keine Manöver vornehmen kann. Dies wird wohl stets der Fall sein. Die geringe Steuerfähigkeit,

die ein stromabwärts treibendes Schiff sich bewahrt, kommt für die Navigation nicht in Frage. Nicht steuerlos ist etwa das Treiben eines großen Dampfers, der seine Maschine gestoppt hat, jedoch jederzeit in Gang setzen kann und außerdem an Bug und Heck mehrere Schlepper hat, die mittreiben, aber jederzeit in der Lage sind, auszutauen und das Schiff nach Bedarf zu drehen.

[19]) Eine bestimmte „Fährstrecke" (vgl. § 67 Nr. 4b; § 71 Nr. 9; § 79 Nr. 8e) ist hier nicht vorgeschrieben. Es gilt § 5 Abs. 4.

[20]) Vgl. § 5 Abs. 4 SWO.; Art. 29 SStrO.

[21]) Für den Fall des Ankerns oder Liegens sorgt § 56g.

[22]) Der Fahrtbetrieb und der Anlegebetrieb. Letzterer ist noch besonders durch § 56g geschützt.

[23]) Vgl. die Anm. zu § 44 und § 56g.

## 16. Beschränkungen für das Befahren der Strecke zwischen Leitholm und der Nordgrenze des Stettiner Hafens bei Züllchow.

a) Schleppzügen von weniger als 3 m Tiefgang ist das Befahren der vertieften Fahrrinne[1]), deren Mittellinie durch Baken[2]) und deren Breite durch Tonnen[2]) bezeichnet ist, auf der Strecke vom Leitholm durch das Papenwasser, die weite Strewe, den Damansch, das Mittelloch bis zur Königsfahrt verboten. Sie haben sich im Papenwasser westlich von der Fahrrinne außerhalb der roten Tonnen zu halten und weiterhin die enge Strewe und den Fetzling zu benutzen.

b) Segelfahrzeuge von weniger als 3 m Tiefgang sind denselben Beschränkungen wie unter a genannt unterworfen. Sie dürfen die weite Strewe und das Mittelloch auch dann nicht benutzen, wenn sie gegen den Wind aufkreuzen[3]).

c) Segelfahrzeuge von mehr als 3 m Tiefgang dürfen nur mit raumem Winde[4]) in der vertieften Fahrrinne entlang segeln. Kreuzende Segelfahrzeuge dürfen die Rinne nur im annähernd rechten Winkel queren und müssen allen die Rinne haltenden Fahrzeugen[5]) unbedingt aus dem Wege gehen[6]).

d) Auf der Strecke von der Königsbake bis zur Nordgrenze des Stettiner Hafens dürfen

1. zusammengekuppelte Fahrzeuge (Kähne) ohne Schlepperhilfe weder fahren noch segeln[7]);
2. Segelfahrzeuge das Fahrwasser nur kreuzen, wenn sie von in Fahrt befindlichen Dampffahrzeugen ausreichend weit entfernt sind[8]) und die Windverhältnisse ein sicheres Manövrieren gewährleisten[9]). Bei unsichtigem Wetter[10]) ist das Kreuzen verboten;
3. Kähne sich nicht ohne Schlepperhilfe von einem Ufer nach dem gegenüberliegenden anderen Ufer verholen[11]).

[1]) Vgl. § 6 und § 36.

[2]) Vgl. Bek. vom 13. Mai 1912 zu A 1 und 2 (I, 854). Anhang Anl. 4 und 5.

[3]) Es scheint danach, als dürften sie das Papenwasser und den Damansch zum Kreuzen benutzen, nicht aber dann, wenn sie mit raumem Winde oder vor dem Winde fahren. Dagegen spricht allerdings die Fassung der Vorschrift zu a Satz 1 (absolutes Verbot).

[4]) Vgl. oben Nr. 15b.

[5]) Vgl. § 38 und oben Nr. 15d.

[6]) Vgl. Nr. 15c Abs. 2 und d.

[7]) D. h. zusammengekoppelte Kähne müssen geschleppt werden. Sie dürfen weder treiben, noch segeln, noch gerudert werden.

[8]) Die Fassung ist besser als die des § 38 („warten, bis das Fahrwasser von Fahrzeugen frei ist"). Denn es ist stets Tatfrage, welche Entfernung ausreicht, um das Fahrwasser als „frei" erscheinen zu lassen.

[9]) D. h. der Wind darf nicht so schwach sein, daß das Fahrzeug stundenlang quer im Fahrwasser liegt. Aber auch nicht so stark bzw. ungünstig für den vom Segler eingeschlagenen Kurs, daß die Manöver mit Gefahr verbunden oder nur in begrenztem Maße möglich sind.

[10]) Vgl. § 33, § 46 Abs. 3.

[11]) Die Vorschrift zu d Nr. 1 gilt nur für zusammengekoppelte Kähne. Hier ist einzeln fahrenden Kähnen untersagt, ohne Schlepperhilfe das Fahrwasser zu kreuzen. Insbesondere ist natürlich das Ausbringen von Warpankern quer zum Fahrwasser verboten. Es gilt für den Schleppzug nicht Nr. 16a, da diese Vorschrift ein Fahren längs (nicht quer) des Fahrwassers voraussetzt.

## 17. Wegerechtsschiffe[1]).

1. Fahrzeuge von mindestens 90 m Länge[2]) und 6,5 m Tiefgang dürfen das Wegerecht im Sinne des § 14 in Anspruch nehmen.

2. Wegerechtsschiffe[3]) dürfen die Seewasserstraße Swinemünde—Stettin nur mit Schlepperdiensten durchfahren[4]).

3. Der Lotsenkommandeur in Swinemünde ist befugt, auch für Fahrzeuge von weniger als 90 m Länge zu bestimmen, daß sie die Seewasserstraße Swinemünde—Stettin nicht ohne Schlepperhilfe durchfahren dürfen[5]). Er kann ferner Dampffahrzeugen von 80 m Länge und darüber beim Vorliegen besonderer Verhältnisse[6]) die Befahrung der Seewasserstraße Swinemünde—Stettin untersagen[7]).

[1]) Ausführungsvorschriften zu § 42 (nicht auch zu § 14, der lediglich die Signale der Wegerechtsschiffe behandelt und natürlich neben Nr. 17 gilt).

[2]) Maßgebend ist hinsichtlich der Länge das Schiffszertifikat. Dagegen der tatsächliche Tiefgang und nicht die Freibordmarke. — Im übrigen ist es nicht nur diese Größe und dieser Tiefgang (beides muß vorliegen), welche das Schiff zum Wege-

rechtsschiff machen. Vielmehr gelten daneben noch die Gründe des § 14 (besondere Form, Tiefgang und Eigenschaften). M. a. W.: Den Fällen des § 14 wird ein neuer Fall hinzugefügt. Das Schiff muß die Signale des § 14 führen, wenn es das Wegerecht in Anspruch nimmt. Andernfalls darf es sie nicht führen. — Eine besondere Anordnung des Lotsen (§ 14) wird hier nicht erfordert.

³) Nicht nur solche gemäß Nr. 17 zu 1, sondern auch die Wegerechtsschiffe nach § 14 und § 42.

⁴) D. h. unter eigenem Dampf, aber mit Schleppern, nötigenfalls auch am Heck angreifenden Schleppern. Vgl. § 11, § 33a Anm. 5 und 6 Anhang zu § 735 (I, 740).

⁵) Auch über Zahl und Stärke der Schlepper darf er Anordnungen treffen, desgl. daß nur auf einer Teilstrecke Schlepperhilfe zu benutzen ist. — Die Schiffe werden dadurch nicht zu Wegerechtsschiffen im Sinne des § 42 und der Nr. 17 zu 1.

⁶) Z. B. weil das Fahrwasser nicht völlig frei ist (vgl. § 59), weil die Eisverhältnisse es nicht gestatten oder ein außergewöhnlicher Schleppzug zu erwarten ist; weil das Schiff starke Schlagseite hat und schlecht manövriert oder bei starkem Sturm von den Schleppern nicht gehalten werden kann.

⁷) Je nach dem Grund der Versagung ist diese eine endgültige oder zeitweilige. Es können auch Bedingungen gestellt werden: Ableichtern oder Abwarten günstigeren Wetters oder Wasserstandes.

18. Schleppen von Fahrzeugen und Flößen.

1. Schleppzüge müssen ihre Schlepptrossen[1]) so weit aufkürzen, daß auch bei seitlichem Winde oder Strom der Kurs anderer Fahrzeuge nicht gefährdet ist[2]).

2. Die Anzahl der Fahrzeuge eines Schleppzuges ist nicht beschränkt, jedoch dürfen nebeneinander nicht mehr als zwei Fahrzeuge[3]) geschleppt werden. Werden zwei Fahrzeuge nebeneinander geschleppt, so sind sie vorn und hinten zusammenzukoppeln[4]).

3. Beim Schleppen von Flößen dürfen nur solche Fahrzeuge in den Schleppzug mit aufgenommen werden[5]), die zur Beförderung der für die Bedienung oder Bearbeitung der Flöße erforderlichen Mannschaft nötig sind.

[1]) Alle Trossen, also nicht nur zwischen den einzelnen Anhangsfahrzeugen, sondern vor allem auch zwischen Schlepper und erstem Anhangsschiff.

[2]) Der Sinn der Bestimmung ist folgender: An langer Trosse hängende Schleppschiffe haben die Neigung, bei seitlichem Wind oder Strom nach Lee bzw. in der Stromrichtung auszuscheren, so daß der ganze Schleppzug nach Lee gestaffelt fährt. Dadurch wird ein so großer Teil der Fahrwasserbreite für den Schleppzug beansprucht, daß überholende Schiffe in die für sie verbotene Fahrwasserhälfte hinübergehen und begegnende Schiffe sich an den Tronnenstrich drücken oder gar aus dem Fahrwasser herausgehen müssen. Insofern wird der „Kurs anderer Fahrzeuge gefährdet".

[3]) Eine Höchstbreite ist weder für das einzelne Fahrzeug, noch für beide zusammen vorgeschrieben. Längsseitschleppen (vgl. § 45 Anm. 4) ist zulässig.

[4]) Um ein Auseinanderscheren der Achterschiffe zu verhindern, insbesondere wenn die Fahrt des Schleppers ermäßigt wird oder der Trossenzug in einer Kurve nachläßt.

[5]) Im allgemeinen sind also aus Fahrzeugen und Flößen gemischte Schleppzüge unzulässig.

## 19. Anlegen.

a) In der Kaiserfahrt darf nur auf der Schiffsliegestelle zwischen den Molen an der Mündung der Kaiserfahrt ins Haff angelegt werden[1]). Auf den übrigen Strecken der Kaiserfahrt und der Mellinfahrt ist das Anlegen nur im Notfalle gestattet[2]).

Die Fahrzeuge dürfen in jedem Falle nur in einfacher Reihe anlegen[3]) und müssen an beiden Enden festgemacht werden.

b) Auf der Oder zwischen der Königsbake und der Nordgrenze des Stettiner Hafens ist das Liegen[4]) von Fahrzeugen jeder Art nur außerhalb der vertieften Fahrrinne[5]) gestattet.

c) An den landespolizeilich genehmigten Lösch-, Lade- und Liegestellen[6]) dürfen Fahrzeuge nur in der polizeilich genehmigten Liegebreite, gerechnet vom Ufer oder von den Festmacheanlagen, Ladebrücken, Dalben usw. aus, liegen und festmachen[7]).

An den Uferstrecken zwischen den landespolizeilich genehmigten Lösch-, Lade- und Liegestellen dürfen Fahrzeuge ohne polizeiliche Genehmigung nur in einer Schiffsbreite[8]) liegen.

d) Am Ufer liegende Fahrzeuge müssen an beiden Enden befestigt sein.

[1]) Vgl. dazu § 56a und i.

[2]) Sobald die Zwangslage aufhört, muß sich das Schiff von seinem Liegeplatz entfernen und einen zulässigen Liegeplatz aufsuchen (vgl. analog für den Fall des Ankerns an unzulässiger Stelle: § 48 Anm. 37).

[3]) Es ist also nicht zulässig, ein Schiff (zwecks Entladung von beiden Seiten) abzubäumen und ein Fahrzeug zwischen Schiff und Ufer zu legen.

[4]) Dazu gehört vor allem das Ankern, Schwojen und Treiben (vgl. § 56; § 48 d und f).

[5]) Vgl. § 6, § 36.

[6]) Vgl. § 48c; § 56a.

[7]) Vgl. § 56i; § 22.

[8]) Gleichbedeutend mit: „in einfacher Reihe" (vgl. zu a Abs. 2). Schiffsbreite ist nicht etwa ein technischer Konventionsausdruck für ein bestimmtes Maß (wie etwa Seemeile, Faden, Knoten usw.).

20. Ankern[1]).

a) Innerhalb einer Entfernung von 50 m oberhalb und unterhalb von den durch die Wasserstraße gelegten Kabeln, deren Lage im Abs. b näher bezeichnet ist, sowie der Überfahrtslinie der Fähren darf nicht geankert[2]) oder mit schleppendem Anker[3]) getrieben werden.

b) Die Kabel liegen zurzeit aus:

1. etwa 50 m südlich der Überfahrtslinie der Fähre Swinemünde—Ostswine;
2. zwischen Eichstaden und Mövenhaken rund 130 m nördlich Eichstaden-Südspitze;
3. zwischen Friedrichsthal und Mövenhaken rund 100 m südlich Eichstaden-Südspitze;
4. in der Mellinfahrt rund 140 m nördlich der Leuchtbarke „Grüner Holm";
5. in der Kaiserfahrt in der Überfahrtslinie der Caseburger Fähre;
6. in der Kaiserfahrt rund 120 m südlich des Fährmeistergehöfts Caseburg;
7. im Papenwasser:
   a) zwischen Ziegenort (Südende des Bollwerkes im Außenhafen), dem Wellenbrecher (rund 100 m vom Südkopf) und dem Südkopf der Insel Leitholm,
   b) vom Südkopf der Insel Leitholm bis zur Leuchttonne B,
   c) vom Südkopf der Insel Leitholm bis zur Ganserinbake rund 260 m östlich vom Fahrwasser,
   d) von der Ganserinbake in südöstlicher Richtung bis zum Südufer der Ganseriner Lanke,
   e) von der Sandhofbake bis zur Stepenitzbake,
   f) von der Stepenitzbake bis zur Büchenortbake,

g) von der Stepenitzbake quer durch die Fahrrinne zwischen Leuchttonne ℨ und G,

h) von Leuchttonne G nach Leuchttonne H.

Die Kabel sind auf beiden Ufern mit Tafeln bezeichnet.

8. im Damanschen Strom zwischen Pölitzer Schanze und Langenberg (rund 550 m nördlich der Anlegestelle Langenberg).

c) Das Kabel zu b 1 ist auf dem östlichen Ufer durch eine vordere dreieckige und eine dahinter in Deckpeilung stehende[4]) viereckige Tafel bezeichnet.

Ferner steht auf jedem Ufer eine Tafel mit der Aufschrift „Telegraph".

Die übrigen Kabel sind gleichfalls auf beiden Ufern mit Tafeln bezeichnet.

[1]) Ausführungsbestimmung zu § 56f und g.

[2]) Ankern ist hier einerseits im Interesse des Verkehrs (bei Fähren), andererseits im Interesse der Kabel verboten. Daraus ergibt sich eine verschiedene Beurteilung. Bei den Fährlinien gilt auch § 48f Satz 2 analog, d. h. das Schiff muß auch beim Schwojen gut klar von der Fährlinie bleiben und beim Ankerwerfen das Schwojen durch Strom und Wind berücksichtigen. Wo keine Fährlinie, sondern ein Kabel geschützt werden soll, ist kein Verkehrsinteresse maßgebend. Es genügt, wenn der Anker mindestens 50 m außerhalb der Kabellinie liegt. Beim Ankerwerfen muß aber berücksichtigt werden, daß der Anker unter Umständen noch eine Strecke durch den Grund gerissen wird. Maßgebend für die Entfernung von 50 m ist sein endgültiger Ruhepunkt. Das Schwojen des Schiffes ist aber dort, wo es sich um Kabel handelt, ohne Bedeutung.

[3]) Oder schleppender Kette (vgl. § 56f).

[4]) Die Richtung ergibt sich dann, wenn die Figuren genau voreinander stehen.

## 21. Schutz des Wasserschallsenders und seines Kabels vor Swinemünde.

Zur Verhütung von Beschädigungen des etwa 60 m südwestlich von der Ansteuerungstonne[1]) Swinemünde liegenden elektrischen Wasserschallsenders[2]) sowie des von dem Sender südlich von der Ansteuerungstonne schräg durch die Fahrrinne und sodann am Ostrande der Fahrrinne bis zur Innenseite des Molenkopfes führenden Kabels ist im Umkreise von 150 m von der Ansteuerungstonne Aal- und Netzfischerei jeder Art sowie das Auswerfen oder Schleifenlassen von Ankern und Ketten verboten[3]). Zwischen Ansteuerungstonne und Ostmolenkopf in einem Streifen von 200 m Breite, der im Westen durch die Hauptansteuerungslinie Mühlenbake—Galleriebake, im Osten von einer in 200 m Abstand parallel zur Hauptansteuerungslinie gedachten Geraden begrenzt wird, sowie im Umkreise von 100 m vom Ostmolenkopf ist die Ausübung der Schleppnetzfischerei sowie das Auswerfen oder Schleppenlassen von Ankern und Ketten verboten[4]).

Der Standort des Wasserschallsenders ist nicht gekennzeichnet, das Kabel ist beiderseits der Kreuzungsstelle mit der Fahrrinne und auf der Ostseite der Fahrrinne in Höhe der roten Spierentonne A durch je eine schwarze Kugeltonne[5]) mit der Aufschrift „Kabel" bezeichnet.

[1]) Gleichbedeutend mit Ansegelungstonne. Vgl. § 80 Nr. 1.

[2]) Über Unterwasserschallsignale vgl. Anm. 7 zu Art. 16 SStrO. (I, 822).

[3]) Auch hier gilt das zu Nr. 20 Gesagte: Maßgebend ist, daß eine Annäherung des Ankers oder der Kette an das Kabel bzw. den Schallsender über die Sicherheitsgrenze von 150 m unbedingt vermieden werden muß.

[4]) Vgl. die vorige Anm.

[5]) Kugel- und Spierentonne. Vgl. Bek. vom 13. Mai 1912 zu A 1b und e (I, 854), abgedruckt im Anhang. Anl. 4 und 5.

## 22. Fischerei[1]).

a) In dem durch Fahrwassertonnen bezeichneten Fahrwasser im Stettiner Haff ist die Schleppnetzfischerei verboten.

Das Durchqueren der Fahrrinne fällt nicht unter dieses Verbot[2]), jedoch ist das Schleppnetz zuvor aufzunehmen[3]).

b) Auf der Wasserfläche des Stettiner Haffs am Südende der Kaiserfahrt im Abstande von 1000 m von den Haffmolenköpfen querab und voraus ist das Aussetzen von stehenden Fischereigeräten verboten[4]).

c) In demjenigen Teile des Papenwassers, welcher begrenzt wird von den Verbindungslinien folgender Punkte: Nordspitze der Insel Leitholm, runde stumpfe Tonne B mit Kugel, Westpapenwassertorfeuer, Tonne 1 (schwarze Bakentonne mit Doppelkegel) und Ostufer der Insel Leitholm, ist die Ausübung von Fischerei jeder Art verboten.

d) In dem übrigen nicht als enges Fahrwasser bezeichneten Fahrwasser des Stettiner Haffs und des Papenwassers (Ziffer 25) ist das Ankern fischender Fahrzeuge gestattet[5]).

[1]) Vgl. § 55. Zu Nr. 22 tritt das Fischereiverbot in Nr. 21 Abs. 1.

[2]) Jedoch ist beim Queren des Fahrwassers § 38 und § 80 Nr. 15 b, d und f sowie Nr. 16 b, c und d zu 2 zu beachten.

[3]) Und zwar so weit, daß es nicht auf dem Grunde schleppt, aber auch nicht durch Stromwirkung seitlich so weit ausscheren kann, daß es etwa vorüberfahrenden Fahrzeugen in die Schraube geraten kann oder die Manövrierfähigkeit beeinträchtigt.

[4]) Es darf also nur vom Boot aus gefischt werden.

[8]) In allen unter Nr. 25 fallenden Fahrwassern ist dies also untersagt. Aus Nr. 20 folgt dieses Verbot nicht und ist auch sonst in § 80 nirgends direkt ausgesprochen. Es folgt aber aus § 55, welcher das allgemeine Verbot enthält und die Ausnahmen für Teil II vorbehält, deren eine sich eben in Nr. 22 d findet.

## 23. Suchen in der Wasserstraße.

a) Das Suchen nach Gegenständen[1]) aller Art ist auf der Strecke vom Nordende der Königsfahrt bis zur Nordgrenze des Stettiner Hafens verboten[2]).

b) Ausnahmen von dem Verbote des Abs. a können in besonderen Fällen, namentlich für solche Personen, die das Kohlenfischen[3]) bisher schon als Beruf ausgeübt haben, von dem Vorstande des Wasserbauamtes in Stettin auf Antrag zugelassen werden[4]).

c) Unberührt von dem Verbote des Abs. a bleibt das Suchen:

1. nach Gegenständen, welche den am Ufer der im Abs. a bezeichneten Gewässer verkehrenden Personen[5]) in das Wasser gefallen sind und noch auf der Wasseroberfläche schwimmen[6]), sofort nach deren Verlust durch den Verlierer oder dessen Beauftragten[7]),
2. nach den in das Wasser gefallenen Ausrüstungsgegenständen der Schiffe[8]) und der Schiffsbesatzungen durch den Schiffsführer, den Schiffseigner[9]) oder deren Beauftragten.

[1]) Darunter fällt nicht das gelegentliche Aufnehmen eines schwimmenden Gegenstandes, selbst wenn man ihm nachfahren muß. Der Begriff des Suchens erfordert längeres Verweilen und Umherfahren im Revier in der Absicht, etwas zu finden.

[2]) Ausnahmen natürlich, soweit das Suchen im Interesse der Schiffahrt geschieht, z. B. um ein Schiffahrtshindernis zu beseitigen. Vgl. auch zu c Nr. 2.

[3]) Heraufholen von Kohlen, die beim Laden oder Löschen von Kohlenschiffen oder beim Kohlen vom Leichter usw. ins Wasser gefallen sind.

[4]) Und zwar für den Einzelfall oder bei berufsmäßiger Ausübung für eine bestimmte Dauer oder bis auf weiteres.

[5]) Die Vorschrift darf nicht zu eng ausgelegt werden. Es wäre unsinnig, wollte man das Suchen einer ins Wasser gefallenen Mütze gestatten oder verbieten, je nachdem ihr Besitzer bei dem Verlust am Ufer oder auf einem gerade abfahrenden Schlepper gestanden hat.

[6]) Versunkene Gegenstände dürfen also nur mit Erlaubnis der Schiffahrtspolizei (§ 7) oder des Wasserbauamtes (zu b) gesucht werden, endlich noch im Falle von c zu 2.

[7]) Auch Geschäftsführer ohne Auftrag: Ein Junge springt ohne Auftrag ins Boot und holt die verlorene Mütze, um sich ein Trinkgeld zu verdienen.

[8]) Vgl. § 48b und § 59.

[9]) Reeder, Ausrüster, Zeitcharterer, Mieter, Charterer usw. Man wird hier die Grenze sehr weit ziehen oder mit Analogien arbeiten können. Z. B. wird der Ladungsinteressent oder der Versicherer, wenn Hölzer von der Decklabung ins Wasser gefallen sind, sie aufsuchen dürfen, trotzdem es sich nicht um Ausrüstungsgegenstände handelt. Er wird auch nicht genötigt sein, sich einen besonderen Auftrag vom Schiffer oder Reeder geben zu lassen, trotzdem er keine direkten Rechte am Schiff hat. Wohl aber wird er die Erlaubnis der Schiffahrtspolizei nach § 7 oder des Wasserbauamts nach Nr. 23 b nachsuchen müssen, wenn das Suchen längere Zeit in Anspruch nimmt, insbesondere z. B. wenn in Seenot Ladung geworfen wurde, die aufgesucht oder nach dem Versinken herausgeholt werden soll.

## 24. Eisbrecherdienst.

a) Während der Tätigkeit der Eisbrecher gilt § 50.

b) Fahrzeuge, die Eisbrecherhilfe begehren, werden in der Reihenfolge der Anmeldung[1]) berücksichtigt, wenn ihre

Notlage keine Abweichung erfordert[2]). Bei der Anmeldung ist der Tiefgang und die Höchstgeschwindigkeit anzugeben.

In der Regel sollen den Eisbrechern nur durch eigene Kraft bewegte eiserne Dampffahrzeuge[3]) folgen. In Ausnahmefällen dürfen mit Zustimmung der Eisbrecherführer auch Schleppzüge[4]) hinter den Eisbrechern herfahren. In diesem Falle darf nicht mehr als ein Fahrzeug im Schleppzuge geschleppt werden.

Dem Ermessen der Eisbrecherführer bleibt es überlassen, Fahrzeuge, die sich für die Fahrt durch das Eis unter den jeweiligen Eis- und Witterungsverhältnissen nicht eignen[5]), zurückzustellen.

c) Schlepperhilfe wird von Eisbrechern nur gewährt, wenn es die Rücksicht auf die sonstige Schiffahrt gestattet[6]).

[1]) Nicht der Ankunft (wie bei Brücken).

[2]) Z. B. Havaristen, die schleunigst nach Stettin ins Dock fahren müssen oder auf der Fahrt durch das Eis beschädigte Schiffe, die Wasser machen.

[3]) Also weder hölzerne Dampfer, noch eiserne Kähne. Das Betonschiff wird einem eisernen Schiff gleichzustellen sein. Dagegen gilt ein Rotorschiff, welches den Schraubenmotor aus irgendwelchen Gründen nicht benutzen kann, als Segler, fährt also nicht durch eigene Kraft.

[4]) Längsseitschleppen gehört an sich nicht hierher, wird auch praktisch für eine Fahrt hinter Eisbrechern nicht in Frage kommen Anordnungen der Eisbrecherführer über die Schleppart sind zu befolgen. Vgl. § 50 b.

[5]) Wegen zu geringer Materialstärke, bei starkem Eise wegen mangelnder Eisverstärkung am Bug, wegen ungenügenden Freibords, starker Schlagseite, zu geringer Maschinenstärke usw.

[6]) D. h. wenn sie nicht durch Eisbrechen für Schiffe oder Offenhalten der Eisrinne in Anspruch genommen sind. Im Falle der Hilfsleistung in Seenot, welche gemäß § 740 HGB. erforderlich wird, kann die Rücksicht auf die sonstige Schiffahrt,

unter Umständen in den Hintergrund treten, insbesondere, wenn ein vom Eisbrecher geführtes Schiff während der Fahrt Havarie erleidet und ins Schlepptau genommen werden muß.

### 25. Begriffsbestimmung.

Das nicht durch Fahrwassertonnen, Pricken oder Richtungsbaken[1]) bezeichnete Fahrwasser des Stettiner Haffs und des Papenwassers gilt nicht als enges Fahrwasser im Sinne des Artikels 25 der Seestraßenordnung[2]).

[1]) Vgl. Bek. vom 13. Mai 1912 (I, 854), abgedruckt im Anhang.

[2]) Und im Sinne des § 36 SWO. Es braucht dort also nicht rechts gefahren zu werden. Diese Fahrwasser werden gemäß § 6 Abs. 2 von den Ufern des Haffs begrenzt.

## Besondere Vorschriften für die Dievenow mit Kamminer Bodden[1]).

### 1. Geltungsbereich der Seewasserstraßenordnung[2]).

**§ 81.** Die äußere Grenze des Geltungsbereichs wird gebildet durch eine Linie, welche die Richtfeuerlinie[3]) in Höhe der Ansegelungstonne[4]) Dievenow rechtwinklig schneidet, bis zu zwei Punkten 200 m östlich und 200 m westlich dieser Tonne und zwei Linien, die, parallel zu der Richtfeuerlinie laufend, diese zwei Punkte mit der Küste verbinden. Nach innen gilt die Seewasserstraßenordnung bis zur Einmündung der Dievenow in das Stettiner Haff.

[1]) Bis zur Errichtung reichseigener Wasserstraßenbehörden ist als Schiffahrtspolizeibehörde der Oberpräsident (Wasserbaudirektion) Stettin und als dessen Organ das Hafenbauamt in Swinemünde zuständig.

Zuständige Behörde gemäß § 4 ist das Hafenbauamt in Swinemünde. — Über Ausführungsverordnungen vgl. zu § 80.

[2]) Über Betonnung und Befeuerung vgl. Anhang Anl. 4 und 5.

[3]) Vgl. § 48 f.

[4]) Vgl. § 80 Nr. 1.

## 2. Allgemeines.

Die im § 80 in den Ziffern:

2. Dampferlichter,
3. Schallsignale,
7. Ausweichen im allgemeinen,
8. Ruder- und Segelboote,
11. Abs. a bis d: Treideln von Fahrzeugen,
18. Schleppen von Fahrzeugen und Flößen

aufgeführten Bestimmungen haben auch für die Dievenow mit Kamminer Bodden Gültigkeit.

## 3. Zulässiger Tiefgang.

Die Fahrt durch die Dievenowmündung im Gebiete des Durchstichs ist Dampf- und Segelfahrzeugen nur bis zu einem Tiefgange von 1,70 m gestattet.

## 4. Ankern.

Im Gebiete des Durchstichs darf nur im Notfalle geankert werden. Die freie Fahrt anderer Fahrzeuge darf hierdurch nicht behindert werden[1]). Unmittelbar nördlich der Straßenbrücke bei Wollin ist das Ankern wegen eines dort ausgelegten Kabels[2]) verboten.

[1]) Vgl. § 48 d; § 56.

[2]) Vgl. § 56 f. Auch hier wird man dem Ankern das Treiben vor schleppendem Anker oder schleppender Kette gleichstellen müssen. Vgl. auch § 80 Nr. 20 a.

## 5. Verkehr durch die Brücken bei Wollin.

### A. Eisenbahnbrücke.

1. Das Werfen und Schleppen von Ankern innerhalb einer Entfernung von 50 m oberhalb und unterhalb der Pfeiler der Eisenbahnbrücke bei Wollin ist verboten[1]).

2. Die Eisenbahnbrücke bei Wollin darf bei Tage und bei hellem Wetter erst dann durchfahren werden, wenn der auf der Vorkante des Drehbrückenpfeilers an einer Stange befindliche rote Signalball[2]) an den Fuß der Stange hinabgelassen ist, bei Nacht[3]) und unsichtigem Wetter[4]), wenn an der Stange eine Laterne mit grünem Licht[5]) aufgezogen ist.

3. Die durchfahrenden Fahrzeuge müssen die in der Fahrtrichtung rechts liegende Brückenöffnung benutzen, müssen also beim Durchfahren den roten Signalball oder das grüne Licht an ihrer linken (Backbord-)Seite haben.

4. Die Fahrzeuge dürfen beim Stilliegen[6]) oder Ankern nicht näher als 100 m stromauf- oder stromabwärts von den äußersten Bojen oder Pfahlbündeln entfernt liegen[7]). Sie haben beim Durchfahren durch die Brücke die Anweisungen des Brückenaufsehers zu befolgen[8]) und dürfen andere als die zum Durchfahren bestimmten Einrichtungen an der Brücke nicht benutzen[9]).

### B. Straßenbrücke.

1. Jedes Fahrzeug, welches die Durchfahrtsöffnungen benutzen will, hat sich rechtzeitig bemerkbar zu machen[10]) und darf erst hindurchfahren, wenn die Klappen vollständig geöffnet sind.

2. Die Brücke ist für die Durchfahrt gesperrt, wenn an den Brückentürmen rote Signalbälle aufgezogen sind.

3. Die Brückenklappen werden auf Verlangen geöffnet von ½ Stunde vor Sonnenaufgang bis ½ Stunde nach Sonnenuntergang mit Ausnahme der Mittagsstunde von 12 bis 1 Uhr. An Sonn- und Festtagen bleiben die Brückenklappen von 9 bis 11 Uhr geschlossen.

4. Bei heftigem Sturm[11]) und Gewitter werden die Brückenklappen nicht geöffnet.

5. Die Brückenaufzieher können bei starkem Straßenverkehr die Brücke für den Schiffsverkehr zeitweilig auf 10 Minuten schließen.

6. Die Führer der den Schiffsdurchlaß benutzenden Fahrzeuge haben sich auf Verlangen den Brückenaufziehern gegenüber auszuweisen[12]).

[1]) Vgl. dazu § 80 Nr. 20a und § 48d.

[2]) Dimensionen: § 8 Abs. 5.

[3]) Vgl. § 8 Abs. 6.

[4]) Vgl. § 33, § 46 Abs. 3.

[5]) Sichtweite: 1 Seemeile (§ 8 Abs. 4).

[6]) Vgl. § 80 Nr. 11c.

[7]) Hierbei ist das Schwojen zu berücksichtigen. Vgl. § 48d, § 56 und § 80 Nr. 20a.

[8]) Vgl. § 7 Anm. 2.

[9]) Dürfen vor allem nicht an Brückenpfeilern festmachen oder Warpanker am Pfeilerfundament ausbringen.

[10]) Achtungssignal: analog § 35a (ein langer Ton).

[11]) Nach Ermessen der Behörde (von Windstärke 9 aufwärts).

[12]) Nur als Führer der Schiffe. Sonstige polizeiliche Befugnisse haben die Brückenaufzieher nicht. Die Legitimation bezieht sich nur auf die Berechtigung, das Verlangen nach Öffnung der Brücke zu stellen (Nr. 3).

## Besondere Vorschriften für den Peenestrom[1]).

### 1. Geltungsbereich der Seewasserstraßenordnung[2]).

**§ 82.** Auf dem Peenestrome gilt die Seewasserstraßenordnung von der Ansteuerungstonne Tonnenbank bis zum Stettiner Haff einschließlich der Knaakenrückenrinne.

[1]) Bis zur Errichtung reichseigener Wasserstraßenbehörden ist als Schiffahrtspolizeibehörde der Oberpräsident (Wasserbaudirektion) Stettin und als dessen Organ das Wasserbauamt Ost-Stralsund zuständig.

Zuständige Behörde gemäß § 46 ist das Wasserbauamt Ost-Stralsund. — Durch PolVerordn. vom 20. Mai 1927 sind folgende, im Reg. Bez. Stralsund in Geltung gewesene PolVerordn. mit Wirkung vom 1. Dezember 1927 aufgehoben worden:

1. Die Polizeiverordnung, betr. das Ankern im Peenestrom vom 25. Juni 1861 — Amtsblatt der Regierung in Stralsund S. 196.

2. Die Polizeiverordnung, betr. die Schiffahrtsordnung in den Regierungsbezirken Stettin und Stralsund und auf dem Peenestrom vom 29. April 1890/31. März 1890 — Amtsblatt der Regierung in Stralsund Stück 22.

3. Die Polizeiverordnung, betr. Schleppen von Fahrzeugen usw. auf den Binnenfahrstraßen westlich von Barhöft, sowie auf den Baggerrinnen Bierendahl, Gellenhaken, Mittelgrund, Trog, Wittower Fähre, Gelm- und Peenestrom vom 20. Februar 1908 — Amtsblatt der Regierung in Stralsund S. 50.

4. Die Polizeiverordnung, betr. Bezeichnung der Bagger- und Bergungsfahrzeuge sowie der Taucherglocken vom 30. November 1908 — Amtsblatt der Regierung in Stralsund S. 268.

5. Die Polizeiverordnung, betr. Führung eines Hecklichtes auf den Schiffen im Bereiche der mit der See in Zusammenhang stehenden, von Seeschiffen befahrenen Binnengewässer

vom 2. August 1912 — Amtsblatt der Regierung in Stralsund S. 176.

Vgl. auch zu § 80.

[2]) Über Betonnung und Befeuerung vgl. Anhang Anl. 4 und 5.

## 2. Allgemeines.

Die im § 80 in den Ziffern:

2. Dampferlichter,
3. Schallsignale,
7. Ausweichen im allgemeinen,
8. Ruder- und Segelboote,
18. Schleppen von Fahrzeugen und Flößen

aufgeführten Bestimmungen gelten auch für den Peenestrom.

## 3. Fahrtbeschränkung.

Dampffahrzeuge, welche weniger als 50 cm Wasser unter dem Kiel haben[1]), dürfen an Stellen, wo Fährketten, Fährleinen und Kabel liegen[2]), nur mit gestoppter Maschine fahren[3]).

[1]) Von der Wassertiefe ist der Tiefgang des Schiffes abzuziehen, wobei zu berücksichtigen ist, daß Schiffe im Frisch- oder Brackwasser tiefer gehen als im Seewasser. Maßgebend ist die Tiefe des Fahrwassers an der Stelle, wo die Fährketten, Fährleinen oder Kabel liegen, worüber Auskunft bei der Schiffahrtspolizei eingeholt werden kann.

[2]) Vgl. § 56f.

[3]) Wie lange vorher die Maschine gestoppt werden muß, ist Tatfrage. Wesentlich ist nur, daß die Schraube, während sie die kritische Stelle passiert, keinerlei Drehbewegung mehr macht.

## 4. Ankern.

Den Peenestrom stromabwärts fahrende Fahrzeuge, welche nicht in den Wolgaster Hafen einlaufen, sondern weitersegeln wollen, dürfen nur oberhalb des Wolgaster Hafens vor Anker gehen[1]). Das Ankern vor dem Hafen und unterhalb des Hafens ist verboten.

[1]) Bestimmung gemäß § 56a.

5. Verkehr durch die Eisenbahnbrücke bei Karnin.

a) Das Werfen und Schleppen von Ankern innerhalb einer Entfernung von 50 m oberhalb und unterhalb der Pfeiler der Eisenbahnbrücke zwischen Kamp und Karnin ist verboten[1]).

b) Die Eisenbahnbrücke darf bei Tage und bei hellem Wetter erst dann durchfahren werden, wenn der auf dem Vorkopf des Drehbrückenpfeilers an einer Stange befindliche rote Signalball an den Fuß der Stange hinabgelassen ist, bei Nacht und bei dunklem Wetter[2]), wenn an der Stange eine Laterne mit grünem Lichte aufgezogen ist.

c) Die durchfahrenden Fahrzeuge haben die in der Fahrtrichtung rechts liegende Brückenöffnung zu benutzen, müssen also beim Durchfahren den roten Signalball oder das grüne Licht auf ihrer linken (Backbord-)Seite haben.

d) Die Schiffer dürfen beim Stilliegen[3]) oder Ankern mit ihren Fahrzeugen nicht näher als 100 m stromauf- oder stromabwärts von den äußersten Tonnen oder Pfahlbündeln entfernt liegen[4]).

e) Fahrzeuge, welche die Schlepperhilfe der an der Brücke liegenden Schleppdampfer in Anspruch nehmen wollen[5]), dürfen sich der Brücke nicht weiter als bis an die äußersten Tonnen oder Pfahlbündel nähern[6]).

Nähern sich mehrere Fahrzeuge der Brückenöffnung, so haben die zuerst angelangten so lange festzumachen, bis die übrigen herangekommen sind[7]). Die Anzahl der in einem Zuge durch die Brückenöffnung zu schleppenden Fahrzeuge und ihre Reihenfolge beim Anhängen bestimmt der Führer des Schleppdampfers[8]). Die Schiffer haben sich seinen Anordnungen zu fügen[9]).

[1]) Vgl. § 81 Nr. 5 A 4. Zu beachten ist 48d nicht nur im Verhältnis zu anderen Fahrzeugen, sondern auch zur Brücke. Vgl. auch § 80 Nr. 20.

[2]) Vgl. § 81 Nr. 5 zu 2; § 33; § 46 Abs. 3. Dunkles Wetter ist unsichtiges Wetter bei Tage, so daß vorzeitig Dunkelheit eintritt.

[3]) Vgl. § 80 Nr. 11c.

[4]) Berücksichtigung des Schwojens analog § 48d.

[5]) Signal zum Herbeirufen der Schlepper: § 35c.

[6]) Wollen oder müssen sie ankern, bis Schlepperhilfe kommt, so haben sie Nr. 5d zu beachten, ebenso wenn sie an der Stelle stilliegen, d. h. sich gegen den Strom halten oder treiben lassen.

[7]) Vgl. § 75 Nr. 9c zu 2.

[8]) Welcher wiederum den Anweisungen des Brückenwärters zu folgen hat. Letzterer kann die Durchfahrt verbieten, wenn der Schleppzug nicht entsprechend seinen Weisungen oder denen des Schlepperführers zusammengestellt ist.

[9]) Vgl. § 7 Anm. 2 (Zuwiderhandlung strafbar nach § 366 StGB. und § 86 SWO.).

## Besondere Vorschriften für den Peenefluß[1]).

### 1. Grenzen des Geltungsbereichs der Seewasserstraßenordnung[2]).

**§ 83.** Auf dem Peenefluß gilt die Seewasserstraßenordnung von der Mündung bis zur Eisenbahnbrücke unterhalb Anklam.

[1]) Schiffahrtspolizeibehörde; wie zu § 82. Vgl. ebenda über Ausführungsverordnungen.

[2]) Über Betonnung und Befeuerung vgl. Anhang Anl. 4 u. 5.

## 2. Allgemeines.

Die im § 80 in den Ziffern:

2. Dampferlichter,
3. Schallsignale,
7. Ausweichen im allgemeinen,
8. Ruder- und Segelboote,
11. Abs. a und b: Treideln von Fahrzeugen[1])

aufgeführten Bestimmungen gelten auch für den Peenefluß.

[1]) Es gelten hier nicht die Vorschriften des § 80 Nr. 11 c und d (Betreten eines am Leinpfad liegenden Fahrzeuges zwecks Vorbeiführung der Leine bzw. Betreten der Ufer). Evtl. muß in derartigen Fällen die Hilfe der Schiffahrtspolizei in Anspruch genommen werden.

## 3. Nebeneinandersegeln zusammengebundener Fahrzeuge.

Das Nebeneinandersegeln[1]) zusammengebundener Fahrzeuge ist verboten.

[1]) Und Fahren (Treiben und Rudern). Vgl. § 80 Nr. 16d 1.

## 4. Fahrtgeschwindigkeit.

a) Der Richtgraben zwischen den Warnungstafeln am oberen und unteren Ende darf von Dampffahrzeugen sowohl stromaufwärts wie stromabwärts nur mit einer Geschwindigkeit von höchstens 3½ Knoten[1]) durchfahren werden. Dies entspricht einer Fahrzeit von mindestens 8 Minuten.

b) Diese Höchstgeschwindigkeit darf in keinem Teile des Richtgrabens überschritten werden. Etwaige im Richtgraben zugebrachte Liegezeiten dürfen auf die Dauer der Fahrzeit nicht angerechnet werden[2]).

[1]) Vgl. dazu § 61 Nr. 7.

[2]) Analog der Bestimmung des § 80 Nr. 14c Abs. 2.

### 5. Schleppzüge.

a) Schleppzüge dürfen im Richtgraben und im Peenefluß nicht mehr als vier große oder sechs kleine Fahrzeuge im Anhang führen[1]). Bei Schleppzügen von mehr als zwei geschleppten Fahrzeugen sind diese zu je zwei nebeneinander zu koppeln.

b) Als kleine Fahrzeuge im Sinne des Abs. a gelten Fahrzeuge bis zu 20 m Länge. Zwei große Fahrzeuge gelten gleich drei kleinen[2]).

c) Die zu den geschleppten Fahrzeugen gehörigen Beiboote werden nicht als Fahrzeuge im Sinne des Abs. a gerechnet.

d) Bei Begegnung zweier Schleppzüge hat der stromaufwärts fahrende anzuhalten[3]) und den stromabwärts fahrenden Schleppzug vorbeizulassen.

[1]) Längsseitschleppen ist hier nicht behandelt.

[2]) Daraus ergibt sich, daß zwar zwei große und drei kleine, nicht aber drei große und zwei kleine Fahrzeuge zusammen geschleppt werden dürfen.

[3]) Nötigenfalls vor Anker zu gehen.

### 6. Flöße[1]).

Lagernde Flöße müssen an beiden Enden am Ufer festgemacht werden. Die Schiffahrt darf durch lagernde Holzflöße nicht behindert werden[2]).

[1]) Vgl. § 18; § 47. Lagernde Flöße sind festgemachte Flöße oder schwimmende Holzlager (§ 40).

[2]) In der Nähe von Anlagestellen, Fährstellen usw. ist das Hinlegen von Flößen wohl nur ausnahmsweise als zulässig anzusehen (analog § 56g).

### 7. Ankern. Anlegen.

a) An den Ufern des Peeneflusses darf das Ausbringen von Ankern an Land[1]) sowie das Einschlagen von Anbindepfählen nur in mindestens 4 m Entfernung landeinwärts vom Uferrande ab geschehen[2]).

b) In allen Biegungen des Peeneflusses ist das Ankern, Anbinden und Festlegen von Fahrzeugen und Flößen verboten[3]).

c) Von Anklam abwärts dürfen Fahrzeuge nur am linken Ufer festlegen. Wenn sie zum Ein- und Ausladen am rechten Ufer anlegen, müssen sie, sobald die Arbeit unterbrochen wird, ablegen[4]).

d) Bei Nacht[5]) dürfen Fahrzeuge im Peenefluß nicht nebeneinander liegen. Bei Tage ist dies nur so lange gestattet, wie es zum Überladen oder zum Aufrichten und Niederlegen der Masten erforderlich ist.

e) An den Ufern des Richtgrabens ist das Anlegen von Fahrzeugen jeder Art und von Flößen außer in Notfällen nicht gestattet[6]).

Dieses Verbot erstreckt sich nicht auf das Anlegen an denjenigen Uferstrecken, die von den Uferbesitzern selbst unterhalten werden.

[1]) Zwecks Befestigung von Fahrzeugen, Flößen, Baggern usw.

[2]) Um ein Einreißen und Abbröckeln des Ufers zu verhindern. Vgl. § 49b.

[3]) Vgl. § 56a.

[4]) Vgl. die analoge Bestimmung in § 56d. Ferner § 48 Anm. 37.

[5]) Vgl. § 8 Abs. 6.

[6]) Sofortige Räumung des Platzes nach Beendigung der Zwangslage. Vgl. § 48 Anm. 37.

## 8. Löschen. Laden.

a) Das Löschen und Laden im Peenefluß unterhalb Anklam darf außer in Notfällen nur an den hierzu bestimmten Bollwerken, Ladebrücken, Ablagen usw. sowie an den zu diesem Zwecke befestigten Ufern[1]), nicht aber an den mit Pflanzungen oder anderen Schutzanlagen versehenen Ufern stattfinden.

Hierbei muß der Leinpfad[2]) frei gelassen werden.

b) Alle im Fluß liegenden Fahrzeuge und Flöße[3]) müssen denjenigen Fahrzeugen, welche zum Löschen oder Laden anlegen wollen, den Platz räumen[4]) und sind verpflichtet, den Liegeplatz nach Anordnung der Schiffahrtspolizeibeamten jederzeit zu ändern[5]).

Im Falle der Weigerung kann die Fortlegung auf Gefahr und Kosten des Säumigen zwangsweise bewirkt werden[6]).

[1]) Vgl. § 48c. [2]) Vgl. § 80 Nr. 11.

[3]) Gleichgültig, ob sie an erlaubter Stelle ankern und der Schiffahrt im allgemeinen hinderlich sind oder nicht. Das Gebot gilt nicht für Schiffe, die nach Nr. 8a an erlaubter Stelle liegen (also nicht im Fluß).

[4]) Und zwar müssen sie sich so legen, daß sie auch beim Schwojen die ladenden und löschenden Fahrzeuge nicht belästigen oder gefährden oder in ihrer Tätigkeit stören.

[5]) Vgl. § 7.

[6]) Durch die Schiffahrtspolizei. Ein Selbsthilferecht gemäß § 229 BGB. wird dem Schiffer im allgemeinen nicht zustehen, da hier an den Anlegeplätzen obrigkeitliche Hilfe normalerweise rechtzeitig zu erlangen ist. Doch sind Ausnahmen denkbar (vgl. auch § 80 Nr. 11c).

## Besondere Vorschriften für die Seewasserstraßen um Rügen einschließlich des Greifswalder Boddens und das Fahrwasser nach Damgarten[1]).

### 1. Grenzen des Geltungsbereichs der Seewasserstraßenordnung[2]).

**§ 84.** a) Äußere Geltungsgrenzen:

1. für das Osttief die Verbindungslinie Leuchtturm Greifswalder Oie mit weißer Bakentonne Usedom-Ost;

2. für das Landtief die Verbindungslinie Leuchtturm Greifswalder Oie mit Süd-Perd bei Thießow;
3. für das nördliche und westliche Stralsunder Fahrwasser
   α) durch den Libben die Verbindungslinie Leuchtturm Dornbusch mit Rehberge (Rettungsstelle),
   β) durch den Gellen die Verbindungslinie Leuchtturm Dornbusch über Glockentonne Bock O mit Kirchturm Barth.

b) Obere Geltungsgrenze:

1. Im Rykfluß die Grenze des Greifswalder Hafens;
2. im Jasmunder Bodden:

   der Damm zwischen Großem und Kleinem Jasmunder Bodden;
3. im Recknitzfluß:

   die Mündung des Recknitzflusses in den Ribnitzer See.

[1]) Bis zur Einrichtung reichseigener Wasserstraßenbehörden ist als Schiffahrtspolizeibehörde der Oberpräsident (Wasserbaudirektion) Stettin und als dessen Organe:

für die Seewasserstraßen östlich von der Verbindungslinie der Neuhofer Ziegelei und der Prosnitzer Schanze das Wasserbauamt Ost-Stralsund,

westlich von dieser Verbindungslinie das Wasserbauamt West-Stralsund zuständig.

Zuständige Behörden gemäß § 46 sind für die Seewasserstraßen östlich der Verbindungslinie Neuhofer Ziegelei mit der Prosnitzer Schanze das Wasserbauamt Ost-Stralsund, westlich von dieser Verbindungslinie das Wasserbauamt West-Stralsund. — Über Ausführungsverordnungen vgl. zu § 82.

[2]) Über Betonnung und Befeuerung vgl. Anhang Anl. 4 und 5.

## 2. Allgemeines.

Die im § 80 in den Ziffern:

2. Dampferlichter,
3. Schallsignale,
7. Ausweichen im allgemeinen,
8. Ruder- und Segelboote,
18. Schleppen von Fahrzeugen und Flößen

aufgeführten Bestimmungen haben auch für die obenbezeichneten Wasserstraßen Gültigkeit.

## 3. Warnungssignale.

Warnungssignale gemäß § 24 werden an den Lotsenstationen Ruden, Thießow, Stralsund und Barhöft gezeigt.

## 4. Schleppzüge.

Auf den Wasserstraßen westlich von Barhöft sowie in den Baggerrinnen Vierendehl, Gellerhaken Mittelgrund, Trog, Rossowstrom, Wittower Fähre und Gelm dürfen Schleppzüge, vom Bug des Schleppdampfers[1]) bis zum Heck des letzten geschleppten Schiffes gerechnet, nicht länger als 250 m, geschleppte Flöße[2]) insgesamt höchstens 60 m lang und 10 m breit sein[3]).

[1]) Abweichend von der normalen Berechnungsweise (vom Heck des Schleppers).

[2]) Hier also nicht der Schleppzug, vielmehr nur die Flöße ohne Schlepper und ohne alle Trossen.

[3]) Es können also zwei Flöße von je 5 m Breite nebeneinander geschleppt werden.

## 5. Treideln von Fahrzeugen auf dem Rykfluß[1]).

a) Wenn sich getreidelte Fahrzeuge an demselben Ufer begegnen, muß das auslaufende dem einlaufenden ausweichen. Einlaufende Fahrzeuge mit umlegbaren Masten müssen diese umlegen.

Wenn getreidelte Fahrzeuge einander überholen, muß das langsamer fahrende, wenn es umlegbare Masten hat, diese umlegen, das überholende Fahrzeug weicht aus.

b) Hat das langsamer fahrende Fahrzeug keine umlegbaren Masten (pommerscher Kahn), so muß es ausweichen und die Leine loslassen, damit das überholende Fahrzeug landseitig vorbeifahren kann.

c) Wird der Leinpfad durch ein stilliegendes Fahrzeug unterbrochen, so ist das Betreten desselben zur Vorbeiführung der Leine beim Treideln gestattet und der Schiffer mit seinen Leuten nicht nur zur Duldung des Betretens, sondern erforderlichenfalls auch zur Hilfeleistung verpflichtet.

d) Das Betreten der Ufer ist nur so weit gestattet, als es bei ordnungsmäßigem Schiffahrtsbetriebe unvermeidlich und notwendig ist.

[1]) Die Vorschriften zu 5. sind wörtlich übereinstimmend mit § 80 Nr. 11. Vgl. die Anm. dortselbst.

## 6. Fahrtgeschwindigkeit.

Dampffahrzeuge dürfen auf dem Rykfluß nur mit einer Geschwindigkeit von höchstens 4 Knoten[1]) fahren.

[1]) Durchs Wasser, nicht über Grund. Vgl. § 61 Nr. 7.

## 7. Ankern. Anlegen.

Auf dem Rykfluß dürfen Fahrzeuge nicht vor Anker gehen[1]).

Das Anlegen der Fahrzeuge an den Ufern des Flusses darf nur an den vom Wasserbauamt Stralsund-Ost genehmigten Ladestellen erfolgen[2]).

[1]) Außer im Notfalle. Vgl. auch § 56b.
[2]) Vgl. § 48c, § 56a und i.

### 8. Verkehr durch die Meiningenbrücke.

a) Jedes Fahrzeug, welches die bewegliche Durchfahrtsöffnung der Meiningen-Eisenbahnbrücke benutzen will, darf erst dann hindurchfahren, wenn der rote Signalball an der Signalstange, die sich auf der Mitte der Brücke befindet, vollständig herabgelassen ist.

b) Jeder Fahrzeugführer, der die Durchfahrtsöffnung benutzen will, muß dies durch ein Pfeifen-, Horn-[1]) oder Flaggensignal dem Brückenwärter rechtzeitig bekanntgeben.

c) Befindet sich der Ball am oberen Ende der Signalstange, so kann die Drehbrücke nicht geöffnet werden. Befindet sich der Ball in der Mitte der Signalstange, so wird die Brücke nur auf Anforderung geöffnet.

d) Nachts[2]) und bei dunklem Wetter[3]) wird die Brücke nicht geöffnet.

An die Stelle des roten Signalballs tritt dann ein rotes Licht[4]).

[1]) Wohl Nebelhorn gemeint (Art. 15 Abs. 3 SStrO.).
[2]) Vgl. § 8 Abs. 6.
[3]) Vgl. § 82 Nr. 5b.
[4]) Sichtweite: 1 Seemeile (§ 8 Abs. 4).

### 9. Ausübung der Fischerei[1]).

In der Vierendehl- und in der Gellenrinne ist das Fischen mit Grundschleppnetzen verboten.

[1]) Vgl. § 55.

### 10. Reeden[1]).

Reeden sind:

a) die Reede östlich der Insel Ruden, im Norden begrenzt durch die rechtweisende Peilung 270° des Rudenfeuers auf der NO-Bake;

b) die Reede westlich der Linie des Barhöfter Richtfeuers, bezeichnet durch eine Reedetonne.

[1]) Vgl. § 56a.

11. Ankerplätze für Fahrzeuge mit Sprengstoffen oder Munition[1]).

Fahrzeuge, die mehr als 35 kg Sprengstoffe oder Munition geladen haben, haben sich den Ankerplatz von Lotsen anweisen zu lassen.

[1]) Vgl. § 17, § 56h, § 57b. Ausnahmen: § 56h.

12. Begriffsbestimmungen.

Das nicht durch Fahrwassertonnen, Pricken oder Richtungsbaken bezeichnete Fahrwasser des Greifswalder Boddens gilt nicht als enges Fahrwasser im Sinne des Artikels 25 der Seestraßenordnung[1]).

[1]) Vgl. § 80 Nr. 25; § 36 Anm. 2.

## Besondere Vorschriften für die Seewasserstraßen in Ostpreußen[1]).

1. Grenzen des Geltungsbereichs der Seewasserstraßenordnung[2]).

**§ 85.** a) Die äußere Grenze wird gebildet durch eine Linie, die die Richtfeuerlinie des Pillauer Seetiefs in Höhe der Ansteuerungstonne[3]) Pillau rechtwinklig schneidet bis zu zwei Punkten je 200 m nordöstlich und südwestlich von der Ansteuerungstonne und durch zwei Linien, die diese Punkte mit den Molenköpfen verbinden.

b) Nach innen gilt diese Ordnung bis zu den Hafengrenzen[4]),

auf dem Pregel bis zur unteren Grenze des Hafenbezirks von Königsberg (Station 7,7 des Holsteiner Treibeldammes), auf dem Elbingflusse bis zum unteren Ende des Elbinger Industrie- und Handelshafens (Kilometer 8,75),

im Danziger Fahrwasser bis zur Mündung der Nogat (Westrinne).

c) Diese Ordnung gilt nicht für das Kurische Haff[5]) und den Königsberger Seekanal. Für letzteren bestehen Sondervorschriften[6]).

[1]) Schiffahrtspolizeibehörden.

Bis zur Errichtung reichseigener Wasserstraßenbehörden ist als Schiffahrtspolizeibehörde der Oberpräsident (Wasserbaudirektion) in Königsberg und als dessen Organe das Hafenbauamt in Pillau und das Wasserbauamt in Elbing zuständig.

Zuständige Behörde gemäß § 46 ist das Hafenbauamt in Pillau.

[2]) Über Betonnung und Befeuerung vgl. Anhang Anl. 4 und 5. —

Ausführungsverordnungen.

Es sind aufgehoben worden:

1. Durch Polizeiverordnung vom 27. August 1927 (ABl. Königsberg 1927 S. 307):

a) die Polizeiverordnung vom 3. Dezember 1898 über den Betrieb der Schiffahrt auf dem Frischen und Kurischen Haff;

b) die Polizeiverordnung vom 29. Januar 1900, betr. den Betrieb der Schiffahrt auf dem Frischen und Kurischen Haff;

c) die Polizeiverordnung vom 29. November 1901, betr. die mißbräuchliche Benutzung von Seeschiffahrtszeichen;

d) die Polizeiverordnung vom 30. September 1912, betr. die Führung eines Hecklichtes von Schiffen auf dem Frischen Haff.

2. Durch Polizeiverordnung vom 21. November 1927 (ABl. Königsberg 1927 S. 309):

a) die Polizeiverordnung vom 17. Juli 1880 in der Fassung vom 5. Juni 1894, betr. Schutz der Schiffahrtszeichen;

b) die Polizeiverordnung vom 12. Oktober 1908, betr. die Kenntlichmachung der Bagger und Taucherglocken.

Es sind erlassen worden:

1. Die Polizeiverordnung vom 21. November 1927 (ABl. Königsberg 1927 S. 311):

Der Geltungsbereich der Polizeiverordnung vom 22. August 1881 nebst den Nachträgen vom 24. April 1882, vom 12. April 1893, vom 18. Mai 1896 und 12. Juli 1918 (ABl. Danzig S. 206 bzw. S. 110, 209, 176 und 254) für den Elbingfluß wird auf die Strecke des Elbingflusses oberhalb km 8,75 beschränkt, da unterhalb von km 8,75 die Seewasserstraßenordnung vom 31. März 1927 (ABl. Marienwerder Beilage zu Stück 34) gilt.

2. Bekanntmachung vom 21. November 1927 (ABl. Königsberg 1927 S. 311).

Gemäß § 5 Abs. 2 der am 1. Dezember 1927 in Kraft tretenden Seewasserstraßenordnung wird hiermit bestimmt, daß die Kleinfischer und Führer von ungedeckten Ruderbooten im Geltungsbereich dieser Polizeiverordnung von der Mitführung eines Abdrucks der Seewasserstraßenordnung an Bord einstweilen entbunden sind. Kleinfischer im Sinne dieser Bekanntmachung sind Führer von kleinen, ungedeckten Fischereifahrzeugen ohne eigene Triebkraft.

3. Die Polizeiverordnung vom 21. November 1927 (ABl. Königsberg 1927 S. 311).

Durch welche die Betriebsordnung für den Königsberger Seekanal (welcher der SWO. nicht unterliegt — § 85 Nr. 1c) ergänzt worden ist und zwar in Anlehnung an die SWO. durch Einfügung:

a) eines § 29a (entsprechend § 48b SWO.);

b) eines § 29b (entsprechend § 49 SWO.);

c) eines § 35a (entsprechend § 59 SWO.). Zuwiderhandlungen sind mit Geldstrafe bis 150 RM bzw. Haft bedroht.

4. Die Polizeiverordnung vom 21. November 1927 (ABl. Königsberg 1927 S. 310).

Durch welche:

a) Das gesamte Frische Haff aus dem Geltungsbereich der Polizeiverordnung vom 28. Februar 1900 (ABl. Königsberg S. 158) ausgeschlossen;

b) die zu a bezeichnete Polizeiverordnung durch Einfügung von Vorschriften wie oben zu 3a—c und durch Einfügung einer dem § 22 Abs. 1—3 SWO. entsprechenden Vorschrift ergänzt worden ist. Strafandrohung wie oben zu 3.

Nach dem 10. Dezember jedes Jahres ist im Winter die Befahrung des Frischen Haffs (im Interesse der Fischerei) nur nach vorheriger Anmeldung beim Hafenbauamt Pillau bzw. Wasserbauamt Elbing gestattet. Dies gilt jedoch nicht für den Königsberger Seekanal (Pol. Verordn. vom 7. Januar 1927 und 10. Dezember 1927 — Amtsbl. S. 11).

[3]) Vgl. § 80 Nr. 1.

[4]) Also auf dem ganzen Frischen Haff (mit Ausnahme des Königsberger Seekanals. Vgl. zu c).

[5]) Auch nicht für denjenigen Teil, der noch unter deutscher Hoheit steht. Dort gilt auch nicht die SStrO. Vgl. § 1 Anm. 9.

[6]) Nämlich die Betriebsordnung für den Königsberger Seekanal vom 24. März 1904 (mit Nachträgen). Vgl. I, 847.

## 2. Begriffsbestimmungen.

Das nicht durch Fahrwassertonnen, Pricken oder Richtungsbaken bezeichnete Fahrwasser des Frischen Haffs gilt nicht als enges Fahrwasser im Sinne des Artikels 25 der Seestraßenordnung[1]).

[1]) Vgl. § 80 Nr. 25; § 36 Anm. 2.

## 3. Lichterführung.

Jedes in Fahrt befindliche[1]) Fahrzeug, das die nach der Seestraßenordnung vorgeschriebenen Lichter nicht zu führen braucht[2]), einerlei, ob es mit eigener Kraft fährt oder geschleppt wird, muß ein weißes Licht[3]) führen.

[1]) Vgl. Einl. Abs. 4 SStrO. (§ 2 Abs. 2 SWO.).

[2]) Vgl. Art. 7 SStrO.

[3]) Sichtweite: 1 Seemeile (§ 8 Abs. 4). — Art. 5 SStrO. gilt hier nicht.

### 4. Signalstellen für Warnungssignale.

Warnungssignale gemäß § 24 werden im Ostpreußischen Bezirk nicht gezeigt. Über außergewöhnliche Störungen im Fahrwasser erhalten die Fahrzeuge durch die Lotsen, Hafenpolizeiverwaltungen in Pillau und Königsberg und durch das Wasserbauamt in Elbing Mitteilung.

### 5. Schleppzüge.

Im Pillauer Seetief[1]), im Elbinger Fahrwasser vom Westmolenkopf aufwärts und im Elbingflusse darf nur mit verkürzten[2]) Schlepptrossen gefahren werden. Das Aufkürzen der Trossen soll vor dem Einlaufen in die vorerwähnten Schiffahrtsstraßen geschehen, soweit das Wetter dieses erlaubt.

[1]) Verbindung des Frischen Haffs mit der Ostsee.

[2]) Grad der Verkürzung nach Ermessen des Schlepperführers (§ 5 Abs. 4).

### 6. Ankern von Fischerfahrzeugen.

In den nicht als enge Fahrwasser bezeichneten Fahrwassern des Frischen Haffs (vgl. Ziffer 2) und im Pillauer Seetief innerhalb eines Abstandes von 75 m von den südlichen Uferschutzwerken dürfen fischende Fahrzeuge ankern[1]).

[1]) Vgl. § 80 Nr. 22d.

### 7. Ankerplatz für Fahrzeuge mit Sprengstoffen oder Munition[1]).

Fahrzeuge, die mehr als 35 kg Sprengstoffe oder Munition geladen haben oder laden wollen[2]), dürfen nur in der Ausbuchtung der Pillauer Rinne nach der Frischen Nehrung hin bei der Militärbrücke bei Neutief und in der Krummen Bucht im Elbingfluß bei Kilometer 8,75 bis Kilometer 9,75 nach Anweisung der Schiffahrtspolizeibehörde ankern, löschen und laden[3]).

[1]) Vgl. § 17, § 56h, 57b. Ausnahmen: § 56h.
[2]) Vgl. § 57b (Laden sollen).
[3]) Vgl. § 56 h, § 48c, § 57.

8. Besondere Bestimmungen für den Elbingfluß.

a) Fahrtbeschränkungen.

Dampffahrzeuge dürfen auf der Strecke von km 15 bis km 12 nur mit einer Höchstgeschwindigkeit von 8 km (4,8 Knoten)[1]) und von km 12 bis km 8,75 nur mit einer solchen von 13 km (7 Knoten) fahren.

b) Ketten und Seilfähren.

Bei der Annäherung an Ketten- und Seilfähren[2]) haben die Fahrzeuge durch Abgabe eines langen Tones[3]) gemäß § 35 oder, wenn dieses nicht möglich ist, auf andere Weise die Aufmerksamkeit des Fährmannes zu erregen.

c) Flöße[4]).

Die Breite von Flößen darf 10 m, ihre Länge 100 m nicht übersteigen.

d) Treideln[5]).

1. Fahrzeugen, die von Menschen getreidelt werden, müssen die von Pferden getreidelten die Leine werfen[6]).

2. Werden Fahrzeuge auf gleiche Weise getreidelt, so muß das stromabwärts kommende die Leine werfen[7]).

3. Boote und kleine Fahrzeuge haben den Seeschiffen und anderen größeren Fahrzeugen die Leine zu werfen[8]).

[1]) Durchs Wasser (nicht über Grund). § 61 Nr. 7.

[2]) Vgl. § 16, § 37 Abs. 5, § 40 Abs. 1; § 44, § 56f. und g.

[3]) 4—6 Sekunden. § 2 Abs. 2 SWO.; Art. 15 Abs. 2 SStrO.

[4]) Vgl. § 18, § 33d, § 47, § 53.

[5]) Diese Vorschriften unterscheiden nicht, wie § 80 Nr. 11 zwischen Überholen und Begegnen beim Treideln, sondern gelten für beide Fälle.

[6]) Vgl. § 80 Nr. 11b (Leine loslassen).

[7]) Vgl. § 80 Nr. 11a.

[8]) Diese Unterscheidung ist § 80 Nr. 11 nicht bekannt, der im übrigen vielfach analog heranzuziehen sein wird, soweit es sich um Rechte und Pflichten getreidelter Fahrzeuge handelt.

## Strafbestimmungen.

**§ 86.** Zuwiderhandlungen gegen diese Polizeiverordnung werden mit Geldstrafe bis zu 150 (Einhundertfünfzig) Reichsmark bestraft, sofern nicht nach anderen Bestimmungen eine höhere Strafe verwirkt ist[1]).

[1]) Vgl. dazu § 366 Nr. 10 StGB. Einl. dieses Gesetzes und die Anm. daselbst. Ferner §§ 322, 305, 321, 366a StGB. in Verb. mit § 49 SWO., sowie § 323 (vgl. § 48 Anm. 2).

## Inkrafttreten der Verordnung.

**§ 87.** Diese Polizeiverordnung tritt am 1. Dezember 1927 in Kraft[1]).

[1]) Soweit nicht die Inkraftsetzung noch vorbehalten worden ist, z. B. für § 50 (Eisbrecher). Diese Vorschrift gilt einstweilen nur für den Bezirk Stettin (§ 80 Nr. 24a).

# Anhang.

**Anlage 1.**

## Lübeckische Vorschriften für die Trave.

### (Auszug aus der Lübeckischen Hafenordnung.)

1. Geltungsbereich[1]).

Die Polizeiverordnung zur Regelung des Verkehrs auf den deutschen Seewasserstraßen (Seewasserstraßenordnung) (RGBl. II S. 157) gilt auch für die Trave von der roten Tonne Lübeck A vor Travemünde bis zu den Binnenhäfen in Lübeck, die begrenzt werden durch die Hubbrücke, die Holstenbrücke und die Eisenbahnbrücke über den Stadtgraben.

[1]) Über Betonnung und Befeuerung vgl. Anhang Anl. 4 und 5.

2. Schiffahrtspolizeibehörde[1]).

Schiffahrtspolizeibehörde im Sinne der Verordnung sind für den Hafenverkehr:

das Polizeiamt Lübeck
(mit den Hafenämtern in Lübeck und Travemünde),

für das Lotsen-, Leucht- und Tonnenwesen:

die Baubehörde
(mit dem Lotsenamt in Travemünde).

[1]) Vgl. § 7 SWO.

§ 49 der neuen Lübeckischen Hafenordnung vom 13. Oktober 1927 lautet:

Diese Verordnung tritt am 1. Dezember 1927 in Kraft.

Mit demselben Tage werden aufgehoben:

1. die Lübeckische Hafen- und Revierordnung vom 17. August 1904 und die dazu erlassenen Nachträge;
2. die Verordnung des Senates vom 13. Februar 1904, betreffend den Verkehr von Seeleichtern im Kanalhafen zu Lübeck und der anschließenden Kanalstrecke bis zur Büssauer Schleuse aufwärts;
3. ferner Bekanntmachung der Baudeputation vom 29. September 1902, betreffend die Schiffahrt durch den neuen Durchstich bei Siems und die Durchfahrt durch die Doppeldrehbrücke daselbst;
4. Verordnung des Polizeiamts vom 29. September 1902, betreffend den Schiffsverkehr im vertieften Fahrwasser der Trave und durch den Durchstich und die Drehbrücke bei Siems, sowie den Verkehr für Fuhrwerke, Fußgänger usw. über diese Drehbrücke;
5. Bekanntmachnng der Baudeputation vom 6. Dezember 1902, betreffend den Verkehr durch die Drehbrücke im inneren Hafen, nebst Nachtrag vom 8. Juni 1903;
6. Bekanntmachung der Baudeputation vom 19. September 1905, betreffend den Schiffahrtsverkehr durch die Hubbrücken in der Hafenstraße zu Lübeck;
7. Verordnung des Polizeiamts vom 29. September 1905, betreffend den Schiffahrtsverkehr durch die Hubbrücken;
8. Bekanntmachung der Baudeputation vom 7. Mai 1918, betreffend den Verkehr durch die Drehbrücke im inneren Seehafen und durch die beiden Hubbrücken in der Hafenstraße.

### 3. Lotsenwesen[1]).

Es besteht Lotsenpflicht[2]); Schiffe, die in Travemünde einlaufen wollen, geben auf der Reede die vorgeschriebenen Lotsensignale[3]).

Segelschiffe mit oder ohne Hilfsmotor[4]) bis zu 200 cbm N. R. sind von der Pflicht zur Annahme eines Lotsen befreit. Über weitere Befreiung siehe die Lübeckische Hafenordnung.

[1]) Ausführliche Regelung in der Lübeckischen Hafenordnung.

[2]) Aus diesem Auszuge ist nicht ersichtlich, ob der Lotse das Kommando des Schiffes übernehmen muß, ob er also Zwangslotse i. S. des § 737 HGB. ist (I, 762ff.). Nach § 5 der alten Hafen- und Revierordnung für Lübeck hatte der Lotse die Leitung der Fahrt nur auf den seewärts in den Hafen von Travemünde einlaufenden, dem Lotsenzwang unterliegenden Schiffen. Im übrigen war der Lotse trotz des Lotsenzwanges kein Zwangslotse. Jetzt bestimmt § 7 der Hafenordnung vom 13. Oktober 1927, daß der Lotse auf der Ein- und Ausfahrt zwischen See und Lübeck (§ 6) nur Berater des Kapitäns ist und daß letzterem die Verantwortung für die Schiffsführung bleibt. Der Lotse ist also nicht Zwangslotse.

[3]) Damit ist Bezug genommen auf die Lotsensignalordnung (Anlage 3).

[4]) Oder Hilfsdampfmaschine (was jetzt kaum mehr vorkommt). Analog auch Flettner-Rotorschiffe (vgl. § 15).

## 4. Meldewesen.

Jedes Schiff hat beim Einlaufen in den Travemünder Hafen die Nationalflagge zu setzen[1]) und einen Fragezettel ausgefüllt dem Hafenamt bzw. Lotsenboot zu übergeben.

[1]) Vgl. § 54 SWO.

## 5. Quarantänevorschriften[1]).

Fahrzeuge, die aus einem verseuchten Hafen kommen oder ansteckende gefährliche Krankheiten, wie Cholera, Pest u. dgl., an Bord haben, müssen sich, ehe sie mit dem Lande in Verbindung treten, einer ärztlichen Untersuchung unterziehen. Sie haben die Quarantäneflagge zu setzen und das allgemeine Quarantänesignal gemäß § 35f der Seewasserstraßenordnung zu geben.

Bis zur Beendigung der Untersuchung haben sie nach den Anweisungen des Hafenamtes Travemünde an der für solche Fälle vorgesehenen Quarantänestelle zu ankern bzw. festzulegen[2]).

[1]) Vgl. § 4 SWO. und Anlage 9.
[2]) Vgl. § 56a und i; § 4; § 7 Abs. 3 SWO.

### 6. Zollvorschriften[1]).

Alle Dampffahrzeuge, welche in den hiesigen Hafen einlaufen, haben in Travemünde bei der Zollstation zu stoppen und die Zollwache an Bord zu nehmen. Segelfahrzeuge werden, ehe sie die Fahrt traveaufwärts fortsetzen dürfen, zollamtlich in Travemünde abgefertigt. Im übrigen siehe Zollregulativ.

[1]) Vgl. § 3 SWO. und Anlage 8.

### 7. Anlegeplätze für Schiffe mit Sprengstoffen oder Munition[1]).

Schiffe, die mehr als 35 kg Sprengstoffe oder Munition geladen haben (vgl. § 56 Abs. h der Seewasserstraßenordnung), dürfen, falls der Liegeplatz nicht besonders vorher bestimmt ist[2]), nur an folgenden Plätzen anlegen:
a) in Travemünde an den Pfählen in der Siechenbucht;
b) in Lübeck an den Pfählen im Umschlaghafen II.

[1]) Vgl. dazu § 17 (Signale) SWO.
[2]) Gemäß § 7 Abs. 3 SWO.

### 8. Signalstellen für Warnungssignale.

Die im § 24 der Seewasserstraßenordnung vorgesehenen Warnungssignale werden gezeigt:
1. in Travemünde an der in der Nähe der Nordermole stehenden Winkbake;
2. in Lübeck auf dem Hafenamtsgebäude.

Über außergewöhnliche Störungen wird Auskunft in den Hafenämtern erteilt.

### 9. Ankern und Anlegen[1]).

Das Ankern in den Häfen und in der Fahrrinne ist nur in Fällen dringender Not gestattet. Ankerplätze[2]) befinden sich in der großen und kleinen Holzwiek.

In Travemünde ist das Anlegen[3]) an den stadtseitigen Brücken ohne Genehmigung[4]) verboten.

Einkommende Segelschiffe[5]) haben an der Priwallseite auf der Strecke vom Kohlenhof bis zur Wagenfähre oder oberhalb derselben festzumachen[6]).

[1]) Vgl. § 20 (Ankerlicht); § 33b (Nebelsignal beim Schwojen); § 48d (Schwojen im Fahrwasser); § 48f (Ankern außerhalb der Reeden, in Richtungslinien und Leitsektoren); § 53 (Besetzung ankernder Schiffe); § 56: Ankern, Schwojen, Festmachen.)

[2]) Vgl. § 56a (Reeden).

[3]) Vgl. § 22 (Lichterführung festgemachter Fahrzeuge); § 49b (Festmachen an Strombauwerken); § 56a und i (Festmachen).

[4]) Der Schiffahrtspolizeibehörde. Vgl. Nr. 2 und SWO. § 7.

[5]) Also nicht Segelboote, Jachten, Fischerfahrzeuge usw.

[6]) Bestimmung gemäß § 56a SWO.

### 10. Segeln.

1. Im Pfahlrack und vom unteren Ende des Durchstichs bei Schlutup bis zur Einfahrt in die Stadthäfen beim unteren Ende des Umschlaghafens I dürfen Segelschiffe weder kreuzen[1]), noch quer zum Fahrwasser treiben[2]). Sie müssen, falls sie nicht geraden Kurs halten können[3]), entweder außerhalb der Fahrrinne[4]) ankern, am Lande anlegen oder sich schleppen lassen[5]).

2. Auf der Strecke vom unteren Ende des Durchstichs bei Schlutup bis zum unteren Ende des Umschlaghafens I ist Seeschiffen von mehr als 200 cbm N. R. das Segeln überhaupt verboten[6]). Kleineren Seeschiffen[7]) und Binnenschiffen[8]) ist das Segeln auf dieser Strecke während der Dunkelheit[9]) verboten.

   Alle segelnden Fahrzeuge müssen einen Heckanker zum sofortigen Gebrauch klarhalten[10]).

3. In den Lübecker Stadthäfen, vom unteren Ende des Umschlaghafens I an aufwärts, ist das Segeln allen See- und Binnenschiffen[11]) verboten.

Die vorgenannten Bestimmungen gelten nicht für Segellustfahrzeuge[12]) unter 57 cbm Bruttoraumgehalt.

[1]) Vgl. S. 98, 185, 361—363.

Sie dürfen also nur vor dem Winde, äußerstenfalls mit raumem Winde fahren. Ist das nicht möglich, so müssen sie geschleppt oder an Warpankern gehievt werden, soweit das Ankerwerfen gestattet ist (außerhalb der Fahrrinne. — Vgl. den nächsten Satz der Vorschrift).

[2]) An sich ist Treiben im Fahrwasser nicht verboten.

[3]) Das gilt für das Segeln, wie für das Treiben. Die Schiffe dürfen eben nur in der Fahrwasserrichtung fahren. Wenn ein Schiff mit raumem Winde segelnd (was an sich zulässig ist) so viel Abtrift hat, daß es schräg in das Fahrwasser versetzt wird, so kann es nicht geraden Kurs halten, ebenso wenn es ihm nicht gelingt, beim Treiben das Schiff stets in der Längsrichtung zum Fahrwasserverlauf zu halten.

[4]) Vgl. § 6 und § 36 SWO.

[5]) Vgl. Nr. 13 und SWO. § 45.

[6]) Also selbst vor dem Winde oder mit raumem Winde. Verboten ist auch die Segelführung von Motorseglern, welche ihren Motor angestellt haben. Denn auch dies ist ein Segeln, gleichgültig, ob der Antrieb durch Wind oder Motor überwiegt.

[7]) D. h. Seeschiffen, die kleiner sind als 200 cbm N.R.

[8]) Ohne Rücksicht auf die Größe dürfen sie am Tage segeln. Große, schwer beladene Segelkähne, Leichter usw., welche an Wendigkeit und Segeleigenschaften gewöhnlich hinter den Seeschiffen zurückstehen, haben also während der Helligkeit ein Privileg.

[9]) Nicht gleichbedeutend mit „Nacht" (§ 8 Abs. 6 SWO.). Maßgebend ist die Helligkeit, welche zum sicheren Segeln im Revier zu erfordern ist. Vgl. z. B. auch den Ausdruck: „dunkles Wetter", z. B. § 84 Nr. 8d SWO. „unsichtiges Wetter" (§ 46 Abs. 3; § 56b und h; § 63C 2); „helles Wetter": § 81 Nr. 5 (im Gegensatz zu „unsichtigem Wetter").

[10]) Vgl. z. B. § 71 Nr. 10. Vgl. auch § 45 Anm. 13 und § 52 SWO.

[11]) Nicht auch Booten und Jachten (vgl. Abs. 2).

[12]) Man wird den Begriff nicht zu eng fassen dürfen. Allerdings nicht etwa in dem Sinne, daß die Gewerbsmäßigkeit maßgebend sei, denn wer Segelspazierfahrten gegen Entgelt veranstaltet, tut dies mit einem Segellustfahrzeug. Es soll in Nr. 10 Abs. 2 weniger die Bestimmung des Schiffes, als dessen Charakter gekennzeichnet werden. Wenn der Angestellte eines Importhauses geschäftlich zu einem Schiff hinausfährt und dazu eine Segeljolle benutzt, so gilt § 10 Abs. 2.

## 11. Fahrtbeschränkungen[1]).

Unter Berücksichtigung der in der Seewasserstraßenordnung festgelegten Vorsichtsmaßregeln[2]) wird folgendes vorgeschrieben:

1. Der Travemünder Hafen von der Spitze des Norderbollwerks bis zum Hutpfahl darf nicht mit größerer Geschwindigkeit als 4 Knoten[3]) durchfahren werden.
2. Die Strecke vom Hutpfahl bis zum unteren Ende des Durchstichs bei Schlutup darf mit 8 Knoten Höchstgeschwindigkeit durchfahren werden.
3. Die Strecke vom unteren Ende des Durchstichs bei Schlutup bis zur Einfahrt in den Toten Arm darf nur mit 6½ Knoten Höchstgeschwindigkeit durchfahren werden.
4. In den Lübecker Stadthäfen darf nur mit ganz langsamer Fahrt[4]) gefahren werden. Ausnahmen hiervon siehe Lübeckische Hafenordnung.

[1]) Vgl. Anm. zur Überschrift vor § 36 SWO.

[2]) § 39; § 37 Abs. 6; § 40; § 42d; § 44; § 46 Abs. 2; § 48; § 49c; § 5 Abs. 4 SWO.

[3]) Durchs Wasser (nicht über Grund), vgl. § 61 Nr. 7 SWO.

[4]) Vgl. § 39 SWO.; Anm. zur Überschrift vor § 36 SWO.

## 12. Durchfahren der Herrenbrücke.

Schiffe, die durch die Herrenbrücke fahren wollen, haben die Fahrt so[1]) zu mäßigen, daß sie beim Signalpfahl nicht mehr als 4 Knoten beträgt und das vorgeschriebene Signal, „2 lange Töne"[2]) zu geben.

Auf der Herrenbrücke werden alsdann folgende Signale gezeigt bzw. gegeben:

Bei sichtigem Wetter:

a) Bei Tage: Roter Ball[3]) unter dem stets hängenden roten Ball: Signal verstanden;
b) bei Nacht: Unter dem festen roten Licht ein grünes Licht: Signal verstanden;
c) bei Tage: Senken beider Bälle: Brücke ist für die Durchfahrt frei;
d) bei Nacht: Senken beider Lichter: Brücke ist für die Durchfahrt frei.

Bei unsichtigem Wetter[4]).

a) Ein Ton mit einem kräftigen Nebelhorn[5]), Signal verstanden;
b) drei Töne mit einem kräftigen Nebelhorn: Brücke ist für die Durchfahrt frei.

Betriebsstörungen.

Bei sichtigem Wetter:

a) Bei Tage: Schwenken einer roten Flagge: Halt!
b) Bei Nacht: Schwenken eines roten Lichtes: Halt!

Bei unsichtigem Wetter:

Läuten mit einer Schiffsglocke[6]): Halt!

Wenn diese Signale gegeben werden, haben Schiffe sofort anzuhalten[7]) oder an den vor der Brücke befindlichen Dalben festzumachen[8]).

[1]) D. h. so rechtzeitig und in solchem Maße. Fahrzeuge und Schleppzüge, die nur 4 Knoten oder weniger fahren, brauchen natürlich die Fahrt nicht zu ermäßigen.

²) Lange Töne von 4—6 Sekunden Dauer (§ 2 Abs. 2 SWO.; Art. 15 Abs. 2 SStrO.).

³) Dimensionen: § 8 Abs. 5 SWO.

⁴) Vgl. oben Nr. 10 Anm. 9.

⁵) Mechanischer Antrieb nicht vorgeschrieben (dagegen Art. 15 Abs. 2 SStrO.).

⁶) Vgl. § 32 Abs. 2 SWO.

⁷) Nötigenfalls vor Anker zu gehen.

⁸) Vgl. § 56a SWO.

## 13. Schleppschiffahrt.

Von See kommende Schleppzüge[1]) haben vor dem Einlaufen ihre Schleppleine zu kürzen[2]).

Der Schleppanhang darf bei 4 Fahrzeugen[3]) 1200 cbm, bei 3 Fahrzeugen 1500 cbm und bei 2 Fahrzeugen 2500 cbm N. R. nicht übersteigen.

Fahrzeuge über 2500 cbm N. R. müssen einzeln geschleppt werden.

Die Fahrzeuge müssen hintereinander geschleppt werden[4]), es dürfen jedoch zwei Fahrzeuge zusammengekoppelt werden[5]), sofern die Breite 16 m und der Tiefgang 3,5 m nicht übersteigt[6]).

Die Länge des Schleppzuges vom Heck des schleppenden Fahrzeuges bis zum Heck des letzten geschleppten Fahrzeuges darf 180 m nicht überschreiten.

In den Lübecker Stadthäfen, vom unteren Ende des Umschlaghafens I ab, darf ein Schleppdampfer höchstens 2 Seeschiffe von zusammen 600 cbm N. R. oder 2 Binnenschiffe von zusammen 100 m Länge schleppen.

Das Zusammenkoppeln dieser Fahrzeuge ist bis zu den Drehbrücken im Hafen gestattet.

Näheres siehe Lübeckische Hafenordnung.

¹) Vgl. § 45 SWO.

²) Länge der Trossen nicht begrenzt. Indirekte Beschränkung durch Nr. 13 Abs. 5 und 6.

[3]) Anscheinend dürfen mehr als 4 Fahrzeuge nicht gleichzeitig geschleppt werden. Ausdrücklich ist das nicht gesagt.

[4]) Längsseitschleppen (vgl. § 45 Anm. 4) ist also verboten.

[5]) Also nur zwei Anhangsfahrzeuge (vgl. vorige Anm.).

[6]) D. h. die Gesamtbreite beider Schiffe muß weniger als 16 m betragen, und keines der Schiffe darf größeren Tiefgang als 3,5 m haben.

## 14. Schlepperhilfe.

Im Hafen des Hochofenwerkes und in den Lübecker Stadthäfen sind Schiffe über 3000 cbm N. R. zur Annahme von Schlepperhilfe[1]) verpflichtet.

Auf der Fahrwasserstrecke von der Schlutuper Landspitze aufwärts sind Schiffe über 4000 cbm N. R. oder mit einem Tiefgang von 6,2 m = 20 Fuß engl. oder mehr, verpflichtet, sich zweier genügend starker Schlepper zu bedienen.

[1]) Also mindestens eines Schleppers und zwar zur Assistenz. Vgl. § 11 und 33a SWO. Natürlich muß der Schlepper genügend stark sein, wenngleich das hier nicht (wie in Abs. 2) besonders hervorgehoben ist. Es folgt jedoch aus § 5 Abs. 4 SWO.

## 15. Lichterführung.

Dampffahrzeuge, die zu den Binnenschiffen zu rechnen sind[1]), können die in der Seestraßenordnung Art. 2 Abs. a, Art. 3 Abs. 1 und Art. 7 Abs. 1 Ziffer a vorgeschriebenen weißen Lichter[2]) auch tiefer führen, jedoch mindestens 1 m über den Seitenlichtern[3]).

In Fahrt befindliche gedeckte Binnenschiffe brauchen das Hecklicht nicht in fester Anordnung zu führen[4]).

Für Binnenschiffe[5]) aller Art genügt es, wenn ihre Lichter eine Mindestsichtweite von 1 Seemeile haben[6]).

In Fahrt befindliche Schuten[7]), die keine Seitenlichter führen, haben ein über den ganzen Horizont sichtbares weißes Licht zu führen[8]).

In Fahrt befindliche Schuten, die ein über den ganzen Horizont sichtbares weißes Licht führen, sind von der Verpflichtung zum Führen oder Zeigen eines Hecklichtes[9]) befreit.

[1]) Vgl. I, 8. Ein Schiff, das regelmäßig der Fahrt auf Binnengewässern dient. RG. SeuffArch. 38, 82; HansGZ. 1902, 116; 1903 Nr. 86. In Zweifelsfällen muß ein Schiff, das sowohl der See- wie der Binnenschiffahrt dient, als Seeschiff angesehen werden (HansGZ. 1914, 251). Nicht ausschlaggebend, wenn auch als Indiz verwertbar, ist die Eintragung in das Seeschiffs- bzw. Binnenschiffsregister (HansGZ. 1903, 200). Das gleiche gilt von der Bauart.

[2]) Es handelt sich um das Dampfertopplicht, die Lichter des schleppenden Fahrzeuges und das Topplicht der kleinen Fahrzeuge (Dampfer unter 113 und Ruder- oder Segelfahrzeuge unter 57 cbm). Vgl. Anl. 2.

[3]) Vgl. im Gegensatz dazu § 2 Nr. 80 SWL.

[4]) Damit ist § 10 SWO. Abs. 1 außer Kraft gesetzt. Andererseits tritt dafür § 10 Abs. 2 in Kraft. (Beim Überholtwerden muß ein Licht oder Flackerfeuer „gezeigt" werden.) Für ungedeckte Schiffe gilt § 10 Abs. 1 SWO. überhaupt nicht, vielmehr nur Art. 10 Abs. 2 SStrO. und § 10 Abs. 2 SWO.

[5]) Vgl. oben Anm. 1.

[6]) Ausnahme von Art. 2ff. SStrO. (Anl. 2). Die durch die SWO. verordneten Lichter brauchen stets nur eine Sichtweite von einer Seemeile zu haben (§ 8 Abs. 4 SWO.).

[7]) Und ähnliche Fahrzeuge.

[8]) Vgl. Art. 7 SStrO.

[9]) Art. 10 Abs. 2 SStrO.; § 10 Abs. 1 und 2 SWO.

## 16. Gebrauch von Scheinwerfern[1]).

Schiffe, die Scheinwerfer in Betrieb haben, dürfen entgegenkommende Schiffe[2]) oder die in der Fahrtrichtung derselben liegende Seite[3]) nicht beleuchten.

[1]) Zweck der Vorschrift: Vermeidung verkehrsstörender Blendung (§ 8 Abs. 2 SWO.).

²) Kein Teil derselben darf beleuchtet werden. Es handelt sich um ein Verbot, welches jede Gefahr einer Blendung oder Verwechselung ausschließen soll. Wird etwa nur das Vorschiff beleuchtet, so ist dadurch schon die Navigation von der Brücke aus behindert. Kennung von Lichtern, Schätzung von Entfernungen usw. sind erschwert.

³) D. h. der Lichtkegel des Scheinwerfers darf nicht quer oder schräg vor dem Bug des Gegenfahrers liegen. Es darf nur die Fahrwasserseite beleuchtet werden, in der das den Scheinwerfer führende Schiff fährt.

## 17. Schallsignale.

Vor[1]) dem Passieren der Fähren ist ein langer Ton als Achtungssignal[2]) zu geben.

¹) D. h. rechtzeitig vorher. Vgl. § 39 SWO. Anm. 3. Es handelt sich hier nicht nur um Ketten- und Seilfähren, sondern auch um freie Fähren. Vgl. § 44 SWO. Anm. 2. Eine besondere Fährstrecke (vgl. § 4 SWO. Anm. 4) ist nicht vorgeschrieben. Jedoch ist bei Seil- und Kettenfähren die Abgabe des Signals in angemessener Entfernung vor der Fährlinie durch § 5 Abs. 4 SWO. geboten.

²) Gemäß § 35a SWO.

## 18. Fahr- und Ausweichregeln[1]).

1. Dampf- und Motorbarkassen, Segelluftfahrzeuge[2]), Ruder- und Paddelboote haben sich so an der Seite der Fahrrinne[3]) zu halten, daß sie in Fahrt begriffene Seeschiffe und Schleppzüge nicht behindern[4]).
2. Wenn Dampfschiffe einander begegnen[5]), so hat das flußaufwärts fahrende Schiff seine Fahrt zu mäßigen und nötigenfalls zu stoppen, bis das flußabwärts fahrende vorbeigefahren ist.
3. Überholende[6]) Dampfer haben Segelschiffe, wenn angängig, an der Luvseite zu passieren[7]).

Näheres siehe Lübeckische Hafenordnung.

[1]) Ergänzung zu §§ 36ff. SWO.

[2]) Vgl. oben Nr. 10 Anm. 12.

[3]) Vgl. § 6 und § 36 SWO. Diese kleinen Fahrzeuge sind hier nicht, wie in § 36 in das Nebenfahrwasser verwiesen, haben aber den äußersten Rand der Rinne zu halten (also den Tonnenstrich).

[4]) Wenn sie trotz Fahrens am Rande der Fahrrinne den Verkehr behindern, so müssen sie nötigenfalls aus der Fahrrinne herausgehen.

[5]) Es handelt sich hier nicht um eine Ausweichregel, vielmehr nur um eine Fahrtbeschränkung für einen Sonderfall (im Gegensatz zu Nr. 11).

[6]) Grundsätzlich gilt § 37 SWO.: Vorangehende Verständigung durch Signale. Kennzeichnung der Manöver (Ausweichen bzw. Raumgeben) durch Rudersignale. Evtl. Gefahrsignal, falls Raumgeben nicht möglich. Vorbeifahren nur, wenn gefahrlos und mit ermäßigter Geschwindigkeit.

[7]) Nr. 18 zu 3 besagt, daß nicht grundsätzlich links überholt werden soll (§ 37 Abs. 1 SWO.). Vielmehr ist diejenige Seite zu wählen, welche dem Winde zugekehrt ist, weil die Leeseite des Seglers diesem nicht verlegt werden soll. (Abtrift und Erschwerung der Manöver.) Vorausgesetzt wird, daß dies angängig ist. Ist es nicht angängig, etwa weil es an Raum zum Überholen zu Luv fehlt, so muß der überholende Dampfer zunächst prüfen, ob das Überholen in Lee angängig, d. h. ohne Gefahr oder Belästigung für den Segler und die Schiffahrt möglich ist (§ 37 Abs. 5; § 5 Abs. 4 SWO.). Ist auch dies nicht der Fall, so muß das Überholen unterbleiben. Besondere Ansprüche an das „Raumgeben" von Seglern dürfen nicht gestellt werden.

**Anlage 2.**

## Seestraßenordnung[1])

vom 5. Februar 1906 (RGBl. S. 120).

### I. Einleitung.

Die nachfolgenden Vorschriften gelten für alle Fahrzeuge auf See und auf den mit der See im Zusammenhange stehenden, von Seeschiffen befahrenen Gewässern[2]).

Ein Dampffahrzeug, welches unter Segel und nicht unter Dampf ist, gilt als Segelfahrzeug; ein Fahrzeug, welches unter Dampf ist, mag es zugleich unter Segel sein oder nicht, als Dampffahrzeug[3]).

Unter den Dampffahrzeugen sind alle durch Maschinenkraft bewegten Fahrzeuge einbegriffen[4]).

Ein Fahrzeug ist in Fahrt, wenn es weder vor Anker liegt, noch am Lande befestigt ist, noch am Grunde festsitzt[5]).

[1]) Vgl. SWO. § 2.

[2]) Vgl. SWO. § 1.

[3]) Vgl. SWO. § 2; § 15.

[4]) Vgl. SWO. § 2.

[5]) Vgl. SWO. § 2.

## II. Lichter usw.

Der Ausdruck „sichtbar" bedeutet, mit Beziehung auf Lichter gebraucht, „sichtbar in dunkler Nacht bei klarer Luft"[1]).

**Art. 1.** Die Vorschriften über Lichter müssen bei jedem Wetter von Sonnenuntergang bis Sonnenaufgang befolgt werden[2]); während dieser Zeit dürfen keine Lichter gezeigt werden, welche mit den hier vorgeschriebenen Lichtern verwechselt werden können[3]).

[1]) Vgl. SWO. § 2 (dazu § 8 Abs. 4: Sichtweite).

[2]) Vgl. SWO. § 8 Abs. 6.

[3]) Vgl. SWO. § 8 Abs. 3.

**Art. 2.** Ein Dampffahrzeug muß, wenn es in Fahrt ist[1]), führen:

a) an oder vor dem Fockmast oder beim Fehlen eines solchen im vorderen Teile des Fahrzeuges ein helles weißes Licht und zwar in einer Höhe über dem Rumpfe von mindestens sechs Meter. Ist das Fahrzeug breiter als sechs Meter, so ist das Licht in einer der Breite des Fahrzeuges mindestens gleichkommenden Höhe zu führen, es braucht jedoch nie höher als zwölf Meter über dem Rumpfe zu sein[2]). Das Licht muß so eingerichtet und angebracht sein, daß es ein ununterbrochenes Licht über einen Bogen des Horizonts von zwanzig Kompaßstrichen wirft und zwar zehn Strich nach jeder Seite, von recht voraus bis zu zwei Strich hinter die Richtung quer ab (zwei Strich achterlicher als dwars) auf jeder Seite. Es muß von solcher Stärke sein, daß es auf eine Entfernung von mindestens fünf Seemeilen sichtbar ist;

b) an der Steuerbordseite ein grünes Licht. Dasselbe muß so eingerichtet und angebracht sein, daß es ein ununterbrochenes Licht über einen Bogen des Horizonts von zehn Kompaßstrichen wirft und zwar von recht voraus bis zu zwei Strich hinter die Richtung quer ab (zwei Strich achterlicher als dwars) an Steurbord. Es muß von solcher Stärke sein, daß es auf eine Entfernung von mindestens zwei Seemeilen sichtbar ist;

c) an der Backbordseite ein rotes Licht. Dasselbe muß so eingerichtet und angebracht sein, daß es ein ununterbrochenes Licht über einen Bogen des Horizonts von zehn Kompaßstrichen wirft und zwar von recht voraus bis zu zwei Strich hinter die Richtung quer ab (zwei Strich achterlicher als dwars) an Backbord. Es muß von solcher Stärke sein, daß es auf eine Entfernung von mindestens zwei Seemeilen sichtbar ist;

d) die Laternen dieser grünen und roten Seitenlichter müssen an der Binnenbordseite mit Schirmen versehen sein, welche mindestens ein Meter vor dem Licht vorausragen, derart, daß die Lichter nicht über den Bug hinweg von der anderen Seite gesehen werden können;

e) ein Dampffahrzeug darf außerdem, wenn es in Fahrt ist, ein zweites weißes Licht gleich dem Lichte unter a führen[2]). Beide Lichter müssen in der Kiellinie und zwar so angebracht sein, daß das hintere wenigstens vier und einen halben Meter höher ist als das vordere. Die senkrechte Entfernung zwischen diesen Lichtern muß geringer sein als die horizontale.

[1]) Vgl. SWO. § 12.

[2]) Vgl. SWO. § 80 Nr. 2; § 81 Nr. 2; § 82 Nr. 2; § 83 Nr. 2; § 84 Nr. 2; Trave (Anl. 1) Nr. 15.

[3]) Vgl. SWO. § 9.

**Art. 3.** Ein Dampffahrzeug, welches ein anderes Fahrzeug schleppt, muß außer den Seitenlichtern zwei weiße Lichter senkrecht übereinander und mindestens zwei Meter voneinander entfernt führen[1]). Wenn es mehr als ein Fahrzeug schleppt und die Länge des Schleppzugs vom Heck des schleppenden Fahrzeuges bis zum Heck des letzten geschleppten Fahrzeuges einhundertundachtzig Meter übersteigt, muß es als Zusatzlicht noch ein drittes weißes Licht zwei Meter über oder unter den anderen führen. Jedes dieser Lichter muß ebenso eingerichtet und angebracht sein, wie das im Art. 2 unter a erwähnte weiße Licht, jedoch genügt für das Zusatzlicht eine Höhe von mindestens vier Meter über dem Rumpfe des Fahrzeuges.

Ein Dampffahrzeug, welches ein anderes Fahrzeug schleppt, darf hinter dem Schornstein oder dem hintersten Maste ein kleines weißes Licht führen. Dieses Licht, nach welchem sich das geschleppte Fahrzeug beim Steuern richten soll, darf nicht weiter nach vorne als quer ab sichtbar sein.

[1]) Vgl. SWO. § 11 Satz 2; § 12; Scheibenschleppzug: § 31, § 80 Nr. 2; Trave (Anl. 1) Nr. 15.

**Art. 4.** a) Ein Fahrzeug, welches infolge eines Unfalls nicht manövrierfähig ist, muß in der Höhe des im Artikel 2 unter a erwähnten weißen Lichtes und, wenn es ein Dampffahrzeug ist, statt des weißen Lichtes zwei rote Lichter senkrecht übereinander und mindestens 2 m voneinander entfernt führen[1]). Diese Lichter müssen an der Stelle, an welcher sie am besten gesehen werden können, angebracht und von solcher Beschaffenheit sein, daß sie über den ganzen Horizont auf eine Entfernung von mindestens zwei Seemeilen sichtbar sind. Bei Tage muß ein solches Fahrzeug an gleicher Stelle zwei schwarze Bälle oder Körper, jeden von fünfundsechzig Zentimeter Durchmesser, senkrecht übereinander und mindestens zwei Meter voneinander entfernt führen[2]).

b) Ein Fahrzeug, welches ein Telegraphenkabel legt, aufnimmt oder auffischt, muß an derselben Stelle, die für das im Artikel 2 unter a erwähnte weiße Licht vorgeschrieben ist, und, wenn es ein Dampffahrzeug ist, statt dieses weißen Lichtes drei Lichter senkrecht übereinander und mindestens zwei Meter voneinander entfernt führen. Das oberste und das unterste dieser Lichter müssen rot, das mittlere muß weiß sein, und alle müssen von solcher Beschaffenheit sein, daß sie über den ganzen Horizont auf eine Entfernung von mindestens zwei Seemeilen sichtbar sind. Bei Tage muß ein solches Fahrzeug drei Körper von mindestens fünfundsechzig Zentimeter Durchmesser senkrecht übereinander und mindestens zwei Meter voneinander entfernt führen, deren oberster und unterster kugelförmig und von roter Farbe, deren mittlerer wie ein schräges Viereck geformt und von weißer Farbe ist. Die Körper müssen an der Stelle, an welcher sie am besten gesehen werden können, angebracht sein.

c) Die vorbezeichneten Fahrzeuge dürfen, wenn sie keine Fahrt durch das Wasser machen, die Seitenlichter nicht führen, müssen dieselben aber führen, wenn sie Fahrt machen[3]).

d) Diese Lichter und Körper sollen anderen Fahrzeugen als Signale dafür gelten, daß das Fahrzeug, welches sie zeigt, nicht manövrierfähig ist und daher nicht aus dem Wege gehen kann. Sie sind keine Notsignale im Sinne des Artikels 31 dieser Vorschriften.

[1]) Vgl. SWC. § 13. [2]) Vgl. SWC. § 12.
[3]) Vgl. SWC. § 12.

**Art. 5.** Ein Segelfahrzeug, welches in Fahrt ist, und jedes Fahrzeug, welches geschleppt wird, muß dieselben Lichter führen, welche durch Artikel 2 für ein Dampffahrzeug in Fahrt vorgeschrieben sind, mit Ausnahme der dort erwähnten weißen Lichter; diese darf ein solches Fahrzeug niemals führen[1]).

[1]) Vgl. SWC. § 11 Satz 1.

**Art. 6.** Wenn, wie es bei kleinen Fahrzeugen in Fahrt bei schlechtem Wetter vorkommt, die grünen und roten Seitenlichter nicht fest angebracht werden können, so müssen diese Lichter doch angezündet und gebrauchsfertig zur Hand gehalten und, wenn das Fahrzeug sich einem anderen oder ein anderes Fahrzeug sich ihm nähert, an den betreffenden Seiten, zeitig genug, um einen Zusammenstoß zu verhüten, gezeigt werden. Dies muß so geschehen, daß die Lichter möglichst gut sichtbar sind, das grüne aber nicht von der Backbordseite her, das rote nicht von der Steuerbordseite her, und beide wo möglich nicht weiter als bis zu zwei Strich hinter die Richtung quer ab (zwei Strich achterlicher als dwars) gesehen werden können.

Um den richtigen Gebrauch der tragbaren Lichter zu sichern, muß jede Laterne außen mit der Farbe des Lichtes, welches sie zeigt, angestrichen und mit einem gehörigen Schirme versehen sein.

**Art. 7.** Dampffahrzeuge unter 113 und Ruder- oder Segelfahrzeuge unter 57 Kubikmeter Bruttoraumgehalt und Ruderboote brauchen, wenn sie in Fahrt sind, die im Art. 2 unter a, b und c erwähnten Lichter nicht zu führen, sie müssen aber, wenn sie diese Lichter nicht führen, mit folgenden Lichtern versehen sein:

1. Dampffahrzeuge unter 113 Kubikmeter Bruttoraumgehalt müssen führen:

   a) im vorderen Teile des Fahrzeuges oder an oder vor dem Schornstein in einer Höhe von mindestens 3 m über dem Schandeckel ein weißes Licht[1]). Das Licht muß an der Stelle, wo es am besten gesehen werden kann, sich befinden und im übrigen so eingerichtet und angebracht sein, wie im Artikel 2 unter a vorgeschrieben; es muß von solcher Stärke sein, daß es auf eine Entfernung von mindestens zwei Seemeilen sichtbar ist;

   b) grüne und rote Seitenlichter, so eingerichtet und angebracht, wie im Art. 2 unter b und c vorgeschrieben, und von solcher Stärke, daß sie auf eine Entfernung von mindestens einer Seemeile sichtbar sind, oder an deren Stelle eine doppelfarbige Laterne, welche an den betreffenden Seiten ein grünes und ein rotes Licht von recht voraus bis zu zwei Strich hinter die Richtung quer ab (zwei Strich achterlicher als dwars) zeigt. Diese Laterne muß mindestens ein Meter unter dem weißen Lichte geführt werden.

2. Kleine Dampfboote, wie zum Beispiel solche, welche von Seeschiffen an Bord geführt werden, dürfen das weiße Licht niedriger als drei Meter über dem Schandeckel, jedoch nur über der unter 1 b erwähnten doppelfarbigen Laterne führen.

3. Ruder- und Segelfahrzeuge von weniger als 57 Kubikmeter Brutto-Raumgehalt[2]) müssen eine Laterne mit einem grünen Glase auf der einen Seite und einem roten Glase auf der anderen gebrauchsfertig zur Hand haben. Diese Laterne muß, wenn das Fahrzeug sich einem anderen oder ein anderes Fahrzeug sich ihm nähert, zeitig genug, um einen Zusammenstoß zu vermeiden, und derart gezeigt werden, daß das grüne Licht nicht von der Backbordseite her und das rote Licht nicht von der Steuerbordseite her gesehen werden kann.

4. Ruderboote, gleichviel ob sie rudern oder segeln, müssen eine Laterne mit einem weißen Lichte gebrauchsfertig zur Hand haben, welches zeitig genug gezeigt werden muß, um einen Zusammenstoß zu verhüten[3]).

Die in diesem Artikel bezeichneten Fahrzeuge brauchen die im Art. 4 unter a und Art. 11 Schlußsatz vorgeschriebenen Lichter nicht zu führen.

[1]) Vgl. SWO. § 80 Nr. 2; § 81 Nr. 2; § 82 Nr. 2; § 83 Nr. 2; § 84 Nr. 2; Trave (Anl. 1) Nr. 15.

[2]) Vgl. aber Trave (Anl. 1) Nr. 15.

[3]) Vgl. SWO. § 62 Nr. 3; § 63 Nr. 2; § 64 Nr. 3; § 71 Nr. 2; § 72 Nr. 2; § 85 Nr. 3.

**Art. 8.** Lotsenfahrzeuge[1]), welche Lotsendienste auf ihrer Station tun, haben nicht die für andere Fahrzeuge vorgeschriebenen Lichter, sondern ein weißes, über den ganzen Horizont sichtbares Licht am Masttopp zu führen, und außerdem in kurzen Zwischenräumen, mindestens aber alle fünfzehn Minuten ein oder mehrere Flackerfeuer zu zeigen.

Wenn sie sich anderen oder andere Fahrzeuge sich ihnen auf geringe Entfernung nähern, müssen sie die Seitenlichter angezündet und gebrauchsfertig haben und in kurzen Zwischenräumen aufleuchten lassen oder zeigen, um die Richtung, in welcher sie anliegen, erkennbar zu machen. Das grüne Licht darf nicht an Backbords.ite, das rote Licht nicht an Steuerbordseite gezeigt werden.

Ein Lotsenfahrzeug solcher Bauart, daß es längsseits der Schiffe anlegen muß, um einen Lotsen an Bord zu setzen, braucht das weiße Licht nur zu zeigen, statt dasjebe am Masttopp zu führen; auch genügt es, wenn solches Fahrzeug an Stelle der oben erwähnten farbigen Lichter eine Laterne mit einem grünen Glase auf der einen Seite und einem roten Glase auf der anderen zur Hand hat, um dieselbe so, wie im Art. 7 unter 3 vorgeschrieben, zu gebrauchen.

Ein Lotsendampffahrzeug, welches ausschließlich für den Dienst staatlicher oder mit Befugnis zur Ausübung des Gewerbes ausgerüsteter Lotsen Verwendung findet, muß, wenn es Lotsendienst auf seiner Station tut und nicht vor Anker liegt, außer den für alle Lotsenfahrzeuge vorgeschriebenen Lichtern zwei und einen halben Meter unter dem weißen Lichte am Masttopp ein über den ganzen Horizont sichtbares rotes Licht und ferner die für in Fahrt befindliche Fahrzeuge vorgeschriebenen farbigen Seitenlichter führen. Das rote Licht muß von solcher Stärke sein, daß es bei dunkler Nacht und klarer Luft auf mindestens zwei Seemeilen sichtbar ist.

Wenn das Lotsenfahrzeug auf seiner Station Lotsendienst tut und vor Anker liegt, muß es außer den für alle Lotsenfahrzeuge vorgeschriebenen Lichtern das vorerwähnte rote Licht führen, aber nicht die farbigen Seitenlichter.

Lotsenfahrzeuge, welche keinen Lotsendienst auf ihrer Station tun, müssen Lichter wie andere Fahrzeuge ihres Raumgehaltes führen.

[1]) Vgl. SWC. § 62 Nr. 4.

**Art. 9.** In Fahrt befindliche Fischerfahrzeuge und Fischerboote[1]) müssen, wenn sie nicht gemäß diesem Artikel die nachstehend angegebenen Lichter zu führen oder zu zeigen haben, die für in Fahrt befindliche Fahrzeuge ihres Raumgehalts vorgeschriebenen Lichter führen oder zeigen.

a) Offene Boote müssen, wenn sie während der Nacht mit Fischerei irgendwelcher Art beschäftigt sind und dabei ein Fanggerät aushaben, welches sich nicht weiter als 45 m horizontal vom Boote aus in freies Fahrwasser erstreckt, ein nach allen Richtungen sichtbares weißes Licht führen.

Erstreckt sich ihr Fanggerät weiter als fünfundvierzig Meter horizontal vom Boote aus in freies Fahrwasser, so müssen offene Boote das vorstehend bezeichnete Licht führen und außerdem, wenn sie sich anderen oder andere Fahrzeuge sich ihnen nähern, ein zweites weißes Licht, mindestens einen Meter unter dem ersten Lichte und wagerecht mindestens einen und einen halben Meter in der Richtung des ausliegenden Fanggeräts von ihm entfernt, zeigen.

Offene Boote im Sinne dieser Vorschrift sind solche Boote, welche nicht mittels eines durchlaufenden Decks gegen das Eindringen von Seewasser geschützt sind.

b) Mit Treibnetzen fischende Fahrzeuge und Boote, mit Ausnahme der vorstehend unter a bezeichneten offenen Boote, müssen, solange die Netze ganz oder teilweise im Wasser sind, zwei weiße Lichter an den Stellen führen, an welchen sie am besten gesehen werden können. Diese Lichter müssen so angebracht sein, daß die senkrechte Entfernung zwischen ihnen mindestens zwei Meter und höchstens vier und einen halben Meter, die horizontale Entfernung zwischen ihnen in der Kiellinie gemessen mindestens einen und einen halben Meter und höchstens drei Meter beträgt. Das untere dieser beiden Lichter muß in der Richtung stehen, nach welcher die Netze ausliegen, und beide müssen so beschaffen sein, daß sie über den ganzen Horizont scheinen und auf eine Entfernung von mindestens drei Seemeilen sichtbar sind.

Im Mittelmeer und in den Küstengewässern von Japan und Korea sind Segelfischerfahrzeuge unter 57 Kubikmeter Brutto-Raumgehalt nicht verpflichtet, das untere der beiden Lichter zu führen, sie müssen aber, wenn sie es nicht führen, an der dafür oben vorgeschriebenen Stelle (in der Richtung des Netzes oder Fanggeräts) ein mindestens eine Seemeile sichtbares, weißes Licht zeigen, sobald sie sich anderen oder andere Fahrzeuge sich ihnen nähern.

c) Mit Angelleinen fischende Fahrzeuge und Boote, mit Ausnahme der unter a bezeichneten offenen Boote, müssen, wenn sie die Leinen aushaben und an den Leinen fest sind oder sie einholen, und wenn sie nicht geankert haben oder, wie nachstehend unter h beschrieben, festliegen, dieselben Lichter führen wie die mit Treibnetzen fischenden Fahrzeuge (b). Während sie die Leinen ausfahren oder schleppen, haben sie, je nach ihrer Gattung, die Lichter zu führen, welche für ein Dampf- oder Segelfahrzeug vorgeschrieben sind.

Im Mittelmeer und in den Küstengewässern von Japan und Korea sind Segelfischerfahrzeuge unter 57 Kubikmeter Brutto-Raumgehalt nicht verpflichtet, das untere der beiden Lichter zu führen, sie müssen aber, wenn sie es nicht führen, an der dafür oben vorgeschriebenen Stelle (in der Richtung der Leinen) ein mindestens eine Seemeile sichtbares, weißes Licht zeigen, sobald sie sich anderen oder andere Fahrzeuge sich ihnen nähern.

d) Fahrzeuge, welche mit dem Grundschleppnetze, das heißt mit einem Fanggeräte, welches über den Meeresgrund geschleppt wird, fischen, müssen führen:

1. wenn Dampffahrzeuge: an der Stelle des im Artikel 2 unter a erwähnten weißen Lichtes eine dreifarbige Laterne, welche so eingerichtet und angebracht ist, daß sie von recht voraus bis zu zwei Strich auf jedem Buge ein weißes Licht und über einen Bogen des Horizonts von zwei Strich auf dem betreffenden Buge bis zu zwei Strich hinter die Richtung quer ab (zwei Strich achterlicher als dwars) an Steuerbordseite ein grünes Licht, an Backbordseite ein rotes Licht wirft; ferner mindestens zwei Meter und höchstens drei und einen halben Meter unter der dreifarbigen Laterne ein weißes Licht in einer Laterne, welche ein helles, ununterbrochenes Licht über den ganzen Horizont wirft;

2. wenn Segelfahrzeuge: ein weißes Licht in einer Laterne, welche ein helles, ununterbrochenes Licht über den ganzen Horizont wirft; außerdem müssen diese Fahrzeuge, wenn sie sich anderen oder andere Fahrzeuge sich ihnen nähern, an der Stelle, wo es am besten gesehen werden kann, ein Flackerfeuer oder eine Fackel zeitig genug zeigen, um einen Zusammenstoß zu verhüten.

Alle unter d erwähnten Lichter müssen auf eine Entfernung von mindestens zwei Seemeilen sichtbar sein.

e) Fahrzeuge, welche mit dem Fange von Austern beschäftigt sind, und andere mit Schleppnetzen fischende Fahrzeuge müssen dieselben Lichter führen und zeigen wie die Grundschleppnetzfischer.

f) Fischerfahrzeuge und Fischerboote dürfen außer den Lichtern, welche sie nach diesem Artikel führen oder zeigen müssen, jederzeit Flackerfeuer zeigen und Arbeitslichter gebrauchen.

g) Jedes Fischerfahrzeug und Fischerboot, welches weniger als fünfundvierzig Meter lang ist, muß vor Anker ein weißes Licht setzen, welches auf eine Entfernung von mindestens einer Seemeile über den ganzen Horizont sichtbar ist.

Jedes Fischerfahrzeug, welches fünfundvierzig Meter oder mehr lang ist, muß vor Anker ein weißes Licht setzen, welches auf eine Entfernung von mindestens einer Seemeile über den ganzen Horizont sichtbar ist, und daneben ein zweites Licht, wie es für Schiffe solcher Länge im Artikel 11 vorgesehen ist.

Sollte ein solches Fahrzeug, gleichgültig von welcher Länge mit einem Netze oder einem anderen Fischereigeräte verbunden sein, so muß es bei Annäherung von anderen Fahrzeugen ein weiteres weißes Licht, mindestens einen Meter unter dem Ankerlicht und wagerecht mindestens einen und einen halben Meter in der Richtung des Netzes oder Fanggeräts von ihm entfernt, zeigen.

h) Kommt ein Fahrzeug oder Boot beim Fischen dadurch zum Festliegen, daß sein Fanggerät an einer Klippe oder einem anderen Hindernisse festgerät, so muß es bei Tage das nachstehend unter k vorgeschriebene Tagsignal niederholen und bei Nacht das Licht oder die Lichter setzen, welche für ein Fahrzeug vor Anker vorgeschrieben sind; bei Nebel, dickem Wetter, Schneefall oder heftigen Regengüssen hat es das Signal zu machen, welches einem Fahrzeuge vor Anker vorgeschrieben ist (siehe Artikel 15 unter d und im letzten Absatze).

i) Bei Nebel, dickem Wetter, Schneefall oder heftigen Regengüssen müssen Treibnetzfischerfahrzeuge, welche an ihren Netzen fest sind, ferner Fahrzeuge, welche mit dem Grundschleppnetz oder mit irgendeiner anderen Art Schleppnetz fischen, endlich mit Angelleinen fischende Fahrzeuge, welche ihre Leinen aushaben, — sofern sie 57 Kubikmeter oder mehr Brutto-Raumgehalt haben — mindestens jede Minute einen Ton geben, und zwar Dampffahrzeuge mit der Dampfpfeife oder der Sirene, Segelfahrzeuge mit dem Nebelhorne. Nach jedem Tone ist mit der Glocke zu läuten.

Fischerfahrzeuge und Fischerboote unter 57 Kubikmeter Brutto-Raumgehalt sind zur Abgabe der vorerwähnten

Signale nicht verpflichtet; geben sie aber dieselben nicht ab, so müssen sie mindestens jede Minute irgendein anderes wirksames Schallsignal machen.

k) Alle Fahrzeuge und Boote, welche mit Treibnetzen, Angelleinen oder Grundschleppnetzen fischen, müssen bei Tage, wenn sie in Fahrt sind, einem sich nähernden Fahrzeug ihre Beschäftigung durch Aufheißen eines Korbes oder eines sonstigen zweckentsprechenden Körpers an der Stelle, wo er am besten gesehen werden kann, anzeigen. Haben solche Fahrzeuge oder Boote ihr Fanggerät aus, während sie zu Anker liegen, so müssen sie bei der Annäherung anderer Fahrzeuge dasselbe Signal an der zum Vorbeifahren freien Seite zeigen.

Fahrzeuge, welche die in diesem Artikel aufgeführten Lichter führen oder zeigen müssen, sind nicht verpflichtet, die Lichter zu führen, welche durch Artikel 4 unter a und im letzten Absatze des Artikels 11 vorgeschrieben sind.

[1]) Vgl. SWO. § 55. Örtlich: § 61 Nr. 13; § 62 Nr. 16; § 64 Nr. 13; § 78 Nr. 13; § 79 Nr. 17; § 80 Nr. 22; § 84 Nr. 9; § 85 Nr. 6.

**Art. 10.** Ein Fahrzeug, welches von einem anderen überholt wird, muß diesem vom Heck aus ein weißes Licht oder ein Flackerfeuer zeigen[1]).

Das weiße Licht darf fest angebracht und in einer Laterne geführt werden; die Laterne muß aber mit Schirmen versehen und so eingerichtet und so angebracht sein, daß sie ein ununterbrochenes Licht über einen Bogen des Horizonts von zwölf Kompaßstrichen — je sechs Strich von recht achteraus auf jeder Seite des Fahrzeugs — wirft. Das Licht muß auf eine Entfernung von mindestens einer Seemeile sichtbar sein und soweit tunlich mit den Seitenlichtern in gleicher Höhe geführt werden.

[1]) Vgl. SWO. § 10; Tagessignal für ankernde Fahrzeuge: § 20; Lichterführung beim Schwojen § 21; festgemachte Fahrzeuge: § 22; Einschränkung des § 10 SWO. in § 74 Nr. 2; Trave (Anl. 1) Nr. 15.

**Art. 11.** Ein Fahrzeug vor Anker muß, wenn es weniger als fünfundvierzig Meter lang ist, vorne ein weißes Licht an der Stelle, wo dasselbe am besten gesehen werden kann, jedoch nicht höher als sechs Meter über dem Rumpfe, führen, und zwar in einer Laterne, welche ein helles, auf eine Entfernung von mindestens einer Seemeile sichtbares, ununterbrochenes Licht über den ganzen Horizont wirft[1]).

Ein Fahrzeug vor Anker muß, wenn es fünfundvierzig Meter oder mehr lang ist, zwei solche Lichter führen; das eine Licht im vorderen Teile des Fahrzeuges nicht niedriger als sechs Meter und nicht höher als zwölf Meter über dem Rumpfe, — und das andere Licht am Heck oder in der Nähe des Hecks des Fahrzeuges, mindestens vier und einen halben Meter niedriger als das vordere Licht.

Als Länge eines Fahrzeuges gilt die in dem Schiffszertifikat angegebene Länge.

Fahrzeuge, welche in einem Fahrwasser oder nahe bei einem solchen am Grunde festsitzen, unterliegen derselben Verpflichtung; außerdem müssen sie die im Artikel 4 unter a vorgeschriebenen zwei roten Lichter führen.

[1]) Vgl. SWO. § 8 Abs. 7.

**Art. 12.** Ein jedes Fahrzeug darf, wenn es nötig ist, um die Aufmerksamkeit auf sich zu ziehen, außer den Lichtern, welche es führen muß, ein Flackerfeuer zeigen, oder irgendein Knallsignal, welches nicht mit Notsignalen verwechselt werden kann, geben.

**Art. 13.** Vorschriften, welche bezüglich der Führung von zusätzlichen Stations- und Signallichtern für zwei oder mehrere Kriegsschiffe oder für Fahrzeuge, die unter Bedeckung fahren, erlassen sind, werden durch diese Verordnung nicht berührt[1]). Auch wird durch sie das Zeigen von Erkennungssignalen, welche von Schiffsreedern mit amtlicher Genehmigung angenommen und vorschriftsmäßig eingetragen und bekannt gemacht sind[2]), nicht beschränkt.

[1]) Vgl. SWO. § 8 Abs. 1.

[2]) Vgl. SWO. § 62 Nr. 6; § 64 Nr. 6.

**Art. 14.** Ein Dampffahrzeug, welches nur unter Segel ist, aber mit aufgerichtetem Schornsteine fährt, muß bei Tage einen schwarzen Ball oder runden Signalkörper von fünfundsechzig Zentimetern Durchmesser führen, und zwar vorne im Fahrzeug an der Stelle, an welcher das Zeichen am besten gesehen werden kann[1]).

[1]) Vgl. SWO. § 15.

### III. Schallsignale[1]) bei Nebel usw.

**Art. 15.** Schallsignale für in Fahrt befindliche Fahrzeuge müssen gegeben werden:

1. von Dampffahrzeugen mit der Pfeife oder Sirene,
2. von Segelfahrzeugen und geschleppten Fahrzeugen[2]) mit dem Nebelhorne.

Ein langgezogener Ton im Sinne dieser Vorschriften ist ein Ton von 4—6 Sekunden Dauer[3]).

Ein Dampffahrzeug muß mit einer kräftig tönenden Pfeife oder Sirene versehen sein, welche durch Dampf oder einen Ersatz für Dampf geblasen wird und so angebracht ist, daß der Schall durch keinerlei Hindernis gehemmt wird, ferner mit einem wirksamen Nebelhorne, welches durch eine mechanische Vorrichtung geblasen wird, sowie mit einer kräftig tönenden Glocke[4]). Ein Segelfahrzeug von 57 Kubikmeter Brutto-Raumgehalt oder darüber muß mit einem gleichartigen Nebelhorn und mit einer gleichartigen Glocke versehen sein.

Bei Nebel, dickem Wetter, Schneefall oder heftigen Regengüssen, es mag Tag oder Nacht sein, sind folgende Schallsignale zu geben:

a) Ein Dampffahrzeug, welches Fahrt durch das Wasser macht, muß mindestens alle zwei Minuten einen lang gezogenen Ton geben.

b) Ein Dampffahrzeug, welches in Fahrt ist, aber seine Maschine gestoppt hat und keine Fahrt durch das Wasser macht, muß mindestens alle zwei Minuten zwei lang gezogene Töne mit einem Zwischenraume von ungefähr einer Sekunde geben.

c) Ein Segelfahrzeug in Fahrt muß mindestens jede Minute, wenn es mit Steuerbord-Halsen segelt, einen Ton, wenn es mit Backbord-Halsen segelt, zwei aufeinanderfolgende Töne, und wenn es mit dem Winde achterlicher als dwars segelt, drei aufeinanderfolgende Töne geben.

d) Ein Fahrzeug vor Anker muß mindestens jede Minute ungefähr fünf Sekunden lang die Glocke rasch läuten[5]).

e) Ein Fahrzeug, welches ein anderes Fahrzeug schleppt[6]), ein Fahrzeug, welches ein Telegraphenkabel legt, aufnimmt oder auffischt, und ein in Fahrt befindliches Fahrzeug, welches einem sich nähernden Fahrzeuge nicht aus dem Wege gehen kann, weil es überhaupt nicht oder nicht so manövrieren kann, wie diese Vorschriften verlangen[7]), muß statt der unter a und c vorgeschriebenen Signale mindestens alle zwei Minuten drei aufeinanderfolgende Töne geben, zuerst einen lang gezogenen Ton, dann zwei kurze Töne. Ein geschlepptes Fahrzeug darf dieses Signal, aber kein anderes geben[8]).

Segelfahrzeuge und Boote von weniger als 57 Kubikmeter Brutto-Raumgehalt brauchen die vorerwähnten Signale nicht zu geben, müssen dann aber mindestens jede Minute irgendein anderes kräftiges Schallsignal geben.

Anmerkung. Überall, wo diese Verordnung den Gebrauch einer Glocke vorschreibt, kann anstatt einer solchen an Bord türkischer Fahrzeuge eine Trommel, an Bord kleinerer Segelfahrzeuge, falls der Gebrauch eines solchen Instruments landesüblich ist, ein Gong benutzt werden.

[1]) Vgl. SWO. § 32 Abs. 1: Verbot; § 79 Nr. 10.

[2]) Vgl. SWO. § 33a.

[3]) Vgl. SWO. § 2.

[4]) Vgl. SWO. § 32 Abs. 2.

[5]) Vgl. SWO. § 33b; Flöße: § 33d.

[6]) Vgl. SWO. § 33a.

[7]) Vgl. SWO. § 33c; Flöße § 33d.

## IV. Mäßigung der Geschwindigkeit bei Nebel usw.

**Art. 16.** Jedes Fahrzeug muß bei Nebel, dickem Wetter, Schneefall oder heftigen Regengüssen, unter sorgfältiger Berücksichtigung der obwaltenden Umstände und Bedingungen, mit mäßiger Geschwindigkeit fahren[1]).

Ein Dampffahrzeug, welches anscheinend vor der Richtung quer ab (vorderlicher als dwars) das Nebelsignal eines Fahrzeugs hört, dessen Lage nicht auszumachen ist, muß sofern die Umstände dies gestatten, seine Maschine stoppen und dann vorsichtig manövrieren, bis die Gefahr des Zusammenstoßens vorüber ist[2]).

## V. Ausweichen[3]).

### Gefahr des Zusammenstoßens.

Das Vorhandensein einer Gefahr des Zusammenstoßens kann, wenn die Umstände es gestatten, durch sorgfältige Kompaßpeilung eines sich nähernden Schiffes erkannt werden. Ändert sich die Peilung nicht merklich, so ist anzunehmen, daß die Gefahr des Zusammenstoßens vorhanden ist.

[1]) Vgl. SWO. § 39.

[2]) Vgl. SWO. § 46 Abs. 3 (außergewöhnliche Schleppzüge); § 56b.

[3]) Vgl. SWO. § 42b und c (Wegerechtsschiffe); § 46 (außergewöhnliche Schleppzüge; örtlich: § 62 Nr. 11 u. 12; § 63B Nr. 2; § 64 Nr. 12; § 69 Nr. 8; § 70 Nr. 8; § 75 Nr. 5; § 78 Nr. 12; § 79 Nr. 16; § 80 Nr. 7, Nr. 9 u. Nr. 10; § 81 Nr. 2; § 82 Nr. 2; § 83 Nr. 2; § 84 Nr. 2.

**Art. 17.** Sobald Segelfahrzeuge sich so nähern, daß die Annäherung Gefahr des Zusammenstoßens mit sich bringt, muß das eine dem andern, wie nachstehend angegeben, aus dem Wege gehen:

a) Ein Fahrzeug mit raumem Winde muß einem beim Winde segelnden Fahrzeug aus dem Wege gehen.

b) Ein Fahrzeug, welches mit Backbord-Halsen beim Winde segelt, muß einem Fahrzeuge, welches mit Steuerbord-Halsen beim Winde segelt, aus dem Wege gehen.

c) Haben beide Fahrzeuge raumen Wind von verschiedenen Seiten, so muß dasjenige, welches den Wind von Backbord hat, dem anderen aus dem Wege gehen.

d) Haben beide Fahrzeuge raumen Wind von derselben Seite, so muß das luvwärts befindliche Fahrzeug dem leewärts befindlichen aus dem Wege gehen.

e) Ein Fahrzeug, welches vor dem Winde segelt, muß dem anderen Fahrzeug aus dem Wege gehen.

**Art. 18.** Sobald zwei Dampffahrzeuge sich in gerade entgegengesetzter oder beinahe gerade entgegengesetzter Richtung so nähern, daß die Annäherung Gefahr des Zusammenstoßens mit sich bringt, muß jedes seinen Kurs nach Steuerbord ändern, damit sie einander an Backbordseite passieren.

Diese Vorschrift findet nicht Anwendung, wenn zwei Dampffahrzeuge, sofern sie beide ihren Kurs beibehalten, frei voneinander passieren müssen.

Sie findet daher nur Anwendung, wenn bei Tage jedes der Fahrzeuge die Masten des anderen mit den seinigen ganz oder nahezu in einer Linie sieht, und wenn bei Nacht jedes der Fahrzeuge in solcher Stellung sich befindet, daß beide Seitenlichter des anderen zu sehen sind.

Sie findet keine Anwendung, wenn bei Tage das eine Fahrzeug sieht, daß sein Kurs vor dem Buge durch das andere Fahrzeug gekreuzt wird, oder wenn bei Nacht das rote Licht des einen Fahrzeuges dem roten des anderen, oder das grüne Licht des einen Fahrzeuges dem grünen des anderen Fehrzeuges gegenübersteht, oder wenn ein rotes Licht ohne ein grünes, oder ein grünes Licht ohne ein rotes voraus in Sicht ist, oder wenn beide farbige Seitenlichter gleichzeitig aber anderswo als voraus in Sicht sind.

**Art. 19.** Sobald die Kurse zweier Dampffahrzeuge sich so kreuzen, daß die Beibehaltung derselben Gefahr des Zusammenstoßens mit sich bringt, muß dasjenige Dampffahrzeug aus dem Wege gehen, welches das andere an seiner Steuerbordseite hat.

**Art. 20.** Sobald ein Dampffahrzeug und ein Segelfahrzeug in solchen Richtungen fahren, daß die Beibehaltung derselben Gefahr des Zusammenstoßens mit sich bringt, muß das Dampffahrzeug dem Segelfahrzeug aus dem Wege gehen.

**Art. 21.** In allen Fällen, wo nach diesen Vorschriften eins von zwei Fahrzeugen dem andern aus dem Wege zu gehen hat, muß das letztere seinen Kurs und seine Geschwindigkeit beibehalten.

Anmerkung. Wenn jedoch infolge von dickem Wetter oder aus anderen Ursachen zwei Fahrzeuge einander so nahe gekommen sind, daß ein Zusammenstoß durch Manöver des zum Ausweichen verpflichteten Fahrzeuges allein nicht vermieden werden kann, so soll auch das andere Fahrzeug so manövrieren, wie es zur Abwendung eines Zusammenstoßes am dienlichsten ist (vergleiche Artikel 27 und 29).

**Art. 22.** Jedes Fahrzeug, welches nach diesen Vorschriften einem anderen aus dem Wege zu gehen hat, muß, wenn die Umstände es gestatten, vermeiden, den Bug des anderen zu kreuzen.

**Art. 23.** Jedes Dampffahrzeug, welches nach diesen Vorschriften einem anderen Fahrzeug aus dem Wege zu gehen hat, muß bei der Annäherung, wenn nötig, seine Fahrt mindern[1]) oder stoppen oder rückwärts gehen.

**Art. 24.** Ohne Rücksicht auf irgendeine dieser Vorschriften muß jedes Fahrzeug beim Überholen[2]) eines anderen dem letzteren aus dem Wege gehen[3]).

Als überholendes Fahrzeug gilt jedes Fahrzeug, das sich einem anderen Fahrzeug aus einer Richtung her nähert, welche mehr als zwei Strich hinter der Richtung quer ab (zwei Strich achterlicher als dwars) liegt, das heißt aus einer Richtung, bei welcher die Fahrzeuge so zueinander stehen, daß das überholende bei Nacht keines der Seitenlichter des anderen sehen würde. Durch spätere Veränderung in der Peilung der beiden Fahrzeuge wird das überholende Fahrzeug weder zu einem kreuzenden Fahrzeug im Sinne dieser Vorschriften, noch von der Verpflichtung entbunden, dem anderen Fahrzeug aus dem Wege zu gehen, bis es dasselbe klar passiert hat.

Vermag das überholende Fahrzeug bei Tage nicht sicher zu erkennen, ob es sich vor oder hinter der oben bezeichneten Stellung zu dem anderen Fahrzeug befindet, so hat es anzunehmen, daß es ein überholendes Fahrzeug ist, und muß es dem anderen aus dem Wege gehen.

[1]) Vgl. SWO. § 37 Abs. 6.

[2]) Vgl. SWO. § 35b; § 37; § 50f (Eisbrecher); örtlich: § 62 Nr. 9 u. Nr. 11; § 63 Nr. 4; § 65 Nr. 7; § 70 Nr. 9; § 72 Nr. 7; § 73 Nr. 8; § 79 Nr. 9; § 80 Nr. 6.

[3]) Vgl. SWO. § 37 Abs. 4; Wegerechtsschiffe § 42 b—d.

**Art. 25.** In engen Fahrwassern[1]) muß jedes Dampffahrzeug, wenn dies ohne Gefahr ausführbar ist, sich an derjenigen Seite der Fahrrinne oder der Fahrwassermitte halten, welche an seiner Steuerbordseite liegt[2]).

[1]) Vgl. SWO. § 6; Ausnahmen örtlich: § 80 Nr. 25; § 84 Nr. 12; § 85 Nr. 2.

[2]) Vgl. SWO. § 36; Wegerechtsschiffe: § 42a; § 61 Nr. 4.

**Art. 26.** In Fahrt befindliche Segelfahrzeuge müssen Segelfahrzeugen oder Booten, welche mit Treibnetzen, Angelleinen oder Grundschleppnetzen fischen, aus dem Wege gehen. Durch diese Vorschrift wird jedoch keinem fischenden Fahrzeug oder Boote die Befugnis eingeräumt, ein Fahrwasser, welches andere Fahrzeuge benutzen, zu sperren.

**Art. 27.** Bei Befolgung dieser Vorschriften muß stets gehörige Rücksicht auf alle Gefahren der Schiffahrt und des Zusammenstoßens sowie auf solche besondere Umstände genommen werden, welche zur Abwendung unmittelbarer Gefahr ein Abweichen von den Vorschriften notwendig machen.

### VI. Schallsignale für Fahrzeuge, welche einander ansichtig sind.

**Art. 28.** Als kurzer Ton im Sinne dieses Artikels gilt ein Ton von ungefähr einer Sekunde Dauer[1]).

Sind Fahrzeuge einander ansichtig, so muß ein in Fahrt befindliches Dampffahrzeug, wenn es einen diesen Vorschriften entsprechenden Kurs einschlägt, diesen Kurs durch folgende Signale mit seiner Pfeife oder Sirene anzeigen, nämlich:

Ein kurzer Ton bedeutet:

„ich richte meinen Kurs nach Steuerbord".

Zwei kurze Töne bedeuten:

„ich richte meinen Kurs nach Backbord".

Drei kurze Töne bedeuten:

„meine Maschine geht mit voller Kraft rückwärts.

[1]) Vgl. SWO. § 2.

### VII. Notwendigkeit anderweiter Vorsichtsmaßregeln.

**Art. 29.** Keine dieser Vorschriften soll ein Fahrzeug, oder den Reeder, den Führer und die Mannschaft desselben von den Folgen einer Versäumnis im Gebrauche von Lichtern oder Signalen und im Halten eines gehörigen Ausgucks[1]) oder von den Folgen der Versäumnis anderer Vorsichtsmaßregeln befreien, welche durch die seemännische Praxis oder durch die besonderen Umstände des Falles geboten werden[2]).

[1]) Vgl. SWO. § 51.

[2]) Vgl. SWO. § 5 Abs. 4.

### VIII. Vorbehalt in betreff der Häfen und Binnengewässer.

**Art. 30.** Vorschriften, welche bezüglich der Schiffahrt in Häfen, auf Flüssen oder in Binnengewässern erlassen sind, werden durch diese Verordnung nicht berührt.

### IX. Notsignale.

**Art. 31.** Fahrzeuge, welche in Not sind und Hilfe von anderen Fahrzeugen oder vom Lande verlangen, müssen folgende Signale — zusammen oder einzeln — geben.

Bei Tage:

1. Kanonenschüsse oder andere Knallsignale, welche in Zwischenräumen von ungefähr einer Minute Dauer abgefeuert werden.
2. Das Signal NC des „Internationalen Signalbuchs".
3. Das Fernsignal, bestehend aus einer viereckigen Flagge über oder unter welcher ein Ball oder etwas, was einem, Balle ähnlich sieht, aufgeheißt ist.
4. Anhaltendes Ertönenlassen irgendeines Nebelsignalapparats.

Bei Nacht:

1. Kanonenschüsse oder andere Knallsignale, welche in Zwischenräumen von ungefähr einer Minute Dauer abgefeuert werden.
2. Flammensignale auf dem Fahrzeuge, z. B. brennende Teer-, Öltonnen oder dergleichen.
3. Raketen oder Leuchtkugeln von beliebiger Art und Farbe; dieselben sollen einzeln in kurzen Zwischenräumen abgefeuert werden.
4. Anhaltendes Ertönenlassen irgendeines Nebelsignalapparats.

**Art 32** Vorbehaltlich des Rechtes der Kriegsfahrzeuge, Sternsignale oder Raketen zu anderweitigen Signalzwecken zu benutzen, dürfen Notsignale nur dann angewendet werden, wenn die Fahrzeuge in Not oder Gefahr sind[1]).

[1]) Vgl. SWO. § 8 Abs. 1.

## X. Verpflichtung der Schiffseigentümer und Schiffsführer.

**Art. 33.** Der Eigentümer und der Führer eines Fahrzeuges haften dafür, daß die zur Ausführung der vorstehenden Vorschriften erforderlichen Signalapparate vollständig und in brauchbarem Zustand auf dem Fahrzeuge vorhanden sind.

Im übrigen liegt die Befolgung der Vorschriften dem Führer des Fahrzeuges ob[1]). Führer ist der Schiffer oder dessen berufener Vertreter. Hat das Fahrzeug einen Zwangslotsen angenommen, so hat dieser die in den Artikeln 16 bis 27 gegebenen

Vorschriften zu erfüllen, sofern nicht der Schiffer kraft landesrechtlich ihm zustehender Befugnis den Zwangslotsen seiner Funktion enthoben hat. Die für die Schiffe und Fahrzeuge der Kaiserlichen Marine geltenden besonderen Bestimmungen werden hierdurch nicht berührt.

[1]) Vgl. SWO. § 5 Abs. 1.

### XI. Schlußbestimmung.

**Art. 34.** Alle dieser Verordnung entgegenstehenden Vorschriften sind aufgehoben.

Unberührt bleiben die Vorschriften im Artikel 19 des internationalen Vertrags, betreffend die polizeiliche Regelung der Fischerei in der Nordsee außerhalb der Küstengewässer, vom 6. Mai 1882 (Reichsgesetzbl. von 1884 S. 25), sowie die Vorschriften in den Artikeln 5 und 6 des internationalen Vertrages zum Schutze der unterseeischen Telegraphenkabel vom 14. März 1884 (Reichsgesetzbl. von 1888 S. 151).

**Anlage 3.**

## Lotsen-Signalordnung[1])

vom 7. Februar 1907 (RGBl. S. 27; 1922 S. 282).

**§ 1.** Die nachstehenden Vorschriften gelten für alle Fahrzeuge auf See und auf den mit der See in Zusammenhang stehenden, von Seeschiffen befahrenen Gewässern.

[1]) Vgl. SWO. § 23; örtlich: § 61 Nr. 3; § 62 Nr. 5; § 64 Nr. 5; § 78 Nr. 3; § 79 Nr. 4; § 80 Nr. 4; Trave (Anl. 1) Nr. 3

**§ 2.** Lotsensignale im Sinne dieser Vorschriften sind Signale, durch welche ausgedrückt wird, daß auf den signalisierenden Fahrzeugen Lotsen verlangt werden.

Als Lotsensignale gelten:

a) bei Tage:

1. die am Vormaste geheißte, mit einem weißen Streifen von ein Fünftel der Flaggenbreite umgebene Handelsflagge (Lotsenflagge); oder

2. das Signal „PT“ des Internationalen Signalbuchs; oder
3. die Internationale Flagge „S“ mit oder ohne den Internationalen Signalbuchwimpel darüber; oder
4. das Fernsignal, bestehend aus einem Kegel mit der Spitze nach oben geheißt und mit zwei Bällen oder ballähnlichen Gegenständen darüber.

b) bei Nacht:
1. Blaufeuer, welche alle 15 Minuten abgebrannt werden; oder
2. ein unmittelbar über der Verschanzung in Zwischenräumen von kurzer Dauer gezeigtes helles weißes Licht, welches jedesmal ungefähr eine Minute lang sichtbar ist.

§ 3. Die Lotsensignale dürfen auf den Fahrzeugen nur dann zur Anwendung gelangen, wenn auf ihnen Lotsen verlangt werden. Auch dürfen auf den Fahrzeugen andere, als die im § 2 bezeichneten Signale als Lotsensignale nicht benutzt werden.

§ 4. Der bisher noch in Kraft gewesene Teil der Not- und Lotsensignalordnung für Schiffe auf See und auf den Küstengewässern vom 14. August 1876 (Reichsgesetzbl. S. 187) ist aufgehoben.

Anlage 4.

## Bekanntmachung, betreffend die Bezeichnung der Fahrwasser und Untiefen in den deutschen Küstengewässern.

Vom 13. Mai 1912[1]).

Auf Grund des durch das Gesetz vom 3. März 1873 (Reichsgesetzbl. S. 47) erweiterten Artikel 4 und des Artikel 7 Nr. 2 der Reichsverfassung hat der Bundesrat beschlossen,

daß die Bezeichnung der Fahrwasser und Untiefen in den deutschen Küstengewässern nach Maßgabe der in der Anlage enthaltenen Grundsätze vorzunehmen ist.

[1]) Vgl. dazu Verfassung des Deutschen Reichs vom 11. August 1919:

Art. 101. Aufgabe des Reiches ist es, alle Seezeichen, insbesondere Leuchtfeuer, Feuerschiffe, Bojen, Tonnen und Baken in sein Eigentum und seine Verwaltung zu übernehmen. Nach der Übernahme können Seezeichen nur noch vom Reiche oder mit seiner Zustimmung hergestellt oder ausgebaut werden.

Art. 171. Die Staatseisenbahnen, Wasserstraßen und Seezeichen gehen spätestens am 1. April 1920 auf das Reich über.

Soweit bis zum 1. Oktober 1920 noch keine Verständigung über die Bedingungen der Übernahme erzielt ist, entscheidet der Staatsgerichtshof.

## Grundsätze
des Systems zur Bezeichnung der Fahrwasser und Untiefen in den deutschen Küstengewässern.

### A. Benennung und Beschreibung der zu verwendenden Seezeichen.

#### 1. Schwimmende Seezeichen.

a) Bakentonnen sind schwimmende Körper mit bakenartigem Aufbau, zu denen auch die Heul-, Leucht- und Glockentonnen zu rechnen sind.

b) Spierentonnen haben über Wasser die Form einer Spiere. Die Gestalt des etwa vorhandenen nicht spierenartig geformten Schwimmkörpers kommt nicht in Betracht.

c) Spitze Tonnen sind über Wasser kegelförmig gestaltet.

d) Stumpfe Tonnen haben über Wasser — ganz oder annähernd — die Form eines Zylinders, dessen obere Fläche abgeplattet ist.

e) Kugeltonnen zeigen über Wasser die Form einer Halbkugel.

f) Faßtonnen haben die Gestalt eines Fasses oder eines Zylinders, dessen gewölbte Fläche nach oben gekehrt ist.

Die schwimmenden Seezeichen sind derart zu konstruieren und auszulegen, daß sie genügend hoch über Wasser hervorragen und, mit Ausnahme der Faßtonnen, möglichst senkrecht stehen. Die Form des über Wasser befindlichen Teiles ist bei den verschiedenen Arten so zu wählen, daß eine Verwechslung mit den anderen Arten nicht stattfinden kann.

2. Feste Seezeichen.

a) Baken sind gerüstartige oder volle Aufbauten, welche eine gegen den Hintergrund sich scharf abhebende und in die Augen fallende Gestalt haben. Auch die aus mehreren Pfählen bestehenden Dalben (Dallen, Duckdalben) können als feste Seezeichen dienen.

b) Stangenseezeichen sind einzelne in den Grund gesteckte Stangen oder eingerammte Pfähle.

c) Pricken sind junge mit Ästen versehene Bäume oder Baumzweige, welche ebenfalls in den Grund gesteckt werden.

## B. Die an den Seezeichen anzubringenden Unterscheidungszeichen.

1. Zur Unterscheidung von Seezeichen derselben Art dienen Toppzeichen und auf die Seezeichen aufgemalte Aufschriften oder Figuren.

2. Als Toppzeichen können alle Körper, die sich durch ihre Form gut abheben, einzeln oder kombiniert verwendet werden; auch ist die Anwendung von Fähnchen nicht ausgeschlossen Erscheinen die Körper in der Seitenansicht als geometrische Figuren, so müssen sie so eingerichtet sein, daß sie nach allen Seiten hin dieselbe Form zeigen.

Bei Stangenseezeichen können auch leichtere Toppzeichen, wie Zweige, Strohwische und dergleichen, benutzt werden.

Ausgeschlossen von der Verwendung als Toppzeichen für Fahrwasserseezeichen sind die einfache Trommel und diejenigen Zusammenstellungen gleichseitiger Dreiecke, welche speziell für die Kennzeichnung von Untiefen außerhalb der Fahrwasser und von Wracks vorgeschrieben sind.

Die Farbe des Toppzeichens braucht mit der des Seezeichens, auf dem dasselbe angebracht ist, nicht übereinzustimmen. Ausgenommen sind die auf Wrack- und Quarantänetonnen angebrachten Toppzeichen, welche stets die Farbe der betreffenden Seezeichen haben müssen.

Die Toppzeichen sind an der Spitze besonderer Stangen anzubringen, welche über den Körper des eigentlichen Seezeichens hervorragen. Nur bei Spierentonnen und Stangenseezeichen kann das Toppzeichen an diesen selbst befestigt werden. Die Länge und die Stärke der zur Anbringung von Toppzeichen dienenden Stangen muß im Verhältnis zum Tonnenkörper so gewählt werden, daß die charakteristische Form des letzteren dadurch nicht beeinträchtigt wird.

3. Zu Aufschriften auf den Seezeichen sind stets stehende lateinische Druckbuchstaben und arabische Ziffern zu benutzen. Aufschriften auf Fahrwasserseezeichen sind in weißer Farbe auszuführen.

4. Erhalten Fahrwasserseezeichen eine fortlaufende Bezeichnung mit Buchstaben oder Zahlen, so muß dieselbe bei dem äußersten Seezeichen beginnen. Fahrwasser von beträchtlicher Länge können jedoch in mehrere Abteilungen geteilt werden, von denen jede mit einer besonderen Buchstaben- oder Zahlenreihe bezeichnet wird.

Die nachträglich in die Betonnung eines Fahrwassers eingeschobenen Zwischentonnen erhalten, wenn es sich um Steuerbordtonnen handelt, die Bezeichnung A 1, A 2 oder B 1, B 2 usw., wenn es sich um Backbordtonnen handelt, die Bezeichnung 1a, 1b oder 2a, 2b usw.

5. Aufschriften und Figuren dürfen nur in solcher Größe ausgeführt werden, daß die Farbe des Seezeichens selbst deutlich erkennbar bleibt.

## C. Bezeichnung der Fahrwasser.

1. Fahrwasser im Sinne dieser Grundsätze ist jeder für Seeschiffe benutzbare Wasserweg, dessen Verlauf durch Seezeichen kenntlich gemacht ist. Bis zu welcher Stelle des Fahrwassers landeinwärts diese Grundsätze Geltung haben sollen, bestimmt in zweifelhaften Fällen der Reichskanzler.

Auf Wattenfahrwasser finden diese Grundsätze keine Anwendung.

2. Als Steuerbordseite eines Fahrwassers gilt diejenige Seite, welche den von See aus kommenden Schiffen an Steuerbord liegt.

3. Verbindet ein Fahrwasser zwei Meeresteile oder zwei durch Gründe voneinander getrennte Wasserflächen, so ist als Steuerbordseite des Fahrwassers diejenige Seite zu betrachten, welche von den aus westlicher Richtung, d. h. von rechtweisend Nord (einschließlich) über West bis rechtweisend Süd (ausschließlich), kommenden Schiffen an Steuerbord gelassen wird. Ist ein solches Fahrwasser derart gekrümmt, daß Zweifel darüber entstehen, welche Seite als Steuerbord- und welche als Backbordseite zu bezeichnen ist, so gilt die am meisten nördlich gelegene Einfahrt als die maßgebende für das ganze zusammenhängende Fahrwasser.

4. Sind die Eingänge zu Fahrwassern von See aus nicht durch Feuerschiffe, Baken, Molen oder dergleichen kenntlich gemacht, so sind hier Bakentonnen von charakteristischer Form als Ansegelungstonnen in solcher Entfernung von den nächsten Fahrwassertonnen auszulegen, daß letztere von den Bakentonnen aus gut gesehen werden können. Die Ansegelungstonnen sind mit einem den Bestimmungen für die Fahrwassertonnen entsprechenden Anstrich zu versehen.

5. Zur Bezeichnung des Fahrwassers sind, wenn schwimmende Seezeichen benutzt werden, auf der Steuerbordseite Spierentonnen und auf der Backbordseite spitze Tonnen zu verwenden; nur wenn mehrere Fahrwasser so nahe beieinander liegen, daß eine Verwechslung derselben möglich erscheint oder daß die Unterscheidung der einzelnen Tonnenreihen voneinander erschwert wird, oder wenn zur Auslegung von Spierentonnen nicht die erforderliche Wassertiefe vorhanden ist, können an Stelle der letzteren ausnahmsweise stumpfe Tonnen zur Bezeichnung der Steuerbordseite verwendet werden. Werden feste Seezeichen angewendet, so ist die Steuer-

bordseite durch Baken mit daran angebrachten Spieren oder durch Stangenseezeichen, die Backbordseite durch Baken ohne Spieren oder durch Pricken zu bezeichnen.

6. Als Mittelfahrwassertonnen sind Kugeltonnen auszulegen.

7. Erscheint es geboten, einzelne Punkte — wie z. B. im Fahrwasser liegende Riffe oder die Spitzen der in dasselbe vortretenden Untiefen — oder abzweigende Fahrwasser besonders kenntlich zu machen, so sind hierzu Baken oder Bakentonnen zu verwenden.

8. Zur Bezeichnung der äußersten Enden von Mittelgründen[1]) sind Baken oder Bakentonnen zu verwenden, welche als Toppzeichen ein stehendes Kreuz tragen.

9. An Stellen, wo die Richtung des Fahrwassers sich erheblich ändert, können an der konvexen Ecke desselben zwei gleiche Seezeichen von der für die entsprechende Fahrwasserseite vorgeschriebenen Art dicht nebeneinander ausgelegt beziehungsweise errichtet werden.

10. Mit Ausnahme der Stangen und Pricken sind sämtliche auf der Steuerbordseite befindliche Seezeichen rot, die auf der Backbordseite befindlichen schwarz anzustreichen.

Fahrwasserseezeichen, die von Schiffen zu beiden Seiten passiert werden können, wie Mittefahrwassertonnen und die zur Bezeichnung einzelner Riffe und der Enden von Mittelgründen verwendeten Baken und Bakentonnen, erhalten einen rot und schwarz gestreiften Anstrich.

[1]) Mittelgründe im Sinne dieser Vorschriften sind Inseln und Untiefen, welche ein Fahrwasser in zwei für die Schiffahrt nutzbare Arme teilen, die sich weiterhin wieder zu einem Fahrwasser vereinigen.

Untiefen, Inseln und Riffe, welche durch eine Tonne oder Bake genügend gekennzeichnet werden, sind als Mittelgründe nicht zu betrachten.

## D. Kennzeichnung der außerhalb der Fahrwasser belegenen Untiefen.

1. Die außerhalb der Fahrwasser liegenden Untiefen sind durch Spierentonnen, Bakentonnen oder Baken zu bezeichnen, welche auf der Untiefe selbst oder an den Rändern derselben auszulegen beziehungsweise zu errichten sind.

2. Befinden sich die Seezeichen an den Rändern, so sind dieselben mit Toppzeichen von der Form zweier senkrecht übereinanderstehender gleichseitiger Dreiecke zu versehen, und zwar erhalten die Seezeichen

nördlich von der Untiefe: zwei mit der Spitze nach oben gekehrte Dreiecke;

südlich von derselben: zwei mit der Spitze nach unten gekehrte Dreiecke;

östlich von derselben: zwei Dreiecke, von denen das obere die Spitze nach oben und das untere die Spitze nach unten kehrt;

westlich von derselben: zwei Dreiecke, deren Spitzen gegeneinander gerichtet sind.

Die beiden Dreiecke sind hierbei stets so weit voneinander zu rücken, daß der Zwischenraum zwischen denselben der Höhe eines der verwendeten Dreiecke entspricht.

3. Die auf der Untiefe selbst errichteten oder ausgelegten Seezeichen erhalten als Toppzeichen eine Trommel (d. h. einen aufrecht stehenden Zylinder, dessen Höhe und Durchmesser gleich sind).

4. Die sämtlichen zur Bezeichnung der Untiefen außerhalb der Fahrwasser verwendeten Seezeichen sind weiß anzustreichen, nur wenn die Untiefe von so geringer Ausdehnung ist, daß die Betonnung der Ränder nicht erforderlich erscheint und die Schiffe sich dem auf die Untiefe gesetzten Seezeichen von allen Seiten bis auf eine geringe Entfernung nähern können, erhält das letztere einen schwarz und weiß gestreiften Anstrich.

5. Auf den Seezeichen ist der Name der Untiefe voll oder abgekürzt, auf den am Rande ausgelegten Seezeichen sind außer-

dem, entsprechend der Himmelsrichtung, in welcher sich dieselben von der Untiefe befinden, die Buchstaben N, S, O, W in schwarzer Schrift gut sichtbar anzubringen.

6. Erscheint es nötig, der Verwechslung mehrerer nahe beieinander gelegener Untiefen oder der auf einer Seite derselben Untiefe befindlichen Seezeichen unter sich vorzubeugen, so können auf den Seezeichen außer den vorgeschriebenen noch andere Toppzeichen oder sonstige Unterscheidungsmerkmale angebracht werden.

## E. Kennzeichnung besonderer Stellen in und außerhalb der Fahrwasser.

1. Werden zur Bezeichnung gesunkener, von Wasser bedeckter Schiffe Tonnen ausgelegt, so sind hierzu stumpfe, spitze oder Faß-Tonnen zu verwenden, welche grün angestrichen sind und in weißer Farbe die Bezeichnung „Wrack“ tragen. Wracktonnen sind mit solchen Toppzeichen zu versehen, wie sie durch die im Abschnitt D unter 2 und 3 enthaltenen Bestimmungen zur Bezeichnung von Untiefen vorgeschrieben sind.

2. Werden zur Bezeichnung der Lage unterseeischer Telegraphenkabel Tonnen ausgelegt, so sind hierzu grün angestrichene Kugeltonnen zu verwenden, welche in weißer Farbe das Wort „Telegraph“ oder den Buchstaben „T“ tragen.

3. Zur Bezeichnung der Grenzen von Quarantänegründen sind stumpfe, spitze oder Faßtonnen mit gelbem Anstrich zu verwenden.

4. Die Grenzen solcher Wasserflächen, welche zur Vornahme von Schieß-, Minen- oder Torpedoversuchen zeitweise für die Schiffahrt abgesperrt werden müssen, sind mit gelb angestrichenen Faßtonnen zu bezeichnen, welche als Toppzeichen ein rotes Fähnchen tragen.

5. Werden Tonnen im Fahrwasser ausgelegt, die Warnungszwecken dienen, jedoch an allen Seiten passierbar sind (Heultonnen als vorgeschobene Nebelsignalstationen usw.), so haben diese einen schwarzweiß gewürfelten Anstrich sowie den Namen

des ihnen zunächst gelegenen, in den Seekarten verzeichneten Ortes zu tragen.

Ansegelungstonnen, Wracktonnen und Fahrwasserseezeichen der im Abschnitt C, Ziffer 10, Abs. 2 gedachten Art fallen nicht unter diese Vorschrift.

### F. Allgemeine Bestimmung.

Werden zur Befestigung von Schiffen, zur Grenzbezeichnung von Reeden, zu Peilungszwecken oder dergleichen Tonnen ausgelegt oder Baken errichtet, so sind dieselben in Form, Farbe und Unterscheidungszeichen derart zu charakterisieren, daß sie mit etwa in der Nähe befindlichen Seezeichen nicht verwechselt werden können.

Anlage 5.

# Allgemeine Grundsätze für die Betonnung und Befeuerung der deutschen Küstengewässer.

## Seezeichen.

### A. Begriffsbestimmung.

Die Steuerbordseite eines Fahrwassers ist die Seite, die den aus See kommenden Schiffen an Steuerbord liegt.

Wenn ein Fahrwasser zwei Meeresteile oder zwei durch Gründe voneinander getrennte Wasserflächen verbindet, so gilt als Steuerbordseite des Fahrwassers die Seite, die von den aus westlicher Richtung kommenden Schiffen an Steuerbord gelassen wird.

### B. Grundsätze für die Leuchtfeuer.

1. Ein farbiges Festfeuer oder ein Wechselfeuer oder ein Mischfeuer zur Bezeichnung eines Punktes am Rande eines Fahrwassers oder an einer Hafeneinfahrt zeigt:

Grün an der Steuerbordseite, rot an der Backbordseite des Fahrwassers oder sinngemäß der Einfahrt.

2. Ein unterbrochenes oder ein Blitz- oder ein Mischfeuer zur Bezeichnung eines Punktes am Rande eines Fahrwassers oder an einer Hafeneinfahrt zeigt:

Ungerade Zahl (1, 3, 5) der Unterbrechungen oder Blitze an der Steuerbordseite, gerade Zahl (2, 4) an der Backbordseite des Fahrwassers oder sinngemäß der Einfahrt.

3. Leitfeuer[1]), d. h. Feuer, die für sich allein durch Sektoren verschiedener Kennung (Leit- und Warnungssektoren) ein Fahrwasser, eine Hafeneinfahrt bezeichnen oder bei freiem Seeraum zwischen Untiefen hindurchführen, zeigen im Leitsektor weißes Festfeuer, in den Warnungssektoren rotes und grünes Festfeuer oder weißes Blitzfeuer, und zwar:

a) Grün oder ungerade Blitzzahl an der Steuerbordseite, rot oder gerade Blitzzahl an der Backbordseite des Fahrwassers oder sinngemäß der Einfahrt, wenn der Leitsektor ein Fahrwasser oder eine Hafeneinfahrt bezeichnet;

b) grün oder ungerade Blitzzahl an der Steuerbordseite, rot oder gerade Blitzzahl an der Backbordseite des im Leitsektor auf das Feuer zusteuernden Schiffes, wenn der Leitsektor weder über betonntes Fahrwasser führt, noch eine Hafeneinfahrt bezeichnet.

4. Wrackfeuer[2]).

a) Wrackfeuerschiffe sind im oberen Teil grün gestrichen mit der Aufschrift „Wrack“ in großen weißen Buchstaben und führen an der Rahe, 6 m über Wasser, bei Nacht drei grüne, ringsum mindestens 1 Seemeile weit sichtbare Festfeuer und zwar zwei Feuer senkrecht untereinander an der einen und das dritte Feuer an der anderen, dem Wrack zugekehrten Rahnock. Bei Tage werden statt der Feuer grüne Bälle in derselben Anordnung gezeigt.

Ankerlaternen werden nicht geführt.

Vorübergehend ausgelegte Wrackschiffe können an Stelle des vorgesehenen grünen Anstrichs für den oberen Schiffs teil, unter Beibehaltung ihres sonstigen Anstrichs, nur auf jeder Schiffsseite ein großes, grünes Schild mit der weißen Aufschrift „Wrack" führen.

b) Ein auf dem Wrack selbst angebrachtes Wrackfeuer zeigt ein grünes, ringsum sichtbares Feuer 1,5 m über einem weißen.

c) Wrackleuchttonnen zeigen ein grünes, unterbrochenes Blink- oder Blitzfeuer, und zwar:

α) in offener See:

a) grünes Blink- oder Blitzfeuer mit Gruppen von zwei Blinken oder Blitzen, wenn sie in einer Richtung zwischen N und O vom Wrack liegen;

b) grünes, unterbrochenes Feuer mit Einzelunterbrechungen, wenn sie in einer Richtung zwischen S und W vom Wrack liegen.

Bemerkung: „Offene See" umfaßt das außerhalb des äußersten Seezeichens (Ansegelungstonne) eines in seinem Verlaufe fortlaufend durch Seezeichen kenntlich gemachten Einlaufes oder Fahrwassers liegende Seegebiet.

β) in betonnten Fahrwassern:

a) grünes Blink- oder Blitzfeuer mit ungerader Zahl der Blinke oder Blitze, und zwar mit Gruppen von drei Blinken oder Blitzen, wenn sie einkommend an der Steuerbordseite des Fahrwassers liegen;

b) grünes, unterbrochenes Feuer mit gerader Zahl der Unterbrechungen, und zwar mit Gruppen von vier Unterbrechungen, wenn sie einkommend an der Backbordseite des Fahrwassers liegen.

Wracktonnen (Leuchtheultonnen, Leuchtglockentonnen) sind grün gestrichen und mit der weißen Aufschrift „Wrack" versehen; sie führen, je nach ihrer Lage zum Wrack, grüne Toppzeichen nach der für Untiefen vorgeschriebenen Art.

[1]) Vgl. § 48f SWO.

[2]) Vgl. § 26 SWO.

## C. Grundsätze für die Bezeichnung der Fahrwasser und Untiefen in den deutschen Küstengewässern.

### I. Fahrwasser-Seezeichen[1]).

a) Zu „Ansteuerungstonnen" an den Eingängen der Fahrwasser werden Baken-, Leucht-, Heul- und Glockentonnen verwendet, deren Anstrich sich nach den Bestimmungen für Fahrwassertonnen richtet.

b) Zur Fahrwasserbezeichnung dienen stets an der Steuerbordseite rote Spierentonnen, an der Backbordseite schwarze, spitze Tonnen. Ausnahmsweise liegen an der Steuerbordseite rote, stumpfe Tonnen, wenn mehrere Fahrwasser so nahe beieinander liegen, daß ihre Verwechslung möglich oder die Unterscheidung der einzelnen Tonnenreihen schwierig ist, oder wenn zur Auslegung von Spierentonnen nicht genügende Wassertiefe vorhanden ist. Bei Verwendung fester Seezeichen stehen an der Steuerbordseite rote Baken mit daran befestigter Spiere oder Stangenseezeichen, an der Backbordseite schwarze Baken ohne Spieren oder Pricken. Stangenseezeichen und Pricken haben gewöhnlich keinen Anstrich.

c) Als Mittefahrwassertonne dienen rot-schwarz gestreifte Kugeltonnen.

d) Mittelgründe und Gabelungspunkte zweier Fahrwasser sowie einzelne im Fahrwasser liegende Riffe, die an beiden Seiten passiert werden können, werden durch Bakentonnen oder Baken bezeichnet, die rot-schwarz gestreift sind und ein stehendes Kreuz als Toppzeichen tragen.

e) Im Fahrwasser ausgelegte Tonnen, die Warnungszwecken dienen (Heultonnen als vorgeschobene Nebelsignalstationen), haben schwarz-weiß gewürfelten Anstrich und tragen den Namen des ihnen zunächst gelegenen, in den Seekarten verzeichneten Ortes.

f) Toppzeichen und Aufschriften für Fahrwasserseezeichen. Zur Unterscheidung von Seezeichen derselben Art dienen Toppzeichen, das sind Körper, die sich durch ihre Form gut abheben und nach allen Seiten dieselbe Form zeigen, wie Ball, Kegel, Zylinder, Würfel usw. einzeln oder kombiniert, auch Fähnchen, auf Stangen-, seezeichen auch Besen, Strohwische u. dgl. Von der Verwendung sind ausgeschlossen die einfache Trommel und die Zusammenstellungen gleichseitiger Dreiecke, die für die Bezeichnung von Untiefen außerhalb des Fahrwassers und von Wracken vorgesehen sind.

Die Farbe des Toppzeichens braucht bei Fahrwasserseezeichen mit derjenigen des Seezeichens nicht übereinzustimmen. Fahrwasserseezeichen erhalten eine fortlaufende, beim äußersten Seezeichen beginnende Bezeichnung durch Buchstaben oder Zahlen, und zwar in der Regel die Steuerbord-Seezeichen durch Buchstaben, die Backbord-Seezeichen durch Zahlen. Fahrwasser beträchtlicher Länge werden in mehrere Abschnitte geteilt, deren jeder mit einem besonderen Buchstaben oder Zahlenreihe beginnt. Die nachträglich in die Betonnung eines Fahrwassers eingeschobenen Zwischentonnen erhalten, wenn es sich um Steuerbordtonnen handelt, die Bezeichnung A 1, A 2 oder B 1, B 2 usw., wenn es sich um Backbordtonnen handelt, die Bezeichnung 1a, 1b oder 2a, 2b usw.

[1]) Vgl. § 6; § 36 SWO.

II. Seezeichen für Untiefen außerhalb der Fahrwasser.

a) Hierzu dienen weiße Spierentonnen, Bakentonnen oder Baken, die auf der Untiefe selbst oder an ihren Rändern ausgelegt oder errichtet sind.

Als Toppzeichen tragen die auf der Untiefe selbst ausliegenden Seezeichen eine Trommel, die an den Rändern befindlichen Seezeichen Zusammenstellungen je zweier senkrecht übereinander stehender Kegel, die in der Seitenansicht als gleichseitige Dreiecke erscheinen und durch einen Zwischenraum voneinander getrennt sind, und zwar:

Nördlich von der Untiefe: zwei mit der Spitze nach oben gekehrte Dreiecke;

südlich von der Untiefe: zwei mit der Spitze nach unten gekehrte Dreiecke;

östlich derselben: zwei Dreiecke, von denen das obere die Spitze nach oben und das untere die Spitze nach unten kehrt;

westlich von derselben: zwei Dreiecke, deren Spitzen gegeneinander gerichtet sind.

Auf den Seezeichen ist der Name der Untiefe voll oder abgekürzt, auf den an den Rändern ausgelegten Seezeichen sind außerdem, entsprechend der Richtung von der Untiefe, die schwarzen Buchstaben N, S, O, W sichtbar angebracht.

b) Wenn die Untiefe eine so geringe Ausdehnung hat, daß Schiffe sich dem auf der Untiefe befindlichen Seezeichen von allen Seiten bis auf geringen Abstand nähern können, so hat es einen schwarz-weiß gestreiften Anstrich.

## III. Seezeichen für besondere Zwecke innerhalb und außerhalb der Fahrwasser.

a) Wracktonnen[1]) sind stumpfe, spitze oder Faßtonnen, die grün angestrichen sind, in weißer Farbe die Aufschrift „Wrack" tragen und mit grünen Toppzeichen nach der für Untiefentonnen vorgeschriebenen Art, je nach ihrer Lage zum Wrack, versehen sind.

b) Telegraphentonnen[2]) zur Bezeichnung unterseeischer Kabel sind, sofern sie dauernd ausliegen, schwarze Kugeltonnen, die in weißer Farbe das Wort „Kabel" oder den Buchstaben „K" tragen und, sofern sie nur für vorübergehende Kabelarbeiten verwendet werden, rot-weiß senkrecht gestreifte Kugeltonnen ohne Aufschrift.

c) Quarantäne-Ankerplatzgrenzen[3]) werden mit gelben, stumpfen, spitzen oder Faßtonnen bezeichnet; werden Toppzeichen verwendet, so haben diese gelben Anstrich.

d) Übungsgebiete, Schieß- und Versuchsfelder[4]), die zeitweilig für die Schiffahrt gesperrt werden müssen, sind an ihren Grenzen mit gelben Faßtonnen bezeichnet, die als Toppzeichen ein rotes Fähnchen haben.

e) Festmache- und Reedetonnen[5]), Verholtonnen, Deviationstonnen, Tonnen zur Bezeichnung von Baggerschüttstellen[6]) u. dgl. sind durch Form, Farbe und Unterscheidungszeichen derartig gekennzeichnet, daß sie mit benachbarten Seezeichen nicht verwechselt werden können.

f) Seezeichen für Fischereizwecke[7]) haben blauen Anstrich und, wenn Toppzeichen verwendet werden, solche in Form eines Fisches mit bronzefarbigem Anstrich.

[1]) Vgl. § 26 SWO.
[2]) Vgl. § 56f SWO.
[3]) Vgl. § 4 SWO.
[4]) Vgl. § 30 SWO.
[5]) Vgl. § 56a SWO.
[6]) Vgl. § 48b SWO.
[7]) Vgl. § 55 SWO.

Anlage 6.

## Anweisung des Hamburgischen Senats zur Handhabung des § 25 der Str.O.

Vom 8. Oktober 1902[1]).

Der Senat hat zur Handhabung des § 25 der StrO. beschlossen was folgt:

Die Beseitigung von Schiffahrtshindernissen auf Grund des § 25 StrO. liegt der Deputation für Handel und Schiffahrt ob und zwar:

a) innerhalb aller Gewässer des Hamburgischen Staatsgebietes, für welche die StrO. gilt,

b) innerhalb des von Hamburg betonnten Fahrwassers der Preußischen Strecken der Unterelbe.

Für das behördliche Einschreiten auf Grund des § 25 StrO ist das Folgende zu beachten.

1. Als Fahrwasser im Sinne des § 25 I StrO. sind in Übereinstimmung mit C 1 der „Grundsätze eines einheitlichen Systems zur Bezeichnung der Fahrwasser und Untiefen in den deutschen Küstengewässern" vom 31. Juli 1887 (RGBl. S. 388) alle für Seeschiffe benutzbaren Wasserwege, deren Verlauf durch Seezeichen kenntlich gemacht ist, jedoch einschließlich der bezeichneten Wattenfahrwasser anzusehen.

2. Von der Befugnis, die Beseitigung des Schiffahrtshindernisses zu veranlassen, welche nicht mehr davon abhängig ist, ob der Eigentümer bekannt oder zur Fortschaffung des Hindernisses bereit ist, hat die Deputation Gebrauch zu machen, wenn die alsbaldige Einleitung der Räumungsarbeiten durch die Behörde selbst nach der Sachlage geboten ist, insbesondere wenn die Gefährlichkeit der Hindernisses oder der Umfang des durch dasselbe gehemmten Verkehrs einen Aufschub untunlich macht. Liegt eine Veranlassung zum sofortigen Einschreiten nach dem Ermessen der Deputation nicht vor, so soll sie zunächst festzustellen suchen, ob der Eigentümer seinerseits die Fortschaffung übernehmen will. Dies ist namentlich zu beachten, wenn es sich um geringfügige Schiffahrtshindernisse an weniger gefährlichen Stellen, z. B. um kleinere in Wattenfahrwassern festgeratene Fahrzeuge handelt. In solchem Falle ist abzuwägen, ob der durch die alsbaldige Beseitigung des Hindernisses für die Schiffahrt zu erzielende Erfolg im richtigen Verhältnis zu dem dadurch dem Eigentümer erwachsenen Schaden steht. In jedem Falle hat die Behörde dem Eigentümer, soweit er bekannt und es sonst tunlich ist, von dem beabsichtigten Einschreiten vorher oder doch gleichzeitig mit demselben Mitteilung zu machen.

3. Wenn ein Schiff des Reiches oder eines Bundesstaates oder ein Gegenstand, der von einem solchen Schiffe herrührt, das Schiffahrtshindernis bildet, so hat die Deputation, solange das Schiff nicht von der Besatzung verlassen ist, sich mit dessen Führer wegen der Beseitigung in Benehmen zu setzen. Erfolgt keine Verständigung, so ist die Weisung des Senats einzuholen.

Ist im Falle des Absatz 1 das Schiff von der Besatzung verlassen, so hat die Deputation in der Regel sich zunächst mit der beteiligten Verwaltung in Verbindung zu setzen, damit diese entweder selbst die Beseitigung bewirken oder die Deputation um deren Vornahme für Rechnung der Verwaltung ersuchen kann. Nur wenn die Sachlage keinerlei Aufschub gestatte und auch eine telegraphische Verständigung vor der Einleitung der Räumungsarbeiten nicht angängig ist, darf in solchem Falle die Deputation die Beseitigung unverzüglich in Angriff nehmen. Sie hat dann aber gleichzeitig der beteiligten Verwaltung auf schleunigstem Wege Nachricht zu geben und deren Interessen auf das sorgsamste zu wahren, insbesondere bei Fahrzeugen der Kaiserlichen Marine darauf zu achten, daß keinerlei Gegenstände in unbefugte Hände geraten.

Bildet ein ausländisches Staatsschiff das Hindernis, so findet die Vorschrift des Abs. 1 mit der Maßgabe Anwendung, daß beim Ausbleiben einer Verständigung schleunigst die Weisung des Senats einzuholen ist. Ist das Schiff von der Besatzung verlassen, so ist stets die Weisung des Senats einzuholen.

4. Schreitet die Deputation ein, so ist dies, soweit es sich um Schiffe oder Wracks handelt, tunlichst durch ein an dem Schiffsfahrtshindernis anzubringendes Abzeichen für Dritte kenntlich zu machen. Über das gewählte Abzeichen und die Bedeutung desselben hat die Deputation eine öffentliche Bekanntmachung zu erlassen.

5. Bei dem öffentlichen Verkauf beseitigter Gegenstände gemäß § 25 III StrO. ist die Vorschrift im § 383 III BGB. zu beachten. Vor der Vollziehung des Verkaufs ist, soweit tunlich, den Beteiligten Nachricht zu geben, damit diese ihre Interessen

wahrnehmen, insbesondere durch Sicherstellung den Verkauf abwenden können. Mit Zustimmung aller Beteiligten kann statt des öffentlichen Verkaufes eine andere angemessene Verwertung der Gegenstände erfolgen.

Da das Gesetz den öffentlichen Verkauf ausschließt, soweit Sicherheit bestellt wird, so sind, auch wenn dies nur für einzelne geborgene Gegenstände geschieht, diese freizugeben.

Die Höhe der zu fordernden Sicherheit und des für Gegenstände, welche dem Reich oder einem Bundesstaate gehören, zu beanspruchenden Werterſatzes bleibt dem Ermessen der Deputation vorbehalten, die hierzu nötigenfalls das Gutachten Sachverständiger heranzuziehen hat.

[1]) Vgl. § 58b; § 59 SWO.

Anlage 7.

## Anweisung des Bremischen Senats an das Tonnen- und Bakenamt.

Vom 8. August 1902[1]).

Das Tonnen- und Bakenamt, dem die in § 25 der StrO. in der Fassung des Reichsgesetzes vom 30. Dezember 1901 (RGBl. von 1902 S. 1) der Behörde zugewiesenen Geschäfte, soweit sie nicht schon nach dem Bremischen Gesetze vom 14. Dezember 1886 dem Tonnen- und Bakenamte zustehen, hiermit übertragen werden, hat bei Ausführung des gedachten § 25 folgendes zu beachten:

1. Als Fahrwasser im Sinne des § 25 Abs. 1 der StrO. sind in Übereinstimmung mit C 1 der „Grundsätze eines einheitlichen Systems zur Bezeichnung der Fahrwasser und Untiefen in den deutschen Küstengewässern" vom 31. Juli 1887 (RGBl. S. 388) alle für Seeschiffe benutzten Wasserwege, deren Verlauf durch Seezeichen kenntlich gemacht ist, jedoch einschließlich der Wattenfahrwasser anzusehen.

2. Von der Befugnis, die Beseitigung des Schiffahrtshindernisses zu veranlassen, welche nicht mehr davon abhängig

ist, ob der Eigentümer bekannt oder zur Fortschaffung des Hindernisses bereit ist, hat das Tonnen- und Bakenamt nur Gebrauch zu machen, wenn die alsbaldige Einleitung von Räumungsarbeiten durch die Behörde selbst nach der Sachlage geboten ist, insbesondere wenn die Gefährlichkeit des Hindernisses oder der Umfang des durch dasselbe gehemmten Verkehrs einen Aufschub untunlich macht, oder wenn der Eigentümer unbekannt oder nach der Art und Größe des Hindernisses, der voraussichtlichen Schwierigkeit der Beseitigung oder den der Behörde bekannten Verhältnissen des Eigentümers von vornherein anzunehmen ist, daß dieser die Beseitigung nicht unternehmen oder nicht wirksam durchführen wird. Auch die Besorgnis, daß wertvollere Teile des Hindernisses, insbesondere Teile der Ladung eines Schiffes von demselben vor dem Einschreiten der Behörde entfernt und dadurch der Haftung für die Beseitigungskosten entzogen werden, rechtfertigt das Einschreiten der Behörde. Liegen besondere Gründe hierzu nicht vor, und ist der Eigentümer bekannt und ohne größeren Zeitaufwand erreichbar, so soll das Tonnen- und Bakenamt zunächst festzustellen suchen, ob der Eigentümer seinerseits die Fortschaffung übernehmen will. Dies ist namentlich zu beachten, wenn es sich um geringfügige Schiffahrtshindernisse an weniger gefährlichen Stellen, z. B. in kleinere in Wattfahrwassern festgeratene Fahrzeuge handelt. In solchem Falle ist abzuwägen, ob der durch die alsbaldige Beseitigung des Hindernisses für die Schiffahrt zu erzielende Erfolg im richtigen Verhältnisse zu dem dadurch dem Eigentümer erwachsenden Schaden steht. In jedem Falle hat die Behörde dem Eigentümer, soweit er bekannt und es sonst tunlich ist, von dem beabsichtigten Einschreiten vorher oder doch gleichzeitig mit demselben Mitteilung zu machen.

3. Wenn ein Schiff des Reiches oder eines Bundesstaates, oder ein Gegenstand, der von einem solchen Schiffe herrührt, das Schiffahrtshindernis bildet, so hat das Tonnen- und Bakenamt, solange das Schiff nicht von der Besatzung verlassen ist, sich mit dessen Führer wegen der Beseitigung ins Benehmen

zu setzen. Erfolgt keine Verständigung, so ist die Weisung des Senats einzuholen.

Ist im Falle des ersten Absatzes das Schiff von der Besatzung verlassen, so hat die Behörde in der Regel sich zunächst mit der beteiligten Verwaltung in Verbindung zu setzen, damit diese entweder selbst die Beseitigung bewirken oder die Behörde um deren Vornahme für Rechnung der Verwaltung ersuchen kann. Nur wenn die Sachlage keinerlei Aufschub gestattet und auch eine telegraphische Verständigung vor der Einleitung der Räumungsarbeiten nicht angängig ist, darf in solchem Falle das Tonnen- und Bakenamt die Beseitigung unverzüglich in Angriff nehmen. Es hat dann aber gleichzeitig der beteiligten Verwaltung auf schleunigstem Wege Nachricht zu geben und deren Interessen auf das sorgsamste zu wahren, insbesondere bei Fahrzeugen der Kaiserlichen Marine darauf zu achten, daß keinerlei Gegenstände in unbefugte Hände geraten.

Bildet ein ausländisches Staatsschiff das Hindernis, so findet die Vorschrift des ersten Absatzes mit der Maßgabe Anwendung, daß beim Ausbleiben einer Verständigung schleunigst die Weisung des Senats einzuholen ist. Ist das Schiff von der Besatzung verlassen, so ist stets die Weisung des Senats einzuholen.

4. Schreitet das Tonnen- und Bakenamt ein, so ist dies, soweit es sich um Schiffe oder Wracks handelt, tunlichst durch die an dem Schiffahrtshindernis anzubringende Flagge der Dienstfahrzeuge des Tonnen- und Bakenamtes für Dritte kenntlich zu machen.

Bei dem öffentlichen Verkauf beseitigter Gegenstände gemäß § 25 Abs. 3 der StrO. ist die Vorschrift im § 383 Abs. 3 des BGB. zu beobachten. Vor der Vollziehung des Verkaufs ist, soweit tunlich, den Beteiligten Nachricht zu geben, damit diese ihre Interessen wahrnehmen, insbesondere durch Sicherstellung den Verkauf abwenden können. Mit Zustimmung aller Beteiligten kann statt des öffentlichen Verkaufes eine andere angemessene Verwertung der Gegenstände erfolgen.

Da das Gesetz den öffentlichen Verkauf ausschließt, soweit Sicherheit bestellt wird, so sind, wenn dies nur für einzelne geborgene Gegenstände geschieht, diese freizugeben.

Die Vorschrift des Gesetzes, wonach Gegenstände, welche dem Reiche oder einem Bundesstaate gehören, zunächst der zuständigen Verwaltung gegen Erstattung des Wertes — im geborgenen Zustande — zur Verfügung zu stellen sind, gilt insbesondere auch von vertriebenen oder versunkenen Seezeichen (Tonnen).

Die Höhe der zu fordernden Sicherheit und des in den letztbezeichneten Fällen zu beanspruchenden Wertersatzes bleibt dem verständigen Ermessen des Tonnen- und Bakenamtes vorbehalten, das hierzu nötigenfalls das Gutachten Sachverständiger heranzuziehen hat.

[1]) Vgl. SWO. § 58b; § 59.

### Nachtrag

zur Anweisung des Senats an das Tonnen- und Bakenamt vom 8. August 1902, betreffend Ausführung des § 25 der StrO.

Die Nummer 1 erhält folgende Fassung:

Als Fahrwasser im Sinne des § 25 Abs. 1 der StrO. sind alle für Seeschiffe benutzbaren Wasserwege im örtlichen Geltungsbereich der StrO. anzusehen.

Den Behörden bleibt es jedoch unbenommen, wenn es nach den jeweiligen örtlichen Verhältnissen genügt, von der Beseitigungsbefugnis nur für bezeichnete Fahrwasser gemäß C 1 der Grundsätze eines einheitlichen Systems zur Bezeichnung der Fahrwasser und Untiefen in den deutschen Küstengewässern vom 31. Juli 1897 (RGBl. S. 388) Gebrauch zu machen.

Anlage 8.

## Die für Kapitäne wichtigen Bestimmungen der deutschen Zollvorschriften[1]).

### Vorbemerkung.

Für die zollamtliche Behandlung der Schiffe im Bereich der deutschen Seeuferstaaten gelten die Vorschriften des Vereinszollgesetzes vom 1. Juli 1869 (Bundesgesetzblatt von 1869 S. 317) und die dazu erlassenen Ausführungsbestimmungen. Einige der wichtigsten Vorschriften sind nachstehend ihrem Inhalt nach angegeben.

Unkenntnis des Zollgesetzes gilt auch für Ausländer bei Zuwiderhandlungen nicht als Entschuldigung.

[1]) Vgl. § 3 SWO.

## Allgemeines.

Zollgrenze. Die jedesmal den Wasserspiegel begrenzende Linie des Landes bildet die Zollgrenze.

Zollstraßen sind die Häfen an den Küsten mit ihren Einfahrten und die in und durch den Grenzbezirk führenden Wasserstraßen, soweit ihnen die Eigenschaft als Zollstraße beigelegt ist.

Zollbehörden sind die Zollämter; wo die Zollämter nicht nahe genug an der Zollgrenze liegen, sind an dieser Ansageposten errichtet.

Grenzbewachung. Der Aufsichtsdienst längs der Zollgrenze wird durch eine uniformierte Grenzwache ausgeübt, die zum Waffengebrauch befugt ist. Andere Beamte, namentlich die Polizei- und Forstbeamten, sind zur Unterstützung der Grenzwache verpflichtet.

## Bis zum Hafen.

Aufsicht durch Zollkreuzer. Jedes Schiff, dem sich ein die deutsche Reichsdienstflagge[1]) führendes Boot nähert, hat auf dessen Anruf beizudrehen und die im Boot befindlichen Zollbeamten an Bord kommen zu lassen. Will ein auf Reede liegendes Schiff mit dem Lande oder mit anderen Schiffen verkehren, so hat es dies bei dem Zollamte anzuzeigen.

Folgende Signale werden benutzt:

a) Von einem Zollkreuzer zum Anhalten eines Schiffes:
Als Tagessignal: Das Flaggensignal „weißer Stander mit der Aufschrift Zollkreuzer, darunter eine viereckige grüne Flagge“, an beliebiger Stelle des Zollkreuzers gezeigt, oder das Schallsignal „ein langer, ein kurzer Ton“;

als Nachtsignal: Das Schallsignal „ein langer, ein kurzer Ton".

b) Von einem Schiffe zum Herbeirufen eines Zollbeamten: Als Tag- und Nachtsignal: Das Schallsignal „fünf kurze Töne"[2]).

Überschreiten der Zollgrenze. Zollpflichtige Waren oder solche zollfreie Waren, deren Beschaffenheit wegen der Art ihrer Verladung nicht sogleich erkannt werden kann, dürfen die Zollgrenze nur auf einer Zollstraße überschreiten und nur bei einer erlaubten Landungsstelle ein- und ausgeladen werden, Fälle dringender Gefahr oder höherer Gewalt ausgenommen. Fischereifahrzeuge, die nur frische Fänge an Bord haben, und Fahrzeuge mit von gestrandeten Schiffen geborgenen Gegenständen oder diese Schiffe selbst dürfen auch außerhalb einer Zollstraße die Zollgrenze passieren.

Von See mit zollpflichtigen Waren einlaufende Boote werden wie Schiffe behandelt.

Ansageposten. Jedes einen Ansageposten passierende Schiff hat unaufgefordert zu halten oder anzulegen. Dem Ansageposten sind sämtliche Ladungspapiere und eine Lukendeklaration zu übergeben, auch sind den Zollbeamten die Luken usw. zu zeigen. Für die Weiterfahrt tritt nach Ermessen des Ansagepostens amtliche Begleitung oder Schiffsverschluß ein.

Von der Anmeldung beim Ansageposten befreit sind beim Eingang auf bestimmten Wasserstraßen die Schiffe, die unter Aufsicht einer auf das Zollinteresse vereidigten Person (besonders eines Lotsen) fahren und die vorgeschriebenen Zollzeichen führen.

Ansageverfahren. Auf Antrag des Schiffsführers kann das Schiff von dem Grenzzollamte im Ansageverfahren nach dem Bestimmungsorte abgelassen werden. Dazu hat der Schiffsführer sogleich nach seinem Eintreffen dem Grenzzollamte sämtliche Ladungspapiere zu übergeben, falls dies nicht schon bei einem Ansageposten geschehen ist. Das Schiff wird in der Regel von zwei Beamten besetzt, die es beaufsichtigen und nach dem Bestimmungsort begleiten. Die Ladungspapiere werden gestempelt, versiegelt und mit einem Ansagezettel dem begleitenden Beamten zur Ablieferung an das Zollamt des Bestimmungsortes übergeben. Die Fahrt zum Bestimmungsort muß ohne Unterbrechung fortgesetzt werden, wobei die Ladung nicht berührt werden darf; ohne Erlaubnis der Zollbehörde darf das Schiff auf der Fahrt weder anlegen, noch mit dem Lande oder anderen Schiffen verkehren.

[1]) Vgl. § 54 SWO. [2]) Vgl. § 35d SWO.

## Im Hafen.

Anmeldung. Jeder zur Einhaltung der Zollstraße verpflichtete Schiffsführer hat sich sofort nach dem Festmachen beim Zollamt zu melden und unter Abgabe der Ladungspapiere über die gewünschte Zollabfertigung zu erklären. Ist das Zollamt geschlossen, so sind die Papiere an den die Aufsicht im Hafen führenden Zollbeamten abzugeben. Befinden sich die Papiere, wenn das Schiff unter zollamtlicher Begleitung angekommen ist, nicht in den Händen des Schiffsführers, so hat er dies bei der Anmeldung anzuzeigen.

Verkehrsverbot[1]). Bevor die vorläufige zollamtliche Besichtigung stattgefunden hat, darf das Schiff ohne Erlaubnis des Zollamts weder anlegen, noch Verkehr mit dem Lande oder anderen Schiffen unterhalten, noch von Personen betreten werden, die nicht zur Schiffsbesatzung gehören, mit Ausnahme der Lotsen und der etwa sonst das schiffahrtspolizeiliche Interesse wahrnehmenden Beamten. Bis zur Beendigung der vorläufigen Besichtigung hat das Schiff die Nationalflagge zu führen. Die Zollbehörde ist befugt, das Schiff sofort nach der Ankunft mit ihren Beamten zu besetzen.

Passagiere. Den an Bord befindlichen Reisenden ist das Verlassen des Schiffes erst nach der Abfertigung ihres Reisegepäcks gestattet.

[1]) Der Zollbeamte kann das Anlegen von Booten an Dampfern, die unter Zollrevision stehen, untersagen. RG. v. 23. Januar 1928. (Hamb. Fr. Bl. v. 25. Januar 1928.)

### Verhalten gegen Zollbeamten.

Der Führer und die Mannschaft des Schiffes müssen die dienstlichen Anweisungen der Zollbeamten befolgen, ihnen in jeder Weise, bei der Ausübung der zollamtlichen Verrichtungen förderlich sein und alle Vorkehrungen treffen, um sie vor Unfällen zu bewahren. Solange die Vorschriften zur Verhütung von Unfällen bei der Zollabfertigung nicht erfüllt sind, kann die weitere Abfertigung des Schiffes versagt werden. Der Schiffsführer ist verpflichtet, den Zollbeamten ein anständiges Unterkommen an Bord zu gewähren, sie ferner im Falle amtlicher Begleitung unentgeltlich an den üblichen Mahlzeiten teilnehmen und auf Verlangen auch unentgeltlich zu jeder Tageszeit an und von Bord befördern zu lassen.

Beschwerden über Zollbeamte sind bei dem nächsten Hauptzollamte vorzubringen.

Anlage 9.

## Die deutschen Vorschriften für die gesundheitliche Behandlung der Seeschiffe[1]).

### Quarantänewesen.

Im Deutschen Reich sind hinsichtlich des Quarantänewesens das Gesetz, betreffend die Bekämpfung gemeingefährlicher Krankheiten vom 30. Juni 1900 (RGBl. 1900 S. 306) sowie die Ausführungsbestimmungen zu diesem Gesetz vom 21. Februar 1904 (RGBl. 1904 S. 67) maßgebend. Der Bundesrat hat auf Grund der §§ 22 und 24, Absatz 2 dieses Gesetzes und mit Rücksicht auf die Bestimmungen der internationalen Übereinkunft, betreffend Maßregeln gegen Pest, Cholera und Gelbfieber vom 3. Dezember 1903 (RGBl. 1907 S. 425), Vorschriften über die gesundheitliche Behandlung der Seeschiffe in deutschen Häfen sowie eine Anweisung für deren Desinfektion erlassen, die vom Reichskanzler unter dem 29. August 1907 bekanntgemacht worden sind (RGBl. 1907 S. 563). An Stelle der internationalen Sanitäts-Übereinkunft vom 3. Dezember

1903 ist inzwischen diejenige vom 17. Januar 1912 (RGBl. II 1922 S. 5ff.) getreten. Diese Vorschriften erstrecken sich außer den genannten Krankheiten noch auf Pocken (Blattern), Fleckfieber (Flecktyphus) und Aussatz (Lepra). Die auf das Fleckfieber bezüglichen Bestimmungen haben durch Beschluß des Reichsrats vom 5. Februar 1920 eine Änderung erfahren (RGBl. S. 281). Die Vorschriften sind nachstehend im Auszuge angegeben.

[1]) Vgl. § 4 SWL.

## Vorschriften.

### Allgemeine Bestimmungen.

§ 1. Die einen deutschen Hafen oder eine Lösch- oder Ladestelle auf einem deutschen Strome anlaufenden Seeschiffe unterliegen während ihres Aufenthalts daselbst einer gesundheitspolizeilichen Überwachung. Bei der Überwachung ist darauf Bedacht zu nehmen, daß die Eröffnung des Verkehrs mit dem Lande nicht behindert, das Anlandgehen der Reisenden nicht verzögert und das Löschen und Laden nicht erschwert wird.

Sofern jedoch Tatsachen vorliegen, welche die Einschleppung einer gemeingefährlichen Krankheit (Aussatz, Cholera, Fleckfieber, Gelbfieber, Pest, Pocken) befürchten lassen, kann der Schiffsbesatzung (Kapitän, Schiffsoffiziere und Schiffsmannschaft) das Anlandgehen nach Ankunft des Schiffes, soweit nicht der Schiffsdienst es erfordert, bis nach erfolgter Besichtigung oder Untersuchung durch den beamteten Arzt oder Gesundheitsbeamten verboten werden.

Die an Bord befindlichen Kranken sind, soweit der beamtete Arzt es zur Verhütung der Verbreitung einer gemeingefährlichen Krankheit für erforderlich und ausführbar hält, auszuschiffen und in geeigneter Weise, womöglich in einem Krankenhaus, unterzubringen. Auch sind die nach dem Ermessen des beamteten Arztes erforderlichen Desinfektionen vorzunehmen.

§ 2. Eine ärztliche Untersuchung des Schiffes und seiner Insassen ist bei seiner Ankunft vor der Zulassung des Schiffes zum freien Verkehr stets vorzunehmen,

1. wenn das Schiff im Abfahrtshafen oder während der Reise Fleckfieber an Bord gehabt hat, oder wenn das Schiff im Abfahrtshafen oder während der Reise, jedoch längstens in den letzten sechs Wochen, Cholera (asiatische), Gelbfieber, Pest (orientalische Beulenpest), Pocken (Blattern) an Bord gehabt hat,
2. wenn auf dem Schiffe im Abfahrtshafen oder während der Reise die Rattenpest oder ein auffälliges Rattensterben festgestellt worden ist,
3. wenn das Schiff aus einem Hafen kommt oder während der Reise einen Hafen berührt hat, gegen dessen Herkünfte zur Zeit der Ankunft in dem deutschen Hafen (§ 1 Abs. 1) die Untersuchung vorgeschrieben ist, und wenn seit der Abfahrt aus dem vorbezeichneten Hafen noch nicht sechs Wochen verflossen sind.

Die Untersuchung hat zu unterbleiben, wenn das Schiff nach dem Eintreffen eines oder mehrerer der im Abs. 1 unter Nr. 1 bis 3 angeführten Fälle bereits einen deutschen Hafen angelaufen und sich dort der Untersuchung und den übrigen auf Grund dieser Vorschriften ihm auferlegten Maßregeln unterzogen hat.

Ist das Schiff in einem ausländischen Hafen der gesundheitspolizeilichen Untersuchung und Behandlung in ausreichender Weise unterworfen worden, so kann es, falls es hierüber genügende schriftliche Ausweise vorlegt, und falls seit dem Verlassen dieses Hafens keiner der im Abs. 1 Nr. 1 bis 3 angeführten Fälle eingetreten ist, im deutschen Hafen von der Untersuchung und von allen oder einem Teile der übrigen auf Grund dieser Vorschriften zu treffenden Maßregeln auf Antrag befreit werden; die Entscheidung, ob die Ausweise genügend sind und in welcher Ausdehnung Erleichterungen eintreten können, steht dem beamteten Arzte zu.

Falls das Schiff in dem in Abs. 1 Nr. 3 bezeichneten Hafen lediglich Reisende und ihr Gepäck oder die Post ausgeschifft hat, ohne mit dem Lande in Verbindung gekommen zu sein, ist es so anzusehen, als ob es den Hafen nicht berührt hätte.

**§ 3.** Soweit es sich um Gelbfieber handelt, findet die im § 2 vorgesehene Untersuchung in der Regel nur in der Zeit vom 15. Mai bis 15. September statt.

**§ 4.** Jedes gemäß § 2 der Untersuchung unterliegende Schiff muß beim Einlaufen in das zum Hafen führende Fahrwasser, jedenfalls aber, sobald es sich dem Hafen auf Sehweite nähert, eine gelbe Flagge am Fockmaste hissen.

Das Schiff darf, unbeschadet der Annahme eines Lotsen oder eines Schleppdampfers, weder mit dem Lande noch mit einem anderen Schiffe, abgesehen von dem Zollschiff, in Verkehr treten, auch die vorbezeichnete Flagge nicht einziehen, bevor es durch Verfügung der Hafenbehörde zum freien Verkehr zugelassen ist. Der gleichen Verkehrsbeschränkung unterliegen sämtliche Schiffsinsassen (Schiffsbesatzung, Reisende und sonst an Bord befindliche Personen).

Privatpersonen ist der Verkehr mit einem Schiffe, welches die gelbe Flagge führt, untersagt. Wer dieses Verbot übertritt, wird als zu dem untersuchungspflichtigen Schiffe gehörend behandelt.

**§ 5.** Der Lotse und die Hafenbehörde haben durch Befragung des Kapitäns oder seines Vertreters festzustellen, ob das Schiff gemäß § 2 der Untersuchung unterliegt.

Ist dies der Fall, so haben sie auf die Befolgung des § 4 zu achten sowie dem Kapitän oder seinem Vertreter einen für diesen Zweck aufgestellten Fragebogen auszuhändigen.

Die auf dem Fragebogen gestellten Fragen sind von dem Kapitän und dem Steuermann, falls jedoch ein Arzt die Reise als Schiffsarzt mitgemacht hat, von dem Kapitän und diesem Arzte (von dem letzteren nur die mit den Nrn. 10, 11, 12, 13, 14, 17 und 18 bezeichneten Fragen) wahrheitsgemäß und vollständig zu beantworten, daß die dabei gemachten

Angaben von ihnen eidlich bestärkt werden können. Die Richtigkeit der Antworten ist durch eigenhändige Namensunterschrift zu versichern. Der ausgefüllte Fragebogen ist nebst den sonstigen zur Beurteilung der Gesundheitsverhältnisse des Schiffes geeigneten Ausweisen sowie der Musterrolle, dem Verzeichnisse der Reisenden und den Papieren, aus denen hervorgeht, welche Häfen das Schiff angelaufen hat und an welchen Tagen dies geschehen ist, zur Verfügung der Hafenbehörde zu halten.

Jedes gemäß § 2 der Untersuchung unterliegende Schiff nebst seinen Insassen wird — nach Erfüllung der im § 4 und § 5 Abs. 3 vorgesehenen Bestimmungen — sobald wie möglich nach der Ankunft, jedoch in der Regel nicht während der Nachtzeit, durch einen beamteten Arzt untersucht.

Ergibt die ärztliche Untersuchung, daß das Schiff Cholera (asiatische) oder Pest (orientalische Beulenpest) an Bord oder innerhalb der letzten sieben Tage gehabt hat, oder daß ein oder mehrere verdächtige Fälle vorhanden oder innerhalb der letzten sieben Tage vorgekommen sind, oder daß Rattenpest an Bord besteht oder im Abfahrtshafen oder während der Reise bestanden hat, oder daß ein auffälliges Rattensterben auf dem Schiffe herrscht oder im Abfahrtshafen oder während der Reise geherrscht hat, so ist hiervon der obersten Landes-Medizinalbehörde und dem Reichsgesundheitsamte telegraphisch Nachricht zu geben; eine gleiche Anzeige ist denselben Stellen zu erstatten, wenn Gelbfieber, Pocken, Fleckfieber oder Aussatz an Bord festgestellt sind.

## Besondere Bestimmungen.

**§ 20.** Gegenüber stark besetzten Schiffen, namentlich gegenüber solchen, die Auswanderer oder Rückwanderer befördern, sowie gegenüber Schiffen, die besonders ungünstige Gesundheitsverhältnisse aufweisen, können weitere über die Bestimmungen des § 1 und der §§ 6 bis 19 hinausgehende Maßnahmen von der Hafenbehörde getroffen werden.

§ 21. Jedem Schiffe, welches sich den ihm auf Grund dieser Vorschriften auferlegten Maßregeln nicht unterwerfen will, steht es frei, wieder in See zu gehen. Es kann jedoch die Erlaubnis erhalten, seine Ware zu löschen, nachdem die erforderlichen Vorsichtsmaßregeln getroffen sind, nämlich

1. Absonderung des Schiffes und seiner Insassen;
2. Desinfektion und Entleerung des Bilgewassers und Ersatz des an Bord befindlichen Trinkwassers durch gutes Trinkwasser, sofern das Schiff wegen Choleragefahr untersuchungspflichtig ist;
3. Erkundigungen über das Vorkommen von auffälligem Rattensterben, sofern das Schiff wegen Pestgefahr untersuchungspflichtig ist.

Auch kann dem Schiffe gestattet werden, Reisende auf ihren Wunsch an Land zu setzen, sofern sie sich den von der Hafenbehörde vorgeschriebenen Maßregeln unterwerfen.

§ 22. Wenn auf einem Schiffe innerhalb zehn Tagen nach seiner Ankunft (§ 1 Abs. 1) ein oder mehrere Fälle von Aussatz, Cholera, Fleckfieber, Gelbfieber, Pest, Pocken oder Rattenpest festgestellt werden oder ein auffälliges Rattensterben bemerkt wird, so finden die Bestimmungen der §§ 7 bis 20 mit der Maßgabe sinngemäße Anwendung, daß die Dauer der Absonderung und der Beobachtung von ansteckungsverdächtigen Personen von der letzten Ansteckungsgelegenheit an zu bemessen ist.

Bei längerem Aufenthalte finden die für das Inland geltenden Bestimmungen unter tunlichster Berücksichtigung der eigenartigen Verhältnisse der Schiffahrt Anwendung.

§ 23. Auf Antrag ist dem Kapitän, dem Reeder oder seinem Beauftragten von der Hafenbehörde eine Bescheinigung über die gesundheitspolizeiliche Behandlung des Schiffes und ihre Gründe zu erteilen, insbesondere über die zum Töten der Ratten an Bord getroffenen Maßnahmen.

Ebenso ist den mit einem verseuchten Schiffe angekommenen Reisenden auf Verlangen eine Bescheinigung über den Tag ihrer Ankunft und die Maßnahmen zu erteilen, denen sie und ihr Gepäck unterzogen worden sind.

Sind Waren gemäß § 14 Abs. 4 desinfiziert oder gelagert worden, so kann der Besitzer oder sein Vertreter eine Bescheinigung darüber verlangen.

**§ 24.** Auf das Lotsen-, Zoll- und Sanitätspersonal, welches mit den gemäß § 2 der Untersuchung unterliegenden Schiffen in Verkehr zu treten hat, finden die in diesen Vorschriften vorgesehenen Verkehrsbeschränkungen und Desinfektionsmaßnahmen keine Anwendung. Die für dieses Personal erforderlichen Vorsichtsmaßregeln werden von der vorgesetzten Behörde festgestellt.

**§ 25.** Die Anordnung und Durchführung der nach diesen Vorschriften zu treffenden Maßnahmen und Einrichtungen liegt den Landesregierungen ob, welche insbesondere auch darüber zu bestimmen haben, wo die in den §§ 6 bis 22 vorgesehenen Maßregeln auszuführen sind. Verseuchte und verdächtige Schiffe können zur Ausführung der von dem beamteten Arzte für erforderlich erachteten Maßnahmen nach einer für die Behandlung derartiger Schiffe eingerichteten Station verwiesen werden.

**§ 26.** Strandet ein Schiff an der deutschen Küste, so haben die Strandbehörden die nach diesen Vorschriften erforderlichen Maßnahmen zu treffen.

Läuft ein nach diesen Vorschriften der Untersuchung unterliegendes Schiff einen deutschen Hafen als Nothafen an, so kann es dort, um die erforderliche Hilfe zu erhalten, für die Dauer des Notfalls nach Hissung der gelben Flagge unter Bewachung und unter Beobachtung der von der Hafenbehörde angeordneten Schutzmaßregeln liegenbleiben.

**§ 27.** Auf Schiffen der Marine liegt die Ausführung dieser Vorschriften den Schiffskommandos ob. Von dem Ergebnis der ausgeführten Untersuchung und von den getroffenen Maßnahmen ist der Hafenbehörde seitens des Schiffskommandos sobald als tunlich Mitteilung zu machen. Die

Hafenbehörde ist befugt, falls es ihr geeignet erscheint, das Schiffskommando um die Befolgung einzelner Vorschriften noch besonders zu ersuchen und ihm davon Kenntnis zu geben, wie die Ausführung der einzelnen Bestimmungen in dem betreffenden Hafen vorgesehen ist. Die Hafenbehörde ist gehalten, das Schiffskommando auf seinen Antrag bei der Ausführung der Vorschriften nach Möglichkeit zu unterstützen.

Auf Truppentransportschiffe, die von der bewaffneten Macht gemietet worden sind, und einen Sanitätsoffizier an Bord haben, finden die Bestimmungen des Abs. 1 sinngemäße Anwendung, soweit es sich um Angehörige des aktiven Dienststandes oder um Sachen handelt, welche Eigentum der Armee oder Marine sind. Dasselbe gilt von Schiffsräumlichkeiten, soweit und solange sie von Angehörigen des aktiven Dienststandes bewohnt werden.

**Auszug aus dem Gesetz, betreffend die Bekämpfung gemeingefährlicher Krankheiten, vom 30. Juni 1900.**

Gemäß § 15 des Gesetzes kann beim Auftreten der Cholera in einem Stromgebiet eine besondere gesundheitliche Überwachung des Binnenschiffahrts- und Flößereiverkehrs eingerichtet werden.

**§ 46.** Mit Geldstrafe bis zu 150 M. oder mit Haft wird, sofern nicht nach den bestehenden gesetzlichen Bestimmungen eine höhere Strafe verwirkt ist, bestraft: wer den auf Grund der §§ 24, 26, 27 erlassenen Vorschriften zuwiderhandelt.

Strafgesetzbuch. § 327. Wer die Absperrungs- oder Aufsichtsmaßregeln oder Einfuhrverbote, welche von der zuständigen Behörde zur Verhütung des Einführens oder Verbreitens einer ansteckenden Krankheit angeordnet worden sind, wissentlich verletzt, wird mit Gefängnis bis zu zwei Jahren bestraft.

Ist infolge dieser Verletzung ein Mensch von der ansteckenden Krankheit ergriffen worden, so tritt Gefängnisstrafe von drei Monaten bis zu drei Jahren ein.

Außer den reichsgesetzlichen sind auch die landesrechtlichen Vorschriften zu beachten. Nach diesen ist es in den Häfen, Flüssen und Kanälen verboten, Unrat und Abfall in das Wasser zu werfen oder fallen zu lassen.

Rohes Flußwasser darf weder zum Trinken noch zum Reinigen des Eß-, Trink- und Kochgeschirrs verwandt werden.

# Verzeichnis der Orts- und Gewässernamen.

(Die halbfetten Zahlen bedeuten die Paragraphen, die gewöhnlichen Zahlen die Nummern.)

# Sachregister.

(Die Zahlen verweisen auf die Seiten.)

# Verzeichnis der Abkürzungen.

I = Schaps, deutsches Seerecht, 2. Aufl. (bearb. von Mittelstein und Sebba), Bd. I.
Amtsbl. = Amtsblatt einer Regierung.
Bek. = Bekanntmachung.
BGB. = Bürgerliches Gesetzbuch.
Brandis = Brandis, Das deutsche Seerecht (Göschen) 1908.
Budde = Budde, Die Seestraßenordnung usw. 1913.
Dick = Dick, Erläuterungen zur Seestraßenordnung 1918.
DJZ. = Deutsche Juristenzeitung.
Ewald = Ewald, Strandungsordnung.
Fuhrmann = Fuhrmann, Das Seestraßenrecht. 1909.
GA. = Goltdammers Archiv für Strafrecht.
GewO. = Gewerbeordnung.
GZ. = Goldschmidts Zeitschr. für Handelsrecht.
HGB. = Handelsgesetzbuch.
Hamb. = Hamburg.
HambFrBl. = Hamburger Fremdenblatt.
Hansa = Deutsche nautische Zeitschrift „Hansa".
HansGZ. = Hanseatische Gerichtszeitung.
HansOLG. = Hanseatisches Oberlandesgericht.
HansRZ. = Hanseatische Rechtszeitschrift.
Jahrb. f. VerkW. = Jahrbuch für Verkehrswissenschaft.
JW. = Juristische Wochenschrift.
KG. = Kammergericht.
LZ. = Leipziger Zeitschrift für deutsches Recht.
MecklZ. = Mecklenburgische Rechtszeitschrift.

Nachr. f. Seef. = Nachrichten für Seefahrer.
Neum. Jahrb. = Neumanns Jahrbuch für deutsches Recht.
Hbl. = Hauptblatt der Hans. Gerichtszeitung.
OLG. = Oberlandesgericht.
OSA. = Entscheidungen des Oberseeamts und der Seeämter.
OSeeA. = Oberseeamt.
P. = Pappenheim, Handbuch des Seerechts.
R. = Recht.
RG. = Reichsgericht Entsch. in Zivilsachen.
RGBl. = Reichsgesetzblatt.
RGes. = Reichsgesetz.
RGSt. = Reichsgericht. Entsch. in Strafsachen.
RMilG. = Reichsmilitärgesetz.
RVerf. = Verfassung für das Deutsche Reich.
RVerkMin. = Reichsverkehrsminister.
RVO. = Reichsversicherungsordnung.
SeebGen. = Seeberufsgenossenschaft.
SeuffArch. = Seufferts Archiv für Entscheidungen.
SSchG. = Deutsches Seeschiedsgericht.
SStrO. = Seestraßenordnung.
StGB. = Strafgesetzbuch.
SWO. = Seewasserstraßenordnung.
Trave = Lübeckische Hafenordnung (Auszug) Anh. Anl. 1.
UnfVerhV. = Unfallverhütungsvorschriften.
VerkR. = Verkehrsrechtliche Rundschau.
VUnterelbe = Verordnung für die Schiffahrt auf der Unterelbe.
W. = Wüstendörfer, Seerecht (Ehrenbergs Handbuch).
Warn. = Warneyers Jahrbuch der Entscheidungen.
ZBl. = Zentralblatt für das Deutsche Reich.
ZPO. = Zivilprozeßordnung.

Druck von C. Schulze & Co., G. m. b. H., Gräfenhainichen.

# Guttentagsche Sammlung

## Deutscher Reichs- und Preußischer Gesetze

einschließlich

## de Gruyter'sche Sammlung Deutscher Gesetze

(Handkommentare)

## Systematisches Verzeichnis

**Bürgerliches Recht**

- Bürgerliches Gesetzbuch
- Schuldverhältnisse insbesondere
- Sachenrecht insbesondere
- Familien- und Erbrecht
- Handelsrecht
- Versicherungsrecht
- Gewerberecht
- Arbeitsrecht
- Sozialpolitische Gesetze
- Geistig-gewerbl. Rechtsschutz

**Zivilprozeß**

- Freiwillige Gerichtsbarkeit
- Konkursordnung u. Zwangsvollstreckung

**Strafrecht u. Strafprozeß**

**Öffentliches Recht**

- Staatsrecht
- Verwaltungsrecht
- Reichsrecht / Landesrecht
- Steuerrecht

Februar 1928

Walter de Gruyter & Co., Berlin W 10 und Leipzig

# Bürgerliches Recht

## Bürgerliches Gesetzbuch

Band

**Reichsgesetze:**

38/39. **Bürgerliches Gesetzbuch nebst Einführungsgesetz.** Von A. Achilles. In Verbindung mit F. André, O. Meyer, O. Strecker, K. v. Unzner herausgegeben von M. Greiff. 12. Auflage. — 1926. 24.—

84. **Sammlung kleinerer privatrechtlicher Reichsgesetze.** Von G. Müller. — 1903. 5.50

129. **Zivilrechtkriegsgesetze.** Von Fischer. — 1918. 1.50

116. **Kriegs-Zivil- und Finanzgesetze.** 3. Auflage. — 1915. 1.50

116 a. Desgl. Zweite Folge: Jahr 1915. — 1916. 1.20

**Preußische Gesetze:**

23. **Ausführungsgesetze zum Bürgerlichen Gesetzbuche.** Von P. Siméon. 3. Auflage. — 1914. 2.20

**Textausgaben:**

**Bürgerliches Gesetzbuch.** 14. Auflage. — 1925. 5.—

## Schuldverhältnisse insbesondere

**Reichsgesetze:**

34. **Die Abzahlungsgeschäfte.** 3. Auflage von E. Wilke. — 1910. 1.20

93. **Sicherung der Bauforderungen.** Von E. Harnier. 3. Auflage. — 1912. 1.50

55. **Beschlagnahme von Lohn- und Gehaltsforderungen.** Von G. Meyer. 6. Auflage. — 1927. 4.50

70. **Das Reichshaftpflichtgesetz.** Von G. Eger. — 1903. Vergriffen.
Als Ersatz: Seligsohn, **Haftpflichtgesetz.** — 1920. (Außerhalb der Sammlung.) 8.—, geb. 9.50

94. **Die Beamtenhaftpflichtgesetze des Reiches und der Länder.** Von H. Delius. 3. Auflage. — 1921. 3.20

52. **Rechte der Besitzer von Schuldverschreibungen.** Von H. Göppert. 2. Auflage von E. Trendelenburg. — 1915. 1.50

50. **Der Viehkauf (Viehgewährschaft).** Von H. Stölzle. 6. Auflage. — 1926. 15.—

Band

90. **Das Internationale Privatrecht.** Die Haager Abkommen über. Von G. Bogeng. — 1908. 2.—
98. **Sechs Haager Abkommen über Internationales Privatrecht.** H. Dungs. — 1910. 1.50

**Preußische Gesetze:**

37. **Enteignung von Grundeigentum.** Von O. Meyer. 3. Auflage. — 1927. 5.50

## Sachenrecht insbesondere

**de Gruyter'sche Sammlung Deutscher Gesetze (Handkommentare):**

**Aufwertungsrecht** von Michaelis. — 1926. Mit Nachtrag 1927. 16.—
Nachtrag einzeln —.30

**Reichsgesetze:**

135. **Erbbaurecht.** Von H. Günther. — 1919. 2.—
42. **Grundbuchordnung.** Von O. Fischer und R. Fischer. 9. Auflage. — 1927. 5.—
156. **Mietrecht und Wohnungsmangelgesetz.** Von Krieg. 3. Auflage. — 1925. Mit Nachtrag 1927. 7.—
Nachtrag einzeln 1.50

**Textausgaben:**

**Aufwertungsgesetze** mit Einleitung. Von Michaelis. — 1925. Mit Nachtrag 1927. 1.50
**Reichsmietengesetz.** — 1922. —.50

## Familienrecht und Erbrecht

**Reichsgesetze:**

45. **Entmündigungsrecht.** Von P. Koll. — 1900. 1.20
58. **Recht der unehelichen Kinder.** Von H. Jastrow. — 1901. Mit Nachtrag 1925. 1.60
47. **Deutsches Vormundschaftsrecht.** Von M. Schultzenstein und P. Köhne. 2. Auflage. — 1901. Vergriffen.
124. **Todeserklärung Kriegsverschollener.** Von J. Partsch. — 1917. 2.—
59. **Beurkundung des Personenstandes und die Eheschließung.** Von F. Fidler. 2. Auflage. — 1912. 2.30

**Preußische Gesetze:**

3. **Nottestamente.** Von E. Kurtz. — 1904. 1.50

# Handelsrecht

Band **Reichsgesetze:**

4. **Handelsgesetzbuch** ohne Seerecht. Von Litthauer und Mosse. 17. Auflage. Von E. Heymann. — 1926. 14.—

162. **Handelsrechtliche Nebengesetze.** Von Schreiber. — 1926. 14.—

169. **Bank- und Börsengesetze.** Von Arthur Nußbaum. — 1927. 11.—

41. **Börsengesetz.** Von Th. Hemptenmacher. 3. Auflage von O. Meyer. — 1915. 3.50

26. **Münz- und Notenbankwesen.** Von R. Koch. 7. Auflage von Schacht. — 1925. 14.—

117. **Darlehnskassengesetz.** Von H. Salomon u. K. Bud. — 1915. 1.80

40. Gesetz, betr. die **Pflichten der Kaufleute bei Aufbewahrung fremder Wertpapiere (Depotgesetz).** Von F. Lusensky. 3. Auflage. — 1916. Mit Nachtrag 1924. 1.—

24. **Aktiengesellschaft und Kommanditgesellschaften auf Aktien.** Von H. Keyßner und H. Veit Simon. 7. Auflage. In Bearbeitung.

32. **Gesellschaften mit beschränkter Haftung.** Von L. Parisius und H. Crüger. 17. Auflage. — 1926. 3.50

29. **Erwerbs- und Wirtschaftsgenossenschaften.** Von L. Parisius und H. Crüger. 19. Auflage. — 1928. 4.—

51. **Hypothekenbankgesetz.** Von H. Göppert. 2. Auflage von Seidel. — 1911. Mit Nachtrag 1926. 2.20

100. **Kaligesetz.** Von B. Voelkel. — 1910. 2.40

167. **Verordnung gegen Mißbrauch wirtschaftlicher Machtstellungen** (Kartellgesetz). Von Staffel. — 1927. 3.50

115. **Das vertragliche Wettbewerbsverbot (Konkurrenzklausel).** Von G. Baum. — 1914. 3.—

113. **Postscheckgesetz.** Von J. Weiland. — 1914. Mit Nachtrag 1918. Vergriffen.

113 a. **Postscheckordnung.** Von J. Weiland. — 1914. Mit Nachtrag 1918. 1.50

85. **Scheckgesetz.** Von M. Apt. Vergriffen. Neue Auflage von W. Schmidt. In Bearbeitung.
**Kommentar** von Michaelis. — 1927. (Außerhalb der Sammlung.) 16.—, geb. 18.—

5. **Wechselordnung.** Von J. Stranz und M. Stranz. 12. Auflage. — 1923. Mit Nachtrag 1926, enthaltend **Wechselstempelgesetz und Scheckgesetz.** 3.50
Nachtrag einzeln —.60

36. **Privatrechtliche Verhältnisse der Binnenschiffahrt und Flößerei.** Von E. Löwe. 6. Auflage. — 1923. 4.—
19. **Die Seegesetzgebung.** Von W. E. Knitschky. 5. Auflage von O. Rudorff. — 1913. 8.—

**Preußische Gesetze:**

54. **Anlegung von Sparkassenbeständen in Inhaberpapieren.** Von H. Döhring. — 1914. 2.80
21. **Handelskammern.** Von F. Lusensky. 2. Aufl. — 1909. 3.—

**Textausgaben:**

**Handelsgesetzbuch** mit Seerecht. 11. Auflage. — 1924. 2.60
**Wechselordnung.** — 1908. Mit Anhang: Wechselprozeß und Ausführungsanweisung. — 1920. —.50

## Versicherungsrecht

**Reichsgesetze:**

62. **Private Versicherungsunternehmungen.** Von H. Koenige. 3. Auflage von Koenige und Petersen. — 1927. 20.—
83. **Versicherungsvertrag.** Von P. Hager und E. Bruck. 5. Auflage. — 1926. 14.—
164. **Aufwertung von Versicherungsansprüchen.** Teil I: **Lebensversicherungen.** Von Berliner und Pfaffenberger. — 1926. 6.50
164 a. Desgl. Teil II: **Sach-** (Feuer-, Glas-, Wasser- usw.) **und Transportversicherung, Unfall- und Haftpflichtversicherung.** — 1926. Mit Nachtrag 1927. 3.50
Nachtrag einzeln —.30

## Gewerberecht

**Reichsgesetze:**

6. **Reichsgewerbeordnung** nebst Ausführungsbestimmungen. Von Fr. Hiller und H. Luppe. 20. Auflage. — 1921. Mit Nachtrag, enthaltend alle Änderungen und Neuerungen bis Ende 1924. 6.—
Nachtrag einzeln 1.50
64. **Handel mit Drogen und Giften,** Gesetzsammlung, betr. den. Von H. Sonnenfeld. 3. Auflage. — 1926. 12.—

Band

48. **Drogen-, Gift- und Farbenhandel außerhalb der Apotheken**, Gesetze, betr. den. Von J. Broh. — 1899. 1.20

130. **Ersatzlebensmittelverordnung.** Von H. E. Wendel. — 1918. 1.50

54. **Nahrungsmittelgesetze** mit Erläuterungen. Von Georg Lebbin. 2. Auflage in zwei Bänden.
   - a) I. **Lebensmittelgesetz** vom 5. Juli 1927 mit Nebengesetzen (Margarine, Fleisch, Milch, Süßstoff, Essigsäure usw.). Von Lebbin und Gießner. — 1928. 8.50
   - b) II. **Getränkegesetze und Getränkesteuergesetze** (Wein, Bier, Branntwein, Mineralwasser). Unter Mitarbeit von Kniebe. — 1926. 10.—

65. **Weingesetz.** Von G. Lebbin. 2. Auflage. — 1909. Vergriffen.

71. **Kinderarbeit in gewerblichen Betrieben.** Von H. Spangenberg. 2. Auflage. — 1904. 1.20

**Preußische Gesetze:**

16. **Konzessionierung gewerblicher Anlagen.** Von W. v. Rüdiger. 2. Auflage. — 1901. Vergriffen.

**Textausgaben:**

**Gewerbeordnung,** Preußische Ausführungsanweisung zur. — 1904. 1.—

## Arbeitsrecht

**Reichsgesetze:**

138 a. **Arbeiterschutz und Arbeitsrecht.** Von A. Günther. 2. Auflage. Teil I: **Arbeitszeitschutz.** Von Günther und Schneider. — 1927. 7.50

138 b. **Betriebsrätegesetz.** Von A. Günther. — 1920. Vergriffen.

168. **Arbeitsgerichtsgesetz.** Von Depène. — 1927. 3.60

74. **Die Kaufmannsgerichte.** Von M. Apt. 3. Auflage. — 1904. Vergriffen.

112. **Kaufmannsgerichtsgesetz.** Von H. Depène. — 1914. 2.60

112 a. **Kaufmanns- und Gewerbegerichtsgesetz nebst Schlichtungsordnung.** (Ergänzungsband zu Bd. 112.) Von H. Depène. 1924. 3.50
Die Bde. 112 und 112 a enthalten zusammen den vollständigen Text des Gewerbegerichtsgesetzes.

**Preußische Gesetze:**

58. **Arbeitsnachweis.** Von P. Wölbling. — 1920. 1.—

## Sozialpolitische Gesetze

Band **Reichsgesetze:**

106—109. **Reichsversicherungsordnung.** Von F. Caspar und A. Spielhagen. 1913—1922. 4 Bände. Komplett. 18.—
161. **Reichsversicherungsordnung.** Von Lippmann. — 1925. 11.—
161 a. Desgl. **Ergänzungsband,** enthaltend die neue Fassung des **Unfallversicherungsgesetzes** sowie die Änderungen der übrigen Bücher der RVO. Von Lippmann. — 1926. 4.—
161 b. Desgl. **Zweiter Ergänzungsband,** enthaltend die im ersten Halbjahr 1926 ergangenen Änderungen der RVO. — 1926. —.80
155. **Reichsknappschaftsgesetz.** Von Max Reuß und Fritz Hense. 2. Auflage. — 1926. Mit Nachtrag 1927. 12.—
152. **Wohlfahrtsgesetze.** Von Behrend und Stranz-Hurwitz. Teil I. — 1923. 5.—
152 a. Desgl. Teil II. — 1925. 9.—
152 und 152 a zusammen bezogen 12.—
165. **Handbuch der Erwerbslosenfürsorge.** Von Schmeißer. 2. Auflage. — 1926. Mit Nachtrag 1927. 13.—
Nachtrag einzeln 2.50
160. **Fürsorgepflicht.** Von Sandré. — 1925. 6.—
154. **Jugendwohlfahrtsgesetz und Jugendgerichtsgesetz.** Von Drewes und Sandré. — 1923. Mit Nachtrag, enthaltend die Ergänzungen bis April 1924. 6.—

**Textausgaben:**

**Versicherungsgesetz für Angestellte.** 2. Auflage. — 1927. 2.50

## Geistig-gewerblicher Rechtsschutz

**Reichsgesetze:**

81. **Urheberrecht an Werken der bildenden Künste und der Photographie.** Von L. Fuld. 2. Auflage. — 1926. 6.—
60. **Das Urheberrecht an Werken der Literatur und der Tonkunst.** Von O. Lindemann. 4. Auflage. — 1921. 1.80
102. **Urheberrecht an Mustern und Modellen** und Schutz von **Gebrauchsmustern.** Von J. Neuberg. — 1911. 2.40
95. Die Berner Übereinkunft über **Internationales Urheberrecht.** Von H. Dungs. — 1910. 1.—
61. **Verlagsrecht.** Von B. Marwitz. 3. Auflage. — 1922. 1.60
22. **Patentgesetz.** Von R. Lutter. 8. Auflage. — 1920. Mit Nachtrag 1927. 4.—
Nachtrag einzeln 1.—

Band

87 a. **Das deutsche Warenzeichenrecht.** Von Freund und Magnus. 6. Auflage von Jüngel und Magnus. Teil I: **Die internationalen Verträge.** — 1924. 9.—
Teil II: In Bearbeitung.

37. **Unlauterer Wettbewerb.** Von A. Pinner und A. Elster. 8. Auflage. — 1927. 5.—

---

# Zivilprozeß

**de Gruyterſche Sammlung Deutſcher Geſetze (Handkommentare):**

**Zivilprozeßordnung.** Von Sydow-Busch-Krantz. 19. Auflage. — 1926. 25.—

**Reichsgesetze:**

14. **Gerichtsverfassungsgesetz.** Von R. Sydow. Fortgeführt von L. Busch. 10. Auflage. — 1925. 6.—

15. **Das deutsche Gerichtskostengesetz.** Von R. Sydow. Fortgeführt von L. Busch, F. Koehler und Krieg. 11. Auflage. In Bearbeitung.

17. **Gebührenordnung für Rechtsanwälte usw.** Von R. Sydow. Fortgeführt von L. Busch und O. Krieg. 13. Auflage. In Bearbeitung.

16. **Rechtsanwaltsordnung.** Von R. Sydow. 5. Auflage von M. Jacobsohn. — 1907. Mit Nachtrag 1910. Vergriffen.

80. **Gerichtliche Registerführung.** Von O. Lindemann. — 1906. 2.40

**Preußische Gesetze:**

17. **Preußisches Gerichtskostengesetz.** Von P. Simèon. 8. Auflage. In Vorbereitung.

85. **Geschäftsordnung für Gerichtsvollzieher.** Von E. Exner. — 1904. 3.—

**Textausgaben:**

**Zivilprozeßordnung** mit **Gerichtsverfassungsgesetz** und **Einführungsgesetzen.** — 1924. 3.50

## Freiwillige Gerichtsbarkeit

Band

**Reichsgesetze:**

46. **Freiwillige Gerichtsbarkeit.** Von H. Jastrow. 6. Auflage von Herm. Günther. — 1921. 4.50

76. **Die Rechtshilfe im Verkehr mit den ordentlichen Gerichten.** Von A. Friedländer. — 1906. 1.50

163. **Notariatsrecht.** Von Szkolny und L. Kober. — 1925. 8.50

**Preußische Gesetze:**

4. **Gebührenordnung für Notare vom 28. Oktober 1922.** Von Rausnitz. 6. Auflage. — 1925. 7.—

29. **Ärztliche Ehrengerichte, das Umlagerecht und die Kassen der Ärztekammern.** Von F. Fibler. — 1901. 1.50

**Textausgaben:**

**Freiwillige Gerichtsbarkeit.** — 1920. 1.—

## Konkursordnung und Zwangsvollstreckung

**Reichsgesetze:**

13. **Konkursordnung und Anfechtungsgesetz.** Von R. Sydow. Fortgeführt von L. Busch und O. Krieg. 14. Auflage. — 1926. Mit Nachtrag 1927, enthaltend die **Vergleichsordnung.** 10.—
Nachtrag einzeln —.80

127. **Geschäftsaufsicht zur Abwendung des Konkurses.** Von G. Klien und Ernst Jaeger. — 1917. Durch Nachträge ergänzt. 3.—

43. **Zwangsvollstreckung.** Von J. Krech und O. Fischer. 9. Auflage von O. Fischer. — 1922. 3.50

**Textausgaben:**

**Konkursordnung.** 2. Auflage. — 1915. Mit Nachtrag 1925. 1.—

# Strafrecht

Band **Reichsgesetze:**

2. **Strafgesetzbuch.** Von Fr. v. Liszt und E. Delaquis. 27. Auflage von E. Kohlrausch. — 1927. 8.—
9. **Sammlung kleinerer strafrechtlicher Reichsgesetze.** Von R. H. Kriegsmann. 3. Auflage. — 1910. 4.—
53. **Reichspreßgesetz.** Von A. Born. 3. Auflage. — 1924. 4.—
133. **Reichswuchergesetzgebung.** Von Ad. Lobe. — 1918. 2.80
67. **Militärstrafgesetzbuch.** Von A. Romen und E. Rissom. 3. Auflage. — 1918. Vergriffen.

**Preußische Gesetze:**

34. Sammlung der wichtigsten **preußischen Strafgesetze.** Von Lindemann. 2. Auflage. — 1912. 3.50
36. **Polizeiverordnungen in Preußen.** Von O. Lindemann. 2. Auflage. — 1912. 2.50

**Textausgaben:**

**Strafgesetzbuch.** — 1925. 3.—

---

# Strafprozeß

**de Gruytersche Sammlung Deutscher Gesetze (Handkommentare):**

**Strafprozeßordnung** von Feisenberger. — 1926. Mit Nachtrag 1927. 17.—

Nachtrag einzeln —.80

**Reichsgesetze:**

12. **Strafprozeßordnung und Gerichtsverfassungsgesetz.** Von E. Kohlrausch. 21. Auflage. — 1927. 7.50
158. **Strafprozeßordnung.** Alte und neue Fassung synoptisch gegenübergestellt. Von Feisenberger. — 1924. Mit Nachtrag 1927. 4.50
3. **Militärstrafgerichtsordnung.** Von A. Romen und E. Rissom. 2. Auflage. — 1918. 5.—
128. **Verhaftung und Aufenthaltsbeschränkung.** Von A. Romen. — 1917. 1.20
73. **Entschädigung für unschuldig erlittene Verhaftung und Bestrafung.** Von A. Romen. — 1904. 1.70

**Textausgaben:**

**Strafprozeßordnung.** 5. Auflage. — 1924. Mit Nachtrag 1927. 2.50

# Öffentliches Recht

## Staatsrecht

Band **Reichsgesetze:**

137. **Reichsverfassung.** Von Arndt. 3. Auflage. — 1927. 8.—
166. **Das deutsche Ausländerrecht.** Von Fraustädter und Kreutzberger. — 1927. 9.—
86. **Die Auslieferungsverträge des Deutschen Reiches.** Von A. Cohn. — 1908. 4.—
44. **Auswanderungswesen.** Von F. Stoerk. — 1899. 2.—
134. **Der Ostfrieden.** Von Karl Strupp. — 1918. 3.—
111. **Reichs- und Staatsangehörigkeitsgesetz.** Von A. Romen. 2. Auflage. In Bearbeitung.
141. **Sozialisierungsgesetze.** Von Reier. — 1920. 2.20
99. **Die Abkommen der Haager Friedenskonferenz.** Vergriffen. Jetzt: Wehberg, **Völkerbundakte.** — 1919. (Außerhalb der Sammlung.) 4.—

**Preußische Gesetze:**

1. **Die Verfassung des Freistaats Preußen.** Von A. Arndt. — 1921. 2.—
   Ausführlicher Kommentar von Stier-Somlo. — 1921. (Außerhalb der Sammlung.) 8.—

**Textausgaben:**

**Verfassung des Freistaates Preußen.** — 1921. —.60

## Verwaltungsrecht

### a) Reichsrecht

**Reichsgesetze:**

82. **Reichsbeamtengesetz.** Von A. Arndt. 3. Auflage. — 1923. Mit Nachtrag, enthaltend die Änderungen bis 1924. 3.50
122. **Belagerungszustand.** Von H. Pürschel. — 1916. 3.50
35. **Die Reichs-Eisenbahngesetzgebung.** Von W. Coermann. — 1895. Vergriffen.
66. **Die Eisenbahngesetzgebung.** Von W. Pietsch. 2. Auflage. — 1913. Vergriffen.
91. **Eisenbahn-Verkehrsordnung.** Von E. Blume. 3. Auflage von Weirauch. — 1926. 12.—

Band

147. **Filmzensur.** Von Szczesny. — 1920. 1.50

68. **Fleischbeschaugesetz.** Von G. Lebbin und G. Baum. — 1903. 2.80

27. **Gesundheitswesen im Deutschen Reich.** — 1888. Vergriffen.

56. **Bekämpfung gemeingefährlicher Krankheiten.** Von B. Burkhardt. — 1900. 1.20

63. **Gesetzestafel des deutschen Reichsrechts.** Von H. Bruhns. 2. Auflage. — 1913. 3.—

49. **Deutsche Kolonialgesetzgebung.** Von Ph. Zorn. 2. Auflage von Sassen. — 1913. 5.—

21. **Die Konsulargesetzgebung.** Von Ph. Zorn. 8. Auflage von K. Zorn. — 1911. 4.50

75. **Konsulargerichtsbarkeit.** Von A. F. Vorwerk. — 1908. 1.60

92. **Verkehr mit Kraftfahrzeugen.** Von R. Kirchner. 3. Auflage. — 1915. Mit Nachtrag 1926. 5.—

Nachtrag einzeln 1.50

119. **Kriegsleistungsgesetz.** Vergriffen.

118. **Militärhinterbliebenengesetz.** Von Reh. — 1915. 2.20

79. **Die Militärpensionsgesetze.** Von A. Romen. Vergriffen.

136. **Militärversorgungsgesetz.** Von H. Günther. — 1919. 2.30

7. **Post- und Telegraphen-Gesetzgebung.** Vergriffen.

120. **Telegraphenwegegesetz.** Von Wolf. — 1916. 1.—

148. **Reichsausgleichsgesetz.** Von Decke. — 1920. 1.50

150. **Reichsschädengesetze.** Von Adolf Hohenstein und Wenzel Goldbaum. — 1922. 4.—

97. **Schutzgebietsgesetz.** Von J. Gerstmeyer. — 1910. 2.50

105. **Das Geldwesen in den deutschen Schutzgebieten.** Von W. Hintze. — 1912. 1.80

140. **Die Siedelungsgesetzgebung im Reich und in Preußen.** Von W. Holzapfel. — 1920. 3.—

125. **Vaterländischer Hilfsdienst.** 3. Auflage. — 1917. 1.—

88. **Vereinsgesetz.** Von A. Romen. 5. Auflage. In Bearbeitung.

33. **Vereins- und Versammlungsrecht.** Von E. Ball. 2. Auflage von F. Friedenthal. — 1907. 2.—

103. **Reichs-Viehseuchengesetz.** Von W. v. Hippel. 2. Auflage. — 1913. 4.—

Band

89. **Vogelschutzgesetz.** Von L. v. Boxberger. — 1909. 1.—
69. Reichsgesetz über die **Naturalleistungen der bewaffneten Macht im Frieden.** Von W. v. Hippel. — 1903. 1.—
114. **Waffengebrauch und Festnahmerecht des Militärs.** Von A. Romen und C. Rissom. — 1914. 1.80
142. **Wirtschaftliche Demobilmachung.** Von Gg. Fischbach. — 1920. 1.—

**Preußische Gesetze:**

48. **Zweckverbandsgesetz für Groß-Berlin.** Von L. Brühl, K. Gorban und W. Ledermann. — 1912. 4.—

## b) Landesrecht

**Preußische Gesetze:**

50. **Gesetz, betr. die Anlegung und Veränderung von Straßen und Plätzen in Städten und ländlichen Ortschaften.** Von O. Meyer. — 1913. 3.—
46. **Austritt aus der Landeskirche.** Von H. Caro. — 1911. 2.40
2. **Preußische Beamtengesetzgebung.** Von K. Pfafferoth. 5. Auflage. — 1916. 2.40
51. **Das preußische Disziplinargesetz für die nichtrichterlichen Beamten.** Von E. v. Dultzig. — 1914. 4.20
25. **Preußische Kommunalbeamtengesetzgebung.** Von F. Kremski. — 1901. 3.—
22. **Anstellung und Versorgung der Kommunalbeamten.** Von W. Ledermann. 2. Auflage von L. Brühl. — 1914. 2.—
26. **Diensteinkommen der Lehrer und Lehrerinnen.** Von E. Cremer. — 1900. 2.20
12. **Allgemeines Berggesetz.** Von Schlüter und Hense. 4. Auflage. In Vorbereitung.
47. **Feuerbestattung.** Von W. Lohmann. — 1912. 1.50
28. **Die Fürsorgeerziehung Minderjähriger.** Von P. F. Aschrott. 3. Auflage. — 1917. 2.80
31. **Die preußischen Gesindeordnungen.** Zwei Bände. Von St. Gerhard.
    31 a. Altpreußische Provinzen und Rheinland. 2. Auflage. — 1914. 3.—
    31 b. Hannover, Schleswig-Holstein, Hessen-Nassau und Hohenzollern. — 1902. 2.50
24. **Die Hinterlegungsordnung (1879).** Von G. Bartels. 2. Auflage. — 1908. 2.—

Band

53. **Hinterlegungsordnung** von 1913. Von Hagemann. — 1914. 2.20
41. **Die preußischen Jagdpolizeigesetze.** Von F. Kunze und R. Kühnemann. 2. Auflage. — 1907. Vergriffen.
19. **Jagdscheingesetz.** Von F. Kunze. 2. Auflage. — 1899. 2.—
45. **Rechtsverhältnisse der Juden in Preußen.** Von M. Kollenscher. — 1910. 2.40
15. **Die Kreisordnungen.** Von O. Kolisch. — 1894. Vergriffen.
57. **Landeskulturbehörden,** Gesetz über. Von W. Holzapfel. — 1919. 2.—
42. **Allgemeine Landesverwaltung** und **Zuständigkeit der Verwaltungs- und Verwaltungsgerichtsbehörden.** Von K. Friedrichs. 3. Auflage. — 1927. 5.—
44. **Quellenschutzgesetz.** Von C. Voelkel. — 1909. 1.—
33. **Rentenguts- und Anerbenrechtsgesetzgebung.** Von M. Peltasohn und B. Peltasohn. — 1903. Vergriffen.
30. **Preußisches Staatsschuldbuch** und **Reichsschuldbuch.** Von F. Mücke. — 1902. 2.—
59. **Bildung der neuen Stadtgemeinde Berlin.** Von P. Wölbling. 2. Auflage. — 1920. 1.40
32. **Städteordnung.** Von W. Ledermann und L. Brühl. 2. Auflage. — 1913. 6.—
56. **Das preußische Tumultschadengesetz.** Von Bruno Friedländer. — 1919. —.80
60. **Umlegungsordnung.** Von W. Holzapfel. — 1921. 1.80
43. **Verschuldungsgrenze** für land- und forstwirtschaftlich benutzte Grundstücke. Von R. Leweck. — 1908. 2.40
49. **Gesetze gegen die Verunstaltung landschaftlich hervorragender Gegenden.** Von O. Goldschmidt. — 1912. 2.40
40. **Verwaltungsstrafverfahren.** Von R. Katzenstein. — 1907. 3.50
39. **Unterhaltung der öffentlichen Volksschulen.** Von A. Marcks. — 1906. 1.80
52. **Preußisches Wassergesetz.** Von G. Wulff und F. Herold. 2. Auflage von G. Wulff. — 1928. 12.—
55. **Preußisches Wohnungsgesetz.** Von B. Schmittmann. — 1918. 2.60

## Steuerrecht

Band **Reichsgesetze:**

143. **Reichsabgabenordnung.** Von Nieberl. 2. Auflage. — 1927. 12.—
126. **Besitzsteuergesetz.** Von A. Mrozek. Vergriffen.
151. **Einkommensteuer und Körperschaftsteuer.** Von Hollaender. — 1926. Mit Nachtrag, enthaltend die Änderungen vom 22. Dezember 1927. 24.—
77. **Das Erbschaftssteuergesetz.** Von B. Henckel. 1920. Vergriffen. Neue Fassung von H. Schachian. 4. Auflage. — 1926. (Außerhalb der Sammlung.) 2.50
54 b. **Nahrungsmittelgesetze** mit Erläuterungen. Von Georg Lebbin. 2. Auflage in zwei Bänden. II. **Getränkegesetze und Getränkesteuergesetze** (Wein, Bier, Branntwein, Mineralwasser). Unter Mitwirkung von Kniebe. — 1926. 10.—
139. **Grunderwerbsteuergesetz.** Von Otto Lindemann. 2. Auflage. — 1926. Mit Nachtrag 1927. 4.—
Nachtrag einzeln —.30
159. **Industriebelastungsgesetz.** Von Höpker. — 1925. 4.—
121. **Direkte Kriegssteuer.** Von A. Mrozek. — 1916. 3.50
131 a. **Reichsfinanzgesetzgebung 1918.** Bd. I: **Getränkesteuern.** Von G. Mayer. — 1918. 2.50
131 b. **Reichsfinanzgesetzgebung 1918.** Bd. II: **Einkommen, Umsatz** usw. Von G. Mayer. — 1919. 1.50
149. **Reichsnotopfergesetz.** Von Friedmann und Wrzeszinsky. — 1921. 4.—
18. **Reichsstempelgesetz.** Von P. Loeck. Vergriffen. Wird durch Kapitalverkehrssteuergesetz ersetzt. Erläuterte Ausgabe in Bearbeitung.
145. **Steuer- und Kapitalflucht.** Von E. H. Meyer. 2. Auflage. — 1921. 1.60
157. **Dritte Steuernotverordnung vom 14. Februar 1924** mit den Vorschriften über **Aufwertung.** 2. Auflage unter dem Titel: **Aufwertungsgesetze.** Von Michaelis. — 1925. 16.—
132. **Umsatzsteuergesetz.** Von Otto Lindemann. 4. Auflage. — 1926. 10.—
110. **Wehrbeitragsgesetz.** Von A. Fernow. 2. Auflage. — 1913. 1.60
146. **Tabaksteuergesetz.** Von Wündisch. — 1920. Mit Nachtrag 1925. 4.—
Nachtrag einzeln 1.50

Band

78. **Zigarettensteuergesetz.** Von Cuno. Vergriffen.
101. **Zuwachssteuergesetz.** Von W. Cuno. Vergriffen.
153. **Zwangsanleihegesetz.** Von Simon und Beutner. — 1923. 8.—

## Preußische Gesetze:

20. **Die preußischen Erbschaftssteuergesetze.** Von U. Hoffmann. — 1905. 3.—
13. **Ergänzungssteuergesetz.** Von A. Fernow. 5. Auflage. 1914. 3.—
11. **Gewerbesteuergesetz.** Von A. Fernow. Vergriffen.
14. **Kommunalabgabengesetz.** Von F. Adickes. 6. Auflage von Falk. — 1922. 3.50
38. **Kreis- und Provinzialabgabengesetz.** Von F. Schmidt. — 1906. 1.20
18. **Preußisches Stempelsteuergesetz.** Von P. Loeck und W. Seyffarth. 10. Auflage von Eiffler. In Bearbeitung.
61. **Preußische Verwaltungsgebührenordnung.** Von K. Eiffler. — 1925. Mit Nachtrag 1925. 6.—
27. **Warenhaussteuer.** Von G. Strutz. — 1900. 1.20

## Textausgaben:

**Erbschaftsteuergesetz.** Neue Fassung von H. Schachian. 4. Auflage. — 1926. 2.50
**Reichssteuergesetze 1925** (Steuerüberleitungsgesetz mit Durchführungsbestimmungen — Einkommensteuer, Körperschaftssteuer, Reichsbewertungsgesetz, Vermögensteuer, Erbschaftsteuer). — 1925. 4.—
**Wehrbeitrag und Besitzsteuer.** — 1913. —.50
**Zuwachssteuergesetz.** — 1911. —.50
—, **Ausführungsbestimmungen.** — 1911. —.40

Druck von Otto Walter, Berlin S 14

FSC
www.fsc.org
MIX
Papier | Fördert
gute Waldnutzung
FSC® C083411

Kolibri 360 GmbH
Ferdinand-Jühlke-Straße 7
99095 Erfurt, Deutschland
produktsicherheit@kolibri360.de